Florian Coulmas
Die Kultur Japans

Florian Coulmas

DIE KULTUR
JAPANS

*Tradition
und
Moderne*

C. H. Beck

Mit 31 Abbildungen und 7 Tabellen im Text

© Verlag C. H. Beck oHG, München 2003
Amann, Aichstetten
Satz: Fotosatz Janß, Pfungstadt
Druck und Bindung: Ebner & Spiegel, Ulm
Gedruckt auf säurefreiem, alterungsbeständigem Papier
(hergestellt aus chlorfrei gebleichtem Zellstoff)
Printed in Germany
ISBN 3 406 50916 9

www.beck.de

Inhalt

ANHANG

Dank

Die Arbeit an diesem Buch hat mir große Freude gemacht, da ich dabei in den Genuss vielfältiger Unterstützung kam. Dafür möchte ich an dieser Stelle meinen Dank aussprechen. Meine Studenten an der Gerhard Mercator Universität Duisburg, die es nun nicht mehr gibt, haben geduldig der Vorlesung zugehört, aus der Teile des Buchs hervorgegangen sind. Yuko Sugita, Yuka Ando, Toshi Yamada und Patrick Heinrich haben mir bei mancher Recherche geholfen. Hiroshi Shoji verdanke ich mehrere Aufenthalte am Staatlichen Museum für Ethnologie in Osaka. Die Alexander von Humboldt-Stiftung hat meinen Aufenthalt am Centre of Asian and Pacific Studies der Seikei Universität in Tokyo im Herbst 2001 großzügig unterstützt, und die Stiftung Mercator hat die Übersetzung zweier Kapitel des Buchs aus dem Englischen gefördert. Christina Aigner hat bei der Erstellung des Registers geholfen, und Kornelia Apholz hat mit viel Ausdauer die Fertigung des Manuskripts besorgt. Die freundliche und sachkundige Betreuung im Lektorat durch Dr. Andreas Wirthensohn sorgte dafür, dass die Zusammenarbeit mit dem Verlag nicht nur reibungslos, sondern sehr angenehm war.

Mai 2003   F.C.

Der Mensch ist nicht, was er nun einmal
ist, sondern er ist offen. Er kennt nicht
eine Lösung, nicht *eine* Verwirklichung
als die allein richtige.

Karl Jaspers

Zeichen und Orientierungen

Standpunkte

Es ist kurz vor zehn Uhr. Eine kleine Schar hauptsächlich von Hausfrauen und einigen älteren Herren wartet geduldig in der Eingangshalle. Über den Rand meiner Zeitung kann ich durch die geschlossenen Glastüren einige letzte Vorbereitungen beobachten. Damen in makellosen Kostümen mit eleganten Halstüchern eilen geschäftig, doch nicht ohne Würde hin und her, polieren ein letztes Mal an einer Vitrine, rücken einen Punktscheinwerfer zurecht, stellen ein Firmenschild auf. Während der große Zeiger der Wanduhr auf die Zwölf zugeht, versammeln sich die Damen rasch im Hauptgang, wobei jede ihren Platz so einnimmt, dass sie auf beiden Seiten lange Reihen bilden, ein Spalier. Ein rascher Anwesenheitsappell des Etagenmanagers, und die Ehrenwache ist fertig, um die Pilger in den heiligen Hallen Isetans zu empfangen. Um Punkt zehn Uhr werden die Türen geöffnet, die Kunden streben zu den Fahrstühlen an der Rückwand des Erdgeschosses und gehen dabei durch die Phalanx des Verkaufspersonals hindurch, ohne ein ersichtliches Zeichen, es wahrzunehmen. *Irasshaimase, irasshaimase*, «bitte treten Sie näher», sagen die Angestellten einstimmig mit einer tiefen Verbeugung. Ein Tag in einem großen Tempel der Konsumkultur in Tokyos Einkaufsviertel Shinjuku hat begonnen.

Im Idealfall würde ein Buch, das in die japanische Kultur einführt, mit dem Identifizieren einiger kultureller Ereignisse beginnen, der Ladenöffnung in einem Kaufhaus zum Beispiel, einer Hochzeit oder einer Beerdigung, einem Baseballspiel, einer Teezeremonie, einer Katastrophenschutzübung oder einer Untersuchung im Krankenhaus. Diese würde man dann so detailliert beschreiben, wie es notwendig erscheint, und schließlich erklären, was genau beschrieben wurde. Wie wunderbar einfach unsere Arbeit wäre! Zu einfach, wie wir wissen, wenn wir uns mit etwas so Komplexem wie Kultur befassen. Denn bei Kultur geht es immer um Bedeutung, und Bedeutung wird meist durch andere als optische Zeichen übermittelt. Aber konzentrieren wir uns einen Moment auf die zahlreichen kulturellen Gegenstände, die sichtbar sind. Um zu sehen, brauchen wir Augen, und unsere Augen haben bestimmte Eigenschaften, ganz zu schweigen von dem Standpunkt, von dem aus wir vor Ort die Ereignisse beobachten, die uns interessieren. Sicher wäre meine Beschreibung des Erdgeschosses von Isetan zwischen zwei Minuten vor zehn und Punkt zehn ganz anders, wenn ich innerhalb der Glastür gewesen wäre, hinter einer der Verkaufstheken, vielleicht in eine der unaufdringlichen Uniformen des Kaufhauses gekleidet. Nehmen wir an, das Beobachten der Szene sei meine vorsätzliche Absicht gewesen und nicht ein beiläufiger Blick, während ich Zeitung las, um die Zeit totzuschlagen. Ich hätte viele andere Dinge bemerkt, die von außen betrachtet nur den allgemeinen Eindruck verstärken, ohne wirklich ins Bewusstsein zu treten. In welchem Winkel müssen die Füße stehen, wo gehören die Hände hin, worauf richtet sich der Blick beim Entbieten des Morgengrußes? Die Grußformel, wenngleich normales Japanisch, hat eine wahrnehmbare Isetan-Nuance, was sie von Mitsukoshi, Takashimaya, Seibu und anderen Kaufhäusern unterscheidet. Wie stellt man sicher, den richtigen Ton zu treffen? Oder nehmen wir an, ich würde die Ladenöffnungszeremonie auf einem Videobildschirm irgendwo in einem Kontrollraum tief im Innern des Gebäudes verfolgen. Wieder wären die Details des Bildes anders, und meine Aufmerksamkeit würde von anderen Dingen in Anspruch genommen. Wie können wir sicher sein, dass unser Standpunkt gut gewählt ist und wir das betrachten, worauf es wirklich ankommt?

Mehr als ein Jahrhundert lang haben Anthropologen hart daran gearbeitet, diese Unsicherheiten zu überwinden, indem sie versuchten, den Betrachter aus dem Bild zu schieben. Technische Innovationen waren dabei sehr hilfreich. Neue Maschinen ermöglichten das Aufzeichnen und Reproduzieren von Ton und Bild für wiederholte Untersuchungen. Als an der Schwelle des 20. Jahrhunderts die Filmkamera aufkam, begrüßte man sie freudig als eine revolutionäre Technologie, die uns endlich von unseren eigenen Unzulänglichkeiten wie Gedächtnislücken, begrenzter Aufmerksamkeitsspanne und bloßer Schlampigkeit befreite. Endlich waren wir in der Lage, die Welt so zu erfassen, wie sie «wirklich» war. Also schulterten die auf Objektivität bedachten Ethnologen bei der Feldforschung noch mehr technisch ausgeklügelte Apparate, Kameras und Tonaufnahmegeräte.

Seitdem sind bei der Überbrückung von Raum und Zeit große Fortschritte gemacht worden. Als Isabella Bird 1878[1] auf «unerforschten

Pfaden in Japan» umherwanderte, sah sie Dinge, die kein anderer westlicher Beobachter in Jahren gesehen hatte und wahrscheinlich je sehen sollte. Es dauerte lange, bis ihr Reisebericht in Buchform erschien. Der zeitliche Abstand zwischen ihren Beobachtungen und der Veröffentlichung machte es praktisch unmöglich, ihren Bericht zu bestätigen oder anzufechten. Das Reisen zu Pferd an entlegene Orte erforderte aufwendige Vorbereitungen, beträchtliche Mittel und die Bereitschaft, viele Unannehmlichkeiten auf sich zu nehmen. Die Wahrscheinlichkeit, dass Birds Beschreibung der Ainu vor Ort überprüft werden würde, war gleich Null. Ihren Lesern blieb nichts anderes übrig, als den Bericht für bare Münze zu nehmen und allenfalls mit Berichten anderer Reisender zu vergleichen, die zu anderen Zeiten andere Orte besucht hatten. In gewisser Weise war, was sie ihren zeitgenössischen Lesern präsentierte, bereits Geschichte, wie für uns.

Heute können die Ethnologen ihre Befunde augenblicklich ihren Kollegen in der ganzen Welt mitteilen. Sie können, noch während sie sich auf einer entlegenen Insel der Bonins befinden, ihre Ton- und Bildaufzeichnungen digitalisieren und anderen Forschern in Melbourne, Paris und Bonn schicken, ihnen zeigen, was sie entdeckt haben, und vielleicht um Rat fragen, wie sie weiter verfahren sollen. Tatsächlich kann ein Forscher, anstatt auf die auch als Ogasawara-Inseln bekannten Bonins zu reisen, die man bis heute nur per Boot erreicht, aber auch eine «Exkursion» in das Staatliche Museum für Ethnologie in Senri, Osaka, unternehmen und dort ein paar Monate mit der Analyse einiger der zahlreichen Aufzeichnungen aus dessen hervorragender Sammlung verbringen.

Zweifellos sind die technischen Forschungsgeräte und -methoden heute ausgereifter als im 19. Jahrhundert, in dem die Kulturanthropologie als «Kind des westlichen Imperialismus»[2] aufkam und die Beschreibung anderer Menschen und deren Kulturen auf eine wissenschaftliche Grundlage zu stellen begann. Vom Beobachter unabhängige Aufzeichnungen erschienen verlässlicher als mit Stift und Papier festgehaltene Sinneswahrnehmungen. Die eigenen Beobachtungen überprüfen zu können, indem man Kollegen am Forschungsprozess teilhaben lässt, vermindert gewiss das Risiko, dass sie bereits zum Zeitpunkt der Veröffentlichung überholt sind.

Leider sind diese beiden vermeintlichen Verbesserungen der ethnografischen Methode kaum mehr als Wunschdenken. Das Grundproblem des Ethnologen ist unverändert. Kulturen wurzeln in Geschichte und jede Beschreibung ist lediglich ein Schnappschuss. Während Trägheit, Konservatismus und Pfadabhängigkeit Stabilität suggerieren und bis zu einem gewissen Grade unterstützen, gibt es nichts, was die Veränderung einer Kultur oder eines ihrer Teilbereiche grundsätzlich verhindert. Selbst während der Ethnologe seine Beobachtungen anstellt, kann das geschehen. Daher ist jedes erworbene Wissen darüber, wie Menschen ihren Alltagsbeschäftigungen nachgehen, wie sie auf die materiellen Probleme ihres Daseins reagieren und wie sie ihren Gedanken, Gefühlen und Verhaltensweisen sprachlich Ausdruck verleihen, immer in Gefahr, veraltet zu sein. Und ein vom Beobachter unabhängiges Aufzeichnen gibt es nicht und wird es so lange nicht geben, wie die Forschung von Menschen durchgeführt wird. Wenn wir, um zu verstehen, was wir sehen, über die Eigenschaften unserer Augen nachdenken müssen, erfordern Videokameras ein ebensolches Maß an Vorsicht. Eine Fotografie ist nicht wesentlich näher an der «wirklichen Sache» als eine Zeichnung. Man kann durchaus die Meinung vertreten, sie sei viel weiter entfernt, da sie ein ganzes Arsenal technischer Medien zwischen den Betrachter und den Gegenstand der Betrachtung stellt.

Der Ryōanji, ein berühmter Tempel in Kyoto, ist bekannt für seinen Steingarten aus dem 16. Jahrhundert. An drei Seiten von einer Rauputzmauer umgeben, gibt es außer etwas Moos keinerlei Pflanzen in ihm. Fünfzehn Steinbrocken unterschiedlicher Form und Größe liegen auf einem Bett aus weißem Kies, das jeden Tag geharkt wird. Aus welchem Blickwinkel man den Garten auch betrachtet, nie sind mehr als vierzehn der Steine zu sehen. Mindestens einer ist immer dem Blick entzogen, ganz gleich, wo der Betrachter steht (es sei denn, er oder sie oder eine Fernbedienungskamera schwebt in einem Hubschrauber über dem Garten). Dennoch: Was wäre einfacher, als ein paar Steine zu beschreiben?! Sie bewegen sich nicht, noch sprechen sie miteinander oder mit uns. Sie haben keine Eltern und unterhalten auch keine komplexen sozialen Beziehungen mit anderen Steinen. Sie haben keine Religion, keine traditionellen Bräuche und führen keine Rituale aus. Sie sind bloß da. Doch selbst wenn wir uns darauf beschränken, das Vorhandene aufzuzeichnen und uns aller Erklärungsversuche enthalten, weshalb es da ist und was, wenn überhaupt etwas, die Steine und der Kies *bedeuten*, geraten wir in Schwierigkeiten. Es hat einfach keinen Sinn, uns selbst aus dem Bild herauszunehmen. Der Steingarten des

Abb. 1: Der Steingarten des Ryōanji in Kyoto (Teilansicht)

Ryōanji ist auf dem Weg zur Erforschung der Kultur ein guter Orientierungspunkt, denn er erinnert uns an die Grenzen der eigenen Beobachtung, und sorgfältiges Beobachten ist lediglich der Anfang der Untersuchung.

Tatsachen sind schwer fassbar. Unablässig jagt der Ethnologe ihnen hinterher und kommt doch zwangsläufig zu spät, um ihrer habhaft zu werden. Erfahrung und Beobachtung werden durch vorgefasste Meinungen, Erwartungen und blinde Flecken in unseren Augen gefiltert. Sobald wir mit unserer Beschreibungsarbeit beginnen, fügen wir unweigerlich eine Schicht redaktioneller Verzerrung hinzu. Was, wenn der Vorgang, der uns wie ein Flaschenzertrümmerungstest vorkam, sich als Schiffstaufe erweist? Erst im Nachhinein, «after the fact»[3], können wir aus Beobachtungen Beschreibungen machen und aus jenen Erklärungen ableiten. Doch ist unsere Beschreibung nie ein Beschreiben reiner Tatsachen. Wir können nicht wirklich sicher sein, dass die Sprache der Aufgabe gewachsen ist. Schlimmer noch, unsere Sprache ist kein neutraleres Instrument als das Auge oder die Kamera.

Übersetzung

Die Alltagssprache begünstigt bestimmte Verfahren, Realität zu zergliedern, von denen wir nicht a priori wissen, ob sie dem Objekt unserer Beschreibung gerecht werden können. Jede Sprache ist tendenziös, da die Sprache das beste Instrument ist, das wir haben, um Sinn zu stiften, und jede einzelne Sprache die Spuren aller vorangegangenen Versuche, dies zu tun, mit sich trägt. Das bindet uns keineswegs die Hände und bestimmt auch nicht unsere Art zu denken, wie die Nachfolger Wilhelm von Humboldts[4] und Benjamin Lee Whorfs[5], der Leitfiguren des linguistischen Relativismus und Determinismus, uns glauben machen möchten. Dennoch kann man nicht als selbstverständlich voraussetzen, dass unsere Sprache ein treues Medium für die Beschreibung sozialer Ereignisse in einer fremden Gesellschaft ist. Doch ohne Worte geht es nicht, und alle Worte gehören zu einer bestimmten Sprache.

Ein Problem, das keine ethnografische Beschreibung ignorieren darf, ist die Übersetzung. In gewisser Weise *ist* ethnografische Beschreibung Übersetzung, das heißt ein Versuch, den Sinn eines «Textes», den wir nicht auf Anhieb verstehen, weil er in einer unbekannten Sprache verfasst ist, zu erschließen. Die Kategorien, die in einer Sprache lexikalischen Ausdruck gefunden haben, sind nicht unbedingt die gleichen wie die einer anderen. Das ist das tägliche Brot des Übersetzers, mitunter eine immense Schwierigkeit, aber doch kein unüberwindliches Hindernis, das «wirkliches» Übersetzen unmöglich macht. Übersetzung *ist* möglich. Gegenteilige Behauptungen laufen auf ein Verleugnen der Einheit der menschlichen Sprache hinaus und mehr noch, angesichts der Bedeutung von Sprache für das, was uns von anderen Lebewesen unterscheidet, auf ein Verleugnen der Einheit der menschlichen Gattung. Alle Sprachen sind menschliche Sprachen und bauen auf demselben Grundstoff auf. Auch wenn es dazu einer beträchtlichen Anstrengung, solider Fachkenntnisse und stilistischer Wendigkeit bedarf, kann alles, was in einer Sprache ausgedrückt werden kann, auch in jeder anderen Sprache Ausdruck finden.

Es gibt keinen Grund, das Gegenteil zu glauben. Dennoch ist die Vorstellung, es sei unmöglich, einen Text wahrheitsgetreu von einer Sprache in eine andere zu übertragen und von daher auch eine fremde Kultur richtig zu verstehen, weit verbreitet, besonders wo es um sehr andersartige, zu anderen Zeiten an weit entlegenen Orten gesprochene Sprachen geht, oder wo die Forscher «ihre» Kultur für introvertiert und isoliert halten. Dank Yanagita Kunio, dem Vater der japanischen Volkskunde und Ethnografie, war diese Ansicht in Japan lange Zeit beinahe allgemeingültig. Yanagita dachte, dass «das subtile innere Funktionieren der Einheimischen»[6] für Außenseiter unzugänglich sei und daher «die Untersuchung des psychologischen Bereiches nicht von Fremden vorgenommen werden kann».[7] Dieser Skeptizismus in Bezug auf die Möglichkeit, in die immateriellen Aspekte einer fremden Kultur einzudringen, wurde von einigen bekannten Linguisten wie Kindaichi Haruhiko[8] und Suzuki Takao[9] aufgegriffen, die behaupteten, als «geschlossene Sprache» könne Japanisch kaum oder gar nicht von Fremden verstanden werden.

Dieser Argumentationsstrang hat seine historischen Gründe und ideologischen Wurzeln in der langen Periode von Japans relativer Isolierung während der Edo-Zeit. Das seit deren Ende enorm produktive Übersetzungswesen Japans widerlegt ihn jedoch und demonstriert auf überzeugende Weise, dass er auf einem falschen Verständnis der grundlegenden Funktion der Sprache, nämlich der Kommunikation, beruht. Sprachliche Kommunikation ermöglicht es uns, anderen etwas mitzuteilen, was sie nicht schon deshalb wissen, weil sie unseren Erfahrungshintergrund, unser Wissen über die Welt etc. teilen. Der Genius der menschlichen Sprache liegt darin, dass sie uns befähigt, neue Dinge zu sagen, Ideen auszudrücken, die uns nie zuvor in den Sinn kamen, und anderen mitzuteilen, was sie vorher noch nicht wussten. So etwa können wir biografische Inschriften in ägyptischen Gräbern verstehen, obwohl heute niemand Ägyptisch spricht und trotz der großen zeitlichen Distanz, die uns von den Verfassern trennt. Möglich ist das, weil die Texte in einer menschlichen Sprache geschrieben wurden, die der Kommunikation dient. Wenn ein gemeinsamer Erfahrungshintergrund eine Vorbedingung für sprachliche Kommunikation wäre, könnten wir niemals irgendeinen Sprechakt verstehen, da nicht einmal eineiige Zwillinge denselben Erfahrungshintergrund teilen. Sprachliche Kommunikation bedeutet das Überbrücken der unvermeidlichen Kluft, die jedes Individuum von jedem anderen trennt. Können wir aber jemals sicher sein, dass unsere Adressaten das, was wir gesagt haben, genau so verstehen wie wir? Das können wir nicht, aber die Frage ist müßig. Wir müssen uns damit begnügen zu wissen, dass sie verstanden haben, das heißt, dass sie durch das, was wir sagen, ihr Wissen über die Welt erweitert und das Gesagte in ihre persönliche Kosmologie, die sich wahrscheinlich von der unseren unterscheidet, aufgenommen haben. Sprache beinhaltet beides, das Universale und das Besondere. Ersteres bildet die gemeinsame Basis, die gewährleistet, dass Letzteres nicht unzugänglich wird.

Innen und außen

Zu dem Problem, wie die japanische Sprache mit der japanischen Kultur in Beziehung steht, werde ich weiter unten anhand einiger spezifischer Beispiele zurückkehren. Hier soll es genügen, meinen Standpunkt deutlich zu machen. Wenn ich irgendeiner Form des sprachlichen oder sonstwie gearteten Relativismus anhinge, würde ich dieses Buch nicht schreiben. Weshalb ein Buch schreiben über etwas, von dem man nicht hoffen kann, es verstehen oder anderen mitteilen zu können?! In jeder Sprache gibt es für jeden Ausdruck eine Alternative, was bedeutet, dass Sprachen eher offene als hermetische Systeme sind. Ansonsten wäre jede Veränderung unmöglich. Aber sie ist möglich, da allen Sprachen das Potenzial innewohnt, über unendlich viele Arten von Ereignissen zu kommunizieren, und daher können sie an veränderte Kommunikationsbedürfnisse ihrer Sprecher angepasst werden. Was für die Sprache gilt, lässt sich auf die Kultur ausweiten. Ein kulturelles Ereignis bedeutet für mich als Beobachter nicht das Gleiche wie für ein Mitglied der Gemeinschaft, das daran teilnimmt, woraus jedoch nicht folgt, dass das Ereignis für mich überhaupt nichts bedeutet. Und es folgt daraus auch nicht, dass das, was es für den Beteiligten bedeutet, interessanter wäre als was es für den Beobachter bedeutet. Sicher können Missverständnisse auftreten, doch gibt es keine hinreichenden Beweise für die Annahme, das Sprechen derselben Sprache oder die Zugehörigkeit zu derselben Kultur könne gegen dieses Risiko schützen oder es auch nur wesentlich verringern.

Die Annahme, eine Kultur sei nur von innen und in ihren eigenen Begriffen verständlich, führt ins Leere, bestreitet sie doch a priori die Möglichkeit eines aus einer Außenperspektive erlangten wirklichen Verständnisses. Dabei können nur von einem externen Standpunkt aus Verhaltensweisen, Sitten und Gebräuche, Werte, soziale Systeme, Lebensstile, religiöse Praktiken und Sprachen erfolgreich miteinander verglichen werden. Wie nachfolgend deutlich werden wird, bedeutet das nicht, dass wir uns beim Beschreiben und Analysieren einer Kultur ausschließlich auf eine Außenperspektive verlassen sollten. Doch ist es ohne Vergleich unmöglich, in Erfahrung zu bringen, was spezifisch für eine bestimmte Kultur und was ein generisches Merkmal von Kultur als solcher ist. Viel von dem, was Anthropologen und Soziologen unter dem Begriff ‹Kultur› zusammenfassen, verkörpert die Möglichkeit des Andersseins, das heißt Merkmale und Muster des sozialen Lebens, die nicht durch Naturzwänge diktiert sind. Ihren Mitgliedern erscheinen viele Aspekte einer gegebenen Kultur als natürlich. Die Idee, dass bestimmte Vorstellungen willkürlich sind und gewisse Handlungen ebenso gut anders ausgeführt werden könnten, ist ihnen fremd. Von einem losgelösten Standpunkt aus ist es einfacher zu sehen, wie kontingent diese kulturellen Eigenschaften sind. Daher sind Vergleiche essenziell wichtig, um unter der verfestigten Gewohnheit das Veränderliche freizulegen.

Die Wichtigkeit einer vergleichenden Perspektive ist auf vielen Gebieten offensichtlich, etwa in der Soziologie, der Psychologie, der Religionswissenschaft, der Rechtswissenschaft und der Linguistik, um nur einige zu nennen. Wir müssen bei den Einsichten all dieser Disziplinen Anleihen machen, da uns in der Kulturwissenschaft keine andere Wahl bleibt als breite Darstellungen anzustreben. Was Raymond Williams über die Kultursoziologie sagte, trifft umso mehr auf ethnografische Beschreibungen bestimmter Kulturen zu: «Es ist die Bedingung jeder adäquaten Kultursoziologie, dass sie sowohl prinzipiell als auch praktisch für jede mögliche Spur offen ist.»[10] Das bedeutet freilich nicht, dass jede Spur gleich wertvoll wäre oder jede Disziplin außerhalb ihres Bereiches gleich viel zu bieten hätte. Die Linguistik, noch immer die theoretisch am weitesten entwickelte Humanwissenschaft, verbindet auf einzigartige Weise methodisch wie auch in ihrer Theorie externe und interne Perspektiven und dient daher nach wie vor vielen Ethnologen als Modell. Zwei Ebenen gilt es zu unterscheiden, die des Sammelns empirischer Daten und die des Ordnens der Daten. Diese Unterteilung ist allen Gebieten der empirischen Forschung gemeinsam.

Betrachten wir zunächst das Problem des Datensammelns. Sprache ist hoch komplex. Viele Aspekte der Struktur und Verwendung einer gegebenen Sprache befinden sich im Wesentlichen außerhalb der

Reichweite eines außenstehenden Beobachters. Der Linguist, der die Sprache nicht fließend spricht, kann nicht viel zu ihrer Beschreibung beitragen, ohne sich auf das Urteil von Muttersprachlern zu berufen. Vieles hängt von der Qualität der Partnerschaft zwischen dem Linguisten und dem Informanten ab. Ersterer steuert die erforderlichen analytischen Werkzeuge bei, Letzterer die perfekte Beherrschung der Sprache. Selbstverständlich kann ein Muttersprachler auch ein Linguist sein. Tatsächlich erforschen viele Linguisten meistens ihre eigene Sprache, wogegen gar nichts einzuwenden ist. Andererseits braucht ein guter Informant nicht unbedingt ein Muttersprachler zu sein. Eine der Muttersprache gleichkommende Sprachkompetenz kann später im Leben erworben werden[11], wiewohl es hilfreich ist, inmitten derer zu leben, die die Sprache im täglichen Umgang verwenden. Wichtig indes ist, die verschiedenen erforderlichen Wissensarten, die des Linguisten und die des Informanten, zu unterscheiden und sich bewusst zu sein, dass beide voneinander getrennt bleiben müssen. Es gibt keinen Grund, weshalb ein Sprachwissenschaftler nicht über beide Fähigkeiten verfügen sollte, doch muss er oder sie darauf achten, nicht den qualitativen Unterschied zwischen dem losgelösten analytischen Wissen des Forschers und dem impliziten, intuitiven Wissen des Informanten zu verwischen.

Etisch und emisch

Beim Ordnen und Analysieren der Daten verwenden viele Ethnologen ein aus der Linguistik übernommenes Begriffspaar: etisch und emisch. Diese Begriffe entstammen zwei Untergebieten der Phonologie. Phonetik im engen Wortsinn befasst sich mit den physischen Eigenschaften von Sprachlauten, das heißt dem Ort und der Art ihrer Artikulation. Man nennt sie phonetische Merkmale. Phonetische Merkmale sind unabhängig von jeder Einzelsprache, da sie Laute als physiologische Ereignisse beschreiben. Ein bilabialer Nasal – der Laut, für den in der deutschen Orthografie der Buchstabe *m* steht – ist in jeder Sprache ein bilabialer Nasal. ‹Bilabial› und ‹Nasal› sind beschreibende Begriffe, die sich auf den menschlichen Körper, nicht auf eine Sprache beziehen. Die Aussprache dieses Lautes nimmt beide Lippen, den Artikulationsort, in Anspruch und erfordert als Artikulationsart den Austritt der Luft durch die

Nase. Diese beiden Merkmale bringen das phonetische Segment [m] hervor, unabhängig von der Einzelsprache.

Doch weisen nicht alle Sprachen einem bilabialen Nasal und allen übrigen Sprachlauten dieselben Funktionen zu, die sie im Deutschen haben. Das ist eine der offensichtlichsten Tatsachen, die Sprachen voneinander unterscheiden. Wohlgemerkt haben wir nun unsere Perspektive geändert. Wir sprechen nicht mehr von sprachneutralen phonetischen Merkmalen, sondern von Merkmalen, die in einer bestimmten Sprache relevant sind. Das Deutsche unterscheidet drei nasale Laute, die schriftlich mit den Buchstaben *m*, *n* und *nk* oder *ng* dargestellt werden. Wenn wir ein Wortpaar wie *Sinn* und *sing* betrachten, ist klar, dass nur ihr Auslaut sie unterscheidet. Diese beiden Laute gelten daher im Deutschen als unterschiedlich. In anderen Sprachen kann dieser Unterschied irrelevant sein. Im Japanischen, um ein anderes Beispiel zu nennen, macht es keinen Unterschied, ob man *ringo* oder *lingo* sagt, beides sind mögliche Aussprachen des Wortes, das ‹Apfel› bedeutet. Dasselbe gilt für das deutsche Lehnwort *arubaito* oder jedes Wort, das einen *l/r*-ähnlichen Laut beinhaltet. Dies bedeutet nicht, dass japanische Lippen und Zungen nicht in der Lage sind, *l* und *r* auszusprechen, sondern vielmehr, dass der Unterschied zwischen den beiden, der Deutschsprechern so natürlich erscheint, in der japanischen Sprache bedeutungslos ist, so dass seine Sprecher ihn gewöhnlich nicht bemerken. Einige sagen *arubaito*, andere *alubaito*, doch gilt beides als ein und dasselbe Wort. Der von außen beobachtende Phonetiker kann den Unterschied hören und beschreiben, während der Muttersprachler ihn deswegen nicht beachtet, weil er bedeutungslos ist.

Um den Unterschied zwischen beiden Standpunkten zu systematisieren, verwenden die Linguisten den Begriff ‹Phonem›. Phonemik – daher *emisch* – ist die Lehre von den Lautsystemen einzelner Sprachen. Was ein Phonem ist und was nicht, kann nur für eine gegebene Sprache bestimmt werden. Ein Phonem ist ein Phonem der Sprache X. Es lässt sich am besten beschreiben als eine Kategorie von Lauten, welche die Sprecher einer Sprache von allen anderen Phonemen ihrer Sprache unterscheiden. Es ist die Aufgabe des Linguisten, die pho*netischen* Unterschiede herauszufinden, auf die es im pho*nemischen* System der betreffenden Sprache ankommt.

Die Stärke der Phonemtheorie liegt darin, dass sie die komplexe Beziehung zwischen der Verwendung von Lauten als Medium für die Artikulation von Sprache und der Formung einzelner Lautsysteme erfasst, wobei sie auf umfassende und bedeutungsvolle Weise das Universelle und das Besondere, Biologie und Kultur miteinander in Beziehung setzt. Dies ist deshalb möglich, weil alle Laute, die der menschliche Sprechapparat hervorzubringen vermag, auf eine kleine Menge binärer Merkmale reduziert werden können. Die Lautsysteme aller Sprachen bauen auf diesen und nur diesen Kategorien auf. Die Unterschiede rühren aus der jeweils verschiedenen Auswahl und jeweils anderen Kombinationen. Wenn die charakteristischen Eigenschaften des Phonemsystems einer Sprache herausgearbeitet sind, werden gewisse Voraussagen möglich. Sobald man beispielsweise weiß, dass [l] und [r] im Japanischen ein einziges Phonem bilden, lässt sich voraussagen, dass es japanischen Muttersprachlern schwer fällt, diese Unterscheidung im Deutschen oder in anderen Sprachen vorzunehmen, in denen beide gesonderte Phoneme sind. Darüber hinaus liefert die Theorie eine Erklärung für die empirische Beobachtung, dass dies tatsächlich der Fall ist. Japanische Deutschschüler neigen dazu, *l* und *r* sowohl mündlich als auch schriftlich miteinander zu verwechseln, *weil* das Lautsystem ihrer Muttersprache sie gelehrt hat, diesen Unterschied nicht zu beachten.

Metaphern und Nudeln

Der theoretische Reiz und die Schärfe der Unterscheidung etisch/ emisch in der Phonologie haben die Anthropologen dazu gebracht, sie auf die Analyse anderer, nichtsprachlicher Aspekte von Kultur anzuwenden. Diese Versuche waren nicht sehr erfolgreich, hauptsächlich deswegen, weil andere Untersuchungsgegenstände nicht so klar umrissen sind wie die Sprache. Phonemsysteme sind zwar hoch komplex, aber sie sind sozusagen auf einen einzigen Bereich beschränkt, nämlich auf Sprechlaute und die Weisen, wie sie strukturiert werden können. Andere Aspekte menschlichen Handelns und Wissens lassen sich nicht ohne weiteres auf ein Raster binärer Merkmale und Kombinationsregeln zurückführen. Auf der Verhaltensebene ist es nicht gelungen, emische und etische Einheiten zu identifizieren, die so klar definiert und so klar aufeinander bezogen sind wie phonemische und phonetische Merkmale. Und doch ist die Unterscheidung von emisch und etisch in der Anthropologie nützlich und weit verbreitet, wenn auch etwas metaphorisch.

Eher als etische und emische Einheiten des Verhaltens und Denkens haben etische und emische Modi des Klassifizierens und Analysierens von Ereignissen und Handlungsweisen in der anthropologischen Betrachtungsweise des menschlichen Soziallebens einen Platz gefunden. Was mit einigem Erfolg aus der Linguistik auf die Untersuchung anderer kultureller Ereignisse übertragen wurde, ist die systematische Unterscheidung der beiden oben erörterten Standpunkte. Im etischen Modus verwenden die Forscher Begriffe und Kategorien, die der Sprache der Theorie eigen und von der untersuchten Gemeinschaft unabhängig sind. Ob diese Begriffe und Kategorien und die sie verwendende Beschreibung angemessen sind, wird letzten Endes von den Forschern selbst beurteilt. Im Gegensatz dazu erhebt die emische Perspektive den teilnehmenden Informanten in die Position des obersten Richters über die in der Beschreibung verwendeten Kategorien und Begriffe. Ziel einer emischen Beschreibung ist das Freilegen der Kategorien, die für Mitglieder einer Kulturgemeinschaft bedeutsam sind, die sie verwenden, um ihr Leben zu organisieren, und an die sie ihr Verhalten anpassen. Essgewohnheiten sind ein gutes Beispiel dafür.

Nudeln sind, wie jeder außenstehende Beobachter leicht feststellen kann, ein wichtiger Bestandteil der japanischen Ernährung. Viele Restaurants sind auf Nudelgerichte spezialisiert. In jedem Supermarkt wird eine große Vielfalt von Nudeln verkauft: Makkaroni, *Ramen, Soba, Somen,* Spaghetti, Spinatnudeln, *Udon* und andere mehr. Trotz der offenkundigen Ähnlichkeit dieser Artikel, was ihre Form, die Bestandteile, den Nährwert und die Herstellung betrifft, ist eine solche Liste im kulinarischen Universum Japans wenig sinnvoll. Nicht weil sie unvollständig ist, sondern weil sie Kategorien durcheinanderbringt. Eine derartige Liste würden Ethnologen etwa in Warenverzeichnissen von Läden oder Großhändlern nirgends finden. Auch im Supermarkt würden sie diese Artikel nicht alle zusammen auf einem Regal antreffen. Stattdessen stünde *Ramen* auf einem Regal mit anderen chinesischen Lebensmitteln, Makkaroni und Spaghetti hätten ihren Platz auf einem Regal mit italienischen oder westlichen Produkten, und der Rest fände sich in einer einheimischen japanischen Abteilung. Niemand würde im Traum daran denken, *Udon* mit Tomatensoße und Parmesan zu essen (obgleich das Überschreiten von Kategorien in umgekehrter Richtung möglich ist: *Wafū*-Spaghetti oder japanische Spaghetti mit Dorschrogen und getrocknetem Seetang sind ein weit verbreitetes Gericht). *Soba* mit Gabel und Löffel zu essen ist barbarisch; Spaghetti so zu essen ist hingegen unanstößig. ‹Nudeln› sind mithin im Japanischen keine bedeutungsvolle Kategorie. *Menrui*, die dem am nächsten kommende Übersetzung, würde – unbeschadet ihres chinesischen Ursprungs – weder Spaghetti noch andere italienische Pasta mit einschließen. Auf der emischen Ebene ist eine grundlegende Unterscheidung bei der Kategorisierung von Lebensmitteln ihre japanische bzw. nichtjapanische Herkunft, selbst wenn das nichtjapanische Produkt in Japan hergestellt wird, wie etwa japanische Spaghetti oder ein japanisches Produkt aus importierten Rohstoffen, wie fast alles Tofu. Wenn man es jedoch auf der etischen Ebene mit einem langen, fadenähnlichen Nahrungsmittel zu tun hat, das aus verschiedenen Arten von Mehl hergestellt wird, scheint diese Unterscheidung nur den Blick auf eine Verallgemeinerung zu verstellen, und Verallgemeinerungen sind schließlich das, was wissenschaftliche Beschreibung anstrebt.

Daraus jedoch zu folgern, eine etische Beschreibung sei wertvoller als eine emische, wäre genauso verkehrt wie der umgekehrte Schluss. Für die Analyse des sozialen Lebens ist es notwendig, etische Kategorien zu verwenden, vorzugsweise Kategorien, die im Rahmen einer Theorie wohl definiert sind. Damit wir jedoch nicht übersehen, worauf es für die Mitglieder der Kulturgemeinschaft ankommt, müssen diese Kategorien an ihren emischen Kategorien und Regeln überprüft werden. Nicht immer ist der Unterschied zwischen beiden offensichtlich, oft gibt es darüber, wie die Welt beschaffen ist, weitgehende Übereinstimmung, aber nicht immer. Die Kategorien beider Ebenen können sich also decken oder auch nicht, doch selbst wo sie übereinstimmen, gehören sie verschiedenen Ordnungen an und stellen verschiedene Arten von Wissen dar. Wenn man sich für Ernährungsgewohnheiten interessiert, genauer gesagt für Rezepte, wie man verschiedene Sorten Mehl für den menschlichen Verzehr zubereitet, ist die Etik von Nudeln relevant. Wenn es jedoch um die japanische Esskultur geht, muss man versuchen, die Emik des Ordnungssystems der Nahrungsmittel zu verstehen, wobei sich herausstellt, dass Letzteres sich auf verschiedene Produkte und nicht nur auf Nudeln bezieht. Dies bedeutet nicht, dass die Etik von Nudeln im japanischen Kontext irrelevant wäre, doch reicht sie nicht, um zu verstehen, wie die Japaner Nudeln wahrnehmen, ganz zu schweigen von irgendeiner Hypothese darüber, wie sie andere Dinge wahrnehmen. Die Rekonstruktion der emischen Kategorisierung aber kann eine solche Perspektive eröffnen.

Zeichen

Ich werde die Unterscheidung von etisch und emisch verwenden, wo immer sie verspricht, Licht auf japanische Klassifikationen, Formen sozialer Beziehungen und kulturelle Ereignisse zu werfen. Wie ich dargelegt habe, erleichtert dieser Ansatz den Vergleich, indem er auf systematische Weise externe und interne Kategorien aufeinander bezieht, was insofern nützlich ist, als dieses Buch erhellen soll, was an der japanischen Kultur kulturell und was japanisch ist. Auf beiden Ebenen manifestiert sich Kultur als ein Zeichensystem. Weil es, wie eingangs bemerkt, bei Kultur immer um Bedeutung geht, wird sie oft als Zeichensystem definiert. Doch wird Kultur auch auf viele andere Weisen definiert: in Bezug auf Gebräuche und Verhaltensroutinen; in Bezug darauf, was als authentische Tradition anerkannt wird; in Bezug auf Werte und Religionen, auf Dinge, die dem Leben von Mitgliedern der Gemeinschaft einen Sinn geben; in Bezug auf das, was die Mitglieder durch Instruktion und Überlieferung lernen im Gegensatz zu dem, was ihnen biologisch vererbt wird. Solche Definitionen von Kultur verdienen es, ernst genommen zu werden. Sie alle erfassen verschiedene Aspekte von Kultur. Um sie zu integrieren, ist es meiner Überzeugung nach notwendig, sich sowohl auf externe als auch auf interne Information zu stützen, auf die Sicht von außerhalb und von innerhalb der Glastür.

Um noch einmal zu unserem ersten Beispiel zurückzukehren, würden wir uns im etischen Modus auf diejenigen Aspekte der morgendlichen Geschäftsöffnung von Isetan konzentrieren, die für einen Vergleich taugen und vielleicht zu erklären versuchen, was für Zeichen wir erkennen, die sich auf Hierarchie und Disziplin, Status und Rolle, Geschlecht und womöglich bestimmte ästhetische Kategorien beziehen. Diese Kategorien können als ein symbolisches System gedacht werden, das sich aus einer Anzahl von Zeichen zusammensetzt, die etwas bedeuten und mit ähnlichen Zeichensystemen vergleichbar sind, etwa mit Kaufhäusern in Rom, Berlin und Moskau. Im emischen Modus wären wir eher an den Merkmalen interessiert, die man kennen muss, um bei Isetan ein guter Verkäufer sein zu können. Dazu würden viele Details gehören, die für das, was allgemein zum Verkäufersein gehört, wenig relevant sind, während sie entscheidende Unterschiede zwischen Isetan, Mitsukoshi, Takashimaya etc. offenlegen würden. Diese Merkmale weichen auf systematische Weise von denen anderer japanischer Kaufhäuser ab, so wie bestimmte phonetische Merkmale systematisch von einem Dialekt einer Sprache zum anderen variieren. Gleichzeitig beziehen sich diese Merkmale auf andere Zeichensysteme, indem sie japanische Vorstellungen von zwischenmenschlichen Beziehungen, Stil und Professionalität enthalten. Eine sorgfältige Analyse der Emik einer Geschäftsöffnung wird gewisse Ähnlichkeiten mit Ereignissen ganz anderer Bereiche wie beispielsweise der Schule offenbaren, was ein Hinweis darauf ist, dass sie Teil eines größeren Systems sind, eines Systems, in dem die Unterscheidungen und Regeln vom Standpunkt des Mitglieds aus betrachtet sinnvoll und real sind.

Im Sinne zweier komplementärer Wissensmodi werden uns Emik und Etik als Orientierung dienen. Doch sollen sie hier nicht als ein starres Paradigma verwendet werden, das uns zwingt, Aspekte der japanischen Kultur zu ignorieren, die sich nicht ohne weiteres für eine Analyse im Rahmen dieser beiden aufeinander bezogenen Begriffe eignen. Kultur umfasst zu viele Aspekte des menschlichen Lebens, als dass sich alles einem einzigen Prinzip unterordnen ließe. Kultur ist kein Gebilde oder eine Sammlung von Gebilden, die für den Zweck einer Untersuchung isoliert werden können. Im hier gegebenen Kontext wird Kultur nicht als ein abgesonderter Schauplatz behandelt, sondern vielmehr als ein Gewebe, das im Hintergrund vielfältiger sozialer Schauplätze erkennbar ist, die gewöhnlich um ihrer selbst willen untersucht werden: grundlegende ontologische Vorstellungen, grundlegende Definitionen des Selbst[12], soziale Beziehungen, Erziehung, Religion, Geschäftswelt, Regierung, Recht, Kunst und Handwerk, um nur die offenkundigsten zu nennen. Diese Vielfalt steht der methodologischen Einheitlichkeit im Wege.

Ferner gilt es festzuhalten, dass heute niemand, der einen Überblick über die japanische Kultur anbietet, Neuland betritt. Die Japaner sind kein exotisches Volk, über das man wenig weiß. Im Gegenteil hat das über ein ganzes Jahrhundert hinweg von japanischen und westlichen Wissenschaftlern zusammengetragene Wissen Japan zu einer der bestuntersuchten Kulturen gemacht. Wir verfügen über umfangreiche Kenntnisse von den grundlegenden Weltanschauungen, Verhaltensmustern, Institutionen, Denkweisen und allen erdenklichen Facetten der traditionellen und modernen Gesellschaft. Nicht Mangel an Detailkenntnissen, sondern eine sachkundige und sinnvolle Auswahl ist die größte Herausforderung für den Entwurf eines Gesamtbildes. Was diejenigen Forscher in den Sozialwissenschaften die ein aktives Interesse an Japan unterhalten, miteinander verbindet, ist nicht ein einziges theoretisches Paradigma, sondern der Gegenstand ihrer Forschung. Anstatt das Fehlen methodologischer Konsistenz zu rechtfertigen oder zu entschuldigen, sollten wir anerkennen, dass das Beharren auf einer einzigen Forschungsstrategie zu einer Art von Reduktionismus führen muss, der lähmend und kontraproduktiv ist.

Dessen eingedenk bietet dieses Buch eine Beschreibung der japanischen Kultur, die sich auf die mannigfaltigen Erscheinungen der Gegenwart konzentriert und dabei ihre Genese und den weiteren historischen Hintergrund im Blick behält. Die im Folgenden behandelten Themen sind in vier Abschnitte unterteilt, wenngleich einige von ihnen wiederholt aufgegriffen werden und sich einer leichten Einordnung entziehen. Die Abschnitte sind (1) Verhalten und soziale Beziehungen, (2) Werte und Überzeugungen, (3) Institutionen und (4) materielle Kultur. Die vielfältigen Berührungspunkte und Überschneidungen sollen dadurch nicht aus dem Blick rücken. Ein Abakus z. B. ist ein Artefakt und als solches in Teil IV über die materielle Kultur zu behandeln. Sein Gebrauch wird in der Schule, einer Institution (Teil III) erlernt, die u. a. durch bestimmte Formen des Verhaltens und soziale Beziehungen (Teil I) charakterisiert ist und, wie auch das Rechnen mit dem Abakus selber, mit bestimmten Wertvorstellungen (Teil II) verknüpft ist. Die Einteilung in vier Teile wird also nicht vorgenommen, um die Bereiche völlig unabhängig voneinander zu behandeln, sondern um einen Gesichtswinkel zu finden, der ihre Wechselwirkungen erkennen lässt. Eben dieser Gesichtswinkel ist es, den wir hier japanische Kultur nennen.

ERSTER TEIL

Verhalten und soziale Beziehungen

Kultur ist soziale Übereinkunft. Überall auf der Welt müssen die Menschen ihren Grundbedürfnissen nach Nahrung, Obdach und Fortpflanzung gerecht werden, doch tun sie dies auf viele verschiedene Weisen. Selbst wo die natürlichen Bedingungen, das Klima und die physische Umwelt ähnlich sind, haben verschiedene Gruppen von Menschen für die gleichen Probleme äußerst unterschiedliche Lösungen gefunden. Diese Lösungen machen die Verhaltensaspekte von Kultur aus. Viele Verhaltensweisen werden von Überkommenem geformt, Sitten, die von der Tradition geprägt sind. Japan gilt gemeinhin als stark traditionsgebunden. Ebenso weit verbreitet ist das Staunen über den verblüffenden Gegensatz zwischen Modernität und Tradition, den man in Japan antrifft. Ist Japan traditioneller als etwa Großbritannien? In Ermangelung eines objektiven Maßstabs lässt sich das schwer sagen, wenn wir nicht in die Fallgrube der unkritischen Fortschrittsgläubigkeit stolpern wollen, wo Unterschiede zwischen Kulturen auf eine lineare Zeitachse projiziert werden, an deren Ende der «moderne Westen» steht, während alle übrigen Kulturen mehr oder weniger traditionsgebunden sind.[1] Die historische und anthropologische Forschung der letzten beiden Jahrzehnte richtet sich zu einem guten Teil darauf, den Erfindungscharakter von Traditionen offenzulegen. Nicht alle Sitten wurden über einen langen Zeitraum hinweg befolgt, obgleich sie oft damit begründet werden, *dass* sie angeblich Tradition verkörpern. Die hohe Wertschätzung von Konventionen ist charakteristisch für die japanische Kultur, was ein Grund dafür sein mag, dass Japan oft als traditionell dargestellt wird. In vielen westlichen Gesellschaften steht man der Konventionalität eher ablehnend gegenüber, weil ihr der Ruch des Unoriginellen, des Abgedroschenen, des Klischees anhaftet. In Japan ist das nicht so. Durch allgemein respektierte Regeln standardisierte Verhaltensweisen gewähren die Sicherheit kultivierten Auftretens. Die augenfällige Neigung, Konventionen zu respektieren, hat manche Beobachter dazu veranlasst, das Leben in Japan als in hohem Maße konformistisch und angepasst zu beschreiben. Einigen Soziologen zufolge werden die kulturellen Ideale Harmonie und Konsensus von den Mächtigen ideologisch ausgenutzt, um die Massen zu Konformität zu zwingen und sie so besser kontrollieren zu können. In westlichen Gesellschaften hingegen gilt es als positive Eigenschaft, sich von der Masse abzuheben.

Eine weitere, sowohl von japanischen als auch von westlichen Psychologen viel diskutierte Folge des Festhaltens an Konventionen und des Anpassungsdrucks der Gruppe ist, dass die Japaner angeblich bereit sind, auf individuelle Selbstverwirklichung zu verzichten. Das starke Ego, das in westlichen Gesellschaften gefördert wird, fehle ihnen, und stattdessen hätten sie, so das Schlagwort Hiroshi Minamis, ein «Gruppen-Ego».[2] Innerhalb eines repressiven Sozialsystems mangele es den Menschen an Gelegenheiten, sich als Individuen durchzusetzen, da sie ihr Selbst einer Gruppe überantworteten.

Eine solche Sicht ist simplistisch und daher falsch. Sie lässt uns übersehen, dass, wie Robert Smith prägnant formulierte, «die Japaner der Entwicklung der Menschen zu sozialen Wesen höchste Bedeutung beimessen».[3] Die Tatsache, dass bestimmte, kulturelle Züge manifestierende Verhaltensweisen einerseits als konformistisch und als Mangel an Individualität dargestellt werden können und andererseits als Mittel der Herstellung sozialer Harmonie, lässt vermuten, dass diese Darstellungen eher emischer als etischer Natur sind. Der Soziologe Eshun Hamaguchi erinnert zu Recht daran, dass «die Vorstellung, Menschen seien unabhängige und keinerlei Zwängen unterstehende ‹Individuen›, ihren Ursprung im Westen hat».[4] Daher sollten wir uns davor hüten, diesen Gedanken für universell zu halten, wenn wir Kulturen außerhalb seines Entstehungskontexts beschreiben. Ist *Konformismus* also ein emischer Begriff? Vielleicht; sicherlich beinhaltet er westliche Ideen über das Leben als soziale Wesen und Individuen. Ein englisch-japanisches Standardwörterbuch erklärt ihn so: «das Befolgen sozialer Regeln, Gebräuche etc. (gewöhnlich negativ).» Die Ergänzung in Parenthese ist aufschlussreich, und zwar weniger im Hinblick darauf, was sie über das englische Wort aussagt, sondern weil sie für den japanischen Benutzer des Wörterbuchs offensichtlich notwendig ist. Es gibt keinen entsprechenden japanischen Begriff mit demselben negativen Beiklang. Mit Konvention und Brauch werden nicht Eigenschaften wie unpersönlich und farblos assoziiert, sondern Anstand und Takt. Das Alltagsverhalten in Japan wirkt auf westliche Beobachter oft förmlich oder gar steif. Aber was dem Betrachtenden steif erscheint, braucht nicht unbedingt für den Beteiligten so zu sein.

Auch bedeutet eine allgemein positive Haltung gegenüber Ordnung, Konformität und Harmonieorientierung nicht, dass es keine Nonkonformität gäbe. Die japanische Gesellschaft ist genauso differenziert wie jede andere Gesellschaft dieser Größe. Es gibt ein enorm vielfältiges Nebeneinander von Gruppen mit grundverschiedenen Lebensstilen und Wertorientierungen. Die Mannigfaltigkeit der regionalen Zugehörigkeiten, der Berufe, der Altersgruppen, der sprachlichen Identitäten und Bildungshintergründe ist so groß, dass die Einheit betont werden muss. Insbesondere die Kulturproduktion weist eine unendliche Vielfalt auf, und ihre erfindungsreichen Protagonisten sind alles andere als konventionsgebundene Konformisten. Innerhalb der Japanwissenschaft befasst sich ein breites Spektrum von Literatur ausschließlich mit abweichendem Verhalten, Konflikt und anderen Manifestationen von Exzentrizität und Disharmonie.[5] Das Schwimmen gegen den Strom wird sogar geschätzt, vielleicht weil es vergleichsweise selten ist. Die japanische Literatur ist voller Helden, die infolge misslicher Umstände gezwungen sind, gegen Konventionen zu verstoßen, wobei ihr von Aufrichtigkeit *(makoto)* und einem reinen Herzen geleitetes Handeln dem Publikum Bewunderung abverlangt. Gleichwohl sind nur wenige Menschen Helden, die meisten bevorzugen die Sicherheit der ausgetretenen Pfade.

Dieser Teil des Buches befasst sich mit den ausgetretenen Pfaden der japanischen Kultur, wie sie sich im Verhalten und den sozialen Beziehungen manifestiert. Da es nicht möglich ist, alle kulturell interessanten Verhaltensweisen und sozialen Beziehungen zu behandeln, wurden hier vier Aspekte ausgewählt. Als erstes werden wir eine Reihe von Bräuchen untersuchen, die mit dem Lebenszyklus von (normalen, nicht von heroischen) Menschen verbunden sind, um sodann die Verwandtschaft als kulturelles Erbe, als soziales Subsystem und als Metapher für nicht blutsverwandte Beziehungen zu beschreiben. Die Familie fungiert, worauf häufig hingewiesen wird, sowohl real als auch ideologisch als eine wichtige Einheit der japanischen Gesellschaft. Verwandtschaft handelt davon, wie die Familie definiert wird, wie biologische Beziehungen kulturell ausgeformt werden, wie Grenzen zwischen innen und außen, zwischen legitimen und illegitimen Beziehungen gezogen werden. Verwandtschaftsgruppen bilden den Kern der japanischen Sozialstruktur, und ihre interne Organisation dient als Bezugssystem für Verhalten und symbolisches Handeln generell.

Drittens werden wir einen Verhaltensaspekt untersuchen, der aus oben angedeuteten Gründen eine gesonderte Betrachtung rechtfertigt: die Etikette. Die Japaner haben einen ausgeprägten Sinn für Umgangsformen, was, wie wir sehen werden, mehr als eine bloße Formsache ist. Hierbei spielt wiederum die Sprache eine besondere Rolle, weil die Regeln der verbalen Etikette am ausdrücklichsten kodifziert sind und erlernt werden. Jede Sprache kann Formalität und Intimität, Solidarität und Macht ausdrücken, doch gehört das Japanische zu denjenigen Sprachen, die es nicht nur ermöglichen, die eigenen Äußerungen entsprechend zu nuancieren, sondern es schwer machen, diese Dimensionen zu ignorieren. Sprache ist ein Mittel des Austauschs,[6] und die verbale Kommunikation ist ein unablässiges Geben und Nehmen in mehr als einem oberflächlichen Sinn. Für das Japanische gilt dies in besonderem Maße, da die Struktur des Gebens und Nehmens in die Grammatik eingebaut ist, anstatt nur im Sprachgebrauch zum Ausdruck zu gelangen.

Für die Regulierung sozialer Beziehungen ist zwar die Sprache von überragender Bedeutung, aber es gibt auch andere Mittel des symbolischen und materiellen Austauschs, die verwandte Funktionen erfüllen. Japan hat eine hoch entwickelte Geschenkkultur. Das Schenken unterliegt sehr detaillierten Regeln, welche die zugrunde liegenden ökonomischen Beziehungen in eine kulturelle Form kleiden und so als Vehikel der Aufrechterhaltung des sozialen Zusammenhalts dienen. Da es eng mit sozialem Verhalten und Etikette verbunden ist, wird es im letzten Kapitel dieses Teils behandelt.

1
Übergangsriten

Das Leben in Japan wird von Sitten und Bräuchen strukturiert. Einander überschneidende Zyklen von Ritualen, Zeremonien, Feiern und Gedenkanlässen bilden einen Rhythmus, der natürliche Zyklen akzentuiert und gestaltet. Sitten und Bräuche können in diesem Sinne als kulturelle Zeit im Gegensatz zur natürlichen Zeit verstanden werden. Dabei sind zwei Arten von Zyklen zu unterscheiden: solche, die sich auf sozial definierte Ereignisfolgen beziehen, und solche, die den individuellen Lebenszyklus betreffen. Erstere beinhalten den Zyklus der mit den Jahreszeiten verbundenen Ereignisse sowie den sechzigteiligen Zyklus der zwölf Tiere des Tierkreises und der fünf Elemente, die in Ostasien seit alters her zum Aufzählen von Jahren und Tagen verwendet werden. Letztere unterteilen die individuelle Lebenszeit in bedeutungsvolle Abschnitte wie Kindheit, Erwachsensein und Alter. Darüber hinaus gibt es Bräuche für unregelmäßige Ereignisse, die gemäß traditionellen Vorgaben gestaltet werden wie etwa Grundsteinlegungen, Eröffnungs- und Aufnahmezeremonien, der Beginn von Wahlkampagnen oder Siegerehrungen sowie andere seltene Ereignisse wie die Inthronisierung eines neuen Kaisers. Der Jahreszyklus wird an späterer Stelle als Beispiel einer kulturellen Institution mit regulativen Funktionen erörtert. Dieses Kapitel konzentriert sich auf die kulturelle Einteilung des Individuallebens in einzelne Abschnitte. Die sozialen Interpretationen der Übergänge zwischen diesen Phasen sind als Übergangsriten bekannt. Tradierte Bräuche geben ihnen eine feste Form.

Geburt

Das menschliche Leben beginnt als Bestätigung der Kultur. Schon der Gebärakt ist kulturell, da den Müttern beigebracht wird, wie sie sich unter diesen Umständen verhalten sollen, anstatt dem natürlichen Prozess freien Lauf zu lassen. Schon bevor ein neues Leben eine eigene körperliche Existenz erlangt, während der ganzen Schwangerschaft, ist die Kultur präsent. Oft beten Frauen für eine leichte Geburt (*anzan kigan*), und Amulette für schmerzfreie Wehen und ein gesundes Kind gehören in Shintō-Schreinen und buddhistischen Tempeln zu den meistverkauften Talismanen. Diese *omamori* sind Papierzettel mit dem Namen einer Gottheit, den schwangere Frauen in einem kleinen seidenen Umschlag bei sich tragen oder auf den Shintō-Familienaltar (*kamidana*) legen. Im fünften Schwangerschaftsmonat führen noch immer viele Frauen die überkommene Zeremonie des Schärpebindens, *obi iwai* aus. Hierbei erhält die Frau von ihren Eltern ein besonderes Stück Stoff, das ihre zukünftige Hebamme ihr um die Taille bindet, um für eine sichere Entbindung zu beten. Diese Zeremonie sollte im Tierkreiszyklus am Tag des Hundes stattfinden[1], da Hunde, wie man glaubt, keinen Wehenschmerz erleiden.

Wenn das Kind geboren ist, beginnt eine Reihe von Ritualen, die es zu einem Mitglied der Familie und der Gesellschaft insgesamt machen. Die Übertragung kultureller Verfahrensweisen von einer Generation auf die nächste beginnt ganz am Anfang, mit der Geburt des Kindes. Heute ist die Kindersterblichkeit Japans die weltweit niedrigste, was jedoch nicht immer so war. Es gibt dabei eine klare Korrelation zwischen dem Wachstum des Bruttosozialproduktes und dem Rückgang der Kindersterblichkeit. In früheren Zeiten, bevor Japan in die Liga der entwickelten Industrieländer aufstieg, war die Gefahr, während der ersten Monate nach der Geburt zu sterben, sowohl für das Kind als auch für die Mutter weitaus größer. Emischer ausgedrückt hatten Säuglinge ein schwaches und prekäres Leben, das jederzeit erlöschen konnte. Überkommene Überzeugungen und Rituale, von denen viele noch heute gepflegt werden, zeugen von dieser Unsicherheit. Wenn ein Kind geboren wird, ist eine Geburtsgottheit, *ubugami*, zugegen, um den gefährlichen Übergang in diese Welt zu überwachen. Dann wird das Neugeborene von einem Ahnengeist durchdrungen, der unsterblich ist. Sowie der Geist in den Körper eingeht, stößt das Kind seinen ersten Schrei, *ubugoe*, hervor und wird zum Menschen. Folglich ist der Körper der vorübergehende Wohnsitz des Geistes eines Ahnen, und am Anfang ist die Verbindung zwischen beiden schwach. Der Geist kann sich leicht vom Körper des Säuglings zurückziehen und so das junge Leben beenden. Daher ist es notwendig, die Bindung des Geistes an das Kind zu festigen, zu welchem Zweck verschiedene Rituale durchgeführt werden.

Aufgrund der engen Verbindung mit dem Tod haben sich um die Geburt herum verschiedene Tabus entwickelt. Bei vielen Tabus geht es um das Vermeiden «roter und schwarzer Verunreinigungen» (aka fujō und kuro fujō), die mit Blut beziehungsweise dem Tod verbunden sind. Durch diese Tabus wurde verdeutlicht, dass eine Geburt nicht nur eine private, sondern auch eine soziale Angelegenheit war. In einigen Teilen Japans war es üblich, Wöchnerinnen in Gebärhütten (ubuya) unterzubringen, um andere vor einer Ansteckung mit ihrer «roten Verunreinigung» zu schützen. Auch während der Mensis wurden die Frauen manchmal in ubuya oder andere getrennte Unterkünfte abgesondert. Das Essen, das in einer ubuya untergebrachte Mütter erhielten, wurde an einem von der Küche des Hauses getrennten Ort zubereitet. In Dörfern, wo es eine Geburt gegeben hatte, durften sich die Mitglieder des Haushalts oder sogar des ganzen Dorfes nicht dem Schrein nähern und zwei oder drei Tage lang sollte nicht im Freien gearbeitet werden. Etisch gedeutet, erfolgte die Absonderung aus hygienischen Gründen, um die Gefahr des Kindbettfiebers oder anderer Infektionen zu mindern.

Die Rituale in Zusammenhang mit dem Neugeborenen beginnen, sobald die Mutter wieder auf den Beinen ist. Mikka iwai, die Feier des dritten Tages, bietet die Gelegenheit für mehrere «Premieren» wie etwa das erste Bad (ubuyu), den ersten Haarschnitt (ubugesori) und die ersten Kleider (ubugi), richtige Kleider, die Ärmel haben und das Baby enger mit der Gemeinschaft verbinden. Auch die Zeremonie der Namengebung (meimei) wird zwischen dem dritten und dem vierzehnten Tag durchgeführt.

Namengebung

Dieses Ereignis ist für den Säugling ein wichtiger Schritt hin zum Erwerb einer sozialen Existenz. Obwohl die Wahl eines glücklichen Namens, der zu dem Einzelnen passt, individuelle Aspekte hat, ist die Namengebung immer ein sozialer Akt von großer symbolischer Bedeutung gewesen. Traditionell galten Namen als bedeutungsvolle Merkmale ihrer Träger und waren daher von Tabus umgeben. Jemandes Namen zu kennen bedeutete, Macht über ihn zu haben. Ein Edikt aus dem Jahr 774 u. Z. verbietet die Verwendung derzeitiger und früherer Kaisernamen. Selbst Namen, die phonetisch denen von Kaisern oder Gottheiten ähnelten, waren verboten. Personennamen erlangten eine geheiligte Qualität. In vielen Zusammenhängen herrscht noch heute eine Abneigung gegen die Verwendung von Namen, man bevorzugt für die Anrede Titel und Verwandtschaftsbezeichnungen.*

Auch zeigten und zeigen viele Namen einen Rang und Beruf oder die Position des Kindes in der Geschwisterfolge an, wie etwa Ichirō, Jirō, Saburō, was «erster», «zweiter» und «dritter Sohn» bedeutet und unmittelbar Auskunft über die Erbfolge gibt. Auch der soziale Status und das Alter waren an Namen ablesbar. Im feudalen Japan gab man den Jungen Kindernamen (*yomyō*). Jungen von höherem Stand tauschten später, bei der gewöhnlich mit fünfzehn Jahren vollzogenen Volljährigkeitszeremonie, ihren *yomyō* gegen einen anderen Namen aus, während Jungen von niederem Stand ihn ihr Leben lang behielten. Den Namen zu wechseln war viel einfacher als heute, wo nur noch Sumō-Ringer und Kabuki-Schauspieler daran erinnern, die nach wie vor ihren Künstlernamen im Laufe ihrer Karriere mehrmals wechseln, insbesondere wenn sie in der Hierarchie aufsteigen und in einen höheren Rang befördert werden. Während der Meiji-Restauration wurden die Namengebung und das *koseki*-System (Familienregister) reformiert, was alle Bürger zwang, ihre Namen registrieren zu lassen. Heute sind einmal erteilte Namen im Allgemeinen unveränderlich. Doch ist es nach wie vor üblich, Namen zu wählen, die günstige Veranlagungen und wünschenswerte Eigenschaften symbolisieren wie Kiyoshi, ‹Reinheit›, Minoru, ‹Erfüllung› und Makoto, ‹Aufrichtigkeit› für Jungen oder Fumiko, ‹Bildung› und Yukiko, ‹Glück› für Mädchen. Auf der Suche nach einem guten Namen und passenden Eigenschaften mit treffender Bedeutung und einem ausgewogenen Klang werden regelmäßig Priester um Rat gefragt. *Seimei handan*, Namenkunde oder Namenwahl, ist ein anerkannter Beruf in Japan, der von der großen Bedeutung zeugt, die man Namen beimisst. Namen werden aus-

---

* Mit der Kennzeichnung «u. Z.» wird nicht nur darauf hingewiesen, dass es sich um ein Jahr nach Beginn der christlichen Zeitrechnung handelt, sondern auch darauf, dass dies«unsere», d. h. die westliche, wenn nicht eurozentrische, so doch eng mit dem christlich-europäischen Weltbild verbundene Zeitrechnung ist. Ihre Verwendung als Bezugsrahmen für Ereignisse, die sich außerhalb der westlichen Welt zutrugen, ist ebenso anachronistisch wie etwa die Verwendung des Ortsnamens «Tokyo» mit Bezug auf eine Epoche, in der die Stadt noch gar nicht so hieß. Man muss sich bewusst machen, dass eine Zeitrechnung eine bestimmte konzeptuelle Organisation und einen Standpunkt reflektiert. Näher hierzu vgl. Coulmas 2000.

gewählt aufgrund ihrer Schönheit, ihrer viel versprechenden Bedeutung, um ein Ereignis hervorzuheben oder um eines bestimmten Tages zu gedenken. Marina beispielsweise wurde am 20. Juli, dem *umi no hi* oder ‹Tag des Meeres› geboren. Kenichi, dessen Name mit den chinesischen Zeichen *ken* von *kenpō*, ‹Verfassung› und *ichi*, ‹eins›, geschrieben wird, dürfte 1947 geboren sein, dem Jahr, in dem die gegenwärtige Verfassung in Kraft trat. Auch Shōhachi offenbart sein Geburtsjahr in seinem Namen: das achte (*hachi*) Jahr der Shōwa-Ära (1926–1989), also 1934.

Aufnahme in die Gemeinde

Die Zeremonie der Namengebung macht Neugeborene zu Mitgliedern ihrer Familie und der Gemeinschaft. Die meisten Japaner werden außerdem auch zu Mitgliedern des Schutzschreines ihrer Eltern gemacht. Das geschieht am 31. oder 32. Tag durch einen Besuch von Mutter und Kind im Schrein (*hatsumiyamairi*), oft in Begleitung anderer Familienmitglieder. Diese Zeremonie kann nicht früher durchgeführt werden und erfolgt in einigen Gegenden später, da die Mutter zuvor als unrein gilt und daher den Schrein nicht betreten darf. Einige Eltern schieben den ersten Besuch in einem Schrein so weit hinaus, bis er mit einem anderen Ritual zusammenfällt, das 100 Tage nach der Geburt stattfindet, dem ersten Kosten fester Nahrung. Bei diesem Anlass erhält das Kind ein Paar neue Essstäbchen und eine Kostprobe weichgekochten Reis. Im Schrein heißt ein Priester das Kind in einer einfachen Zeremonie willkommen, indem er mit einem Zweig des heiligen *sakaki*-Baums oder einem *gohei*, einem Stab, an dem im Zickzack gefaltete Papierstreifen befestigt sind, mehrere Male über dem Kopf des Kindes wedelt, um es zu reinigen. Die Besucher bezahlen den Priester für seinen Dienst und lassen den Namen des Kindes in ein Registerbuch eintragen.

Nach dem ersten Besuch werden die Kinder wiederholt für verschiedene Riten zu Schreinen gebracht, wo um Schutz vor Krankheit und Unglück gebetet wird. Das augenfälligste dieser Rituale ist *shichigosan*, das Sieben-Fünf-Drei-Fest. Der Kalender gibt hierfür den 15. November an, doch ist das feste Datum neueren Ursprungs und das Fest kann den ganzen November hindurch begangen werden. Sieben oder drei Jahre alte Mädchen und fünfjährige Jungen werden in ihre besten Kleider gesteckt und zu einem berühmten Schrein gebracht, wo sie dann sorgfältig fotografiert werden. In einigen Teilen Japans waren es früher dreijährige Jungen und Mädchen, fünfjährige Jungen und siebenjährige Mädchen. Wie bei vielen anderen Riten auch hat bei *shichigosan* die Kleidung als Zeichen der Domestizierung, dafür, dass aus den Kleinen vollwertige Mitglieder der Gemeinschaft werden, stets eine wichtige Rolle gespielt. Im Mittelalter wurde das *hakamagi* oder das erste Tragen eines *hakama*, einer weiten Hose, der traditionellen Kleidung des Mannes, im Alter von zwei oder drei Jahren am kaiserlichen Hof gefeiert. In den vornehmen Gesellschaftsschichten bekamen fünf oder sieben Jahre alte Mädchen ihren ersten Kimono mit kurzen Ärmeln, *kosode*. Diese Bräuche verschmolzen mit Vorschriften für Unglücksjahre, die auf alte Übergangsriten zurückgehen. Sie markierten wichtige Stationen auf dem Weg vom anfänglich ungestalteten und gewissermaßen wilden Zustand der Kindheit hin zu einem beherrschteren und formbewussten Erwachsensein. Das Alter von drei, fünf und sieben Jahren galt als unheildrohend und erforderte besondere Vorsicht wie etwa einen Besuch bei einem Schrein, um Schutz zu erbitten.

Für die Schreine ist dieses fröhliche Fest eine wichtige Gelegenheit, die Kinder an sich zu binden, weshalb für jedes Kind, das an der Zeremonie teilnimmt, eine Geschenktüte vorbereitet wird. Gegen eine Gebühr werden kurze Rituale ausgeführt. So wird eine Beziehung zwischen dem Schrein und dem Gemeindemitglied aufgebaut. *Shichigosan* ist heute eines der am weitesten verbreiteten Feste, wobei es seine große Popularität erst im 20. Jahrhundert erlangte, insbesondere nach dem Bau des Meiji-Schreins 1920 in Tokio. Die letzte Gelegenheit, an der Feier teilzunehmen, ist im Alter von sieben Jahren. Sie markiert die förmliche Aufnahme des Kindes in die Gemeinde (*ujiko*) des Schutzschreines und damit das Ende der Kindheit. Für die meisten japanischen Kinder geschieht dies mitten im ersten Grundschuljahr, wodurch gleichzeitig der Übergang vom freizügigen Leben des Kleinkindes zu der immer stärker regulierten Lebensweise des Schülers akzentuiert wird. Kultur ist anpassungsfähig. Die zeitliche Koinzidenz der Einführung der allgemeinen Schulpflicht mit der Popularisierung von *Shichigosan* zu Beginn des 20. Jahrhunderts ist dafür ein manifestes Beispiel.

Volljährigkeit

In jeder Gesellschaft wird das Alter, mit dem ein Individuum als erwachsen gilt, durch Gesetz oder Brauch definiert. Es geht dabei um eine Norm, die eher mit sozialer als mit körperlicher Reproduktion, d. h. mit sexueller Reife zu tun hat. Daher ist das Mannwerden und Frauwerden eine kulturelle Tatsache und unterliegt mithin dem Wandel. In den modernen Industriegesellschaften zeigt sich eine deutliche Tendenz zur Verlängerung von Kindheit und Jugend, da so viele Fähigkeiten und so viel Wissen durch Erziehung vermittelt werden müssen, bevor ein Kind ein vollwertiges Mitglied der Gesellschaft werden kann. Mit der verminderten Kindersterblichkeit und höheren Lebenserwartung stieg auch das Alter der Erstgeburt, da die «Erfolgsquote» der Reproduktion infolge neuer Technologien und Einrichtungen stetig gewachsen ist. Während die Chancen Neugeborener, das Erwachsenenalter zu erreichen, wuchsen, wurde die Notwendigkeit, früh mit der Reproduktion zu beginnen und über weite Strecken des Lebens damit fortzufahren, weniger dringlich.

Im vormodernen Japan wurden die Volljährigkeitsfeiern abgehalten, wenn die Reproduktionsreife erlangt war, bei Mädchen im Alter von etwa dreizehn Jahren und bei Jungen mit fünfzehn. Der Übergang zum heiratsfähigen Alter wurde durch Besuche in einem Shintō-Schrein oder in einem buddhistischen Tempel hervorgehoben, wo man, vielfach mit explizitem Bezug auf Geschlechtsorgane und den Zeugungsakt, Schutz erbat. Verbreitet waren zudem Rituale, die die Erprobung körperlicher Kraft und Ausdauer beinhalteten, zum Beispiel die Besteigung eines Berges. Ein symbolischer Tod, bei dem die Jugendlichen beerdigt und dann «dem Leben zurückgegeben» (saisei) wurden, gilt als Ursprung des Brauches, bei erlangter Volljährigkeit den Namen zu ändern und als ichininmae, als vollwertiges Mitglied der Gesellschaft akzeptiert zu werden. Damit hielt man die Jugendlichen für fähig zu arbeiten, Waffen zu tragen, zu heiraten und Verantwortung für die Gemeinschaft zu übernehmen.

Die Volljährigkeitszeremonien waren als heko iwai oder yumoji (oder fundoshi) iwai, als ‹Taillenband›- beziehungsweise ‹Lendenschurz›-Zeremonie bekannt, da die Eltern oder rituellen Paten den Kindern diese Kleidungsstücke zusammen mit anderen Volljährigkeitsgeschenken überreichten und auf diese Weise ihre Bereitschaft zum Ausdruck brachten, eine schützende Hand über «ihr» Kind zu halten und es zu unterstützen. Auch das war eine Maßnahme, um den jungen Erwachsenen mit der Gesellschaft zu verbinden. Die Kleidung erfüllt wiederum die symbolische Funktion, den Beginn eines neuen Lebensabschnittes anzuzeigen. Das ist noch immer so. Heute erlangt man die gesetzliche Volljährigkeit mit zwanzig. Die meisten Jugendlichen, die das feiern, tun es, indem sie ihre besten Kleider, *haregi*, anlegen. Für junge Frauen ist dies eine der seltenen Gelegenheiten, einen Kimono zu tragen, der wegen der kalten Jahreszeit oft mit einer plüschigen Stola geschmückt wird, während die Männer Anzug und Krawatte tragen. *Haregi* entspricht einer der beiden Seiten des Lebens, welche die Japaner begrifflich unterscheiden, *haregoto* und *kegoto*. *Hare* steht für das Besondere, das Festliche, das Heilige, während *ke* sich auf das Alltägliche, die Routine, das Profane bezieht. Außer auf Kleidung werden die emischen Kategorien *hare* und *ke* auch auf andere Lebensbereiche wie Essen und Wohnen angewandt, auf die wir in Teil IV eingehen werden.

Der Volljährigkeitstag (*seijin no hi*) ist ein nationaler Feiertag, bis Ende des 20. Jahrhunderts der 15. Januar, seither der zweite Montag nach Neujahr. Die Volljährigkeit an einem festgelegten Tag und nicht am 20. Geburtstag zu feiern entspricht der Tradition, das Alter nach Kalenderjahren zu zählen, was eine weitere Manifestation kultureller Zeit darstellt. Im Jahr seiner Geburt ist ein Mensch ein Jahr alt, und an jedem Neujahrstag wird ein Jahr hinzugezählt. So ist der 15. Januar bzw. der zweite Montag nach Neujahr der Volljährigkeitstag für alle, die in dem betreffenden Jahr zwanzig werden oder es während der ersten zwei Wochen wurden. Das Datum des 15. Januar fällt auf *koshōgatsu*, dem Mondkalender zufolge das «kleine Neujahr».[2] Das Festsetzen des Datums der Volljährigkeitszeremonie legt wie bei anderen Übergangsriten den Akzent somit stärker auf die sozialen denn auf die individuellen Aspekte des Ereignisses.

Seit der Meiji-Ära wird der wichtige Übergang ins Erwachsenenalter in Shintō-Schreinen mit einem einfachen Ritual gefeiert, das die Verbindung des jungen Erwachsenen mit dem Schrein erneuert. In jüngster Zeit haben viele Gemeinden diesen Anlass übernommen, um die staatsbürgerlichen Aspekte der gesetzlichen Volljährigkeit hervorzuheben und zum aktiven Engagement für die Gemeinschaft anzuregen. Hierzu veranstaltet man in Stadthallen und Bezirksämtern eine Zeremonie mit Reden von Bürgermeistern und anderen Würdenträgern als wichtigstem

Programmpunkt. Außer dem Vorführen ihrer *haregi* gibt es nicht viel, was diese Feierlichkeit für die jungen Leute attraktiv macht, was der Grund dafür sein dürfte, dass weniger als zehn Prozent der Zwanzigjährigen daran teilnehmen.

Hochzeit

Sofern die Kosten ein Maßstab sind, stellen Hochzeiten den bei weitem wichtigsten aller japanischen Übergangsriten dar. Japanische Hochzeiten sind extrem aufwendig, und das nicht nur für die Familie der Braut, von der erwartet wird, dass sie die Rolle der Gastgeber spielt. Um einen Eindruck von den Dimensionen zu vermitteln: Nach einer Umfrage aus dem Jahr 2000 betragen die Durchschnittskosten einer Hochzeit zwischen 2 505 000 Yen in der Tokai-Region und 3 070 000 Yen in Kyūshū. Im Falle von Kyūshū bedeutet das nahezu das halbe Jahreseinkommen eines Durchschnittshaushaltes. Angesichts dieser Zahlen sollte es nicht überraschen, dass Scheidung in Japan stark stigmatisiert ist, was freilich weniger durch ihre offene Ächtung als durch die Betonung der hohen Wertschätzung der Ehe zum Ausdruck kommt. Wie dem auch sei, Hochzeit feiern ist eine riesige Industrie. Sie entstand während der Zeit des Wiederaufbaus nach dem Ende des Pazifischen Krieges. Nicht, dass vor dieser Zeit das Heiraten keine ökonomische Transaktion gewesen wäre. Im Gegenteil, Ethnologen haben immer wieder die wirtschaftlichen Aspekte der Ehe thematisiert: Mitgift, Brautpreis und andere Formen der Eigentumsübertragung.[3] Obwohl sie in eine Zeremonie gekleidet wird, die zu anderen Kulturmerkmalen gehört, muss die Ehe in Japan ebenso wie anderswo in wirtschaftlichen Kategorien verstanden werden. Die Arbeitsteilung bei der Reproduktion und dem Aufziehen von Kindern sowie die Besitzübertragung von einer Generation zur nächsten sind die hervorstechendsten wirtschaftlichen Funktionen des Knüpfens sozial abgesegneter Ehebande (*en o musubu*). Im heutigen Japan kommt als Begleiterscheinung des nach dem Krieg einsetzenden Konsumismus hinzu, dass die Hochzeit zur Existenzgrundlage eines ganzen Wirtschaftszweigs im Dienstleistungssektor geworden ist. Durch die Übernahme bestimmter kultureller Funktionen, die früher im häuslichen Rahmen erfüllt wurden, ist die Hochzeitsindustrie ein Teil der zeitgenössischen japanischen Kultur geworden.

Vor dem Gesetz genügen die Eintragung der Heirat in die Stammbücher (*koseki*) der Braut und des Bräutigams und die Eröffnung eines Stammbuchs für das neue Paar, doch erlaubt es die soziale Bedeutung des Ereignisses den Beteiligten nicht, sich damit zu begnügen. Die große Wichtigkeit dieses Ereignisses, das für die meisten Japaner noch immer einmalig ist, muss durch elaborierte Zeremonien und extravagante Empfänge öffentlich kundgetan werden. Auf der ideologischen Ebene wird die Hochzeit als etwas dargestellt, bei dem es um Glück geht, ganz gleich, ob es sich um eine arrangierte Heirat (etwa ein Drittel aller Fälle) oder um eine Liebesheirat (etwa zwei Drittel) handelt. Trotz ihrer überragenden Wichtigkeit dürfen die wirtschaftlichen Aspekte der Heiratsallianz, die zwischen den beiden Familien geschlossen wird, im Diskurs über das Heiraten nicht thematisiert werden. Der Industrie kommt das sehr zugute, da Hochzeiten ungeachtet der gewaltigen Ausgaben, die damit verbunden sind, nicht primär als wirtschaftliche Transaktionen wahrgenommen werden. Vielmehr ist es der Industrie gelungen, die Vorstellung zu vermitteln, Glück könne nicht teuer genug erkauft werden, weswegen keine Kosten gescheut werden dürften. Es ist das Streben nach dem Glück der Tochter, das die hohen Ausgaben rechtfertigt.

Zwei weitere Aspekte sind Professionalität und sozialer Druck. Ein allgemeines Merkmal der japanischen Kultur, das in sehr vielen Bereichen zum Tragen kommt, ist ein ausgeprägter Sinn für Angemessenheit und dafür, das, was man macht, richtig zu machen. Wenn für irgendeine Arbeit professionelle Dienste angeboten werden, ist die Neigung groß, sie in Anspruch zu nehmen, da man fürchtet, sie nicht ebenso fachmännisch ausführen zu können. Bei etwas so Wichtigem wie der Hochzeit der Tochter kommt Eigenorganisation nicht in Frage, zumal die Hochzeiten ihrer Freundinnen ebenfalls einem professionellen Servicebetrieb anvertraut wurden. Überdies schafft eine Heirat nicht nur zwischen zwei Individuen eine Beziehung, sondern zwischen zwei Familien und ist somit ein sozial sensibles Ereignis, das professionellen Beistand erfordert. Daher werden heutzutage Hochzeiten selten zu Hause gefeiert. In den 1950er Jahren, als viele Familien in extrem beengten Wohnverhältnissen lebten, kamen in Tokyo die ersten Hochzeitssäle auf. Die großen Hotels zogen nach und bieten einen Pauschalservice für Hochzeiten inklusive Dekoration, Blumen, Musik, Speisen und Getränken, Kleiderverleih sowie Erinnerungsfotos für jeden Geschmack und Geldbeutel. Bis heute hinkt die Wohnraumentwicklung der des verfügbaren Einkommens hinterher. In den dicht besiedelten städtischen Gebieten verfügen nur wenige Familien über genügend Raum, um Dutzende von Gästen zu förmlichen Anlässen zu empfangen, und förmlicher als eine typische Hochzeit kann eine soziale Zusammenkunft kaum sein. Bescheidene Zeremonien im privaten Rahmen sind deshalb sehr ungewöhnlich. Den Anforderungen der wohlhabenden Gesellschaft an die gute Form kann nur die Hochzeitsindustrie gerecht werden.

Es gibt verschiedene Arten von Hochzeitszeremonien, die jedoch eine Reihe von Gemeinsamkeiten haben. Wenn Verlobungsgeschenke ausgetauscht werden, handelt es sich gewöhnlich um Essen oder Kleidung. Der Bräutigam macht den ersten Schritt, indem er ein Geschenk zum Haus der Braut bringt. Das Gegengeschenk soll ungefähr halb so viel wert sein wie das des Bräutigams. Ein Datum für die Hochzeit kann schon vor der förmlichen Verlobung (*yuinō*) festgelegt worden sein. Hierfür gibt es zwei Gründe. Der eine ist die allgemeine Vorliebe für den Frühling und den Herbst als Hochzeitssaison und der andere die begrenzte Verfügbarkeit von angemessenen Räumlichkeiten. Der Sommer wird in den meisten Teilen Japans vermieden, da das heiße und feuchte Wetter das Tragen der vorgeschriebenen schwarzen Anzüge und schweren Kimonos zu einer Tortur macht. Der Winter hingegen ist voll von anderen Festlichkeiten, insbesondere den Neujahrsfesttagen und den vielen Feiern davor und danach. Zusätzlich zu bestimmten Jahreszeiten werden auch bestimmte Tage bevorzugt. Einerseits wird am liebsten an Wochenenden geheiratet, andererseits überschneidet sich die Woche mit dem chinesischen Zyklus von sechs günstigen und ungünstigen Tagen (*rokuyō*), den man in Japan seit der Edo-Zeit weithin beachtet.

Erster Tag von	Monat	Bedeutung
Senshō	1/7	morgens günstig
Tomobiki	2/8	einen Freund mitziehen
Senpu	3/9	morgens ungünstig
Butsumetsu	4/10	den ganzen Tag ungünstig
Taian	5/11	den ganzen Tag günstig
Shakku	6/12	nur mittags günstig

Die Abfolge ist immer gleich, doch wird sie jeden (alten Mond-) Monat so begonnen, dass auch die ersten Tage des Monats dem in der Liste angegebenen Zyklus folgen. Am ersten Januar und am ersten Juli ist *Senshō*, am ersten Februar und August *Tomobiki* usw. Von den sechs Tagen ist *Tai-*

an der günstigste, *Butsumetsu* der ungünstigste. Daher ist *Taian* für Hochzeiten am beliebtesten, gefolgt von *Tomobiki*. *Butsumetsu* gilt vielen als der Tag, an dem Buddha starb. An einem solchen Tag sind Hochzeiten zu vermeiden.

Dieses Tabu wird überall, sogar von nichtreligiösen Menschen beachtet, da an einer Hochzeit so viele Gäste beteiligt sind und sie vor allem eine Gelegenheit darstellt, die Respektierung sozialer Bräuche zu demonstrieren. So stellen die sechs Tage des *rokuyō* emische Kategorien dar, die nur innerhalb der Grenzen der japanischen Kultur eine Bedeutung haben. An einer kalendarischen Eigentümlichkeit des modernen Reisens wird das deutlich.

Dem für das Heiraten günstigsten und beliebtesten Tag, *Taian*, geht *Butsumetsu*, der ungünstigste aller Tage voraus, ein Umstand, der für viele Flitterwöchler von größter Bedeutung sein sollte. Eines der beliebtesten Reiseziele für Frischvermählte ist Hawaii. Wenn sie sofort nach der Hochzeitszeremonie ein Flugzeug besteigen, um dorthin zu fliegen, werden sie die Datumsgrenze in östlicher Richtung überqueren und daher «vor» ihrer Abreise ankommen. Damit ist die sorgfältige Wahl von *Taian* als Hochzeitstag ganz umsonst, da sie mitten in die Kalamität des *Butsumetsu* hineinfliegen. Dieser unselige Verlauf ihrer Reise kümmert die meisten Paare jedoch nicht, da der *Rokuyō*-Zyklus in Hawaii auch für sie bedeutungslos ist. Sein Bezugssystem ist die japanische Kultur.

Der Charakter der Hochzeit als ein vor allem soziales Ereignis zeigt sich bei den Vorbereitungen wie auch bei der Zeremonie selbst, anlässlich derer zwei Gruppen von Menschen einander begegnen, die meisten von ihnen zum ersten Mal. Unabhängig davon, ob es sich um eine arrangierte oder eine Liebesheirat handelt, ist von einer frühen Phase der Vorbereitungen an ein verheiratetes Paar als *nakōdo* oder «Vermittler» daran beteiligt. Sie spielen eine aktive Rolle bei der Vorbereitung der Hochzeit, als Trauzeugen während der Zeremonie und als Garanten der Ehe nach der Vermählung. Der Begriff *nakōdo* bezieht sich gewöhnlich auf den Ehemann, doch ist es wichtig, dass er verheiratet ist und ein gesellschaftlich angesehenes Vorbild darstellt, dem das junge Paar nacheifert. Heute beinhalten die meisten Hochzeitszeremonien Shintō-Rituale, die man mitunter für sehr alt hält. Tatsächlich jedoch sind sie ein gutes Beispiel einer «erfundenen Tradition», die ihren Ursprung erst im Jahre 1900 bei der Hochzeit des damaligen Kronprinzen hat, die von der Meiji-Regierung dazu benutzt wurde, Shintō-Rituale für staatliche Zwecke in Dienst zu stellen.

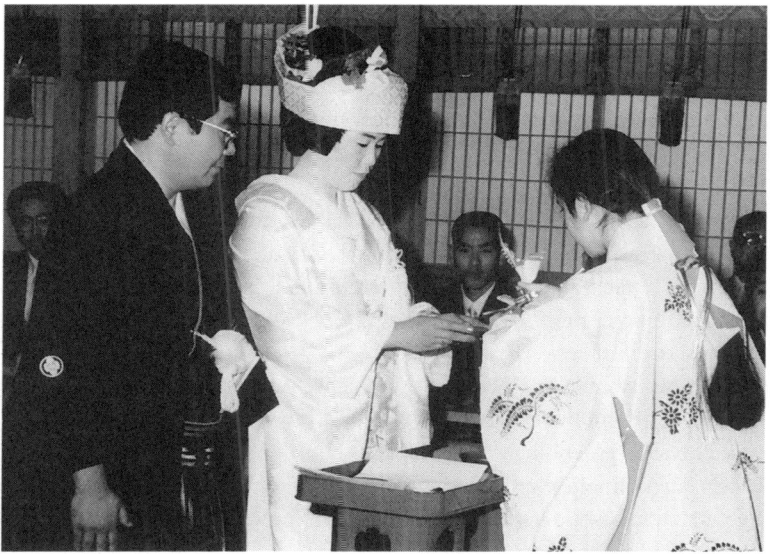

Abb. 2: Shintō-Hochzeit: Brautpaar mit Miko, die eine Sake-Schale füllt

Hochzeitssäle verfügen über einen Shintō-Schrein in einem abge-
trennten Raum, wo zwei Priester und zwei *miko* oder Schreinjungfern
das Shintō-Ritual durchführen. Das Brautpaar wird an einen kleinen
Tisch in der Mitte platziert, während die Mitglieder ihrer jeweiligen
Gruppen an langen Tischen zu beiden Seiten des Raumes einander
gegenüber sitzen. Für diesen Teil der Hochzeitszeremonie trägt das
Brautpaar normalerweise formelle japanische Kleidung, die Braut einen
weißen Kimono, der die Trauer über das Verlassen ihres Elternhauses
symbolisieren soll, und einen *tsunekakushi*, eine ‹hornverbergende› Kopfbedeckung. Der Bräutigam trägt *hakama* und einen schwarzen Kimono.
Der Oberpriester beginnt die Zeremonie mit einem Gebet, worauf er
den Raum und die Gäste reinigt, indem er einen Stab schwenkt, an dem
weiße Papierstreifen befestigt sind. Sodann vollzieht er den ersten von
drei *sakazukigoto* oder ‹Austausch hochzeitlicher Sakeschalen›, während
der zweite Priester (oder ein Tonband) *shakuhachi*, eine Bambusflöte,
spielt. Bei diesem Ritual teilen Braut und Bräutigam dreimal hinter-
einander drei Schalen Sake. Daher der Name *san-san-ku-do*, ‹drei, drei,

neun Mal›. Danach erhalten die übrigen Anwesenden ebenfalls eine kleine Schale Sake, und nachdem sie diese unter Führung des *nakōdo* geleert haben, gratulieren sie dem Paar mit einem unisono ausgesprochenen *omedetō gozaimasu*. Nun verliest der Bräutigam einen Hochzeitsschwur, worauf das Paar von den *miko* zum Altar im hinteren Teil des Raumes geleitet wird, um ein Opfer darzubringen. Als letztes kommt der Austausch der Ringe, gefolgt von der Verkündung des Priesters, dass die Zeremonie erfolgreich abgeschlossen ist. Bei den viel selteneren Hochzeiten, die nach buddhistischem Zeremoniell gefeiert werden, ist der Ablauf ähnlich, außer dass der buddhistische Priester für diesen Anlass ausgewählte Sutras verliest.

Der Shintō-Teil der Hochzeit ist auf charakteristische Weise einfach gehalten, der darauf folgende Empfang und das Bankett erlauben demgegenüber jede erdenkliche Extravaganz. Um den Übergang in ein neues Leben zu symbolisieren, kleidet sich das Paar um (*ironaoshi*), mitunter zweimal, was besonders der Braut Gelegenheit bietet, ihre Schönheit oder den Reichtum ihrer Familie zur Schau zu stellen. Der in allen Einzelheiten geplante Ablauf des Empfangs wird von einem Angestellten des Hochzeitssaales beaufsichtigt, der den vom Brautpaar selbst erwählten Zeremonienmeister dabei unterstützt, das ganze Programm, die Ansprachen, das Anschneiden des Hochzeitskuchens und die Unterhaltungseinlagen einschließlich musikalischer Darbietungen reibungslos und in der vorgesehenen Zeit durchzuführen. Die erste Rede hält der *nakōdo*, und die anschließende Reihenfolge spiegelt Ansehen und Rang der Gäste. Die ganze Zeit über sitzt das Paar vor einem goldenen Wandschirm, flankiert vom *nakōdo*-Paar. Dem Brautpaar gehört das letzte Wort. Der Bräutigam dankt gewöhnlich allen Anwesenden, bevor er sich zusammen mit seiner Frau, oft in Tränen, an beide Eltern wendet, um ihnen zu danken. Häufig überreicht das junge Paar den Eltern an dieser Stelle einen Blumenstrauß. Nachdem es auch dem *nakōdo* gedankt hat, verlässt das Paar den Empfang, gefolgt von den Gästen, denen als Gegenleistung für die mitgebrachten Glückwunschgeschenke (*shūgi*), gewöhnlich Bargeld, Geschenke (*hikimono*) mit auf den Weg gegeben werden. Früher machten die Frischvermählten ihren Eltern drei Tage nach der Hochzeit einen Besuch, womit die Hochzeitsformalitäten endeten. Heute wird dieser Besuch oft bis zur Rückkehr des Paares von der Hochzeitsreise verschoben.

Mit der Hochzeit beginnt ein neuer Lebensabschnitt. Seitens der Braut wird das durch den symbolischen Akt des Namenwechsels unterstrichen. Sofern nicht der Ehemann in ihre Familie aufgenommen wird[4], ist es üblich, dass die Frau den Familiennamen ihres Ehemannes annimmt, ein spätes Zeugnis der von Lévi-Strauss beobachteten allgemeinen Tendenz, nach der die Eheschließung darin besteht, dass die Männer die Frauen austauschen, um Bündnisse zu schließen.[5] In den letzten Jahren kommt es indes immer öfter vor, dass verheiratete Frauen ihren eigenen Namen beibehalten Angesichts einer wachsenden Zahl von Frauen, die Karriere machen, sowie einer steigenden (wenngleich im internationalen Vergleich noch immer sehr niedrigen) Scheidungsrate wurde die Frage der Namen eines verheirateten Paares zu einem politischen Thema. Viele Paare verzichten darauf, ihre Heirat zu registrieren, weil die Frau dann im Familienregister unter dem Namen des Ehemannes eingetragen werden muss. Im Jahr 2000 scheiterte eine Gesetzesvorlage, die beiden Ehegatten die Beibehaltung ihrer ursprünglichen Familiennamen (*fūfu bessei*) gestatten würde, im japanischen Unterhaus zum siebten Mal. Dennoch erwarten die meisten Beobachter, dass die sozialen Entwicklungen letzten Endes einen kulturellen Wandel bewirken und verschiedene Namen für Ehepartner ermöglichen werden.

Alter

Ein anderer Kulturwandel, der ungehindert von Gesetzesbestimmungen stattfindet, wird durch demografische Entwicklungen verursacht. Traditionsgemäß ehrt Japan das Alter, doch ist das Alter nicht mehr, was es einmal war. Altern ist ein zentrales Element menschlicher Erfahrung und daher kultureller Gestaltung ausgesetzt. Es ist keine Konstante. Das «Ergrauen» der Bevölkerung hat sich in der zweiten Hälfte des 20. Jahrhunderts als eine auffällige Tendenz der japanischen Gesellschaft erwiesen. Die Lebenserwartung stieg sprunghaft an, von 68 Jahren 1965 auf 77 im Jahre 1995. Dies wirft die Frage auf, wann ein Mensch alt ist.
    Traditionell war der chinesische Sechzigjahrezyklus das grundlegende Bezugssystem für das Zählen von Jahren, sowohl für kalendarische Zwecke als auch für das Alter. Beim Vollenden eines vollen Zyklus, wenn das Tierzeichen des Tierkreises sich neuerlich mit dem Element des Geburtsjahres verband, war ein Mensch an der Schwelle des Alters angelangt. Der sechzigste Geburtstag war Anlass für eine besondere Feier, *kanreki*, wörtlich ‹die Wiederkehr des Kalenders›. Dabei wurde der be-

treffenden Person eine rote gefütterte Weste oder ein anderes Kleidungsstück überreicht, das die Rückkehr zum Anfang symbolisiert, wobei Rot die Farbe ist, die mit Kinderkleidung assoziiert wird. Mit dem 61. Geburtstag begann ein neuer Zyklus und in gewisser Weise eine neue Kindheit. Denn das Leben nach *kanreki* bedeutete auch mehr Muße, weniger Verantwortung und mehr Freiheit. *Kanreki* war häufig der Anlass für den Rückzug von öffentlichen, beruflichen und familiären Pflichten, um in den Zustand des *inkyo* einzutreten. *Goinkyo-sama*, ein heute selten benutztes Wort, bezeichnet eine zurückgezogene Person, die die Position des Haushaltsvorstandes an den ältesten Sohn abgetreten hat und von allen offiziellen Funktionen befreit ist. Die Kindheit und das Alter sind weniger von sozialen Erwartungen und Verhaltensregeln eingeschränkt als die lange Zeit des Erwachsenenlebens dazwischen. Der Ruheständler, das ist der Grundgedanke, kehrt in diesen Zustand größerer Freiheit zurück.

Angesichts einer nie dagewesenen Anzahl von Hundertjährigen fühlen sich immer weniger Menschen mit sechzig alt. Japan hat sich von einer alternden in eine alte Gesellschaft verwandelt. Im Jahr 2000 waren 15 Prozent der Bevölkerung über 65 Jahre alt, ein Anteil, der, so wird erwartet, bis 2025 auf 25 Prozent steigen wird. Es ist als Folge dieser Entwicklung zu verstehen, dass diejenigen, die heute *kanreki* feiern, dazu neigen, dessen traditionelle Bedeutung als Übergangsritual in den Lebensabend herunterzuspielen. Die meisten Sechzigjährigen arbeiten noch, entweder weil sie wollen oder weil sie müssen. Hohe Grundstückspreise haben in den städtischen Zentren, wo die meisten Japaner leben, praktisch zum Verschwinden der Dreigenerationenhaushalte geführt. Gleichzeitig werden die kindliche Sorgepflicht und die alten Menschen traditionell gezollte Ehrerbietung untergraben, und zwar ironischerweise durch deren Langlebigkeit. Jahrzehntelang für die Eltern oder, noch öfter, die Schwiegereltern sorgen zu müssen, eine Aufgabe, die gewöhnlich der Frau obliegt, wird zunehmend als Bürde empfunden. Die demografische Struktur der gealterten Gesellschaft erodiert die traditionelle Ethik des Respekts und der Selbstaufopferung für Ältere. Das Glück eines langen Lebens droht zu einem Fluch zu werden, da sozio-ökonomische und demografische Entwicklungen zu drastischen Veränderungen der von Familie und Staat für die Älteren getroffenen Vorkehrungen zwingen. Gleichwohl werden nach wie vor weniger Menschen in Pflegeheime abgeschoben als in den liberalen Demokratien des Westens. Die Kultur mildert in gewisser Weise die Wucht der sozialen Veränderung, ohne sie jedoch aufhalten zu können. *Kanreki* ist nicht mehr das Portal zum Alter, und da das Alter immer gewöhnlicher wird, gebietet es weniger Ehrfurcht als früher.

Tod

Der Tod ist ein weiteres Ereignis, das ein starkes Festhalten an Brauchtum und traditionellen Vorstellungen begünstigt. Wie oben dargelegt, glaubt man, dass unsterbliche Geister der Ahnen von einer Generation zur nächsten überwechseln, wobei sie bei der Geburt in den Körper eingehen, um ihn beim Tod wieder zu verlassen. Unsterblichkeit in diesem Sinne bedeutet jedoch nicht, dass dieser Geist auf ewig weiterwandert. Nach einer gewissen Anzahl von Jahren geht er in das Reich seiner eigenen Ahnen ein, um seine Individualität aufzugeben und eins zu werden mit den *kami*.[6] Während dieser zwischen 33 und 49 Jahre umfassenden Zeit üben die Toten weiter einen Einfluss auf die Lebenden aus.

Da immer mehr Menschen in Krankenhäusern sterben, ist es üblich geworden, Bestattungsinstitute mit der Ausführung der Begräbnisrituale zu betrauen. Neunzig Prozent der Japaner wählen buddhistische Bestattungsriten. Wenn jemand zu Hause stirbt, wird der Körper mit einem weißen Tuch bedeckt und mit dem Kopf nach Norden gelegt, was den metaphysischen Prinzipien der Geomantie (*kasō*) zufolge die unheilvolle Richtung in Häusern ist. Als Schutz gegen böse Geister wird ein Messer auf die Brust des Verstorbenen gelegt. Als *makura kazari* oder ‹Kissenschmuck› werden eine Schale gekochter Reis, ein Glas Wasser und einige andere Dinge neben seinen Kopf gestellt, um ihn im Jenseits zu versorgen. Am Vorabend der Beerdigung wird im Haus oder in einer Leichenhalle eine Totenwache (*o-tsuyja*) gehalten. Früher blieben die Familienmitglieder und nahestehende Personen die ganze Nacht über auf, heute ist eine zwei- oder dreistündige «Halbwache» ab 7 Uhr abends üblicher. Der geschlossene Sarg wird auf den reich mit Blumen und einem Bild des Verstorbenen geschmückten Altar gestellt. Der buddhistische Priester verliest Sutras, und die Familienmitglieder verbrennen Weihrauch vor dem Altar. Andere Trauernde stellen sich in einer Reihe auf, um dasselbe zu tun und langsam an den Angehörigen

vorbeizugehen, die zu beiden Seiten des Altars sitzen. Von den Trauer-
gästen wird erwartet, dass sie zur Wache oder zu der der Beerdigung
vorausgehenden Gedenkfeier, die demselben Muster folgt, ‹Weihrauchgeld› (kōden) mitbringen. Zusätzlich zum Verlesen von Sutras erteilt der Priester dem Verstorbenen Ratschläge, bevor Letzterer zum
Krematorium oder, weitaus seltener, zum Friedhof begleitet wird. Die
Urne wird nach Hause mitgenommen, wo man sie mit einem Bild des
Verstorbenen auf einem Altar verwahrt. Gewöhnlich legt man die Lieb-
lingsspeisen und -getränke des Verstorbenen sowie Blumen und Weih-
rauchstäbchen davor.

Nach der Beerdigung beginnt für die hinterbliebene Familie die Zeit
der Trauer. Eine Woche nach ihrem Tod erhält die verstorbene Person von
einem Priester einen posthumen Namen (kaimyō) zum Gebrauch in der
Welt der Geister, der auf eine Gedenktafel auf dem Friedhof geschrieben
wird. Kaimyō gibt es in drei Ausführungen für Männer und Frauen und in
drei entsprechenden Preislagen. Die Standardversion endet mit einem
Wort, das ‹Gläubiger› bedeutet, shinji für Männer und shinyo für Frauen.
Das vornehmere koju und daishi ist teurer, und wer es sich leisten kann,
wird hinfort bekannt sein unter einem Namen, der den Ehrentitel in enthält, was bis zu eine Million Yen kosten kann. Dōshi «Kind» und dōjo
«Mädchen» werden dem kaimyō von Jungen bzw. Mädchen hinzugefügt.
Das Recht, dem Toten posthume Namen zu verleihen, behalten sich die
buddhistischen Priester vor, und diese Praxis sichert einen beträchtlichen
Teil der Jahreseinkommen der Tempel. Nicht wenige Menschen sind
gegen die Kommerzialisierung des Lebens nach dem Tode. Doch fällt es
ihnen schwer, für ihre Toten keinen kaimyō zu kaufen, denn ohne einen
solchen haben sie keinen Ort, um Gedenkrituale zu begehen.

Am 94. Tag, imiake, ist das «Ende der Trauer» gekommen, und es erfolgt ein letztes Ritual zur Ehrung des Verstorbenen. Die Urne wird aus
dem Haus entfernt und zum Friedhof gebracht. Am selben Tag erhalten
die Trauergäste, die der Wache oder der Gedenkfeier beiwohnten, ein
Erinnerungsgeschenk, etwa ein weißes seidenes Taschentuch und ein
Tütchen mit dem Salz der Reinheit. Die Familie wird den Neujahrstag,
der auf den Todesfall folgt, nicht feiern und sendet Freunden und Bekannten entsprechende Mitteilungen, um sie zu informieren, dass man
in diesem Jahr Neujahrskarten weder schreiben noch erwarten wird.
Während der Bon-Feier im Hochsommer und am ersten, dritten, siebten, dreizehnten und dreiunddreißigsten Jahrestag des Todes werden

Gedenkrituale durchgeführt. Die Beendigung der Totenrituale (*tomurai age*) wird am 33. und von einigen am 49. Jahrestag begangen.

* * *

49 Jahre nach dem körperlichen Ableben kommt der rituelle Lebenszyklus zu einem Abschluss, wenn, wie man glaubt, der Geist des Toten mit der Gemeinschaft der *kami* der Ahnen verschmilzt. Insgesamt betrachtet versieht die Folge der Übergangsriten das spirituelle Leben mit einer zyklischen Ordnung, was von bestimmten Vorstellungen über die menschliche Existenz zeugt. Obgleich zu Beginn des Lebens Shintō-Riten eine herausragende Rolle spielen, während am Ende buddhistische Rituale befolgt werden, gibt es eine gewisse Symmetrie, die nahelegt, dass der Geist, der in das Neugeborene eingeht, und der, der sich vom toten Körper trennt, ähnliche Entwicklungsphasen durchlaufen. Die Namengebung des Säuglings entspricht der Verleihung eines *kaimyō* an den Verstorbenen. Die Aufhebung der Geburtstabus und der erste Besuch im Schrein korrespondieren mit der Aufhebung von Leichentabus und dem Ende der Trauer. *Shichi-go-san*, die Feier des dritten, fünften und siebten Lebensjahres, hat in der regelmäßigen Wiederholung von Gedenkriten eine Entsprechung. Die Hochzeit, das einzige Ritual, das zwei Menschen umfasst, ist der Angelpunkt, um den alles kreist und wo der Blick offen ist, sowohl für die neue Generation, die kommen, als auch für die alte, die gehen wird.

2
Verwandtschaft

Unter den kulturell geprägten Beziehungen verdienen die der Verwandtschaft besondere Beachtung, da sie trotz ihrer Universalität von einer Gesellschaft zur anderen bezüglich ihrer Struktur und Bedeutung stark variieren. Ihr Vorkommen in allen Gesellschaften deutet auf die biologische Dimension der Abstammung hin, die jedoch auf vielfältige Weise interpretiert und kulturell ausgeformt wird. Die im vorigen Kapitel angesprochene Bedeutsamkeit der Ahnenverehrung in der japanischen Kultur lässt vermuten, dass Verwandtschaft ebenfalls eine wichtige Rolle spielt. Die starke Betonung von Familienbanden in Japan ist geradezu sprichwörtlich. Die Gruppe, deren Grundmuster die Familie ist, wird oft als Elementareinheit der japanischen Gesellschaft dargestellt und als wichtigstes Merkmal, das sie von den individualistischeren Gesellschaften des Westens unterscheidet.[1] ‹Familie› und ‹Abstammungsgruppe› sind jedoch notorisch unscharfe Begriffe, mit denen durchaus unterschiedliche Bedeutungen verbunden werden. Sie sind typischerweise Gegenstand emischer Interpretationen, weswegen sie in einiger Ausführlichkeit erörtert werden müssen, wenn wir verstehen wollen, was sie im Kontext der fraglichen Kultur bedeuten. Denn die gesellschaftlich anerkannten Beziehungen, die summarisch unter Begriffen wie ‹Familie›, ‹Verwandte›, ‹Angehörige› etc. zusammengefasst werden, beruhen ebenso auf tatsächlichen wie auf konstruierten Abstammungsverhältnissen. Außerdem gibt es verschiedene Muster für Verwandtschaftssysteme, die wichtige Folgen für den Eigentumstransfer von einer Generation zur nächsten und die gesellschaftliche Organisation im Allgemeinen haben. Verwandtschaftssysteme gehören deshalb zu den wichtigsten Gegenständen der Kulturanthropologie.[2]

Ie	–	Haus, Familie
Kakei	–	Stammbaum
Katoku	–	Familienbesitz
Iede	–	Ausreißen
Iesuji	–	Abstammung
Jikka	–	Elternhaus
Bunke	–	Zweigfamilie
Honke	–	Stammfamilie
Iemoto	–	Hauptlinie einer
		Familie
Kachu	–	die ganze Familie
Kacho	–	Haupt der Familie
Iegara	–	gesellschaftliches
		Ansehen der Familie

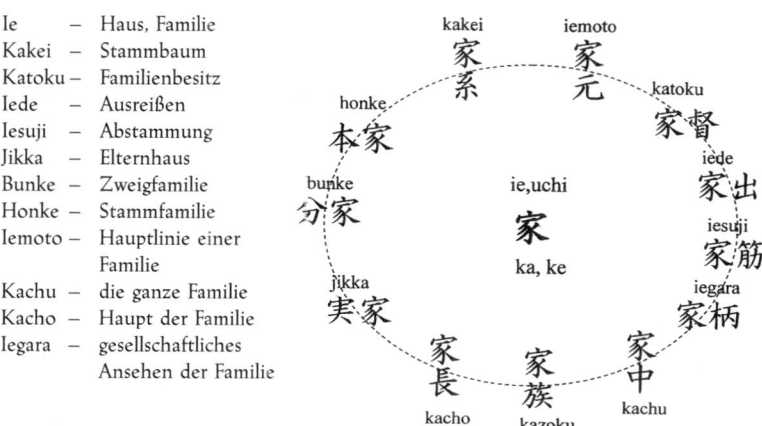

Abb. 3: Das chinesische Zeichen für ie und damit gebildete Komposita

Familie und Haushalt

Die allgemeinsten Bezeichnungen für Familie und Haushalt sind *ie, kazoku* und *setai* im Unterschied zu *shinrui*, ‹Verwandtschaft›. *Setai* (auch *shotai*) ist der Haushalt, ein Heim im allgemeinsten Sinne, ein Begriff, der nichts darüber besagt, ob es sich um einen Ein-Personen-Haushalt oder um den einer Großfamilie handelt. *Kazoku*, ‹Familie›, ist ein Wort, dessen Gebrauch sich in der Neuzeit im Zusammenhang mit modernen Einrichtungen wie Familienrecht (*kazokuhō*), Familiengericht (*kazoku saiban*) und Familiengeld (*kazoku teate*) durchgesetzt hat. Es kommt der Bedeutung des westlichen Begriffs ‹Familie› nahe.

Das Ie. Ie bedeutet ‹Haus› im doppelten Sinne von Gebäude und Haushalt. Es ist dieser Begriff, der im Mittelpunkt japanischer Vorstellungen von häuslicher Gemeinschaft steht. Das chinesische Zeichen für *ie* ist dasselbe wie das für *ka* in *kazoku*. Dasselbe *ka* (manchmal *ke*) ist Bestandteil zahlreicher anderer Komposita, die sich auf häusliche Angelegenheiten beziehen. Zusammen bilden sie ein semantisches Feld, das von der großen Bedeutung zeugt, die familiären Beziehungen in Japan beigemessen wird.

Das Haus im Sinne von *ie* ist die zentrale Einheit der traditionellen japanischen Gemeinschaft, die trotz ihrer Abschaffung als staatlich anerkannte Institution im Zuge der Rechtsreform nach dem Pazifischen Krieg für die Organisation der Gesellschaft noch immer eine wichtige Rolle spielt. Es ist eine Familie mit eigenem Namen, Besitz und ökonomischen Interessen, der außer der Kernfamilie auch entfernte Verwandte und nicht verwandte Mitglieder angehören können. Bestimmte Blutsverwandte werden ausgeschlossen, nämlich Töchter und nicht-erstgeborene Söhne, die ihr Geburtshaus verlassen, wenn sie heiraten. Die Zugehörigkeit zum Haus wird hauptsächlich durch wirtschaftliche Faktoren bestimmt, denn das *ie* wurde traditionell als eine Körperschaft aufgefasst, deren Hauptzweck das eigene Fortbestehen ist. Im ländlichen Leben war die Verwaltung des Haushaltsbesitzes die wichtigste Aufgabe des *ie*, das von einem Haushaltsvorstand (*koshu*) geleitet wurde, der patriarchalische Kontrolle über die anderen Mitglieder ausübte. Durch das Prinzip «ein Haushalt, ein Mann» wird die beherrschende Stellung des *koshu* hervorgehoben. Der Haushaltsvorstand war jedoch nicht als Person Eigentümer des Besitzes, sondern sein Treuhänder auf Zeit, dem die Pflicht oblag, ihn im Interesse des Haushalts zu verwalten. Diese Pflicht wird vom Vater an den ältesten Sohn weitergegeben, dessen Frau nach der Hochzeit ins Haus der Eltern ihres Mannes zieht.

Aufgrund dieser Erbfolgeregelung und der virilokalen Heiratspraxis wird das japanische Verwandtschaftssystem oft als agnatisch oder patrilinear beschrieben. Oberflächlich betrachtet ist das eine zutreffende Charakterisierung, da Verwandtschaft primär über die männliche Linie abgeleitet wird. Unter der Oberfläche weist das System jedoch eine größere Ausgeglichenheit auf, da es auch die matrilineare Erbfolge ermöglicht. Denn wichtiger als Abstammung ist Kontinuität. Dementsprechend ist der Unterschied zwischen konsanguinalen und affinalen Verwandten relativ unwichtig, da beide für das Funktionieren und den Erhalt des Hauses unverzichtbar sind.

Das Erstgeburtsrecht, nach dem das Erbe an den ältesten Sohn übergeht, hat in Japan eine lange Tradition.[3] In Verbindung mit dem Prinzip «ein Haushalt, ein Mann» impliziert es, dass es oft mehrere Deszendenzgruppen gibt, da alle Söhne außer dem ältesten das Haus spätestens verlassen, wenn ihr Vater stirbt oder als Haushaltsvorstand zurücktritt. Jüngere Söhne gründen dann im Idealfall ein eigenes Haus, das jedoch nicht als vom väterlichen Haus gänzlich getrennt gilt, sondern als Seitenlinie. Das Haus, das vom Vater an den ältesten Sohn übergeht, heißt *honke*, ‹Haupthaus›, während die Häuser der jüngeren Söhne, die mit dem Haupthaus weiterhin Beziehungen unterhalten, als *bunke* oder ‹Seitenhäuser› bezeichnet werden. (Das *ke* in *honke* und *bunke* ist wiederum dasselbe Zeichen wie *ie*.) Das aus Haupt- und Nebenhäusern bestehende Kollektiv konstituiert eine Familiengruppe (*dōzoku*), deren Mitglieder ihre Beziehungen zueinander anerkennen, wobei der biologische Verwandtschaftsgrad unwichtig ist. Nach zwei oder drei Generationen können die daraus resultierenden Beziehungen äußerst komplex werden. In der Feudalzeit, als Ämter erblich waren und sich der größte Teil der Bevölkerung vom Landbau ernährte, war die *Honke-Bunke*-Beziehung als gesellschaftliches Organisationsprinzip von großer Wichtigkeit. In der Industriegesellschaft und mehr noch in der sich herausbildenden Wissensgesellschaft treten diese Strukturen immer mehr in den Hintergrund. Auf soziale Beziehungen wirken sie sich nach wie vor aus, aber in wirtschaftlicher Hinsicht ist ihre Bedeutung stark zurückgegangen.

Asymmetrie der Geschlechter. Die Familie ist eine geschlechtlich asymmetrische Institution, an deren Spitze der männliche Haushaltsvorstand steht. Seit dem In-Kraft-Treten der Verfassung von 1946 ist seine Autorität nicht mehr rechtlich garantiert, aber als Hauptbrotverdiener nimmt er in den meisten Familien weiterhin eine dominierende Stellung ein, obwohl das Haushaltsbudget oft von seiner Frau verwaltet wird. Eine Teilzeitbeschäftigung zu übernehmen oder eine Karriere zu verfolgen ist für verheiratete Frauen heute viel einfacher als noch vor einer Generation, denn nach dem Ende des Pazifischen Krieges kam es zu tief greifenden gesellschaftlichen Veränderungen, die zur Abschwächung der männlichen Dominanz führten. Das Verhältnis der Geschlechter innerhalb der Familie ist weiterhin durch unterschiedliche Rollenbilder und eine klare Arbeitsteilung gekennzeichnet. Breiten Schichten der Gesellschaft gilt die Gleichbehandlung der Geschlechter nicht als ein Ideal. Zwischen Geschwistern herrscht jedoch im Hinblick auf Ausbildung und Erbrecht viel mehr Gleichheit als früher. Die Anzahl der Drei-Generationen-Haushalte ist stark zurückgegangen, was bedeutet, dass jung verheiratete Frauen und Mütter viel seltener der Aufsicht und Kontrolle ihrer Schwiegermütter ausgesetzt sind. Außerdem ist die Zahl der Kinder pro Mutter viel geringer als vor dem Krieg; mehr als zwei Kinder sind selten. Wie im vorigen Kapitel erwähnt, hat das Heiratsalter stetig zugenommen mit der offensichtlichen Konsequenz, dass die Frauen bei der Eheschließung reifer und selbstsicherer sind. Gemeinsam bewirken diese Trends eine Verschiebung der traditionellen Geschlechterasymmetrie zugunsten der Frau, wenn auch noch nicht ihre uneingeschränkte Gleichstellung. Das Zusammenwirken von sozialen, rechtlichen und kulturellen Faktoren wird in diesem Zusammenhang sehr deutlich. Zwar ist die rechtliche Stellung der Frau in Familie und Gesellschaft gestärkt worden, aber rechtliche Bestimmungen existieren nicht in einem Vakuum, sondern in einem soziokulturellen Kontext und brauchen gewöhnlich Zeit, um in der Gesellschaft Wirkung zu zeigen, insbesondere wenn sie etablierten kulturellen Praktiken zuwiderlaufen.

Shinrui. Die genannten gesellschaftlichen, demographischen und gesetzlichen Veränderungen haben sich sehr stark auf das *ie* als Institution ausgewirkt, aber als kulturelles Konstrukt einer Gruppe von Menschen, die um einen Wohnsitz und sein Oberhaupt zentriert sind, besteht es fort. Im Gegensatz dazu sind die *shinrui* ein Kollektiv von Blutsverwandten, das über den einzelnen Haushalt hinausgehend die Blutsverwandten beider Mitglieder des Paares in seinem Zentrum umfasst. Die Geschwister des Vaters und der Mutter sind *shinrui* wie auch ihre Cousins und Cousinen. Vom Standpunkt des *ie* gehören zu den *shinrui* Gruppen von Menschen, die untereinander nicht durch Blutsverwandtschaft verbunden sind. Die männliche Dominanz in der *shinrui* ist eine Folge der Patrilokalität. Während Töchter mit der Heirat in ein anderes *ie* eintreten und so zu Mitgliedern der *shinrui* der Eltern des Mannes werden, wird die Frau des ältesten Sohns ebenso wie seine Mutter Mitglied des väterlichen *ie*, was die Abschwächung der Beziehung zu ihrem Geburts-*ie* nach sich zieht. Am deutlichsten zeigt sich das nach dem Ableben. In einem traditionellen Familiengrab, das dem *ie* gehört, wird das Andenken an die patrilinearen Vorfahren bewahrt, aber die eingeheirateten Frauen finden dort ebenfalls einen Platz, kehren also auch im Tod nicht zu ihrem Geburts-*ie* zurück.

Ungeachtet der männlichen Dominanz im *ie* sind die Geschwister der Frau und ihre Familien in der *shinrui* nicht weniger wichtig als die des Mannes. Ein klassifikatorischer Unterschied zwischen matrilinearen und patrilinearen Verwandten wird nicht gemacht (s. u.). Die *shinrui* unterhalten eher Beziehungen zu einem *ie* als zu individuellen Mitgliedern.

Postkarte

Verlag C.H.Beck
Literatur • Sachbuch • Wissenschaft
Vertrieb / Werbung

Postfach 40 03 40
80703 München

Liebe Leserin, lieber Leser,

gerne informieren wir Sie regelmäßig über unser
Verlagsprogramm. Schicken Sie einfach diese
Karte ausgefüllt an uns zurück.
Wenn Sie Zeit und Lust haben, beantworten Sie
doch zusätzlich die Fragen auf der Rückseite!
Sie helfen uns damit, unsere Arbeit noch besser
auf unsere Leserinnen und Leser abzustimmen.
Als kleines Dankeschön verlosen wir unter den
Einsendern monatlich 10 interessante Titel aus
unserer beck'schen reihe!

Aktuelle Informationen zu unserem Programm
finden Sie auch unter www.beck.de.

Vorname / Name

Straße, Hausnummer

PLZ / Wohnort

e-mail-Adresse für den C.H.Beck-Newsletter

3-406-37813-7

Diese Karte entnahm ich dem Buch

Haben Sie dieses Buch

☐ gekauft ☐ geschenkt bekommen?

Was war für Ihre Kaufentscheidung ausschlaggebend? (Mehrfachnennung möglich)

☐ Beratung in der Buchhandlung
☐ Präsentation des Titels in der Buchhandlung
☐ Prospekte / Verzeichnisse
☐ Rezensionen / Bücherlisten
☐ Empfehlungen durch Freunde und Bekannte
☐ Umschlag / Ausstattung
☐ Themen
☐ Werbung / Anzeigen
☐ Internet

Ihre Altersgruppe?

☐ bis 30 Jahre   ☐ 30 – 45 Jahre
☐ 46 – 60 Jahre   ☐ über 60 Jahre

Welche Zeitungen / Zeitschriften lesen Sie regelmäßig?

☐ SZ   ☐ Die Welt
☐ FAZ   ☐ taz
☐ DIE ZEIT   ☐ NZZ
☐ Frankfurter Rundschau   ☐ Tagesspiegel
☐ Der Spiegel   ☐ Berliner Zeitung
☐ Focus   ☐ Brigitte
☐ Stern   ☐ örtliche Zeitungen

_____

Welche Themen unseres Programms interessieren Sie?

☐ Alte Geschichte   ☐ Literatur
☐ Mittelalter   ☐ Literaturgeschichte
☐ Neuere Geschichte   ☐ Islam
☐ Zeitgeschichte / Politik ☐ Judaica
☐ Theologie / Philosophie ☐ Kunst / Kunstgeschichte
☐ Gesundheit / Medizin   ☐ Naturwissenschaften

Zu Hochzeiten, Begräbnissen und anderen wichtigen Familienanlässen
werden sie eingeladen, auch wenn wegen geografischer Entfernung oder
aus anderen Gründen wenig Kontakt besteht. Jubiläen und andere Fa-
milienfeste liefern den Anlass zur Bestätigung der Beziehung und wech-
selseitiger Verpflichtungen.

Verwandtschaftsbezeichnungen

Verwandtschaftsterminologien reflektieren emische Strukturen, nämlich
Verwandtschaftsverhältnisse, die in Kultur und Gesellschaft bedeutsam
sind. Das Erlernen der Verwandtschaftsbezeichnungen ist ein wichtiger
Teil der Sprachsozialisation, da sie den jungen Mitgliedern der Gemeinschaft dabei helfen, soziale Gruppierungen zu erkennen. Die gleichen bio-
logischen Beziehungen werden in verschiedenen Sprachen sehr unterschiedlich behandelt. Eine wichtige analytische Differenzierung ist die
zwischen Anredeformen und solchen der Bezeichnung. Das egozentrische
Diagramm in Abbildung 4 fasst die grundlegenden japanischen Bezeichnungen für enge Verwandte zusammen. Das System wird vom Standpunkt
eines hypothetischen Ego aus dargestellt, das einen Vater, *chichi*, und eine
Mutter, *haha*, hat sowie Großväter, *ojī*, und Großmütter, *obā*, Urgroßväter,
hi-ojī, und Urgroßmütter, *hi-obā*, Onkel, *oji*, und Tanten, *oba*, Söhne, *musu-
ko*, und Töchter, *musume*, Cousins und Cousinen, *itoko*, Neffen, *oi*, Nich-
ten, *mei*, und Enkel, *mago*. Auch Cousins und Cousinen zweiten Grades,
mataitoko, und Großonkel, *ō-oji*, und Großtanten, *ō-oba*, haben einen Platz
in dem System. Insoweit unterscheidet es sich kaum von seinem deutschen Gegenstück. Einen signifikanten Unterschied gibt es freilich bei der
Bezeichnungen für Egos Geschwister. Die sozial bedeutsame Geburtsrei-
henfolge wird terminologisch berücksichtigt: *Ani* ist der ältere Bruder, *otō-
to* der jüngere, und eine parallele Differenzierung gibt es für die Schwestern, *ane* bzw. *imōto*. Hier kommt die allgemeine Bedeutung von Seniorität
und Erstgeburt zur Geltung, von der auch die Bezeichnungen *chōnan* und
chōjo für ‹ältester Sohn› bzw. ‹älteste Tochter› zeugen.

Ryōshin ist eine deskriptive Bezeichnung für ‹Eltern›, wobei andere Bezeichnungen wie *fubo*, ‹Vater und Mutter›, und *oya*, ‹Eltern(teil)›, geläufi-
ger sind, wenn man über die eigenen Eltern spricht. Eine entsprechende
Bezeichnung für die Nachkommen, die die Rangordnung der Kinder

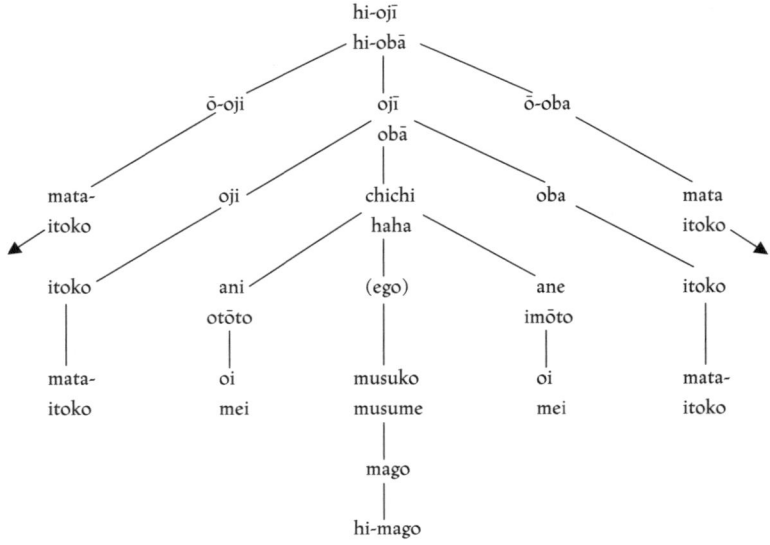

Abb. 4: *Japanische Verwandtschaftsbezeichnungen*[4]

zum Zwecke der kollektiven Bezugnahme neutralisieren würde, gibt es nicht. Die alte Bezeichnung *an* für ‹älteres Geschwister› deutet darauf hin, dass die Geschwisterfolge als Klassifikationsprinzip ursprünglich noch wichtiger war als das Geschlecht. Die *-i/-e* Differenzierung für männlich und weiblich ist etymologisch jünger. Seit der Reform des Familienrechts nach dem Pazifischen Krieg werden jedoch alle Kinder eines Paars unabhängig von Geschwisterfolge und Geschlecht im Familienregister als *ko*, ‹Kind›, geführt. *Kyōdai* bezeichnet das Kollektiv der Brüder, wird aber auch als androzentrische Bezeichnung für alle Geschwister verwendet, während *shimai*, ‹Schwestern›, sich nicht auch auf Brüder beziehen kann.

Bei den Bezeichnungen in Abbildung 4 handelt es sich um Wörter japanischen Ursprungs. Ihnen entspricht partiell eine zweite Terminologie sinojapanischer Bezeichnungen: *sofu* und *sobo* für *ojī* und *obā*, bzw. *sōsofu* und *sōsobo* für *hi-ojī* und *hi-obā*. Bestimmte Differenzierungen werden nur schriftlich gemacht. *Itoko* bedeutet ‹Cousin› und ‹Cousine›, aber die chinesischen Zeichen für männliche und weibliche *itoko* sind verschieden. Ähnlich gibt es je zwei Schreibweisen für *ojī* und *oba* wie auch für ō-oji und ō-oba. Die Differenzierung reflektiert in diesem Fall die Geschwisterfolge der Geschwister von Egos Vater bzw. Mutter. Terminologisch unterschieden wird auch zwischen Egos Verwandten und denen seines Gesprächspartners bzw. eines Dritten (Alter). *Haha* und *chichi* sind Bezeichnungen für Egos Mutter und Vater, während *okā-san/-sama* und *otō-san/-sama* für die Mutter und den Vater anderer Personen verwendet werden.

Anredeformen. Einige der Bezeichnungen für Alters Verwandte werden von Ego als Anredeformen für die eigenen Verwandten verwendet, z. B. *okā-san*. Im Allgemeinen benutzen alle Familienmitglieder diejenigen Anredeformen, die von dem jüngsten Familienmitglied benutzt werden. Das bedeutet, dass die Familienmitglieder die Ausdrücke, mit denen sie einander anreden, mit jeder hinzukommenden Generation ändern, da sich ihre Stellung innerhalb der Familie damit verändert. So ist es beispielsweise üblich, dass junge Frauen nach dem ersten Kind bei der Anrede ihrer eigenen Mutter von *okā-san* zu *obā-san* übergehen, wobei sie die Perspektive ihres Kindes einnehmen. Dem egozentrischen System der bezeichnenden Verwandtschaftsterminologie steht also ein System von Anredeformen gegenüber, in dessen Zentrum das Kind bzw. Enkelkind steht. Eltern reden sich gewöhnlich mit *otō-san* und *okā-san* oder den importierten Formen *papa* und *mama* an, die in völliger Umkehrung der tatsächlichen Verwandtschaftsverhältnisse häufig auch von ihren eigenen Eltern (und Schwiegereltern) verwendet werden, da ihre primäre Rolle in der Familie die des Vaters bzw. der Mutter der Kinder ist. Aus der Perspektive des jüngsten Kindes ist ein Geschwister ein älterer Bruder oder eine ältere Schwester. Diese werden dementsprechend von allen Mitgliedern der Familie (*o*)*nī-san* bzw. (*o*)*nē-san* gerufen. Entsprechende Anredeformen für die Verwandtschaftsbezeichnungen für jüngere Geschwister gibt es nicht. Egos jüngerer Bruder und jüngere Schwester werden mit Vornamen[5] (VN) angeredet oder, im Falle kleiner Jungs, mit dem Personalpronomen der ersten Person für junge männliche Sprecher *boku*. Vornamen werden oft abgekürzt und mit dem Diminutivsuffix *-chan* versehen. In Tabelle 1 sind die von allen Familienmitgliedern verwendeten Anredeformen zusammengefasst.

Abgeleitete Verwendung. Mehrere Verwandtschaftsbegriffe werden für die Anrede Nichtverwandter verwendet. Diese Praxis ist oft als Zeichen da-

Tabelle 1: Anredeformen

Rolle in der Stammfamilie	Von allen Familienmitgliedern benutzte Anredeform
Großvater*	ojī-san
Großmutter*	obā-san
Vater	otō-san/papa
Mutter	okā-san/mama
ältester Sohn	onī-san
älteste Tochter	onē-san
jüngerer Sohn	VN-chan
jüngere Tochter	VN-chan

* Zur Differenzierung der beiden Großelternpaare werden gewöhnlich deren Namen oder Ortsnamen verwendet.

für gedeutet worden, dass die für die Familie charakteristischen Rollenverhältnisse und emotionalen Bindungen auf andere Mitglieder der Gemeinschaft übertragen werden, was scheinbar die Bedeutung der Familie als Modell für andere soziale Beziehungen bestätigt. Da jedoch wichtige durch die Anredeformen in der Familie zum Ausdruck gebrachte Unterschiede in ihrer abgeleiteten Verwendung neutralisiert werden, ist diese Erklärung nicht überzeugend. Völlig Fremde können mit Verwandtschaftsbegriffen angesprochen werden. Wo offensichtliche Berufsbezeichnungen oder Titel wie *o-mawari-san*, ‹Herr Polizist›, nicht zur Verfügung stehen, ist das sogar die unmarkierte und daher bevorzugte Form.

In der Verwandtschaftsethnologie wird zwischen *deskriptiven* und *klassifikatorischen* Systemen unterschieden. Verwandtschaftsbegriffe klassifikatorisch zu verwenden heißt, dass mit ihnen eine Klassifikation hergestellt und nicht allein abgebildet wird. Abgesehen davon, dass mit diesen Begriffen Egos Verwandtschaftsbeziehungen benannt werden, dienen sie der Einteilung sozial bedeutsamer Gruppen von Menschen. In einem solchen klassifikatorischen System nennt z. B. ein männlicher Sprecher alle Männer der nächst älteren Generation ‹Vater›. Früher hatte das japanische System vermutlich klassifikatorische Aspekte, aber der heutige Sprachgebrauch ist eine Konvention ohne derartige Implikationen, vergleichbar etwa der Verwendung des deutschen Verwandtschaftsbegriffs *Schwester* im Sinne von ‹Pflegerin›. Nichtverwandte mit Verwandtschafts-

Tabelle 2: Formen der Bezeichnung und Anrede

Einfache Bezeichnung	Höfliche Anrede	
ojī	ojī-san	Großvater
obā	obā-san	Großmutter
oji	ɔji-san	Onkel
oba	oba-san	Tante
ani	onī-san	älterer Bruder
ane	onē-san	ältere Schwester

begriffen anzureden kann eine metaphorische Bedeutungserweiterung sein, etwa wenn ein Freund der Familie von den Kindern *oji-san* genannt wird, aber nicht jeder abgeleitete Gebrauch beinhaltet die metaphorische Übertragung von Familienverhältnissen auf Nichtverwandte. Ein Blick auf die unterschiedlichen Verwendungsbedingungen der Verwandtschaftsbegriffe innerhalb und außerhalb der Familie macht das deutlich. Für Verwandte gibt es eine systematische Doppelung von bezeichnenden Formen und solchen der Anrede, wie Tabelle 2 zeigt.

Die höflichen Formen werden für die Anrede von Nichtverwandten verwendet, auf die man sich aber nicht mit der einfachen Bezeichnung beziehen kann. Ihr Gebrauch ist auf Gruppenmitglieder und somit auf reale, nicht fiktive Verwandte beschränkt. Eine Kellnerin kann als *onē-san* angesprochen und so als dritte Person bezeichnet werden, und wenn es mehrere Kellnerinnen gibt, können sie alle unangesehen ihres relativen Alters so gerufen werden. Eine Kellnerin hingegen als *ane* zu bezeichnen ist nicht möglich. Eine so bezeichnete Person kann nur die ältere Schwester des Sprechers bzw. der Sprecherin sein. Entsprechende Gebrauchsbeschränkungen gelten für die anderen Begriffe. Der Gebrauch ist nicht egozentrisch, sondern soziozentrisch, das heißt, die Kellnerin wird unabhängig davon, ob sie jünger oder älter ist als der Sprecher, *onē-san* genannt. Ebenso spielt das relative oder absolute Alter des Sprechers für die Verwendung von *ojī-san* und *obā-san* für die Anrede älterer Personen keine Rolle. Wer über 65 ist, kann so angeredet werden. Manche Verwandtschaftsbegriffe weisen regional unterschiedliche Verwendungsbedingungen auf. So ist etwa *imōto*, ‹jüngere Schwester›, in manchen Teilen Westjapans eine mögliche Bezeichnung für unverheiratete Frauen.[6] Aber im Allgemeinen kommt es zur abgeleiteten Verwendung von Verwandtschaftsbegriffen, wenn es an Alternativen wie Titeln und Namen verbunden mit Honorativsuffixen wie *-san* und *-sama* mangelt.

Geschlecht und Seniorität sind somit die wichtigsten Kriterien, nach denen die japanischen Verwandtschaftsbegriffe die Familienmitglieder klassifizieren. Ihre familieninterne Verwendung benutzt das jüngste Mitglied als Bezugspunkt, während die familienexterne, abgeleitete Verwendung für die Anrede Nichtverwandter soziozentrisch und vom Alter und den Abstammungsverhältnissen des Sprechers unabhängig ist. Sie impliziert nicht die für Verwandtschaftsbeziehungen charakteristische und von ihnen erwartete Vertrautheit.

Adoption

Nach dem Gesetz[7] werden ausgehend vom Standpunkt des hypothetischen Ego sechs aufsteigende und drei absteigende durch die männliche Linie verfolgte Generationen als Verwandte anerkannt (Tabelle 3). Ein so konzipierter Stammbaum nimmt sich wie die tragende Säule einer männlich dominierten Gesellschaft aus, was durch die Statuszuweisung an Vater, Ehemann und ältesten Sohn noch unterstrichen wird. In der japanischen Kultur gibt es jedoch gewisse Tendenzen, die die dadurch bedingte Asymmetrie der Geschlechter im häuslichen und gesellschaftlichen Leben mindern. Das Beziehungsnetz der *shinrui* wird im Wesentlichen von seinen weiblichen Mitgliedern mit Leben erfüllt. Familienbeziehungen pflegen Mütter und Frauen mehr als Väter und Männer, und für die Reproduktion der Familie als soziale Einheit sorgen die Frauen nicht weniger als die Männer. In diesem Zusammenhang muss auch die japanische Adoptionspraxis erörtert werden, die ein deutlicher Beleg dafür ist, dass die Fortführung des Hauses wichtiger ist als die männliche Vorherrschaft.

Die große Bedeutung von Familienbeziehungen für die Organisation der japanischen Gesellschaft ließe erwarten, dass Adoption selten ist. Tatsächlich hat Adoption in Japan aber eine lange Tradition, die bis in die früheste Zeit dokumentierter Geschichte zurückreicht. So verbreitet ist die Praxis, dass sie sogar als Definitionsmerkmal des japanischen Verwandtschaftssystems bezeichnet worden ist.[8] In westlichen Gesellschaften gilt Adoption gemeinhin als eine Maßnahme im Interesse von Waisen oder Kindern, deren Eltern unfähig oder nicht dazu in der Lage sind,

Tabelle 3: Sechs aufsteigende und drei absteigende Generationen von shinrui

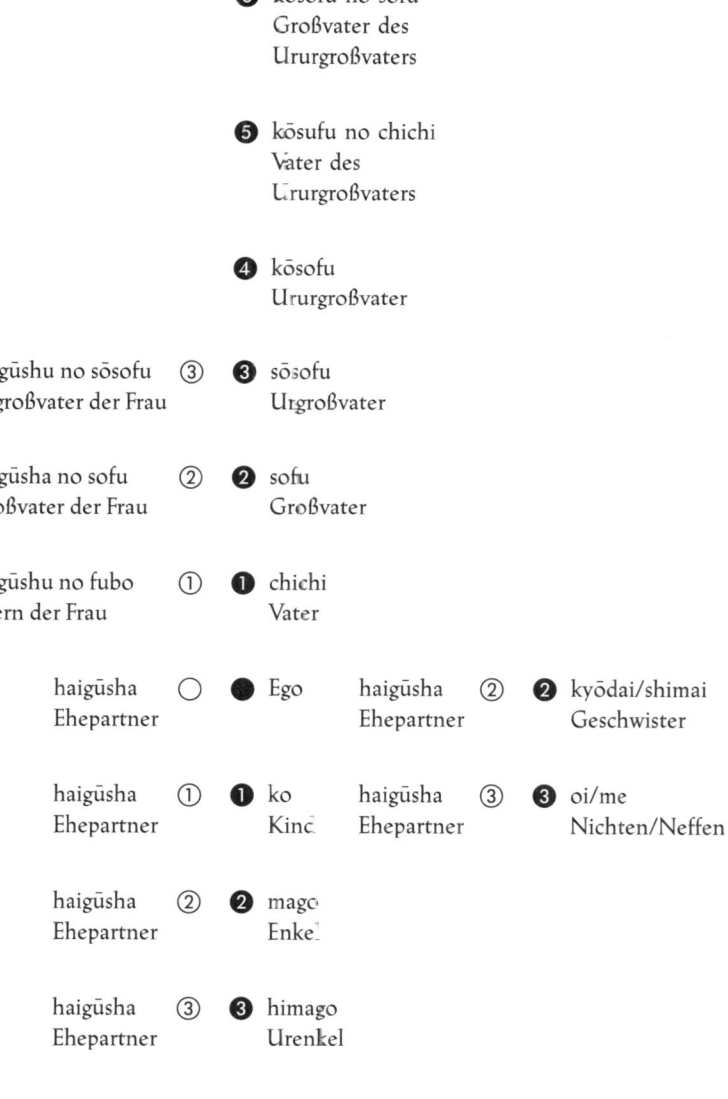

❻ kōsofu no sofu
Großvater des
Ururgroßvaters

❺ kōsufu no chichi
Vater des
Ururgroßvaters

❹ kōsofu
Ururgroßvater

haigūshu no sōsofu ③   **❸ sōsofu**
Urgroßvater der Frau   Urgroßvater

haigūsha no sofu ②   **❷ sofu**
Großvater der Frau   Großvater

haigūshu no fubo ①   **❶ chichi**
Eltern der Frau   Vater

     haigūsha ○   **● Ego**   haigūsha ②   **❷ kyōdai/shimai**
     Ehepartner   Ehepartner   Geschwister

     haigūsha ①   **❶ ko**   haigūsha ③   **❸ oi/me**
     Ehepartner   Kind   Ehepartner   Nichten/Neffen

     haigūsha ②   **❷ mago**
     Ehepartner   Enkel

     haigūsha ③   **❸ himago**
     Ehepartner   Urenkel

❶ – ❻   Konsanguinale
① – ③   Affinale

sie aufzuziehen. Ein weiteres Motiv ist der Kinderwunsch kinderloser
Paare. Die Grundvoraussetzung der Adoption ist die Vorstellung, dass
Kinder der Sorge von Eltern bzw. Pflegeeltern bedürfen. Die eigenen
Kinder ohne zwingenden Grund zur Adoption frei zu geben gilt als
moralisch unakzeptabel. Dass Adoptivkinder oft bemitleidet und von
natürlichen Kindern unterschieden werden, entspricht dieser Wahrnehmung ebenso wie die Tatsache, dass Adoption oft ein gehütetes Familiengeheimnis ist. Die japanische Adoptionspraxis hingegen ist deutlich
anders.

Yōshi engumi oder Adoption hat mit Verantwortung und Fürsorge für
die Schwachen wenig zu tun. Vielmehr handelt es sich um ein Mittel des
Sozialmanagements, das den Interessen der Familie mehr als denen des
Adoptierten dient. Eins der Hauptmotive der Adoption ist das Fehlen
eines männlichen Erben. In einem solchen Fall wird der Mann der ältesten Tochter adoptiert, um ihren Vater in seiner Position als Haushaltsvorstand des *ie* zu beerben. Er zieht zu seiner Frau ins Haus ihrer Eltern
und nimmt als adoptierter Schwiegersohn (*mukoyōshi*) ihren Familiennamen an. Diese Art der Adoption bedeutet, dass die Blutsverwandtschaft
in der absteigenden Generation über die weibliche Linie läuft, wobei jedoch der *mukoyōshi* in jeder praktischen Hinsicht und für alle folgenden
Generationen die Rolle des ältesten Sohns des Hauses spielt. Zwischen
natürlichen und adoptierten Kindern wird kein rechtlicher Unterschied
gemacht. Da es keinen objektiv bestimmten Zeitpunkt gibt, zu dem die
Hoffnung auf einen eigenen Sohn aufgegeben wird, gibt es für diese Art
der Adoption auch keine Altersbegrenzung. Ein erwachsener Mann
kommt für die Adoption ebenso in Frage wie ein Junge. Früher war es
nicht ungewöhnlich, dass ein Adoptivsohn gemeinsam mit seiner
Schwester und zukünftigen Frau aufwuchs. Ihre Eheschließung galt
nicht als Inzest. Bis zum In-Kraft-Treten des Bürgerlichen Gesetzbuchs
von 1948 unterlag die Adoption kaum gesetzlichen Beschränkungen.
Das Adoptieren von Verwandten kam häufig vor und wird auch jetzt
noch praktiziert, insbesondere in sehr namhaften Familien. Selbst ein
(Halb-)Bruder konnte adoptiert werden, um den Fortbestand des Hauses zu wahren. Zweite Söhne einflussreicher und reicher Familien
wurden gern in andere Familien adoptiert, wofür der Politiker Kishi
Nobusuke, Premierminister von 1957 bis 1960, ein bekanntes Beispiel
ist. Er wurde als Satō Nobusuke, zweiter Sohn von Satō Hidesuke, geboren. Kishi war der Name seines Onkels, der ihn adoptierte. Nobusu-

kes Bruder, Satō Eisaku, wurde übrigens ebenfalls Premierminister (1964–1972).

Adoption wurde auch von Familien praktiziert, denen es nicht an einem männlichen Erben fehlte. So kam es vor, dass ein Handwerker oder Künstler einen Schüler adoptierte, um das Familiengeschäft weiterzuführen, wenn keiner der Söhne dazu fähig oder willens war. In der ausgehenden Edo-Zeit adoptierte die berühmte Familie Shibukawa nacheinander fünf Söhne, um das Haus zu erhalten und die Tradition der Familie als Astronomen und Kalendermacher fortzuführen.[9] Das war ein Extremfall, aber die von den Generationen wiederholte Adoption des Mannes der ältesten Tochter war nichts Ungewöhnliches, was die offensichtliche Folge hat, dass die Abstammungslinie der Familie sowohl über die männliche als auch über die weibliche Seite verläuft.

Wie mit der Heirat wurde mit der Adoption von Söhnen oder Töchtern weiterhin der Zweck verfolgt, Familienallianzen herzustellen. Wo es gar keine Nachkommen gab, um Namen und Besitz zu erben, konnten verheiratete Paare adoptiert werden. In anderen Fällen konnte eine Heirat durch Adoption akzeptabel gemacht werden. Wenn etwa eine Familie die von einem Sohn erwählte Braut wegen ihres Familienhintergrunds nicht standesgemäß fand, konnte sie von einer dritten Familie adoptiert werden, um die sozialen Anforderungen der Familie des Bräutigams zu erfüllen oder um zwischen der adoptierenden Familie und der seinen eine Allianz zu bilden. Strategische Adoptionen dieser Art waren nicht selten. Noch im 19. Jahrhundert adoptierten bis zu 40 Prozent aller Samuraifamilien Söhne oder Töchter.

Diese Beispiele machen deutlich, dass Adoption für die emische Analyse des japanischen Verwandtschaftssystems äußerst wichtig ist. Vor dem Hintergrund der verbreiteten Adoptionspraxis erscheint die große Bedeutung, die der Blutsverwandtschaft in Verbindung mit der Ahnenverehrung beigemessen wird, in einem anderen Licht. Durch Adoption wird eine nichtverwandte Person zu einem fiktiven Blutsverwandten, dem die wichtigste Rolle in der Familie anvertraut wird, die des Haushaltsvorstands. Die Häufigkeit dieser Praxis über Jahrhunderte impliziert, dass die Stammbäume vieler japanischer Familien alles andere als geradlinig und durchsichtig sind. Wechsel von der patrilinearen zur matrilinearen Erbfolge, Vetternehen und andere mehr oder weniger inzestuöse Verbindungen wie auch völlige Unterbrechungen der Blutlinie waren in der Vergangenheit nichts Ungewöhnliches. Blutsverwandtschaft im eigentlichen Sinne über mehrere Generationen nachzuweisen ist unter diesen Bedingungen außerordentlich kompliziert.

Ein weiteres charakteristisches Merkmal der japanischen Adoptionspraxis ist, dass die adoptierte Person und ihr Familienhintergrund der adoptierenden Familie gewöhnlich gut bekannt sind. Da die Hauptgründe für Adoption der Erhalt der Familie, die Erbfolge und ganz allgemein das Wohl der Familie sind, kommt ein Kind unbekannter Herkunft praktisch nicht in Frage. Die traditionelle Praxis der Erwachsenenadoption gilt daher als wesentliche Ursache der im heutigen Japan geringen Akzeptanz uneigennütziger Adoption im westlichen Sinne. Sehr wenige Familien, die Kinder haben, adoptieren Waisen. Pflegefamilien zu finden ist schwierig, und kinderlose Paare wenden sich selten an Waisenhäuser. Die Chancen benachteiligter Kinder, von einer Pflegefamilie adoptiert zu werden, sind in Japan also nicht trotz, sondern wegen der verbreiteten traditionellen Adoptionspraxis geringer als in anderen Industrieländern, wo Adoption insgesamt weniger häufig ist. Ein *yōshi* ist ein Adoptivkind, aber es damit bewenden zu lassen wäre zu kurz gegriffen. Um zu verstehen, was *yōshi* und was ‹Adoptivkind› bedeuten, ist es unabdingbar, diese beiden Begriffe im Zusammenhang der entsprechenden Verwandtschaftssysteme und vor dem Hintergrund der Kulturen zu betrachten, deren Teil sie sind.

3
Etikette

In einer kalten Winternacht im Jahre 1703 u. Z. brachen 46 Samurai in die Residenz des Edelmannes Kira Yoshinaka ein, der für den Tod ihres Herrn, Asano Naganori, verantwortlich war. Nachdem Kira ihre Forderung, Selbstmord zu begehen, abgelehnt hatte, enthaupteten sie ihn mit demselben Schwert, mit dem ihr Herr gezwungen worden war, sich das Leben zunehmen. Am nächsten Morgen stellten sich die ebenso loyalen wie rachsüchtigen Samurai in einem buddhistischen Tempel, um dort auf ihre Bestrafung zu warten.

Diese blutige Vendetta lieferte den Stoff für das oft als Nationalepos bezeichnete und zweifellos populärste aller Dramen des traditionellen japanischen Theaters, *Kanadehon Chūshingura* (1748), die Geschichte der 47 Samurai. Den Boden, auf dem sich die Handlung des Stücks entfaltet, liefert auf doppelte Weise die Etikette. Am Hof des Shoguns wird ein kaiserlicher Emissär erwartet. Mit den Vorbereitungen für den Empfang werden zwei Höflinge betraut, einer von ihnen der junge Asano Naganori. Aus einer ländlichen Gegend stammend, ist er mit den Feinheiten der höfischen Etikette für solche Gelegenheiten nicht vertraut und will sich von dem ranghöheren, im Hofzeremoniell versierten Kira darin unterrichten lassen. Da Asano sich den einflussreichen Edelmann jedoch nicht durch geeignete Geschenke gefällig gemacht hat, verhöhnt ihn dieser nur und provoziert ihn so sehr, dass er die Contenance verliert und am Hofe des Shoguns gegen den Älteren das Schwert zieht. Zwar erleidet Kira keine ernsthafte Verletzung, ernsthaft verletzt wurde aber die Etikette. Das kann der Shogun nicht dulden, und deshalb befiehlt er Asano, sich zu entleiben. Durch den maliziösen Kira in seinem aufrichtigen Bemühen gehindert, sich die vorgeschriebenen Formen der Etikette anzueignen, wird Asano dennoch zum Opfer derselben.

Das Stück ist kein Aufbegehren gegen die Zwänge der Konvention, sondern eine paradigmatische Darstellung, wie Etikette als Rahmenbedingung der menschlichen Existenz im Verband mit menschlichen Schwächen dem Schicksal eine tragische Wendung geben kann. Das

Drama handelt auch von traditionellen Werten wie Loyalität und menschlichen Gefühlen, von den Niederungen des Lebens und Triumph im Tod. Was im hiesigen Zusammenhang jedoch allein von Interesse sein soll, sind die als Voraussetzung der Möglichkeit gesellschaftlichen Lebens geltenden Gebote des richtigen Verhaltens.

Bewährte Verfahren

Die starke Betonung der Etikette oder *reigi* ist ein hervorstechendes Charakteristikum japanischen Verhaltens. Hiervon zeugt zum Beispiel die Beachtung der Zeremonien, die mit den im ersten Kapitel besprochenen Übergangsriten in Zusammenhang stehen, aber Etikette erstreckt sich darüber hinaus auf viele andere Bereiche des Lebens. Nicht um besondere Anlässe geht es dabei, sondern um die Routinen des Alltags, die dem Miteinanderumgehen Form geben. *Shitsurei* (*shimashita*), ‹entschuldigen Sie bitte›, wörtlich: ‹ich war ohne Manieren›, ist eine Formulierung, deren Verwendung durch den allergeringsten Anlass und jede vermeintliche Verletzung der Etikette ausgelöst wird und die entsprechend häufig ist, wie auch viele andere Entschuldigungsformeln für alle möglichen Gelegenheiten. Benimm-Bücher werden in riesigen Auflagen verkauft. Selbst kleine Buchläden haben ein Sortiment entsprechender Ratgeber immer vorrätig, da Japaner es für selbstverständlich halten, dass es richtige Verhaltensweisen gibt, die sie sich aber nicht unbedingt zutrauen, im Einzelnen zu kennen. Wie man einen Raum betritt; wie man Tee serviert; wie man sich für ein Vorstellungsgespräch kleidet; wie man ein Geschenk mit anderen teilt; wie man einen Gefallen erwidert; wie man einem Gast einen Sitzplatz zuweist; wie man die Genesung von einer Krankheit begeht; wie man sich und andere vorstellt; wie man eine Visitenkarte überreicht und entgegennimmt; wie man seine Schuhe im Hauseingang aufstellt; wie man einen Freund verabschiedet, der auf eine Reise geht; wie man einen Umschlag für *kōden*, ‹Weihrauchgeld›, beschriftet; oder wie man die Aufnahme eines Kandidaten in den Kindergarten feiert – über diese und viele andere Details des alltäglichen Verhaltens kann man sich in oft reich illustrierten Leitfäden informieren.

Der Markt dieser Bücher wird nicht vom Angebot, sondern von der Nachfrage bestimmt. Vielleicht sind weibliche Kunden in der Überzahl, aber Fragen der Etikette beschäftigen keineswegs nur überbesorgte Ehe-

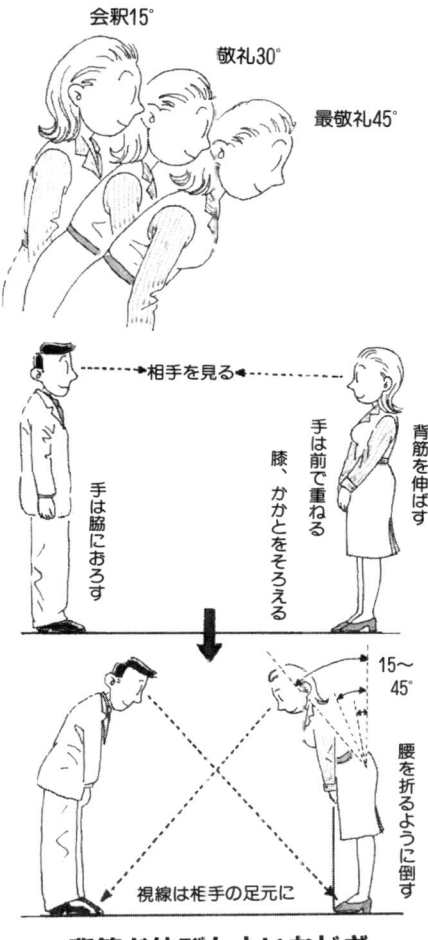

会釈15°
敬礼30°
最敬礼45°

相手を見る

背筋を伸ばす
手は前で重ねる
膝、かかとをそろえる
手は脇におろす

15～45°

腰を折るように倒す

視線は相手の足元に

背筋が伸びたよいおじぎ

Abb. 5: Die richtige Verbeugung:
kaishaku 15°, keirei 30°,
saikeirei 45°.
Steh vor der Verbeugung aufrecht
und halte die Hände vor dich,
eine über die andere.

frauen und Mütter. Vielmehr verlangt die zentrale Rolle der Frau in der Kindererziehung und bei der Pflege sozialer Beziehungen größere Kompetenz und Sicherheit im Verhalten. Denn es geht nicht um Protokoll und überflüssiges Dekor, sondern um die soziale Stellung der Familie. Wie Riten und Zeremonien ist Etikette ein Mechanismus der Verhaltensregulierung. Aus westlicher Sicht scheint sie im Gegensatz zu Freiheit und Spontaneität zu stehen; im japanischen Kontext ist dieser Aspekt keineswegs unbekannt, er wird jedoch durch einen anderen, wichtigeren ergänzt. Ohne Etikette ist man in seiner Bewegungsfreiheit in der Gesellschaft behindert, da man ständig Gefahr läuft, durch unangemessenes Verhalten sich oder andere zu beschämen. Obwohl Etikette die Handlungsmöglichkeiten einschränkt, ermöglicht sie es doch andererseits in vielen Situationen, überhaupt erst zu handeln, da sie Selbstsicherheit und Gelassenheit gewährt.

Rashisa. Etikettebewusstes Verhalten zeigt sich praktisch in allen Lebensbereichen. Der japanische Kundendienst etwa wird wegen seines hohen Standards zu Recht gerühmt. Selbst im einfachsten Laden oder Lokal kann der Kunde Höflichkeit und Respekt erwarten, was gleichermaßen von sorgsamer Unterweisung und Habitus, also Tradition und Anpassung zeugt. Die Normen angemessenen Verhaltens in der Öffentlichkeit und in der Familie sind allgemein anerkannt, auch wenn sie nicht immer beachtet werden. Diese Normen beziehen sich auf bestimmte Vorstellungen von Schicklichkeit und davon, was die Japaner *rashisa* oder ‹Gemäßheit› nennen. Viele deutlich umrissene Stereotype besagen, was bestimmten Gruppen von Menschen gemäß ist. Geschlechterrollen sind klar unterschieden, und von Kindern wird erwartet, dass sie sich wie Kinder benehmen. *Otokorashii* ist ‹männlich›, *onnarashii* ‹weiblich› und *kodomorashii* ‹kindlich›, Eigenschaften, die «richtige» Männer, Frauen und Kinder haben sollten. *Rashisa* ist die Projektion bestimmter Eigenschaften und Verhaltensmuster, die sozial gebilligt und oft explizit idealisiert werden. Ebenso wie man Babys wie Babys und nicht wie kleine Erwachsene behandeln muss, gilt es mit Frauen wie mit Frauen und mit Männern wie mit Männern umzugehen. Studenten sollen sich wie Studenten benehmen und Hausfrauen wie Hausfrauen. Der Projektionscharakter dieser Erwartungen kommt besonders eklatant in der japanischen Babysprache zum Ausdruck, dem stilistischen Register, das Mütter und andere Erwachsene benutzen, wenn sie mit Kleinkindern sprechen. Eine ganze Reihe von Wörtern wie *bubu*, ‹Auto›, *otete*, ‹Hand›, *meme*, ‹Auge› sind kindgemäß, werden aber in der Erwachsenensprache niemals verwendet. Reduplikation ist ein produktives morphologisches Muster des Japanischen, aber in der Babysprache ist es besonders häufig. Mütter behaupten gewöhnlich, dass sie es den Kindern mit diesen Wörtern erleichtern, sprechen zu lernen. Der Nachweis, dass *otete* leichter zu lernen ist als das normale Wort für Hand, *te*, steht jedoch aus. Die Mütter weichen nicht auf *otete* aus, nachdem sie es mit *te* vergeblich versucht haben, sondern sie benutzen von Anfang an die reduplizierte Form, vermutlich weil es angemessen ist, dass Kinder kindgemäß sprechen.

Außerhalb des häuslichen Bereichs ist angemessenes Verhalten noch wichtiger. Traditionelle Künste wie Blumenstecken und die Teezeremonie scheinen fast gänzlich aus Etikette zu bestehen. *Origami*, die Kunst das Papierfaltens, ist ein weiteres Beispiel. Eigentlich bekannt als Spiel und Kunstfertigkeit, stellt es doch einen wichtigen Teil der Etikette dar. Einpackpapier für Geschenke und Umschläge für zeremonielle Anlässe müssen auf bestimmte Weise gefaltet werden. Um das gewünschte Ergebnis zu erzielen, müssen bestimmte Falten in einer feststehenden Reihenfolge gelegt werden. Was zählt, sind bewährte Verfahren; das ist der Kern der japanischen Kultur.

Auch in den Disziplinen der traditionellen «Wege» Kendō (Fechten), Kyūdō (Bogenschießen), Judō und Sumō ist Etikette allgegenwärtig. Es gibt elaborierte Verfahrensregeln für die richtige Form eines Schritts, eines Griffs und fast jeder anderen Bewegung, deren genaue Exekution wichtiger ist als die athletische Leistung. Das Fernsehen hat aus Judō einen Sport gemacht, und auch Sumō ist recht populär geworden, und dennoch: Könnte es einen größeren Kontrast geben als zwischen einem Sumō-Turnier und einem amerikanischen Boxkampf? Die Kommerzialisierung ist nicht spurlos an Sumō vorübergegangen, aber im Vergleich mit Boxen nimmt sich Sumō noch immer recht würdevoll aus. Fechten und Bogenschießen sind von den Medien und Sponsoren bisher ignoriert worden und werden von vielen nach wie vor als Charaktertraining und weniger als Sport und Showereignis praktiziert.

Interessant ist hier das Beispiel des Bogenschießens. Westliche Sportbögen sind zwar genauer als japanische, aber eben daran zeigt sich, dass Vergleiche manchmal zwischen nur scheinbar Vergleichbarem angestellt werden. Denn die emischen Merkmale des Bogenschießens in Japan sind andere als im Westen. In Japan gibt es seit Jahrhunderten eine Unterscheidung zwischen militärischem und zivilem Bogenschießen, wobei Letzteres nicht unbedingt für den Kampf geeignet ist. Von einem amerikanischen Bogenschützen, der seine Künste auf einem Schießplatz in Kyoto vorführte, wird berichtet, dass er sich erbot, seinem Gastgeber seine – gemessen an den erzielten Ergebnissen – überlegene Technik beizubringen. Der japanische Meister lehnte das Angebot ab und schlug statt dessen vor, dass er und sein Gast aufeinander schießen sollten. Dann würden sie leicht herausfinden, wer der bessere Schütze sei. Dem Besucher wurde so vor Augen geführt, dass Zielgenauigkeit, obwohl man sich darum bemühen soll, nicht das Wesen der Sache ist. Die Übung selber hat einen Wert, nicht nur das Ergebnis. Mehr als darum, ins Schwarze zu treffen, geht es beim japanischen Bogenschießen um Etikette, um Selbstdisziplin und die innere Einstellung, die in einer Haltung Form findet. Das erklärt die Verbindung mit dem Zen-Buddhismus, der mit Kampfsport wenig zu tun hat. Da Stil mehr als Effizienz geübt wurde, bildeten sich verschiedene Schulen, die die Regeln der Kunst auf verschiedenerlei Weise systematisierten. Die bekannteste und nach wie vor einflussreichste ist die Ogasawara-Schule. Viele Anhänger haben auch die Honda-Schule und die Heiki-Schule. Allen gemeinsam ist der Grundgedanke, dass Charakterbildung und angemessenes Verhalten eine Frage des Erlernens und Befolgens von Regeln sind.

Historischer Hintergrund

Der Zusammenhang zwischen Etikette und Bogenschießen bzw. Fechten verweist auf ihren Ursprung in der höfischen Kultur bzw. dem Kriegerstand der Samurai, die den Feudalstaat administrierten. Etikette ist Disziplin, Befolgung und Bestätigung der Ordnung. Es geht dabei ebenso um Kontrolle wie um Selbstkontrolle. Schon Prinz Shōtokus Gesetzeswerk aus dem Jahre 604 u. Z., das oft als Japans erste Verfassung bezeichnet wird, beinhaltet Vorschriften über Manieren und Höflichkeit. Es sollte als Verhaltenskodex für die Oberschicht dienen, die mit der Verwaltung des Landes betraut war. Das Ziel, das durch diesen Kodex erreicht werden sollte, war *wa*, Übereinstimmung, Eintracht, Harmonie. Respekt für Sitte und Anstand wurde von allen Beamten als Voraussetzung gerechter und wirkungsvoller Regierung verlangt. Wenn sie selber die Regeln von Takt und Anstand beachteten, konnte die Ordnung aufrechterhalten werden. «Jeder an seinem Platz!» Dieser Rechtsgrundsatz konfuzianischen Ursprungs wurde mit buddhistischen Vorstellungen von Bescheidenheit, Zurückhaltung und Vertrauen verbunden. Seine Pflicht, wie geringfügig sie auch sein mochte, musste man gewissenhaft und unter genauer Beachtung der Details erfüllen. Auch der Taihō-Kodex und der Yōrō-Kodex von 701 bzw. 718 u. Z. beinhalten Verhaltensregeln. Beide bestehen aus einem Strafrecht, das Übertretungen und Verbrechen definiert, und einem Verwaltungsrecht, das Staatsämter und Fehlverhalten von Amtsinhabern definiert.

Wie der Ritter war der Samurai ein Kavalier. Reiten, Fechten und Bogenschießen waren seine traditionellen Kampftechniken. Mehrere Samuraifamilien entwickelten systematische Regeln für deren Erlernen und Übung, die natürlich auch in Friedenszeiten gepflegt wurden, wodurch die Verbindung mit dem Kriegshandwerk abgeschwächt, wenn nicht aufgehoben wurde. Sowohl im Krieg als auch im Frieden musste das Verhalten der Samurai samuraigemäß sein, und sei es nur, um sie als Mitglied der herrschenden Stände erkennbar zu machen. Als solche hatten die Samurai ein vitales Interesse daran, die bestehende soziale Ordnung aufrechtzuerhalten, zu der auch die Hierarchie der von ihnen selber bekleideten Ränge gehörte. Den Vorrechten der Aristokratie und ihrer hierarchischen Ordnung wurde symbolisch durch Verhalten, Kleidung, Schmuck, Sprache und Sitzordnung am Hof Ausdruck gegeben. Die überragende Bedeutung der Etikette für das höfische Leben hat vielfachen literarischen Niederschlag gefunden. Das berühmteste Beispiel ist das bereits erwähnte und bis heute viel gespielte Bunraku- und Kabuki-Stück *Kanadehon Chūshingura*.[1] Der darin zum Tragen kommende Verhaltenskode für die Höflinge entsprach einer stark stratifizierten Gesellschaft und diente ihrer Erhaltung. In der Feudalzeit waren Ämter erblich. Zeremonien und die Gestaltung höfischer Anlässe waren seit der Antike wichtige Regierungsaufgaben, deren Durchführung bestimmten Familien anvertraut wurde. Kein Name ist mit der höfischen Etikette enger verbunden als der der Familie Ogasawara. Obwohl andere wie z. B. im 18. Jahrhundert die Familie Ise von Zeit zu Zeit mir ihr rivalisierten, wurde die Etikette seit dem 13. Jahrhundert fast unangefochten von den Ogasawara bestimmt.[2] Noch heute gilt die Ogasawara-Schule in Fragen des guten Benehmens als maßgeblich.

Eine wichtige Frage ist nun die, ob das etiketteorientierte Handeln und die Höflichkeit, die heute zu beobachten sind, als Merkmale der Sozialstruktur zu erklären sind oder als solche der Kultur. Bezüglich eines konkreten Beispiels ist das gleichzeitig die Frage nach dem Zusammenhang von Geschichte und Kultur, Erbe und Gestaltung. Etikette reflektiere eine hierarchische Gesellschaftsstruktur und sei ein Relikt der Feudalordnung, in der jeder seinen ererbten Platz hatte und sich entsprechend verhalten mußte. Das ist etwas verkürzt die These, die Etikette als Reflex gesellschaftlicher Verhältnisse erklären will, wie sie etwa aus amerikanischer und dezidiert egalitaristischer Sicht Ruth Benedict in ihrem berühmten Buch *The Chrysanthemum and the Sword*[3] vertreten hat. Dass sich jede Gesellschaft im Sinne der obigen Ausführungen ihre eigenen Verhaltensmuster schafft, läßt sich kaum bestreiten, aber die Unterschiede im Etikettebewusstsein und in der Bedeutsamkeit der Etikette in verschiedenen Gesellschaften lassen sich dennoch nicht allein auf soziale Faktoren reduzieren, schon weil soziale Faktoren nicht außerhalb einer Kultur existieren. Das zu erkennen, helfen uns Beobachtungen aus früheren Zeiten, als die europäischen Länder ebenso wie Japan eine ständische Gesellschaftsordnung hatten. Bei Engelbert Kaempfer, dem Arzt und Forscher, der sich im Dienst der niederländischen Handelsfaktorei von 1690 bis 1692 in Japan aufhielt und dem wir die bis ins ausgehende 18. Jahrhundert gründlichste Darstellung dieses Landes aus westlicher Sicht verdanken, lesen wir über die Höflichkeit in Japan:

> «Wir befinden die selbe in allen auf der Reise vorfallenden Visiten die großeste zu seÿn, die man von einiger nation der Welt verlangen könte, und die lebens art der Menschen, von dem geringsten bauren bis zu dem großesten Herrn, also civil, das man das ganze Reich eine hohe Schule aller Höflichkeit und guten Sitten nennen mag.»[4]

Kaempfer war weit gereist und gebildet, er konnte vergleichen. Das macht seine Beobachtungen für uns so wertvoll. Was genau er unter Höflichkeit verstand, wissen wir zwar nicht, aber er hatte offenkundig keinen Zweifel daran, dass die Höflichkeit der Umgangsformen nicht nur innerhalb des Bezugssystems einer bestimmten Kultur definiert und ermessen werden, sondern durchaus in verschiedenen Ländern und Kulturen verglichen werden konnte. Unter allen ihm bekannten Ländern nahm Japan diesbezüglich eine herausragende Stellung ein, und zwar «vom geringsten Bauern bis zum größten Herrn». Diese Ausdrucksweise verrät, dass Kaempfer – selbstverständlich – in feudalistischen Kategorien dachte und dass er es für bemerkenswert hielt, dass Höflichkeitskonventionen unabhängig vom gesellschaftlichen Stand beachtet wurden. Diese Beobachtung ist immer wieder bestätigt worden. So schrieb, um noch ein Beispiel zu zitieren, Philipp Franz von Siebold, der wie Kaempfer Arzt an der holländischen Handelsfaktorei in Nagasaki war, in seinem aus den 20er Jahren des 19. Jahrhunderts stammenden Bericht über die Sitten und Bräuche der Japaner, dass ihr «gesellschaftlicher Umgang fast gänzlich vom Zeremoniell beherrscht zu sein scheint».[5] Und noch gegen Ende des 20. Jahrhunderts verweist Reischauer[6] auf die starke Betonung von Details der Etikette, die er für eine Ursache der Reserviertheit und Zurückhaltung vieler Japaner hielt.

Wakimae. Die eminente Bedeutung der Etikette für das japanische Zusammenleben über viele Jahrhunderte hinweg, während derer sich die Gesellschaft sowohl kontinuierlich als auch mehrfach auf umwälzende Weise verändert hat, deutet darauf hin, dass sozialer Wandel und Kulturwandel nicht synchron verlaufen und dass der eine nicht als eine Funktion des anderen erklärt werden kann. Vielmehr besteht zwischen Sozialstruktur und kulturellen Mustern eine kontinuierliche Wechselwirkung. Die Japaner leben ebenso wenig in der Vergangenheit wie die Angehörigen westlicher Kulturen, nur haben sie eine andere Vergangenheit. Manche Verhaltensformen verraten deutlich ihren Ursprung in der ständischen Gesellschaftsordnung des japanischen Mittelalters, andere nicht. Dass die Geldscheine, die man zu einer Hochzeit schenkt, druckfrisch, die für ein Begräbnis alt und abgenutzt sein müssen; dass man Einladungen und Angebote erst einmal ablehnen soll; dass man sich nicht im Vorübergehen grüßt, sondern stehen bleibt; dass man sich bei einer nächsten Begegnung für einen tatsächlichen oder imaginären Gefallen bedankt; dass man Visitenkarten nicht mit einer, sondern mit beiden Händen entgegennimmt; dass man Essstäbchen nicht überkreuz hinlegen darf – diese und zahllose andere Details des guten Benehmens haben nichts mit sozialer Hierarchie zu tun, aber viel mit *wakimae*, ‹Diskretion› im doppelten Sinne von Takt, Umsicht und Zurückhaltung einerseits und Unterscheidung und Ermessen andererseits. *Wakimae* bedeutet, die richtigen Unterscheidungen zu machen. In einer Gesellschaft mit erblichen Standesunterschieden übersetzt sich das in die hierarchische Unterscheidung von oben und unten, aber selbst in der japanischen Feudalzeit war es kein eindimensionales Konzept, das allein Unterscheidung als Unterordnung verlangt.

Viele Manieren, z. B. die Tischsitten, auf die wir in Kapitel 15 zurückkommen werden, die ursprünglich nur für die Oberschicht galten, wurden von der ganzen Gesellschaft übernommen und haben die Funktion, Statusunterschiede zu markieren, längst verloren. Das muss auch schon

zu Kaempfers Zeit der Fall gewesen sein, denn andernfalls hätte er den
Bauern kaum ebensolche Höflichkeit bescheinigt wie den vornehmen
Herren. Obgleich jede Generation immer wieder aufs Neue den Verfall
der Sitten beklagt, kann nicht nur eine Nivellierung nach unten stattgefunden haben. In vielem haben sich die unteren Stände den verfeinerten höfischen Sitten angepasst. In der Edo-Zeit (1600–1868 u. Z.)
übernahm das Shogunat die Vorschriften der Ogasawara-Schule als offiziellen Manierenkodex, der sich gleichzeitig auch im erstarkenden Bürgertum durchsetzte, das damit nicht zuletzt seine gewachsene Bedeutung in der Gesellschaft manifestierte. Der Prozess der Zivilisation[7] ist
vielschichtig und komplex. Er hat keinen Anfang, folgt keinem Plan und
lässt sich nicht allein als Ergebnis absichtsvollen Handelns darstellen. In
Japan hat er dazu geführt, dass die in einer Fülle bewährter Verfahren
kristallisierte Etikette zu einem kulturellen Charakteristikum wurde, das
nicht in all seinen Aspekten klar erkennbaren Zwecken dient, außer
dem, dem Leben Form zu geben und durch die richtigen Unterscheidungen (*wakimae*) Ordnung zu schaffen. Für die von der Etikette vorgeschriebenen Verhaltensweisen gibt es keine Gründe, keine allgemeinen
moralischen Prinzipien etwa, an denen man sein Handeln ausrichtet.
Vielmehr ist die Etikette eine Alternative zu solchen – religiös oder phi-
losophisch begründeten – transzendentalen Prinzipien, wie sie für die
europäische Tradition charakteristisch sind. Durch die Verletzung der
Gebote des guten Benehmens lädt man keine Schuld auf sich, etwa vor
Gott, aber man beschämt sich. Etikette bedarf keiner außerhalb ihrer
selbst liegenden Begründung, göttlicher Gebote oder moralischer Imperative. Scham, nicht Schuld wird daher oft als Hauptregulativ sozialen
Verhaltens in Japan bezeichnet. Schuld gründet in allgemeinen, letztlich
durch einen Gott oder «die Natur» sanktionierten, auf eine Vielzahl
sehr unterschiedlicher Fälle anwendbaren Prinzipien. Scham ist demgegenüber partikularistisch, kontextuell und ausschließlich sozial begründet. Für jeden speziellen Fall gibt es detaillierte Gebote des Verhaltens.
Dass sie eingehalten werden, wird nicht durch die Furcht vor der Hölle
als gerechter Strafe, die man durch sündhaftes Betragen auf sich gezogen hat, gewährleistet, sondern durch die Beschämung vor den Mitmen-
schen, die zu empfinden man von frühester Kindheit an gelernt hat;
Scham darüber, etwas nicht so getan zu haben, wie es getan werden sollte. Außer der Regelung des Zusammenlebens dienen Etikettegebote
nicht der Verwirklichung übergeordneter Zwecke. Sie sind Selbstzweck

und können daher, weil sie nicht auf gottgegebenen Geboten beruhen, relativ leicht verändert und neuen Bedingungen angepasst werden. Die Umdeutung von Geboten und Verboten der Etikette ist leichter möglich als die transzendental verankerter ethischer Grundsätze. Dass viele Manieren und Umgangsformen von der Feudalzeit bis in die Gegenwart tradiert worden sind, zeugt genau davon. Ein Bereich, in dem sich die Umdeutung tradierter Umgangsformen besonders gut nachweisen lässt, ist die sprachliche Etikette.

Sprachliche Etikette

Als Doi Takako 1993 Präsidentin des Unterhauses wurde, war eine ihrer ersten Amtshandlungen eine Geschäftsordnungsänderung, die die Anrede von Abgeordneten betraf. Statt der bis dahin üblichen Form *Yamada-kun* sollten die Abgeordneten einander im Sitzungssaal mit *-san* anreden. Die Tatsache, dass ein solches Detail Gegenstand expliziter Anordnungen der Parlamentspräsidentin ist, deutet darauf hin, dass es hier um Verhaltensformen von einiger Wichtigkeit geht. Neben der Funktion, deutlich zu machen, an wen sich eine Äußerung richtet, beinhalten Anredeformen wie «Herr, Frau, Fräulein, Euer Ehren, Majestät» immer soziale Bedeutung und symbolisieren in knapper Form das Verhältnis zwischen Sprecher und Angesprochenem. Die Verwendung von *-kun* war darin begründet, dass die übliche Differenzierung der Anrede nach Alter und Status innerhalb der die Gleichheit ihrer Mitglieder voraussetzenden Institution des Parlaments vermieden werden sollte. Den Charakter einer vor allem für Männer (und Knaben) geeigneten Anredeform hat *-kun* jedoch trotz dieser parlamentarischen Sprachregelung nie verloren. Die Anrede weiblicher Abgeordneter mit *-kun* blieb unnatürlich. Deshalb gab Präsidentin Doi dem nach Geschlecht unmarkierten *-san* den Vorzug.

Im Japanischen sind Anredeformen wie in etlichen anderen asiatischen Sprachen Bestandteil eines elaborierten sprachlichen Systems, das gewöhnlich als Sprache der Höflichkeit oder Soziativ bezeichnet wird. Alter, sozialer Status, Geschlecht, Macht, Intimität und die Förmlichkeit der Situation sind die Determinanten der Wahl der richtigen Form. So wie im Deutschen die Verwendung von *Du* und *Sie* Folgen für die Form des flektierten Verbs hat, sind auch die japanischen Anredeformen durch Kookkurrenzregeln mit vielen andere Bereichen der Sprache systematisch verbunden. Der Soziativ ist in starkem Maße grammatikalisiert. Seine Verwendung ist nicht Dekor, sondern ein Aspekt des Sprachgebrauchs, der in dem Sinne unvermeidlich ist wie Tempus im Deutschen: Eine Verbform ist entweder Präsens oder Präteritum oder Partizip, eine extratemporale finite Form gibt es nicht. Analog kann man Japanisch nicht extrasoziativ sprechen.

Drei Dimensionen des Soziativs werden unterschieden: (1) Stilebenen, die das Verhältnis zwischen Sprecher und Angesprochenem reflektieren bzw. bestimmen; (2) Ausdrucksdifferenzierungen, die sich auf den Gesprächsgegenstand beziehen. Letztere werden ihrerseits in zwei Kategorien eingeteilt: (a) Ausdrücke der Ehrerbietung, mit denen der Handlungsträger (das Subjekt des Verbs) erhöht wird, und (b) Ausdrücke der Ergebenheit, mit denen der Handlungsträger herabgesetzt wird.[8] Diese Unterscheidungen implizieren, dass für die sprachliche Darstellung des gleichen Sachverhalts nicht nur eine Palette verschiedener Ausdrücke zur Verfügung steht, sondern dass durch die Auswahl daraus sozialen Beziehungen auf sehr differenzierte Weise symbolisch Ausdruck verliehen wird.

«Erhöhen» und «herabsetzen» sind freilich für die Beschreibung keine wirklich geeigneten Begriffe, da sie den für Sprecher des Japanischen völlig normalen Differenzierungen zu viel Gewicht geben. Sie entsprechen den emischen, nämlich den japanischen Ausdrücken, die für die Beschreibung des Systems gewöhnlich verwendet werden: *Teineigo*, ‹Höflichkeitsausdruck›, *sonkeigo*, ‹(erhöhender) Respektsausdruck›, und *kenjōgo*, ‹(herabsetzender) Bescheidenheitsausdruck›. *Teineigo* bezieht sich auf den Sprechstil, der eine mehr oder minder gewählte Ausdrucksweise beinhaltet und dadurch unterschiedliche Grade von Intimität, Förmlichkeit und Eleganz indiziert, die sich natürlich relativ zu den sozialen Attributen von Sprecher und Angesprochenem bestimmen. Drei Ebenen werden unterschieden, die vor allem durch verschiedene finite Verbformen zum Ausdruck gebracht werden: die einfache Form der Kopula *da*, ‹bin, bist, ist, sind etc.›; die höfliche Form, *desu*; und die sehr höfliche Form, *de gozaimasu*. Dieser Höflichkeitsausdruck wird mit den beiden anderen Dimensionen der Differenzierung derart kombiniert, dass je nachdem, ob man über den Angesprochenen bzw. eine andere Person, der Respekt zu zollen ist, oder über sich selber bzw. ein Mitglied der eigenen Gruppe spricht, ein Verb oder Nomen des Respekts- oder Bescheidenheitsausdrucks gewählt wird. Für viele Tätigkeiten gibt es drei Verben, ein neutrales, ein respektvolles und ein bescheidenes, z. B. ‹gehen›, *yuku* (neutral), *irassharu* (respektvoll) und *mairu* (bescheiden). Dass man entweder *yuku* oder *mairu*, aber niemals *irassharu* benutzt, wenn man von sich selbst spricht, liegt auf der Hand, aber viele andere Verwendungsbedingungen sind weniger offensichtlich, z. B. dass auf das Einfahren des Zuges am Bahnsteig, das Aufwärtsfahren des Fahrstuhls im Kaufhaus oder die herankommende Regenfront mit *mairu* Bezug genommen wird. Stets unterschieden wird zwischen eigenen Dingen, Handlungen und Gefühlen und solchen des Angesprochenen, die durch die Vorsilben *o-* bei japanischen bzw. *go-* bei sinojapanischen Wörtern gekennzeichnet werden: *tegami*, ‹Brief›, *otegami* ‹Ihr (werter) Brief›; *iken*, ‹Meinung›, *goiken*, ‹Ihre (geschätzte) Meinung›.

Das ist einfach, da sehr systematisch; doch mit den angebotenen Übersetzungen stoßen wir wieder an die Grenzen der Einfachheit, denn mit «Ihre geschätzte Meinung, Ihre verehrte Frau Mutter» und ähnlichen Ausdrücken begeben wir uns auf eine deutlich markierte[9] stilistische Ebene, während die entsprechenden japanischen Ausdrücke völlig unmarkiert sind, ja, kaum eine Alternative zulassen. *Otegami* ist genauso unmarkiert wie ‹Ihr Brief› und besagt auch inhaltlich im Wesentlichen das gleiche. *Otegami* als ‹Ihr Brief› und nicht ‹Ihr werter Brief› wiederzugeben ist deshalb auch verständlicherweise die von Übersetzern bevorzugte Lösung. Aber was das Attribut ‹werter› zu viel vermittelt, vermittelt seine ersatzlose Streichung zu wenig. Mittels des Präfix *o-* zwischen einem Brief des Angesprochenen von einem eigenen zu unterscheiden ist etwas anderes, als für diesen Zweck Possessivpronomen zu benutzen. *O-* bedeutet nicht ‹Ihr›, sondern ist ein Stilmittel, das es erlaubt, Unterschiede bezüglich des einer Person oder Sache zu erweisenden Respekts zu machen, die im Deutschen gewöhnlich nicht auf dieselbe Weise gemacht werden und für die es deshalb auch keine offensichtlichen sprachlichen Mittel gibt.

Analoges gilt für die große stilistische Vielfalt der pronominalen Anrede- und Selbstbezeichnungsformen des Japanischen. *Du* und *Sie* bzw. *ich wir*, *meine Wenigkeit* etc. sind als Übersetzungsäquivalente nur bedingt tauglich. Im Deutschen ist für die Selbstbezeichnung fast alles außer ‹ich› mehr oder weniger stark markiert, wenn man es nicht mit einem deutlich markierten Kontext zu tun hat. Im Japanischen hingegen ist nichts weniger markiert, als dass Männer und Frauen, Jungen und Mäd-

chen, alte und junge Menschen für die Selbstbezeichnung verschiedene
Ausdrücke verwenden, solche nämlich, die ihren sozial relevanten Eigenschaften angemessen, also so-und-so-*rashii* sind. Auf sich selbst als *atashi*
Bezug zu nehmen ist *onnarashii*, ‹fraugemäß›, bzw. wenn der Sprecher
keine Frau ist, ‹weibisch›; *boku* ist demgegenüber *otokorashii*, ‹mannge-
mäß›. Viele weitere Differenzierungen der Selbstbezeichnung kommen
hinzu, denen eine ebenso große Vielfalt von Anredeformen gegenübersteht.

Einige Formen der Selbstbezeichnung und Anrede
Ich: *ore, boku, onore, washi, ware, atakushi, watashi, watakushi*
Du/Sie: *omae, kimi, temae, kisama, sokomoto, anta, anata, kiden*

Diesem Formenreichtum ist sehr viel Beachtung geschenkt worden, zum
Teil auf stark psychologisierende Weise, wonach etwa mehrere Prono-
men der Selbstbezeichnung auf eine Schwäche des japanischen *Ich* hindeuten.[10] Was diese Interpretationen vor allem belegen, ist, dass das System der Personalpronomen europäischer Sprachen als Normalfall betrachtet wird. Zum Verständnis des japanischen Systems tragen sie
wenig bei. Als Teil des Soziativs dient es der symbolischen Feineinstel-
lung der sozialen und emotionalen Beziehung zwischen Sprecher und
Angesprochenem. Dass die dabei möglichen Differenzierungen mit denen anderer Sprach- und Kulturgemeinschaften nicht deckungsgleich
sind, ist nicht verwunderlicher als der Umstand, dass Übersetzung niemals eine Wort-für-Wort-Zuordnung ist. Die Tatsache, dass im japanischen Sprachgebrauch andere Unterscheidungen gemacht werden als
in dem des Deutschen oder anderer europäischer Sprachen, zwingt uns
nicht zu der Schlussfolgerung, dass die Japaner anders denken, sondern
lediglich zu der, dass die Faktoren, die die Befolgung der sprachlichen
Etikette regeln, andere sind als im europäischen Kontext. Welche aber
sind das?

In einem Erlass des Erziehungsministeriums von 1941, als in Japan ein
Regime mit dezidierten Vorstellungen von sozialer Hierarchie herrschte,
heißt es in Abschnitt 1: «Gegenüber Höhergestellten ist ein angemesse-
ner Höflichkeitsausdruck zu benutzen.»[11] Detaillierte Vorschriften regeln den Gebrauch des Soziativs, wobei das wichtigste Kriterium der soziale Rang bzw. die Unterscheidung zwischen Höhergestellten (*meue*)
und Untergeordneten (*meshita*) ist. Die sprachliche Etikette reflektierte
und zementierte die soziale Ordnung. Durch die Niederlage im Pazifi-

schen Krieg gerieten die erziehungs- und sozialpolitischen Prinzipien des autokratischen Regimes in Misskredit, was sich auch darin niederschlug, dass für die sprachliche Etikette neue Richtlinien ausgegeben wurden. Ein Memorandum des Erziehungsministeriums von 1952 stellt fest: «Bisher hat sich die sprachliche Etikette in erster Linie auf der Grundlage der Beziehungen zwischen den oberen und den niederen sozialen Ständen entwickelt; künftig soll sie demgegenüber auf dem Prinzip gegenseitiger Rücksicht und der fundamentalen Achtung des Einzelnen aufbauen.»[12]

Diese Umdeutung war im Großen und Ganzen erfolgreich. Ein halbes Jahrhundert später kann Inoue daher mit einiger Berechtigung von der «Demokratisierung des Soziativs»[13] sprechen. Obwohl zwischenzeitlich manche Ausdrücke außer Gebrauch gekommen sind, haben sich weniger die Formen geändert als die Bedingungen ihres Gebrauchs und ihre symbolische Bedeutung. Neben sozialem Status und Macht sind Alter, Geschlecht, Intimität, die Förmlichkeit der Situation und die Kultiviertheit des Sprechers für die Wahl der angemessenen Form ausschlaggebend, Faktoren also, wie sie bei der Kalibrierung von Etikette meistens zum Tragen kommen. Weniger der symbolische Ausdruck von Statusunterschieden und Hierarchie als vielmehr allgemeine Verbindlichkeit des Umgangs ist das übergeordnete Prinzip, wobei nach wie vor idealtypische Begriffe von Angemessenheit (*rashisa*) und Unterscheidung (*wakimae*) eine wichtige Rolle spielen. Ide und Yoshida[14] betonen darüber hinaus die Bedeutung stilistischer Restriktionen, durch die die Ausdrucksalternativen einer einmal gewählten Stilebene eingeschränkt werden. Ihre Annahme, der japanische Soziativ sei wie die Regeln der Grammatik weitgehend der Willkür der Sprecher entzogen, wohingegen der Ausdruck von Höflichkeit in westlichen Sprachen (speziell im Englischen) nur durch die Intention der Sprecher bedingt sei, ist jedoch unhaltbar. Im Japanischen kann man ebenso unhöflich sein wie in anderen Sprachen, nur werden dabei andere Konventionen verletzt. Die Konventionen der Sprache binden zwar die Sprecher; das ist ihre Funktion als Mittel der menschlichen Selbstregulierung. Sie machen uns aber nicht zu willenlosen Gefangenen, da sie immer wandelbar sind. Es besteht kein Grund zu der Annahme, dass japanische Konventionen dem Individuum *grundsätzlich* weniger Spielraum lassen als europäische, auch wenn Konventionen als stärker empfunden werden und die Gebote der Etikette zu dem Zeitpunkt unserer Beobachtung vielleicht strenger sind als in westlichen Ländern. Das bedeutet nur, dass sie im Gesamtsystem der Kultur einen anderen Stellenwert haben, was einen Aspekt der Spezifik der japanischen Kultur ausmacht. Die explizite Regelung der sprachlichen Etikette durch die erwähnten Direktiven während des Krieges und danach dokumentiert ihre Wandelbarkeit und zeigt zugleich, dass sich die symbolische Bedeutung sprachlicher Ausdrücke ändern kann, ohne dass dadurch alle Formen obsolet werden. Es ist deswegen problematisch, direkte Schlüsse von der Sprachstruktur auf das Denken und die Sozialstruktur zu ziehen. Die japanische Sprache der Höflichkeit ist Teil einer formbewussten Kultur, in der Förmlichkeit ein Selbstwert ist, der nicht allein auf ein Machtdifferential reduziert werden kann. Wie andere Teilsysteme der Kultur ist sie über viele Generationen tradiert worden, nicht ohne sich dabei zu verändern. Insbesondere regelt sie das beständige Geben und Nehmen, das den gesellschaftlichen Umgang ausmacht. Ihm wenden wir uns jetzt zu.

4
Gaben

Das Jahr 1868 oder Meiji 1 gilt als der Beginn der japanischen Moderne,
soweit sich eine solche Epoche so genau datieren lässt. Zweifellos brachte dieses Jahr viele Neuerungen; darunter war auch die Einführung von
Studiengebühren durch den großen Pädagogen Fukuzawa Yukichi. Der
Gründer von Japans berühmtester Privatuniversität, Keio Gijiku Daigaku, schrieb darüber in seiner Autobiographie[1]:

> «Wohl einer chinesischen Sitte gehorchend machten die Schüler in allen
> Schulen bei der Aufnahme ein Geldgeschenk. Das war eine rein private Höf-
> lichkeit. Daraufhin verehrten sie den Lehrer als ihren *Sensei* und brachten ge-
> wöhnlich noch zweimal im Jahr Geschenke, zum Bon-Fest im Sommer und
> am Ende des Jahres. Bei diesen Geschenken handelte es sich manchmal um
> Geld, manchmal um irgendwelche Gegenstände, die stets auf die alte konven-
> tionelle Weise verpackt und mit einem *noshi* (Papierstreifen als Siegel) verse-
> hen waren. […] Inzwischen [d. h. als Fukuzawa seine Memoiren ungefähr
> 30 Jahre später diktierte, F. C.] ist es natürlich nicht mehr ungewöhnlich, Stu-
> diengebühren zu erheben; alle Schulen tun es. Aber als wir das zum ersten
> Mal ankündigten, war man schockiert.»

Fukuzawa spricht von einer «rein privaten Höflichkeit». Die Schüler
taten nichts anderes, als die Gebote der Etikette zu befolgen, Gebote,
die der in diesen Dingen sehr auf das Abschneiden alter Zöpfe bedachte
Fukuzawa für überholt hielt. Wie in vielen anderen Dingen hatte er den
Finger am Puls der Zeit. Als Folge der zunehmenden Differenzierung der
Gesellschaft war Lehrer zu sein nicht mehr nur eine Ehre und Würde. Es
wurde ein Beruf, mit dem man seinen Lebensunterhalt bestreiten konnte und sollte. Fukuzawa verzichtete im Interesse seiner Unabhängigkeit
auf die ihm als Samurai zustehende Apanage und wurde zum ersten japanischen Intellektuellen, der von seiner Tätigkeit als Intellektueller
lebte. Statt höflicher Geschenke wollte er einen gerechten Lohn, auch
um den Preis, sich über herkömmliche Sitten hinwegzusetzen. Nicht aus
diesem Grunde jedoch haben wir die sich auf die Darreichung von Geschenken beziehenden Gebote der Etikette nicht im vorigen Kapitel be-

handelt, sondern weil die Gabe trotz der tief greifenden Veränderungen in Kultur und Gesellschaft, die sich damals auf diesem Gebiet vollzogen, ein so bedeutender Aspekt der japanischen Kultur ist, dass ihr ein eigenes Kapitel gewidmet werden muss.

Die Grammatik des Gebens und Nehmens

Einen ersten Hinweis auf die große Bedeutung der Gabe im Gesamtsystem der japanischen Kultur finden wir in der Sprache. Immer funktioniert Sprache als Medium des Austauschs, im Japanischen jedoch wird das durch die grammatische Struktur selber deutlich gemacht. Wenn man vom Reden spricht und vom Zuhören, vom Lehren und Lernen, um Erklärung bittet oder eine Auskunft erteilt, verwendet man stets komplexe Ausdrücke, die aus verba dicendi und einem Verb des Gebens bzw. Empfangens bestehen. *Mōshiageru*, ‹sagen›, besteht aus der Konjunktionalform des Verbs *mōsu*, ‹sprechen›, und der finiten Form des Verbs *ageru*, ‹geben›, das freilich nur eins von mehreren Verben dieser Bedeutung ist und nur für ein Geben nach «oben», also von mir zu dir, aber nicht von dir zu mir verwendet wird. Denn *ageru* bedeutet auch ‹hochheben›. *Kureru* hingegen ist das Verb für ‹geben›, wenn der Geber nicht der Sprecher ist. *Ageru* und *kureru* werden mit den chinesischen Zeichen für ‹oben› bzw. ‹unten› geschrieben. Da japanische Verben nicht nach der Person flektiert werden und die Handlungsträger sonst oft nicht explizit genannt werden, erfüllt die Differenzierung der Verben des Gebens nach der Richtung neben der soziativen auch eine wichtige referentielle Funktion, nämlich die, deutlich zu machen, wer eine Handlung ausführt. Der Unterschied zwischen ‹das Buch, das du (mir) gegeben hast›, *kureta hon*, und ‹das Buch, das ich (dir) gegeben habe›, *ageta hon*, wird durch die Verwendung zweier verschiedener Verben angezeigt.

Auch Aktivitäten werden grammatisch vielfach als etwas, was man dem anderen gibt oder von ihm empfängt, dargestellt, etwa wie es aus Redewendungen wie «jemandem Gehör schenken», «jemandem sein Ohr leihen» oder «eine Botschaft entrichten» spricht, die freilich alle wiederum einer sehr markierten Stilebene angehören und für den normalen Umgang deshalb anders als die japanischen Formulierungen ungeeignet sind. *Daremo watakushi ga mōshiagetai koto o kiitekurenai*, ‹niemand

hört mir zu>, ist völlig unauffällig, während jeder Versuch, das dabei in-
volvierte doppelte Geben, nämlich des Sagens und des Zuhörens, auf
Deutsch auszudrücken, gestelzt, wenn nicht lächerlich wirkt: <dem, was
ich darbieten will, schenkt niemand Gehör>. *Kureru* und *ageru* sind nur
zwei Elemente eines komplexen Verbalsystems des Gebens und Nehmens, die hier exemplarisch genannt seien. Für <empfangen> stehen
ebenso mehrere Verben zur Verfügung, deren Auswahl davon abhängt,
wer der Handlungsträger ist und in welcher Beziehung er/sie zum Sprecher steht.

Die unterschiedliche Lexikalisierung des Gebens mit Verben, deren
Agens gewöhnlich der Sprecher (oder ein Mitglied seiner Gruppe) oder
im Gegenteil der Angesprochene (oder ein Mitglied seiner Gruppe) ist,
weist auf einen weiteren wichtigen Punkt hin, nämlich dass das Geben
als ein reziproker, aber nicht symmetrischer Akt verstanden wird. Mein
Geben ist nicht dasselbe wie dein Geben, denn eine Beziehung zwischen in jeder Hinsicht Gleichen ist selten, und sei es nur, weil der
Sprecher den Angesprochenen aus Gründen der Höflichkeit als über
sich stehend behandelt, ein symbolischer Akt, der durchaus auf die
gleiche Weise erwidert werden kann, was aber nicht unbedingt Indika-
tor für eine symmetrische Beziehung ist. Dieses über Jahrhunderte gewachsene Subsystem der Sprache weist die Spuren des allgemeinen Verständnisses sozialer Beziehungen auf: Sie sind ein stetes Geben und
Nehmen.

Die Ökonomie der Gabe

Damit ist ein Prinzip benannt, das in der japanischen Kultur auf vielfache Weise in Erscheinung tritt und Implikationen in so disparaten Bereichen wie Politik, Recht, Religion und Medizin hat. Wie in der Sprache ist
das Geben und Nehmen nicht zufällig, sondern geschieht im Rahmen
eines sozialen Systems, in dem Ehre und Ansehen von Geber und Empfänger ebenso wie Patronage und Abhängigkeit eine zentrale Rolle spielen. Das ist in vielen Gesellschaften so; soziale Beziehungen werden unter diesem Aspekt gesehen, was mehr oder weniger explizit thematisiert
wird. Der lateinische Spruch *do ut des*, <ich gebe, damit du gibst>, zum Beispiel ist ein alter Rechtsgrundsatz, durch den der Gabenkreislauf moralisch legitimiert wird. Im Japanischen sind beide Seiten zu dem Komposi-

tum *zōtō* verschmolzen, dessen Teile ‹geben› und ‹erwidern› bedeuten: Austausch von Gaben. Welche Merkmale kennzeichnen nun das japanische *zōtō*-System des Gabenaustauschs?

Beginnen wir mit einer Übersicht der Gelegenheiten des Schenkens. Private und allgemeine Anlässe sind gleichermaßen zahlreich, manche wurden in den vorangegangenen Kapiteln bereits erwähnt. Der Jahreszyklus beginnt mit Geschenken: Ein Neujahrsgeschenk bekommen Kinder von Eltern, Großeltern und anderen Erwachsenen, gewöhnlich Geld. Anfang Juli ist die Zeit für das Mittjahresgeschenk, was auch dem Uneingeweihten nicht entgehen kann, da alle Warenhäuser und viele andere Läden zu diesem Anlass ein spezielles Angebot bereitstellen, ja, nicht selten ganze Abteilungen dafür einrichten. Anfang Dezember wiederholt sich das, wenn die Auslagen für die Jahresendgeschenke hergerichtet werden. In diesen Zyklus eingepasst worden sind Feiertage westlichen Ursprungs, insbesondere der Valentinstag am 14. Februar und Weihnachten. Die treibende Kraft hinter der Popularisierung dieser Anlässe ist die vom Einzelhandel erhoffte Umsatzsteigerung.

Nicht an den Jahreszyklus gebundene Geschenke kommen hinzu, deren Anlässe teilweise Übergangsriten sind: Geschenke zur Geburt, zum Schuleintritt und -abschluß, zur Verlobung und Hochzeit, Geschenke zum Ausscheiden aus dem Berufsleben und schließlich Beileidsgeschenke. Auch Geschenke bei außergewöhnlichen Anlässen wie Krankheit oder Unfall haben einen festen Platz im System, ebenso wie Mitbringsel von einer Reise, Geschenke anlässlich eines Besuchs, Geschenke, die beim Umzug an die unmittelbaren Nachbarn verteilt werden – früher Buchweizennudeln, *hikkoshi soba*, heute oft andere kleine Geschenke wie Seife, Handtücher oder dergleichen – oder wenn man ihnen auf irgendeine Weise lästig gefallen ist, zum Beispiel durch Baulärm. Bei bestimmten Gelegenheiten, insbesondere Hochzeiten und Begräbnissen, gibt es Gegengaben, die unverzüglich zu überreichen sind, aber für alle Geschenke gilt, dass sie zu erwidern sind, früher oder später. Kein Geschenk ist umsonst. Das hat uns Marcel Mauss[2], der große französische Ethnologe, gelehrt. Denn Geschenke begründen eine Schuld, die getilgt werden muss, freilich nicht unbedingt mit gleicher Münze, in gleicher Höhe oder überhaupt auf materielle Weise. Opfer bei Tempeln und Schreinen sind ebenfalls Bestandteil des *zōtō*-Systems, deren Gegengaben jedoch nicht von dieser Welt sind.

Das *zōtō*-System

Geschenke im Jahreszyklus	
Otoshidama	Neujahr
Ochūgen	Jahresmitte
Oseibo	Jahresende

Geschenke im Lebenszyklus	
Otanjō iwai	Geburt
Seinen iwai	Volljährigkeit
Yuinō	Verlobung (zwischen den Verlobten)
Kekkon no okurimono	Hochzeit (dem Brautpaar)
Okōden	Beileid

Geschenke bei außergewöhnlichen Anlässen	
Omimai	Krankheit, Unfall
Omiyage	Mitbringsel
Temiyage	Besuch bei Freunden, Verwandten
Osenbetsu	Abschied
Hikkoshi soba	Umzug
Meishi gawari	Gefälligkeit eines Unbekannten
Saisen	Opfer, Spende für Schrein, Tempel
Okaeshi	Gegengabe

Heutzutage wird vielfach Geld geschenkt: Für Neujahr, Hochzeiten, Trauerfälle, Krankheit und andere Gelegenheiten der Anteilnahme gibt es spezielle Umschläge für Geldgeschenke. Bei fröhlichen Anlässen sind es mit zu einer Schleife gebundenen roten, weißen und goldenen, manchmal auch silbernen Bändern umwundene *shūgibukuro*, auf die *kotobuki*, ‹Viel Glück›, oder *gokekkon iwai*, ‹Glückwunsch zur Hochzeit›, geschrieben wird. Bei Trauerfällen wird ein *noshibukuro* mit einer Schleife in schwarz und weiß oder gelb und grau und der Aufschrift *okōden*, ‹Weihrauchgeld›, oder *goreizen*, ‹der Seele des Verstorbenen›, verwendet. Innen wird der Name des Gebers und die Höhe der Summe vermerkt, die sich nach der Beziehung zwischen Geber und Empfänger und den finanziellen Möglichkeiten des Ersteren richtet.

Als Saisongabe um die Mitte und zu Ende des Jahres wird hingegen kein Geld geschenkt, ebenso wenig wie zum Valentinstag oder dem eigens als Gelegenheit für die Gegengabe des erhaltenen Valentinsgeschenks, typischerweise Schokolade, eingeführten White Day. *Ochūgen* und *oseibo* fallen mit Sommer- und Winterschlussverkauf zusammen und

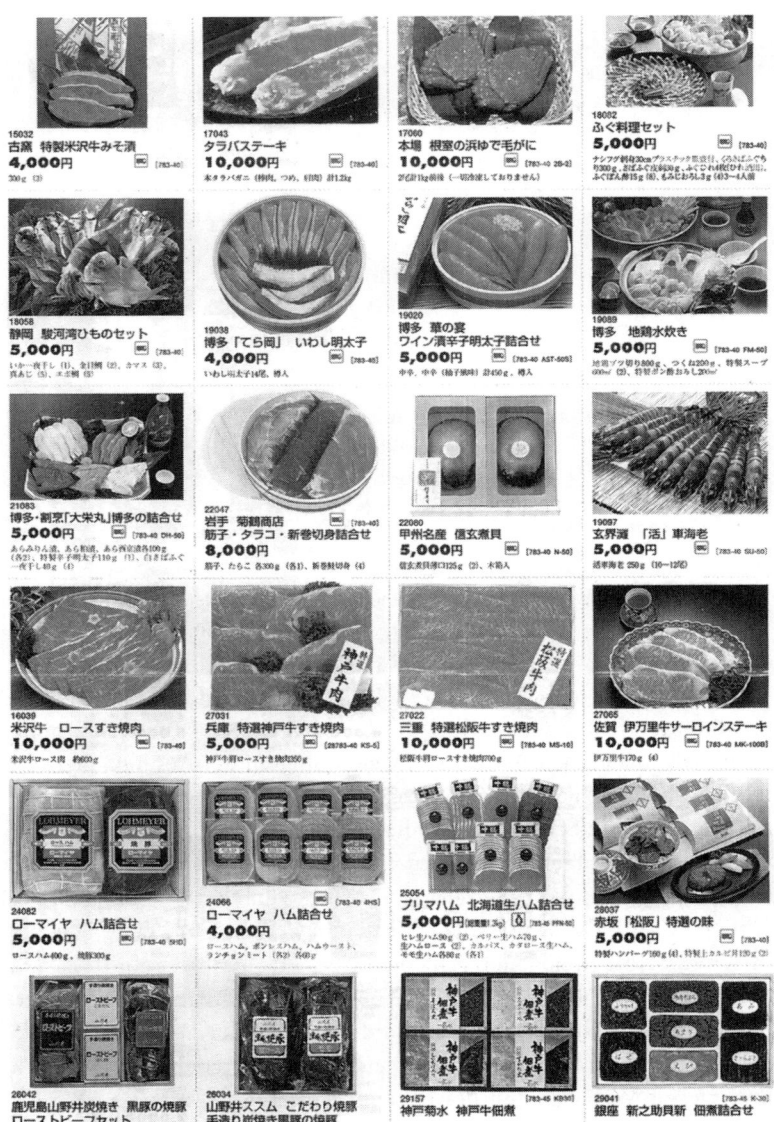

Abb. 6: Oseibo, Geschenke zum Jahresende. Aus dem Angebot eines Warenhauses

stellen einen erheblichen Teil des Warenumsatzes in diesen Monaten dar. Ganze Sortimente vor allem von Esswaren werden zu diesem Zweck hergestellt und in besonderen Verpackungen auf den Markt gebracht, von den feinsten Delikatessen bis zu Grundnahrungsmitteln wie Backöl, Tee, Säften, Gebäck etc. Firmen verteilen solche Geschenke an Mitarbeiter, Verlage an Autoren; Kunden werden oft bedacht und viele andere Personen, die auf irgendeine Weise mit einer privaten oder öffentlichen Körperschaft in Verbindung stehen. Im Juli und Dezember ist für Post und Lieferanten Hochsaison, und Menschen bzw. Haushalte mit einem sehr dichten sozialen Beziehungsnetz werden mit solchen Geschenken überhäuft, die dann vielfach weiterverschenkt werden.

Der Warenumsatz in diesen beiden Jahreszeiten und zu den übrigen Anlässen hat gewaltige Ausmaße ebenso wie der durch Hochzeiten, Trauerfälle und all die anderen Anlässe verursachte Geldkreislauf. Die auf die eine oder andere Weise ausgetauschten Gaben nur nach dem mit ihnen erzielten Umsatz zu bewerten würde jedoch der Sache aus ökonomischer Sicht kaum gerecht. Vielmehr handelt es sich um eine regelrechte Parallelwirtschaft, die den Gesetzen des Marktes und dem Leistungsprinzip nicht gehorcht. Es ist ein Kreislauf, in dem enorme Waren- und Geldmengen zirkulieren, aber sowohl von der geldvermittelten Wirtschaft als auch vom unvermittelten Tauschhandel ist die Ökonomie der Gabe grundsätzlich verschieden. Die Bezahlung einer Ware oder Dienstleistung erfolgt gegen einen Preis, der (von allen möglichen Interventionen abgesehen) durch den Markt bestimmt wird. Mit der Begleichung der Rechnung ist die Transaktion abgeschlossen. Der Tauschhandel ist wie der monetarisierte Handel gewöhnlich ausgeglichen. Beides ist bei der Gabe nicht der Fall. Auch wenn es bei manchen Gelegenheiten üblich ist, unverzüglich eine Gegengabe zu machen, ist dadurch weder die Transaktion beendet noch ein ausgeglichenes Verhältnis hergestellt. Auch ist der Zweck der Gabe ein anderer als der des Tauschhandels oder Verkaufs auf dem Markt, mit denen ein materieller Profit angestrebt wird. Die Saftdosen, Whiskeyflaschen, Crevetten und rohen Lachse, die als *ochūgen* oder *oseibo* verschenkt werden, bringen dem Geber hingegen keinen greifbaren Gewinn. In einer der modernsten und größten Volkswirtschaften der Welt funktioniert also ein großer Teil der Ökonomie nach nicht-wirtschaftlichen Prinzipien.

Regulierung sozialer Beziehungen

Der Zweck des Geschenks ist es nicht, Profit zu machen. Worum es geht, ist die Herstellung und Pflege einer Beziehung. Wie überragend wichtig das ist, kann man an einer Zahl ablesen. Zum Jahreswechsel 2000/01 wurden in Japan 41 000 000 000 000 Neujahrskarten mit einer Losnummer verschickt.[3] Darunter sind die zu Tausenden von Firmen verschickten Grußkarten, aber auch in privaten Haushalten geht die Zahl der Neujahrskarten oft in die Hunderte. *Sakunen wa iroiro osewa ni narimashite arigatō gozaimashita*, das ist die bei weitem häufigste Formel, die neben anderen Mitteilungen auf den Grußkarten zu lesen ist: «Vielen Dank für die diversen Bemühungen, die Sie mir im vergangenen Jahr zuteil werden ließen!» Die Verbundenheit mit dem Adressaten, die man mit der Grußkarte zum Ausdruck bringt, beinhaltet eine Verpflichtung, den Dank für eine tatsächlich empfangene oder nur imaginäre Gunst. Indem man diese Verpflichtung anerkennt, signalisiert man die Bereitschaft, die sozialen Erwartungen zu erfüllen, und den Wunsch, auch in Zukunft eine durch sie bestimmte Beziehung zu unterhalten.

Das Verhältnis der Verpflichtung, das durch eine empfangene Gunst entsteht, ist, was der japanische Begriff *on* beinhaltet. *On* ist eine Schuld, die man zurückzahlen muss. Wer das versäumt, ist ein *on shirazu*, ‹jemand, der kein *on* kennt›, kurz, jemand, der so unerzogen ist, dass man mit ihm keinen sozialen Umgang pflegen kann. Der Ursprung des Begriffs reicht in die Feudalzeit zurück, als er die Gunst bezeichnete, die ein Samurai von seinem Herrn empfing, Land und Schutz nämlich. Als Gegenleistung dafür musste er ihm dienen, das war seine Pflicht, *giri*. *Giri* nun steht für die japanische Vorstellung, dass man eine Gunst, einen Gefallen erwidern muss, und zwar unabhängig davon, ob das einem emotionalen Bedürfnis entspricht. Das Gegenstück zu diesem Begriff ist *ninjō*, ‹das (menschliche) Gefühl›. *Giri* und *ninjō*, Pflicht und Neigung, sind die beiden psychologischen Zustände, in deren Spannungsfeld sich Beziehungen und, wenn sie nicht miteinander in Einklang gebracht werden können, Konflikte und manch tragischer Zwiespalt entfalten. Vor diesem Hintergrund stellt sich der Austausch von Gaben als ein Mechanismus der Regulierung sozialer Beziehungen dar. Gaben enthalten ein Vertragselement, ohne dass das formell festgeschrieben ist. Eben das ist der Unterschied zwischen der Entlohnung einer Dienstleistung und der Darbietung eines Geschenks.

Die Ersetzung der Gaben, die Schüler ihren Lehrern brachten, durch die Erhebung von Schulgeld bedeutete eine tief greifende Uminterpretation des Lehrer-Schüler-Verhältnisses, die anfangs schockierend sein musste. Aus Patronage, die durch Abhängigkeit und Fürsorge, Gehorsam und Benevolenz gekennzeichnet ist, ohne dass die Rechte und Pflichten auf beiden Seiten eindeutig und im Extremfall einklagbar definiert sind, wurde ein Kontrakt unter potenziell objektiven und vom Einzelfall unabhängigen Bedingungen. Eine solche qualitative Veränderung einer über Generationen gewachsenen sozialen Beziehung wird nicht über Nacht vollzogen. Sicher fuhren viele Studenten Fukuzawas und ihre Eltern zunächst unter dem Druck der Tradition fort, den Lehrern Geschenke zu machen, trotz Schulgeld. Denn es geht dabei ja nicht allein um unterschiedliche Zahlungsmodalitäten. Die Gebühr für eine erbrachte Leistung hat ganz andere Implikationen als die Annahme eines Geschenks. Letztere beruht auf einer persönlichen Beziehung und etabliert im Falle von Lehrer und Schüler die Verantwortung des Ersteren für Letzteren. Heute noch fühlen sich Professoren verpflichtet, ihren Studenten beim Einstieg ins Berufsleben durch Ausnutzung ihrer eigenen Beziehungen behilflich zu sein. Es ist leicht nachvollziehbar, dass die Verpflichtung dazu wesentlich stärker von einem Lehrer empfunden wird, der sich selber als Empfänger von Geschenken betrachten muss. Hinzu kommt, dass es für das Geschenk anders als für den Lohn keinen Tarif gibt, was die Möglichkeit eröffnet, seine Höhe dem Bedarf anzupassen, z. B. wenn die Leistungen des Schülers ungenügend sind. Das war gewiss nie der Idealfall, aber immer eine strukturelle Möglichkeit des Missbrauchs.

Wie dieses Beispiel zeigt, haben die Gabe und die mit ihr verbundenen Konzepte großen Einfluss auf die Gestaltung sozialer Beziehungen. Durch eine Gabe eine Verpflichtung (*giri*) herzustellen ist ein auch heute noch wirksamer Mechanismus der Beziehungssteuerung. *Giri choko*, die ‹Pflichtschokolade›, ist im Zusammenhang mit dem Valentinstag aufgekommen. Obwohl gar nicht erwünscht, muss ein Valentinsgeschenk wie jede Gabe erwidert werden, eben wegen *giri*. Für den Empfänger vieler *giri choko*, einen männlichen Vorgesetzten weiblicher Angestellter etwa, kann das ebenso lästig wie kostspielig sein. Oft ist es schwierig, eine Gabe abzulehnen, obwohl ihre Annahme es schwierig macht, Erwartungen des Gebers nicht zu entsprechen. Wenn man von einer Person, mit der man nicht persönlich bekannt ist, eine Gefälligkeit erbitten will, muss man ihr zunächst vorgestellt werden oder sich selbst vorstellen. Zu diesem Zweck kann man vor dem Besuch, bei dem man seine Bitte vorbringen will, ein *meishi gawari* schicken, ein Geschenk, «statt der Visitenkarte». Wer ein solches Geschenk annimmt, geht eine Verpflichtung ein und kann den erbetenen Gefallen kaum noch ablehnen. Der stark reziproke Charakter der Kultur des Schenkens steht umgekehrt auch dem Almosen und der nicht erwiderbaren Gabe entgegen. Die in Japan wenig entwickelte Bereitschaft zu Mildtätigkeit ist ein Aspekt davon, das Fehlen der entwürdigenden Praxis des Trinkgelds ein anderer.

Die Kultur der Gabe hat sich mit dem Gesellschaftssystem verändert, aber für das alltägliche Verhalten und die Gestaltung sozialer Beziehungen gibt sie noch immer eine wichtige Folie ab. Viele Gaben sind solche nur noch pro forma. *Reikin* etwa, wörtlich: ‹Dankgeld›, ist eine Gebühr, die beim Abschluss eines Mietvertrags oder beim Einzug in die gemietete Wohnung bezahlt wird und fester Bestandteil des Vertrags ist. In der Bezeichnung nur einen Euphemismus zu sehen wäre jedoch falsch, denn obwohl die Modernisierung der Gesellschaft es mit sich brachte, dass informelle Abhängigkeits- und Loyalitätsbeziehungen immer mehr in formell geregelte Vertrags- und Anspruchsverhältnisse überführt wurden, war doch der Austausch von Gaben auch in der Feudalgesellschaft keineswegs unverbindlich.

Verpflichtungen

Wie die Gabe als Beweis der Loyalitätsbekundung funktionieren kann, lässt sich der folgenden Beschreibung François Carons aus dem Jahre 1645 entnehmen. Caron war damals Opperhoofd der niederländischen Handelsmission in Nagasaki und hatte Gelegenheit, Edo zu besuchen, den Sitz des Shoguns, den er hier fälschlich als Kaiser bezeichnet. Was er beschreibt, ist der Besuch des Shoguns in der Residenz anderer Lehnsherren (*daimyō*) in der Stadt.

> «Zu einem solchen Gastmahl wird der Kaiser drei Jahre im voraus eingeladen, in welcher Zeit alle Vorbereitungen getroffen werden, die für diese Gastereien und Geschenke notwendig sind. Nachdem der Kaiser den ersten Tag im Palast gewesen ist, werden die Herren von Geblüt und die Reichsräte, die vornehmsten Könige und Fürsten danach gastfrei gehalten. […] Insgesamt kön-

nen der Bau des Palastes, das Gastmahl des Kaisers und was darauf folgt, einen reichen König arm machen. Wenn Ihre Majestät auf der Jagd gewesen ist und etliche Kraniche gefangen hat, verehrt er bisweilen einen solchen Vogel demjenigen seiner Lehnsleute, dem er am meisten gewogen ist. Dieses Geschenk kostet sie fast ein halbes Jahr Einkommen, denn diese Ehre ist wegen der Gabe an sich so groß, daß die ganze Stadt davon wissen muss, und darum werden noch lange danach so viele Gastereien, Feste und Geschenke gegeben, dass es zu lange dauern würde, dies alles zu erzählen.»[4]

Die enormen Kosten, die der Besuch des obersten Machthabers Japans bei ihm loyalen Lehnsherren verursachte, waren nicht nur ein Zeichen des Reichtums der Oberschicht und des prunkvollen Lebens im Edo jener Zeit; sie waren ein Mittel zur Aufrechterhaltung des Machtsystems. Dadurch, dass der Shogun die Einladung eines Fürsten annimmt, belastet er ihn und verhindert, dass er zu mächtig wird. Die Ehre seines Besuchs oder eines Geschenks zwingt den Begünstigten dazu, sich erkenntlich zu zeigen. Der Shogun bindet den Lehnsherrn an sich, der in die gute Beziehung zu ihm große Summen investieren muss. Gleichzeitig geht der Shogun durch die Annahme von Einladungen und Geschenken die Verpflichtung ein, seine schützende Hand über die Lehnsherren zu halten. Für beide Seiten sind Einladungen, Gastmähler und Geschenke notwendige «Betriebskosten», um ihren Status zu erhalten bzw. den Anspruch darauf geltend zu machen. Wer loyal dient, wird von milder Hand beschenkt, und umgekehrt werden Geschenke gemacht, um sich Einfluss zu sichern.

Wenn Carons Darstellung von der dreijährigen Vorbereitungszeit eines Empfangs des Shoguns auch nur annähernd der Wahrheit entspricht, war der Austausch von Geschenken keine akzidentielle Höflichkeit, sondern ein konstitutiver Mechanismus zur Regelung der Staatsgeschäfte. In größerem Maße als der konstitutionell organisierte Staat beruht das Feudalsystem auf familiären und persönlichen Beziehungen, deren konkrete Ausgestaltung durch Konvention und Tradition mehr als durch objektive, transparente und im Detail festgelegte Verfahren geleitet war. Der moderne Verfassungsstaat ist darauf angelegt, Machterwerb und Machtausübung zu versachlichen, die Elemente der Willkür zu minimieren und den Amtsträger von der Privatperson zu trennen. Japan hat heute in diesem Sinne einen demokratischen Rechtsstaat, in dem Gleichheit vor dem Gesetz, Rechtssicherheit und Kontrolle der Regierungsmacht gewährleistet sind. Dennoch verlässt man sich in der Politik noch stets lieber auf persönliche Beziehungen als auf objektive Verfahren, und in diesen persönlichen Beziehungen hat die Gabe einen festen Platz. Damit soll nicht gesagt sein, dass das politische System Japans korrupter ist als das westlicher Demokratien, sondern dass Korruption einen eigenen kulturspezifischen Charakter hat, was daran liegt, dass die Gelegenheiten zum Austausch von Geschenken so zahlreich und ein so wichtiger Bestandteil des sozialen Lebens sind.

Korruption mit etischen Begriffen dingfest zu machen ist nicht einfach, was schon daran zu erkennen ist, dass die Legitimität von Werbegeschenken, politischen Spenden und Kommissionen für Vertragsabschlüsse per Gesetz geregelt werden muss und dementsprechend von Land zu Land variiert. Zwar gibt es klare Fälle. Wenn zwischen den Spenden eines Bauunternehmers für die Wahlkampagne des Bürgermeisters und dem Auftrag zur Errichtung einer neuen Stadthalle ein Zusammenhang besteht; wenn ein Beamter zur Belohnung für einen Regierungsauftrag einen gut bezahlten Aufsichtsratsposten in einem Unternehmen bekommt; wenn sich ein Abgeordneter für seine Stimmabgabe in einer politischen Frage bezahlen lässt; dann ist das korrupt. So deutlich ist die Lage jedoch gewöhnlich nicht. Wenn der Bauunternehmer zur Hochzeit der Tochter des Bürgermeisters eingeladen ist und wie jeder andere Gast auch ein Geldgeschenk mitbringt, sind dadurch bereits korrupte Verhältnisse gegeben? Lässt sich die Summe beziffern, um die der Gast den bei einem solchen Anlass üblichen Betrag überschreiten kann, ohne dass das Geschenk zum Schmiergeld wird? Bei welchem Gang geht ein Arbeitsessen in Bestechung über? Die Grenzen zwischen Großzügigkeit und der Herstellung eines illegitimen Abhängigkeitsverhältnisses sind fließend. Die vielen Gelegenheiten zum Austausch von Geschenken sind der Pflege nicht vom Gesetz vorgesehener Beziehungen zwischen Geld und Politik zweifellos förderlich. Die konstitutionelle Grundlage politischer Macht ist im heutigen demokratischen Staat eine andere als im Ständestaat der Tokugawa, aber gewisse Strukturen, kulturelle Dispositionen, erinnern an die alte Zeit. Noch immer sind Geschenke ein Mittel der Einflussnahme; greifen die Pflege persönlicher Beziehungen und die Verfolgung handfester Interessen nahtlos ineinander; bereitet die klare Trennung zwischen Person und Amtsträger Schwierigkeiten. Die Grauzone zwischen höflichen Aufmerksamkeiten und Verpflichtungen begründenden Geschenken ist breit, insbesondere weil Beziehungen oft über Jahre durch den Austausch saisonaler oder

anderer Gaben kultiviert werden, ohne dass damit irgendwelche Gefäl-
ligkeiten am Rande der Legalität verbunden sind. Korruption hat eine
starke emische Komponente. Die Einladung zu einem exorbitanten
Essen vielleicht mit Übernachtung in einem ebenso exorbitanten Hotel
gilt, wenn der Einladende ein Wirtschaftsboss und der Eingeladene ein
Politiker ist, in manchen Ländern als korrupt und in anderen als gängige
Praxis. Die Gabe, so gilt es hier festzuhalten, steht in einem direkten
Zusammenhang mit den ethischen Vorstellungen einer Kultur. Das zeigt
sich noch in einem ganz anderen Bereich, nämlich bei der Feststellung
von Leben und Tod.

Ethik der Gabe

Vorstellungen vom menschlichen Leben, wo es herkommt, welchem
Zweck – wenn überhaupt einem – es dient, wohin es führt, gehören zum
geistigen Kern einer Kultur. Einer traditionellen, insbesondere im Konfuzianismus wurzelnden Auffassung zufolge ist das Leben eine Gabe,
und zwar eine solche, die ein jeder in seiner körperlichen Gestalt von
seinen Eltern empfangen hat. Die Natur der menschlichen Reproduktion schließt die Möglichkeit der Erwiderung dieser Gabe aus, worin wir
eine geistige Grundlage der großen Bedeutung, die kindlicher Liebe und
Ehrfurcht in Japan und anderen konfuzianischen Gesellschaften zukommt, erkennen können: Die Beziehung der Kinder zu ihren Eltern
beinhaltet eine nicht rückzahlbare Schuld. Zu den Implikationen dieser
Vorstellung gehört es, dass man nicht das Recht hat, leichtfertig mit dieser wichtigsten aller Gaben umzugehen. Den von den Eltern erhaltenen
Körper darf man nicht mutwillig verletzen, ein Grundsatz, nach dem
sich in den Augen traditionell denkender Menschen z. B. das Stechen
von Löcher in Ohrläppchen verbietet. Über diesen kosmetischen Fall
hinaus hat die Vorstellung vom dem als Gabe empfangenen Körper sehr
weit reichende Folgen für die emische Definition von Leben und Tod.

Die vermeintlich etische Definition der Medizin ist in einem Begriff
aufgehoben, der heute in der westlichen Öffentlichkeit unkontrovers
ist: Gehirntod. Während das Menschenleben früher zu Ende war, wenn
das Herz zu schlagen aufgehört hatte, gilt als Exitus heute das Ausblei-
ben messbarer Hirnstromwellen, was vor oder nach dem Herztod sein
kann. Diese Grenzverschiebung wurde in der westlichen Welt ohne

größere Erschütterungen hingenommen. Für die Transplantationsindustrie ist eine eindeutige Definition des Hirntods unerlässlich. Herz- und Herzlungentransplantationen sind heute zwar nicht Routine, gehören aber zum medizinischen Repertoire. Es gibt tausendfache Erfahrung. Anders in Japan. Erst 1997 wurde vom Parlament in Tokyo ein Gesetz zur Regelung von Organtransplantationen verabschiedet. Noch immer ist jede Transplantation eine Sensation, die ausführlich in den Medien behandelt wird. Das Gesetz vermeidet eine eindeutige Definition des Todes als Hirntod, dessen soziale Akzeptanz als Kriterium des Ablebens nach wie vor gering ist. Einen medizinethischen Konsens darüber gibt es in Japan heute noch nicht.

Das Unbehagen an dem Begriff des Hirntods hat tiefe kulturelle Wurzeln, ebenso wie umgekehrt seine relativ problemlose Integration in die Vorstellung vom menschlichen Leben im Westen. Wenn Geist und Körper konzeptuell einander gegenübergestellt und Ersterer im Gehirn lokalisiert wird, fällt es weniger schwer, die übrigen Teile des gebrechlichen Körpers als beliebig austauschbar zu betrachten, wie eine Treibstoffpumpe oder eine Turbine, wenn nur der zentrale Bordcomputer seinen Dienst nicht versagt. Der kartesianische Dualismus aber ist dem japanischen Menschenbild fremd. Ein Mensch besteht nicht aus Stoff und Bewusstsein, Körper und Geist, Fühlen und Denken, Hardware und Software. Jeder Körperteil ist ein Teil des Selbst. Für den Umgang mit den Toten hat jede Kultur ihre eigenen Formen und Ideen entwickelt, die die Erinnerung an sie ebenso betreffen wie die Behandlung des leblosen Körpers. Jede Irrationalität hat ihre eigene Rationalität. Zum Totenritual in Japan gehört es, wie wir in Kapitel 1 sahen, für den Leichnam bei der Totenwache Essen und Trinken bereitzustellen. Der Tote soll seine letzte Reise in einem intakten Körper antreten. Wie soll er sonst je zur Ruhe kommen?! Beim Obon-Fest im Sommer kehren die Toten in die Welt der Lebenden zurück. Werden sie sich nicht an denen rächen, die sie verstümmelt ins Totenreich geschickt haben? Können Hirntote, deren Herz noch schlägt, keinen Schmerz empfinden? In der Wissenschaft gibt es hier offene Fragen. Und davon ganz abgesehen, kann man sich ja tatsächlich eine respektvollere Haltung gegenüber den Vorverschiedenen vorstellen, als sie als Humanschrott zu behandeln. Es ist auch eine Frage der Herrschaft. Sollen die Lebenden über die Toten herrschen oder umgekehrt? Wo die Ahnenverehrung eine wichtige Rolle spielt, reicht die Hand der Toten weit. Wie der kulturelle Hintergrund,

auf den technisch-wissenschaftliche Innovationen treffen, deren Aufnahme und Entwicklung beeinflusst, zeigt sich daran, dass Organtransplantationen in Japan noch immer viel seltener sind als in den hochentwickelten Ländern des Westens mit ihrer christlich-dualistischen Tradition, obwohl es nicht an den nötigen medizinischen Kenntnissen
fehlt.

Das japanische Organspendegesetz berücksichtigt diese kulturellen
Faktoren und ist entsprechend restriktiv. Sowohl der Betroffene als auch
seine nächsten Angehörigen müssen der Entnahme eines Organs zur
Transplantation zustimmen. Auch kommen als Organspender nur Menschen in Frage, die im Besitz einer Spenderkarte sind. Eine solche hatten
zum Zeitpunkt der Niederschrift dieses Buches knapp zehn Prozent der
erwachsenen Japaner. Der meistgenannte Grund, keine Spenderkarte
haben zu wollen, ist ein unbestimmtes Gefühl des Widerwillens gegen
Transplantation. Auch hier schimmert die Kultur durch. Das transplantierte Organ passt nicht in die soziokulturelle Dynamik der Gaben,
durch deren Austausch, wie wir gesehen haben, vor allem Beziehungen
hergestellt und gepflegt werden. Die Erwartung der Gegengabe besteht
auf beiden Seiten. Gegenseitigkeit ist das Grundprinzip. Es bedeutet
nicht, dass mit gleicher Münze zurückgezahlt wird, unverzichtbar aber
ist, dass die Reziprozität, die Verbindlichkeit durch eine materielle oder
symbolische Gabe, anerkannt wird. Man steht als Einzelner, als Familie
und als Gruppe in der Schuld anderer. Zu einem guten Teil besteht das
Leben in dem Bemühen, diese Schulden zu begleichen. Bei einem empfangenen Organ ist das niemals möglich, und deshalb scheint selbst im
sterilen Operationssaal die Kultur auf; denn der Spender bleibt anonym,
und die Gabe des Lebens lässt sich letztlich nicht in ein reziprokes System des Gebens und Nehmens einfügen. Das betrifft nicht nur tote,
sondern auch lebendige Spender. In einer Sendung[5] hat der staatliche
Fernsehsender NHK die Geschichte der Einrichtung einer Knochenmarkbank in Japan dokumentiert und dabei auch den ersten Spender interviewt. Der Mann berichtete von dem inneren Zwiespalt, den er überwinden musste, um sich als Spender zur Verfügung zu stellen, und erwähnte explizit den Widerstand seiner Mutter, die der Meinung war,
man dürfe den Körper nicht absichtlich verletzen, auch wenn es einem
guten Zweck diene.

* * *

Die Organspende von einem toten oder lebendigen Spender ist ein Extremfall, der jedoch die kulturelle Logik der Gabe deutlich zutage treten lässt. Die allgemeine Frage: *Wer gibt wem was warum bei welcher Gelegenheit?*, die im Hinblick auf die angemessene Erwiderung der Gabe zu stellen ist, kann nicht vollständig beantwortet werden. Die sozialethischen Anforderungen der modernen Medizin verlangen eine entpersönlichte Gabe und die Anonymisierung des Spenders. Mit der fundamental auf Reziprozität und eine persönliche Beziehung zwischen Geber und Empfänger angelegten traditionellen Kultur der Gabe als Mechanismus zur Regelung sozialer Interaktion und der Dynamik von Netzwerken und Abhängigkeitsverhältnissen gerät dieser Imperativ in Konflikt. Die Sozialisierung des Austauschs ist ein allgemeines Merkmal der modernen Gesellschaft. Die spezielle Form, die sie in Japan angenommen hat, weist noch stets die Spuren einer tief verwurzelten Kultur der Gabe auf.

ZWEITER TEIL

Werte und Überzeugungen

Kultur ist ein Wertesystem. So gern wir an universelle Werte glauben und so sehr uns beispielsweise die Idee der Menschenrechte darin bestärkt, können wir doch unsere Augen nicht vor der Historizität von Werten, das heißt vor ihrer kulturellen Veränderlichkeit verschließen. Die Herausbildung von Wertvorstellungen ist kulturell, aber sie sind nicht immun gegen Wandel, sondern im Gegenteil an eine bestimmte Zeit und einen bestimmten Ort gebunden. Daher ist es problematisch, von «japanischen Werten» oder auch «asiatischen Werten» zu reden, wenn wir diese Begriffe nicht genauer fassen. Geht es um den chinesischen Einfluss auf Japan; um die selbst-zentrierte Synthese der Pax Tokugawa; um die Neugierde, Innovationsfreudigkeit und Reformorientiertheit im Zuge der vom Westen erzwungenen Öffnung des Landes und der Meiji-Restauration; um den Militarismus und Ultranationalismus der frühen Showa-Zeit, oder um die Werte, die der gegenwärtigen Ära des Materialismus und Überflusses zugrunde liegen? Ist es möglich, durch all diese guten und schlechten Zeiten hindurch eine gemeinsame Unterströmung von Werten auszumachen, die in der Anpassung buddhistischen Gedankenguts im siebten Jahrhundert ebenso wirksam war wie bei der Entwicklung des Kapitalismus im Japan des 20. Jahrhunderts? Einflussreiche japanische Denker wie der Philosoph und Kulturhistoriker Tetsurō Watsuji (1839–1960) haben sich intensiv mit dem «japanischen Geist» (*Nihon seishin*) auseinandergesetzt, um auf diese Weise begrifflich zu erfassen, was an Japan japanisch ist. Wir werden einen dergestalt essentialistischen Ansatz vermeiden, da er unweigerlich zu einem mystischen Verständnis von Kultur führt. Doch wäre jede Beschreibung einer Kultur unvollständig, die nicht wenigstens einen bescheidenen Versuch unternähme, das Werteproblem zu behandeln. Ein weiter reichender Anspruch wäre jedoch schon allein deshalb vermessen, weil der Begriff ‹Wert› selbst so diffus ist. Er wird auf verschiedenste Weisen verwendet, und zwar nicht nur in der Ökonomie, sondern ebenso in der Ethik, der Ästhetik, der Rechtswissenschaft und anderen Sozial- und Geisteswissenschaften. Für unsere Zwecke muss es genügen, ihn gemäß dem alltäglichen Sprachgebrauch zu verstehen: Werte sind allgemeine Vorstellungen davon, was gut, richtig und schön ist.

Eines der Probleme jeder Wertediskussion ist, dass wir alle auf eine

Fülle von Werten festgelegt sind, die wir in einer sehr frühen Lebensphase verinnerlicht haben. Einige davon entziehen sich möglicherweise unserem bewussten Denken und beeinflussen unsere Wahrnehmung ungewohnter Wertsysteme so sehr, dass es uns schwer fällt, zu erkennen und zu verstehen, was andere schätzen oder verabscheuen. Das soziale Leben ist durchtränkt von Werten, und selbst dort, wo es überhaupt nicht um Werturteile geht, entfaltet sich der soziale Umgang vor dem Hintergrund unausgesprochener Werte und Weltanschauungen. Einer Kultur anzugehören bedeutet unter anderem zu wissen, wie beispielsweise Wille und persönliche Initiative, Solidarität und Verantwortungsgefühl, Treue, Loyalität, Bescheidenheit, Keuschheit und viele andere Eigenschaften bewertet werden; ob moralische Vorschriften nur für die eigene Gruppe gelten oder auch im Umgang mit anderen, potenziell feindlichen Gruppen eingehalten werden. Es bedeutet, zahllose Annahmen über das Leben und den Tod, die Stellung des Menschen im Kosmos, über den Bezug des Menschen zur Natur und zum Übernatürlichen zu teilen. Während die Angehörigen einer Kultur nicht alle Überzeugungen oder Prinzipien teilen, kann bei ihnen vorausgesetzt werden, dass sie wissen und bis zu einem gewissen Grad verstehen, woran die anderen Mitglieder glauben. Um derselben politischen und sozioreligiösen Kultur anzugehören, braucht man nicht dieselbe Partei zu wählen und in dieselbe Kirche wie der Nachbar zu gehen, aber man muss wissen, was eine Wahl und was ein Gottesdienst ist.

Die für die japanische Kultur charakteristischen Werte kommen auf viele verschiedene Weisen zum Ausdruck, in Institutionen (Japans «lebenden Nationalschätzen»), in Symbolen (dem an Nationalfeiertagen gehissten Sonnenbanner), in Verhaltensmustern (Ehrerbietung gegenüber Älteren), in Schriften (ein heiliges Buch, ein kaiserliches Edikt), in der Literatur (Zen-Dichtung als Inbegriff der Ideale von Einfachheit und Empathie mit der Natur). Tempel sind ebenso physische Manifestationen von Werten wie Kaufhäuser. Weitere Merkmale der japanischen Kultur, die von bestimmten Werten zeugen, sind überfüllte Museen, ein Buch- und Zeitungsmarkt, der jeden westlichen Verleger mit Neid erfüllt, von den Japanern bereitwillig gezahlte astronomische Konzertkartenpreise und insgesamt ein reiches kulturelles Leben, das ein Gleichgewicht zwischen den Kräften der Tradition und denen des Wandels hält. Auch die der jungen Generation vermittelten Vergangenheitsbilder verkörpern Werte, in Form von Lehrbüchern beispielsweise.

In der Tat ist die anhaltende Kontroverse über eine Lehrbuchzensur eine Art große Bühne, auf der Kämpfe über die richtigen Werte für das heutige Japan ausgetragen werden. Denn die schulische Erziehung ist ein zentrales Instrument der Vermittlung von Werten, einschließlich dem der Bildung selbst. Häufig wurde der Wert des Lernens als eine Konstante der japanischen Kultur dargestellt. Heute lässt er sich anhand der Größe der Bildungsindustrie messen.

Ein weiterer Bereich, der bei der Beschäftigung mit Werten unsere Aufmerksamkeit erfordert, ist die Religion. Mitunter liest oder hört man, Religion sei in Japan unwichtig. «Religion im eigentlichen Sinne des Wortes hat im japanischen Boden niemals tiefe Wurzeln geschlagen», befand der Philosoph Hajime Nakamura.[1] Es ist nicht an mir zu bestimmen, was der «eigentliche Sinn» des Wortes ist oder ob es einen solchen gibt, doch scheint mir diese Ansicht kaum mehr widerzuspiegeln als die Tatsache, dass die sozioreligiösen Strukturen Japans nicht mit denen des Westens übereinstimmen. Auf jeden Fall widersprechen die überaus zahlreichen, über das ganze Land verstreuten Tempel und Schreine der Vorstellung, dass es in Japan keinen Platz für Religion gebe. Die Religionen sind in der japanischen Geschichte eine wichtige Quelle ethischer Werte gewesen, während sie gleichzeitig dem Einfluss anderer Merkmale der japanischen Kultur ausgesetzt waren. Daher erweist sich die Wechselwirkung zwischen Religion und Kultur in Japan als sehr kompliziert. Doch ist eine Diskussion der Werte, der ethischen Urteile darüber, was richtig und falsch ist, unmöglich ohne eine Rückschau auf die fundamentalen Lehrsätze von Japans Religionen.

Ein solcher soll in diesem Teil des Buches versucht werden. In chronologischer Reihenfolge vorgehend, werden wir zunächst im Hinblick auf Japans spirituelle Kultur die Rolle seiner ursprünglichen Religion, des Shintoismus, betrachten. Im Anschluss daran werden der Buddhismus und der Konfuzianismus vorgestellt, zwei aus China über Korea eingeführte ideelle Systeme, deren Anpassung in Japan ein eindrucksvolles Beispiel für die Erscheinungsformen kultureller Kontakte bietet. Das nächste Kapitel wird eine weitere importierte Religion, das Christentum, behandeln und erklären, weshalb es nach relativ ungehinderter Verbreitung im 16. Jahrhundert in den ersten Jahrzehnten des 17. Jahrhunderts auf den Widerstand des Tokugawa-Shogunats stieß. Anschließend folgt eine kurze Darstellung von Japans Neuen Religionen, Organisationen, die sich im Verlauf des 19. und 20. Jahrhunderts herausgebildet haben.

Der Zweck dieses Teils ist es weniger, einen Überblick über die japanische Religionsgeschichte zu geben, als die formenden Elemente von Japans System traditioneller Werte und deren heutiger Umgestaltungen darzustellen.

5
Der Shintoismus: Japans älteste Religion

Die Ursprünge des Shintoismus reichen bis in die Frühzeit der japanischen Geschichte zurück. Der Name von Japans ältestem Kult, *shintō*, ‹der Weg der Götter›, ist freilich viel jünger. Er kam erst in der Folge und als Resultat der Konfrontation mit dem Buddhismus im sechsten Jahrhundert u. Z. in Gebrauch. Aus einer Vielfalt spiritueller Praktiken wurde erst langsam eine organisierte Religion. Anfänglich waren diese Praktiken untrennbar mit der sozialen Struktur verbunden. Der Clan (*uji*) war die wichtigste soziale Einheit, und jeder Clan hatte einen Schutzgott (*ujigami*). Die ‹Kinder des Uji› (*ujiko*) waren die Gemeinde. Der Ort, an dem der *ujigami* verehrt wurde, der Dorfschrein, wurde zum sozialen Zentrum der Dorfbewohner. Kein Ursprungsort einer Offenbarung oder Religionsgründung läßt sich für den Shintoismus ausmachen. Schon von seinem Ursprung her verkörpert er vor allem die sozialen Aspekte der religiösen Verhaltensregulierung und steht somit für die soziozentrische Komponente der allgemeinen Moral. Der Shintoismus wird deshalb oft als Volksglaube charakterisiert, ohne Kanon und zur Orthodoxie fähige Doktrin und ohne eigentliche Theologie. Seine Lehren und Gebote sind einfach, volkstümlich, auf die Lebenswelt bezogen. Nicht trotzdem, sondern gerade deshalb ist der Einfluss des Shintoismus groß. Als Japans ältester Kult ist er in vieler Hinsicht auch der japanischste. Alle anderen Religionen kamen von außen und trafen auf den Shintoismus, ohne ihn je zu verdrängen. Aus religionssoziologischer Sicht[1] gilt eine Gesellschaft mit koexistierenden Religionsgemeinschaften als instabil und tendiert zum Konflikt zwischen denselben, da diese zu Exklusivität, Ausdehnung und gegenseitiger Verdrängung neigen. Dies bestätigt sich in Japan nicht. Vielmehr überschneiden sich die shintoistischen und buddhistischen Religionsgemeinschaften sehr weitgehend, woraus sich geradezu zwingend eine friedliche Koexistenz ergibt. Der bedeutende japanische Historiker und Religionswissenschaftler Kuroda Toshio hat deshalb sogar die Auffassung vertreten,[2] dass der Shintoismus erst in der Meiji-Zeit durch die von der Regierung erzwungene Trennung vom Buddhismus (*shimbutsu bunri*) den Status einer eigenständigen Religion erlangte. Andererseits ist nicht zu leugnen, dass der Shintoismus den Boden darstellte, in dem andere Religionen, namentlich der Buddhismus, Wurzeln schlagen konnten. Schon Yanagita Kunio sah im Shintoismus wegen seines flexiblen und wenig doktrinären Charakters diejenige Kraft der japanischen Kultur, die den für sie kennzeichnenden Synkretismus ermöglichte und gleichzeitig den von außen übernommenen Elementen anderer Kulturen einen unverwechselbar japanischen Stempel aufdrückte. Heutzutage tritt der Kult in vier Hauptformen in Erscheinung:

Kaiserhaus-Shintō *(kōshitsu shintō);*
Folklore-Shintō *(minkan shintō);*
Sekten-Shintō *(kyōha shintō);*
Schrein-Shintō *(jingū shintō).*

Kaiserhaus-Shintō

Die enge Beziehung zum Kaiserhaus geht auf vormoderne Zeiten zurück, als die Ausdifferenzierung von Religion, Politik, Gesellschaft und Wirtschaft als relativ unabhängige Sphären noch nicht stattgefunden hatte, und wurzelt letztlich im Gründungsmythos Japans, nach dem die kaiserliche Dynastie von der Sonnengöttin Amaterasu Ōmikami abstammt. Zu manchen Shintō-Schreinen, insbesondere zu dem der Sonnengöttin Ise jingū (Präfektur Mie), unterhält die kaiserliche Familie besondere Beziehungen. Ihre Mitglieder üben bestimmte Riten aus und berichten der Göttin von wichtigen Familienbegebenheiten wie Geburt, Hochzeit und Thronbesteigung. Dass das Kaiserhaus manche Schreine auch finanziell unterstützt, wird von Kritikern als Verletzung der Verfassung betrachtet, die die Trennung von Kirche und Staat vorschreibt. Als Traditionen des kaiserlichen Hauses werden solche Praktiken von der großen Mehrheit der Bevölkerung jedoch klaglos geduldet, von vielen in der Vermutung, es handele sich um einen uralten Brauch. Tatsächlich sind hier jedoch starke Elemente einer erfundenen Tradition beteiligt. In der Edo-Zeit war etwa die Wallfahrt zum Großen Schrein von Ise ein populäres Ereignis, an dem große Menschenmassen teilnahmen, für die meisten eher ein vergnüglicher Ausflug mehr als eine religiöse Übung. Der Tennō unternahm jedoch erst 1868 zum ersten Mal eine Reise zum

Ise-Schrein, mehr als tausend Jahre, nachdem Kaiserin Jitō ihn besucht und das Amt für göttliche Angelegenheiten (*Jingikan*) gegründet hatte. Erst bei dieser Gelegenheit als der von den Tokugawa favorisierte Buddhismus die Gunst der Regierung verlor und der Staat den Shintoismus für seine Zwecke aufzubauen begann, entstanden der Begriff der ‹Kaiseraudienz› *(shin'etsu)* im Schrein von Ise[3] und andere Praktiken, die dem vermeintlich uralten Brauch eine Form gaben.

Im Mittelalter war es üblich, dass der Kaiser sowie andere Fürsten als Schirmherren bestimmter religiöser Weihestätten – und zwar sowohl shintoistischer Schreine als auch buddhistischer Tempel – fungierten. Abgedankte Würdenträger gingen oft ins Kloster; jüngere Söhne ohne Aussicht auf die Thronfolge wurden nicht selten Äbte. Die enge Verbindung von weltlicher und geistlicher Macht war ein Faktum, das keiner ideologischen Rechtfertigung bedurfte. Eine solche wurde für den Shintoismus zum ersten Mal im 14. Jahrhundert formuliert. In der durch Machtkämpfe gekennzeichneten Zeit nach dem Zusammenbruch des Kamakura-Shogunats (1192–1333) schrieb der dem Ise-Schrein nahestehende Kitabatake Chikafusa (1293–1354) ein Buch von der Gott-Kaiser-Herrschaft (*Jinnō-shotō-ki*), womit er zur Aussöhnung der streitenden Parteien beitragen und in der Bevölkerung das Bewusstsein, einer Schicksalsgemeinschaft anzugehören, wecken wollte. In den Dienst der Förderung eines Nationalbewusstseins im engeren Sinne wurde der gleiche Gedanke nach 1868 von der Meiji-Regierung gestellt, die nach dem europäischen Vorbild des «Königs von Gottes Gnaden» dem Tennō göttliche Weihen verleihen und ihn zum Zentrum eines zentralisierten Nationalstaats machen wollte.

Der Kaiser lebte immer fern vom Volk und war Gegenstand großer Verehrung, jedoch nicht wegen seiner «Göttlichkeit». Das Wort *kami* – die shintoistische Gottheit – mit ‹Gott› zu übersetzen ist problematisch[4], da dadurch die hier erforderliche emische Perspektive aus dem Blick gerät. Wie im ersten Kapitel erwähnt, treten alle Japaner nach ihrem Tod in das Reich der Götter ein und werden zu *kami*, wie sie auch alle ihre Abstammung auf das erste Götterpaar zurückführen. So will es jedenfalls die shintoistische Mythologie. Die Göttlichkeit des Tennō in diesem Sinne ist ersichtlich etwas anderes, als der Begriff vor dem Hintergrund eines monotheistischen Kults nahelegt. Die emische Interpretation von ‹Gott› und *kami* ist nicht dieselbe, kann es nicht sein, da das eine ein Element von vielen ist, die das kulturelle Subsystem Religion konstituieren, während das andere einzigartig und im Sinne des ersten Gebots des Alten Testaments unvergleichbar ist: «Du sollst keine anderen Götter neben mir haben.»

Die Verehrung des Tennō als «Oberpriester» des Shintoismus und der Shintō-Schreine mit dem Ise-jingū an der Spitze wurde in der Meiji-Zeit zur staatsbürgerlichen Pflicht gemacht. Der Zusammenhang zwischen dem Wort *matsuri*, ‹Schreinfest› oder ‹Shintō-Zeremonie›, und dem Wort *matsurigoto*, ‹Regierungsgeschäft›, wurde wieder ins allgemeine Bewusstsein gerufen. Nun war die Meiji-Zeit eine Epoche der rapiden Modernisierung, in der nicht nur viele Techniken, sondern auch Institutionen aus dem Westen übernommen wurden, darunter auch das Gebot der Trennung von Staat und Kirche. Um es zu beachten und trotzdem von den Bürgern die Verehrung des Kaiserbildes und der Shintō-Schreine verlangen zu können, wurde der Shintoismus nicht als Religion definiert, sondern als «nationaler Kult». Das ist es, was mit Staats-Shintō gemeint ist.

Nach dem Zweiten Weltkrieg wurde der Staats-Shintō abgeschafft und der Schrein-Shintō wieder als Religion definiert, die keine offizielle Beziehung zum Staat hat. Neben der oben erwähnten Verbindung zum Kaiserhaus bleiben jedoch einige residuale Störungen der Trennung von Kirche und Staat. Insbesondere der Yasukuni-jinja ist in diesem Zusammenhang zu nennen, der regelmäßig in die Schlagzeilen gerät, wenn er von Regierungsmitgliedern besucht wird. Dieser Schrein[5] wurde 1869 auf Wunsch des Meiji-Tennō auf dem Kudan-Hügel in Tokyo in der Nähe des Kaiserpalasts als *Shōkonsha*, ‹Schrein für die Gefallenen›, errichtet. Zehn Jahre später wurde er zum Nationalschrein geweiht und in *Yasukuni jinja*, ‹Schrein für Frieden im Reich›, umbenannt. Die enge Verbindung zum Kaiserhaus wurde dadurch zum Ausdruck gebracht, dass ein Prinz zum Oberpriester gemacht wurde. In konservativen Kreisen wird der Yasukuni-Schrein heute noch immer als nationale Weihestätte behandelt, was bei Kritikern im In- und Ausland vor allem deshalb Anstoß erregt, weil dort auch das Andenken verurteilter Kriegsverbrecher bewahrt wird.[6]

Folklore-Shintō

Unter Folklore-Shintō werden diverse Riten, Praktiken, Aberglauben und magische Beschwörungen zusammengefasst, die keine standardisierte Form haben, von Laien ausgeübt werden und nicht an einen Schrein gebunden sind. Dazu gehören die Anbetung aller möglichen lokalen *kami*, das Wahrsagen, übernatürliche Erscheinungen, die Besessenheit, das Austreiben böser Geister und der Einsatz magischer Kräfte zum Schutz vor Krankheiten. Der folkloristische Shintoismus inkorporiert Elemente des Buddhismus wie auch taoistische Vorstellungen und ist von den organisierten Formen des Shintō nicht deutlich abgegrenzt, aber es gibt viele Schreine und andere Weihestätten, die vom Schrein-Shintoismus nicht anerkannt bzw. beachtet werden. Vielfach werden heilige Plätze und Gegenstände mit einem Strohseil, an dem weiße Papierstreifen befestigt sind, als solche gekennzeichnet, besonders wenn es sich dabei um Bäume oder Felsen handelt. Außer solchen Kultstätten gibt es zahlreiche Standbilder von Gottheiten mit speziellen Eigenschaften, die überall in der Landschaft stehen, wie *Dōso-jin*, den Wegegott, *Kamado-no-kami*, den Gott des Herdfeuers, und *Daikokuten*, einen Glücksgott. Phallische Symbole der Fruchtbarkeit finden sich ebenfalls.

Der Glaube an okkulte Kräfte, schwarze Magie, Dämonen und Medien gehört auch zum Folklore-Shintō. Viele Dinge sind nicht das, was sie zu sein scheinen. Füchse und Katzen verwandeln sich in Menschen und umgekehrt. Vor allem in abgelegenen ländlichen Gegenden suchen Menschen in Not oft eher bei Schamanen – vielfach alten Frauen, denen besondere Fähigkeiten zugeschrieben werden – Rat als bei ordentlichen Priestern, die zu einem Schrein oder Tempel gehören. Wie lebendig der Volksglaube in manchen Teilen Japans noch ist, hat Nicola Liscutin am Beispiel des Iwaki-Berg-Kultus im Norden Honshus gezeigt, in dem der landschaftlich reizvolle Berg selber der zentrale Gegenstand der Anbetung ist.[7] Verehrung der Natur und die Anrufung von Geistern durch als Medium ausgebildete Frauen verbinden sich zu einem idiosynkratischen Kult. Die Unterscheidung zwischen Glaube und Aberglaube ist hier wie überhaupt äußerst schwierig. Kennzeichnend für den Folklore-Shintō ist, dass seine Welt der Geister von spirituellen Wesen sowohl einheimischer als auch chinesischer Herkunft bevölkert wird, für den Umgang mit denen es lokal stark variierende Bräuche gibt.

Tabelle 4: Anerkannte Shintō-Sekten

Name	Gründer	Anerkennung
Kurozumi Kyō	Kurozumi Munetada	1876
Shintō Shūseika	Nitta Kuniteru	1876
Fusōkyō	Shishino Nakaba	1882
Izumo Ōashirakyō	Senge Takatomi	1882
Jikkōkyō	Shibata Hanamori	1882
Ontakekyō	Shimoyama Ōsuke	1882
Shinshūkyō	Yoshimura Masamochi	1882
Shintō Taiseikyō	Hirayama Seisai	1882
Shintō Taikyō	–	1886
Misogikyō	Inoue Masakane	1894
Shinrikyō	Sano Tsunehiko	1894
Konkōkyō	Kawate Bunjirō	1900

Sekten-Shinto

Die Einteilung der Shintō-Gläubigen in verschiedene Sekten geht auf eine Entwicklung in der ausgehenden Edo-Zeit zurück. Dreizehn Organisationen wurden unterschieden, die sukzessive auch von der neuen Meiji-Regierung als Zweige des Shintoismus anerkannt wurden. Es handelt sich um Gruppierungen, die mit Ausnahme von Shintō Taikyō von charismatischen religiösen Führern gegründet wurden und vor allem ländliche Gemeinden umfassen.

Zur Klassifikation dieser Glaubensgemeinschaften als shintoistische Sekten kam es, weil die Meiji-Regierung religiöse Organisationen in drei Gruppen einteilte, buddhistische, shintoistische und christliche. Verschiedene neue religiöse Bewegungen, die in der ausgehenden Edo-Zeit entstanden waren, wollte sie unter das Dach des Shintoismus zwingen, um sie besser kontrollieren zu können. Obwohl es viele Ähnlichkeiten zwischen diesen Bewegungen gibt, sind einige von ihnen vom herkömmlichen Shintoismus doch recht weit entfernt und enthalten starke Elemente des esoterischen Buddhismus, des Konfuzianismus und des Taoismus. Die meisten beten *kami* aus dem Shintō-Pantheon an, aber manche wie z. B. Konkōkyō kennen überhaupt keine Shintō-Gottheiten. Tenrikyō betet zu einem Vatergott (*oyagami*), den es im Shintoismus nicht gibt, und unterscheidet sich auch in seiner Doktrin. In der obigen Liste ist Tenrikyō (‹Die Lehre von der göttlichen Weisheit›) deshalb nicht aufgeführt, aber die Meiji-Regierung hatte diese dynamische Bewegung als Shintō-Sekte klassifiziert, weil sie ihre soziale Sprengkraft fürchtete. Die Sorge, dass soziale Unzufriedenheit in religiösen Bewegungen ein Ventil fände, veranlasste die Regierung, die Religionsfreiheit dadurch einzuschränken, dass sie nur die drei genannten organisierten Kulte anerkannte und neue Bewegungen zu shintoistischen Sekten erklärte.

Schrein-Shintō

Die bei weitem wichtigste Form des Shintoismus ist der Schrein-Shintō, der die sozialen, rituellen und ideellen Aspekte des Kults an einem Ort zusammenführt. Die rund 80 000 Schreine sind in einem freiwilligen Dachverband, dem 1946 geschaffenen *Jinja Honchō* zusammengeschlossen, der seinen Sitz am Ise-Schrein hat.[8] Dieser Verband hatte zunächst die Aufgabe, die Folgen der Vereinnahmung des Schrein-Shintō zum Staats-Shintō von der Meiji-Zeit bis zur Niederlage im Pazifischen Krieg zu bewältigen und die Glaubensgemeinschaft neu zu organisieren. Die absolute Kontrolle des Kults durch den Staat war aufgehoben. Zwar pflegt der *Jinja Honchō* Beziehungen zur Politik und hat vor allem in der Liberaldemokratischen Partei viel Rückhalt. Sein politischer Einfluss ist jedoch beschränkt. Insgesamt war die Entwicklung seit 1946 eher durch die Betonung der Eigenständigkeit der Schreine als durch die Stärkung des Dachverbandes gekennzeichnet. Eine inhaltlich richtungsweisende Autorität ist ihr nicht zugewachsen, was auf die Vielfalt der Schreine und ihre unterschiedliche Geschichte zurückzuführen ist.

In verschiedenen Schreinen wurden neben Izanagi und Izanami, die die irdische Welt erzeugten, von alters her verschiedene Götter verehrt, und das ist auch heute noch so. Der Gottesdienst ist nur eine der Formen, in denen sich der Shintoismus darstellt. Was in dem Gotteshaus und auf dem dazugehörigen Gelände vor sich geht, ist nicht wichtiger als dieses selbst. Der Shintō-Schrein ist die Vergegenständlichung religiöser Ideen, weswegen die Topografie der Schreinanlage unter Heranziehung emischer Begriffe analysiert werden muss. Schon die Orte, an denen Schreine errichtet werden, sind bedeutsam. Die Schönheit der natürlichen Umgebung ist ein wichtiges Element des Kults. Die meisten Shintō-Schreine finden sich an idyllischen Orten von Bäumen umgeben.

Die Verbundenheit mit der Natur ist unverzichtbar, selbst wenn sie auf ein paar Kiefern in der großstädtischen Betonwüste reduziert ist. Viele Schreine wie das Heiligtum Ise Jingū und der große Schrein von Izumo (Präfektur Shimane) liegen in landschaftlich höchst attraktiven Gegenden und sind deshalb beliebte Ausflugs- und Wallfahrtsziele, ist die Würdigung der Natur doch zentrales Glaubenselement.

Am Beispiel des Kamo Wake Ikazuchi Jinja im Norden Kyotos hat der Anthropologe John Nelson die Bedeutung der Topografie der Schreinanlage herausgearbeitet.[9] Dieser Schrein blickt auf eine mehr als vierzehnhundertjährige Geschichte zurück und gehört somit zu den ältesten Institutionen Japans. An Bedeutung für den Shintoismus steht er nur hinter dem Ise Jingū zurück. Seinen populären Namen, unter dem er allgemein bekannt ist, Kamigamo Jinja, hat er vom Kamo, dem Fluss, an dem er liegt und der in nord-südlicher Richtung durch die Stadt fließt. Kamigamo Jinja ist der ‹obere Kamo-Schrein› im Gegensatz zum Shimogamo Jinja, dem ‹unteren Kamo-Schrein›, der etwas weiter flussabwärts liegt.

Wasser darf bei keinem Schrein fehlen. Das Minimum ist ein gewöhnlich in Stein gehauenes Wasserbecken, das sich am Eingang der Anlage befindet. Schöpfkellen liegen zur Reinigung des Mundes und der Hände bereit, die vor Betreten des inneren Schreinterritoriums vorgenommen werden muss. Unter den vielen ideellen Einflüssen, denen der Shintoismus seine heutige Gestalt verdankt, ist das Gebot der Reinheit wohl das authentischste Element. Reinheit bedeutet rituelle Reinheit – die Befreiung von Orten und Personen vom Einfluss böser Geister; Reinlichkeit des Körpers, der Kleidung und des Hauses; und Aufrichtigkeit, *makoto no kokoro*, das reine Herz. Ideelle und lebenspraktische Aspekte sind hier untrennbar miteinander verbunden, und das gilt gleichermaßen für die Vergegenständlichung des Reinheitsgebots in der Schreintopografie. Viele Schreine liegen an einem Fluss oder Bach. Führt der Zugangsweg wie beim Kamigamo Jinja über eine Brücke, ist jeder Wallfahrer (*sanpaisha*) schon durch ihr Überschreiten gereinigt.[10] Das ist die rituelle Bedeutung der Lage am Wasser, mit der weitere emische Elemente verbunden sind. Das Wasser ist in der shintoistischen Kosmologie gleichzeitig eine Barriere gegen das Unglück und ein Mittel der Reinigung. Sowohl die aus dem Wasser geborene Gottheit der Reinheit *Naobi no kami* als auch die Gottheit des Unglücks *Magatsuhi* werden verehrt. Beide stehen für Eigenschaften des Wassers, die von lebenswichtiger Bedeutung

Abb. 7: Torii vor einem Hachiman-Schrein in Tokyo

sind, die reinigende und die verheerende Kraft des Flusses. Ein Schrein wie Kamigamo Jinja ist eine bedeutende Wirtschaftseinheit mit ausgedehnten Ländereien, für die Wasser unverzichtbar ist. Jenseits aller rituellen Bedeutung stellt die Lage am Fluss einen Machtfaktor dar, nämlich die Kontrolle des Wassers für den Reisanbau, von dem in vorindustrieller Zeit alle umliegenden Dörfer abhingen. Früh schon wurden architektonische Maßnahmen ergriffen, um die Schreine vor dem Wasser von oben und unten zu schützen. Vom Dach herabhängende Ketten leiten die vor allem bei Taifunen herabströmenden Regenmassen in Abflussgräben, die so angelegt sind, dass auch das steigende Flusswasser schnell abgeführt wird. Dank solcher bautechnischer Vorsorge kam es immer wieder vor, dass die Schreingebäude bei einem Sturm fast unbeschädigt blieben, während ganze Bauerndörfer weggeschwemmt wurden. Die Bewohner Letzterer konnte das nur in der Überzeugung bestärken, dass der Schrein ein heiliger Ort ist, an dem man Schutz suchen muss.

Die lebenspraktische Motivation anderer Aspekte der Topografie von Schreinanlagen wird auf ähnliche Weise emisch interpretiert. Alle

Schreine sind mit der Front der Haupthalle nach Süden ausgerichtet. Das wird nicht damit begründet, dass der Aufenthalt in den Räumen in der kalten Jahreszeit dadurch angenehmer ist, sondern mit geomantischen Prinzipien (*feng shui*), nach denen das Unheil aus Nordosten kommt. Oft stehen Schreine deshalb mit der Nordseite einem Berg zugewandt, um den bösen Kräften keine Angriffsflächen zu bieten.

Ein äußerliches Kennzeichen der Schreine ist der *torii*, ein Eingangstor, mit dem das Schreingelände abgegrenzt wird. In großen Schreinen stehen gewöhnlich mehrere *torii* auf den Wegen und an anderen bedeutsamen Orten. Die *torii* mancher Schreine, z.B. Ise Jingū, sind mit Türen versehen, aber die meisten bestehen nur aus zwei aufrechten, leicht nach innen geneigten und zwei waagrechten Balken. Deren oberer liegt auf den Pfeilern auf und ragt an beiden Seiten über sie hinaus; der untere ist ein wenig tiefer. Zwischen beiden ist oft ein Schild, auf dem der Name des Schreins steht. Ein geflochtenes Strohseil (*nawa*) wird vielfach noch darunter befestigt, eine Sitte, die ihren Ursprung in der Abgrenzung von Grundstücken mit einfachen Strohseilen hat.

Die Anlage des Schreins, die Zugangswege, die genaue Positionierung der Gebäude zwingen die Besucher zu bestimmten Verhaltensweisen, deren Bedeutung sie sich häufig nicht bewusst sind. So führt etwa einer der Zugangswege zur Haupthalle des Kamigamo Jinja über zwei Brücken (über das reinigende Wasser) und, für Fußgänger unmerklich, im Zickzack, womit sie das Symbol des Blitzes abschreiten, das für eine der im Schrein verehrten lokalen Gottheiten steht. Ähnlich sind Ursprung und Bedeutung der vielen Schrein-Feste (*matsuri*) den meisten Besuchern nicht bekannt. Sie unterscheiden sich typischerweise von einem Schrein zum anderen, ebenso wie die speziellen Schutzgottheiten. Bei solchen Gelegenheiten kommt es zu diversen, bei großen und reichen Schreinen spektakulären Veranstaltungen wie Pferderennen, Sumokämpfen, Löwentänzen, Theateraufführungen, Blumenausstellungen und dergleichen mehr. Sie dienen der Unterhaltung der Götter, die zu den *matsuri* geladen werden, um ihnen diese Vorführungen als Opfer darzubieten. Bei der Ausführung ist deshalb größte Sorgfalt geboten, jede Bewegung, jedes Kleidungsstück muss auf die richtige, dem vorgeschriebenen Zeremoniell entsprechende Weise realisiert bzw. getragen werden. Hier manifestiert sich wiederum die überragende Bedeutung der Angemessenheit und des korrekten Verfahrens für die japanische Kultur, Eigenschaften, die im Shintoismus besonders deutlich sind, ja vielleicht ihre Wurzeln haben.

Schrein-Shintō, das ist vor allem Ritus. Handlung in vorgeschriebener Form, Brauch und Etikette sind in vieler Hinsicht wichtiger als Glaubensinhalte. Dass und wie der Ritus durchgeführt wird, ist wichtiger als warum.

Die religiöse Botschaft

Der Shintoismus ist eine polytheistische Religion in dem Sinne, dass sie ihren Anhängern erlaubt, an eine Vielfalt übernatürlicher Wesen zu glauben. Motoori Norinaga (1730 ~ 1801), ein Gelehrter der *Kokugaku*-Schule, die die Wiederbelebung heimischer Traditionen inklusive des Shintoismus betrieb, erklärt:

> «Das Wort ‹kami› bezieht sich im allgemeinsten Sinne auf alle göttlichen Wesen des Himmels und der Erde, die in den Klassikern vorkommen. Genauer gesagt, sind die kami die Geister, die in Schreinen wohnen und dort verehrt werden. Grundsätzlich können Menschen, Vögel, Tiere, Bäume, Pflanzen, Berge, Meere alle kami sein. Nach altem Brauch konnte alles, was sehr eindrucksvoll war, sich hervortat oder das Gefühl der Ehrfurcht aufkommen ließ, als kami bezeichnet werden.›

Die «Klassiker», die Motoori Norinaga hier erwähnt, sind keine religiösen Schriften, sondern die ersten Chroniken Japans, *Kojiki* (712) und *Nihon shoki* (720). Die Göttlichkeit kann sich, wie die dort erwähnten *kami* es andeuten, in Naturerscheinungen oder auch in lebenden und verstorbenen Menschen manifestieren. Es gibt deshalb kein Abbild, das angebetet und verehrt würde, wobei der Shintoismus jedoch kein Verbot von Götzenbildern kennt. In Schreinen wie in Hausaltären *(kamidana)* haben die *kami* eine Heimstatt, der dafür vorgesehene Platz – im Hausaltar meist ein Miniaturschrein – ist jedoch gewöhnlich leer, wie auch die anlässlich mancher Schreinfeste unter Begleitung fröhlicher Sprechchöre durch die Straßen getragenen Senftenschreine *(mikoshi)* leer sind. Als Sinnbild können dennoch vielerlei Figuren Gegenstand der Kami-Verehrung sein, die jedoch keinen Platz in Schrein-Zeremonien haben. Der Fuchs als Schutzgottheit der vielen *Inari Jinja* (Fuchs-Schrein) ist nur scheinbar eine Ausnahme, denn *inari* wird etymologisch von *ine nari*, ‹Reisernte›, abgeleitet. Das häufigste Sinnbild der *kami* ist der Spiegel, der in der japanischen Mythologie als eine der Throninsignien eine wichtige Rolle spielt. Ein Attribut der Sonnengöttin Amaterasu Ōmikami, die als erste unter Gleichen an der Spitze des shintoistischen Pantheons steht, betont er zugleich die Lebenszugewandheit des Shintō, sieht man im Spiegel doch auch sich selbst.

Kami sind nicht unbedingt gute, den Menschen wohlgesonnene Götter. In manchen Fällen kommt ihre Verehrung der Beschwichtigung böser Geister *(tataragami)* gleich. Kein Haus wird in Japan gebaut, ohne dass der Boden in einer Zeremonie *(jichinsai)* von einem Shintopriester geweiht wird.

Mit Sake und Reisopfern wird der lokale Gott des Bodens um Wohlwollen gebeten. *Kami*, das sind übernatürliche, übermenschliche Kräfte, die sich gleichwohl in der Naturgewalt manifestieren, für den Menschen unverzichtbar, aber auch bedrohlich. Der Shintoismus zelebriert die Vergötterung der Natur, zu der auch der Mensch gehört. In zahlreichen Fruchtbarkeitsriten und bunten, lebensbejahenden Festen wird die Harmonie der Menschen mit den Göttern beschworen und der endlose Prozess des Werdens und der Erneuerung gefeiert. Geburt und Erneuerung stehen im Mittelpunkt, was sich in den vielen *matsuri* zeigt. Das Wort *matsuri* hat neben dem festlichen Gottesdienst noch eine zweite Bedeutung, nämlich die individuelle Glaubenspraxis im täglichen Leben, die auf die Stärkung der Lebenskräfte gerichtet ist.

Die große Bedeutung der Erneuerung und der Diesseitigkeit kommt besonders deutlich in der Praxis zum Ausdruck, die Schrein-Gebäude in regelmäßigen Abständen abzureißen und neu zu errichten, um die unreine Vermoderung der Holzgebäude nicht Platz greifen zu lassen. Die damit verbundenen hohen Kosten, die jeder Schrein selber tragen muss, haben diesen Brauch zwar nicht in Vergessenheit geraten, seine Befolgung aber deutlich zurückgehen lassen. Bei vielen Schreinen wird er jedoch noch eingehalten. Der Große Schrein von Ise, das bedeutendste Shintō-Heiligtum, wurde 1993 turnusgemäß von Grund auf neu errichtet, zum 61. Mal. Die stupenden Kosten von 32,7 Milliarden Yen trug der Schrein zu zwei Dritteln selbst. Private Spenden kamen für den Rest auf.

Sakurai Katsunoshin, ein Shintō-Spezialist, der zu den Beratern des Jinja Honchō gehört, erklärt den periodischen Abriss und Wiederaufbau des Ise Jingū als «spirituelle Rückkehr und Erneuerung Japans».[11] Diese Erneuerung ist keine Renovierung. Die Verbindung mit der Geschichte, die Fortsetzung der Tradition ist immateriell. Die Form, nicht der Stoff ist authentisch, so «wie der Schrein immer war». Im Falle des Ise Jingū wird im Zwanzigjahresturnus eine bis auf den letzten Dachsparren identische Replik der Gebäude errichtet. Für alle Gebäude gibt es deshalb zwei nebeneinander liegende Grundstücke, von denen eines jeweils leer ist. Nur während der Bauzeit werden beide benutzt. Sobald der erneuerte Schrein fertig ist, wird der alte abgerissen. Man kann diese Praxis als kulturellen Luxus und Vergeudung von Ressourcen im großen Stil betrachten. Sie erinnert dadurch jedoch auch daran, dass religiöse Institutionen auch heute noch bedeutende Wirtschaftsaktivitäten binden. Außerdem hat diese sakrale Praxis ein Gegenstück im profanen Leben des Alltags. Viele Japaner haben den Ise Jingū nie besucht und zeigen wenig Interesse für seine kulturelle Bedeutung. Auch in ihrem Leben jedoch hat die Idee der periodischen Erneuerung einen Platz, denn die meisten Wohnhäuser haben dank ihrer leichten Bauweise eine gemessen an europäischen Standards recht kurze Lebensdauer. Viele Familien renovieren ihr Haus deshalb etwa alle zwanzig Jahre, wobei Abriss und Neuaufbau die bevorzugte, da billigere Methode ist. Auf diese Weise wird die Vergänglichkeit der materiellen Welt selbst in der alltäglichen Lebenswelt durch die Dauerhaftigkeit der geistigen Form überwunden.

* * *

Der Shintoismus ist, wie wir gesehen haben, schon sehr lange ein integraler Bestandteil der japanischen Kultur, dessen Bedeutung weit über das geistliche Leben hinausgeht. Er hat im Laufe der Geschichte verschiedene Ausprägungen angenommen und dabei eine kontinuierlich wichtige, wenn auch historisch variable Rolle gespielt. Seine Betrachtung allein macht deutlich, dass Kult und Glaube in Japan einen gewichtigen Platz einnehmen und Wertvorstellungen und Verhalten nachhaltig beeinflussen. Dabei ist Shintō nur eine der Quellen, aus denen das komplexe Ganze des Stroms von Anschauungen und Wertvorstellungen gespeist wird, der sich durch die japanische Geistesgeschichte zieht. Einer anderen, nicht weniger ins Gewicht fallenden Quelle wenden wir uns nun zu, dem Buddhismus.

6
Der Buddhismus

Einführung in Japan

Im ausgeprägten Gegensatz zum lebensbejahenden und fröhlichen Grundton des Shintoismus strebt Japans zweite große Religion nach der Befreiung vom diesseitigen Leben; denn Leben ist Leiden. Das ist die Grundthese des Buddhismus. Anders als der Shintoismus kam er von außen ins Land, und anders als der Shintoismus ist er eine Buchreligion mit universellem Anspruch. In Japan ist er einerseits die akkulturierte Variante einer Weltreligion und andererseits Teil und Ausdruck des sozioreligiösen Lebens der Gesellschaft. Buddhismus steht sowohl für die Verbindung mit einer Kultur, die ihren Ursprung und diverse Ausprägungen jenseits von Japans Grenzen hat, als auch für originäre Entwicklungen, die aus dem, was man japanische Kultur nennt, nicht wegzudenken sind. Im Laufe seiner eineinhalbtausendjährigen Geschichte im Land hat der Buddhismus Japan und hat Japan den Buddhismus geprägt. Der enorme Einfluss, den der Buddhismus auf die Entwicklung der Kultur ausübte, ist zu einem großen Teil darauf zurückzuführen, dass er als Religion der Machtelite und als Vermittler einer überlegenen Kultur ins Land kam.

Obschon erste Berührungen mit buddhistischem Gedankengut weiter zurückliegen, begann der Aufstieg des Buddhismus doch recht schlagartig in der zweiten Hälfte der Yamato-Zeit (ca. 300 ~ 710 u. Z.), als er von koreanischen Mönchen eingeführt wurde. Im Gewand der chinesischen Sprache und Schrift traf er auf ein präliterales Japan, dessen Eliten diese Religion also gleichzeitig und im Verband mit der Schrift kennen lernten. Ebenso wenig wie man sich die japanische Kultur ohne Schrift vorstellen kann, wäre sie ohne den Buddhismus das, was sie ist. Keine andere Kulturtechnik hat nachhaltigere Folgen für die Gesamtkultur. Weit mehr als ein bloßes Vehikel, das Inhalte transportiert, die in schriftlosen Gemeinschaften auf andere Weise vermittelt werden, eröffnet ihre kollektive Aneignung ein ganzes Spektrum neuer Ausdrucksmöglichkeiten, neuer Kunstgattungen und neuer Formen der Aufbewahrung, Weitergabe und Verarbeitung des Wissens und führt so zu einer tief greifenden Transformation der gesamten Kultur. Die enge Verbindung der Schrift mit dem Kult verleiht ihr einen Nimbus der Heiligkeit, der in der Achtung vor dem geschriebenen Wort noch immer spürbar ist, und umgekehrt hat die Schrift für das religiöse Leben weit reichende Konsequenzen, denn neben den Propheten und die unmittelbare Überlieferung sakraler Bräuche treten die heiligen Texte als authentische Verkörperung der Heilsbotschaft und die Beschäftigung mit ihnen als religiöse Übung. Ein Referenzsystem wird damit geschaffen, die Möglichkeit der Kanonisierung der Lehre, der Orthodoxie, des Schismas, der Schulenbildung. Die heilige Schrift gewinnt eine eigene, vom Verkünder der Botschaft unabhängige Existenz. Glaube und Gelehrsamkeit können sich über ihr begegnen und in der Verehrung schriftlicher Zeichen vereinen. Wie keine andere Religion propagiert der Buddhismus die Idee vom Weltverständnis als Lesen eines Buches. Die Schrift ist für die Religion auch deshalb so bedeutsam, weil sie ihr einen Status verleiht, der es erlaubt, sie zu administrieren und anderen vorzuschreiben, Macht zu legitimieren und der Gemeinschaft von der Person des Machthabers unabhängige Gebote zu geben. Unter der Regentschaft von Prinz Shōtoku (574–621) wurde der Buddhismus 594 in Japan denn auch zur Staatsreligion gemacht.

Die von ihm verfertigte berühmte 17-Artikel-Verfassung von 604 legte die Grundlagen eines einheitlichen Staates nach chinesischem Vorbild. Von konfuzianistischem und buddhistischem Gedankengut getragen, enthält sie sowohl Vorschriften für die Verwaltung des Staates und das Verhalten seiner Würdenträger als auch für die Moral des «gemeinen Volkes». Aufrichtigkeit und Unbestechlichkeit sind vom Konfuzianismus inspirierte Gebote, während Selbstlosigkeit und die Überwindung des Triebhaften im Menschen buddhistische Prinzipien reflektieren. Der dem Buddhismus eingeräumte wichtige Platz wird daran deutlich, dass schon im zweiten Artikel dieser ersten japanischen Verfassung verlangt wird, drei Dinge in Ehren zu halten: Buddha, seine Lehre und seine Priester. Nicht nur die Religion, sondern auch ihre Protagonisten und damit ihre Institutionen standen also von frühester Zeit an in engster Verbindung mit dem Staat. Buddhistische Klöster und Tempel sind deshalb als eine der drei «Pforten zur Macht» neben Beamten und Kriegern bezeichnet worden.[1] Besonders ausgeprägt war die Nähe des Buddhismus zum Staat in der Nara-Zeit (710–794), während der Mönche und Nonnen festgeschriebene Privilegien genossen, und in der Edo-Zeit (1600–1868), als das Shogunat die buddhistischen Tempel unter seine Kontrolle brachte und durch das *Danka*[2]-System, nach dem jeder Haushalt zu einem Tempel gehören und dort registriert sein musste, zu einem Instrument der Staatsverwaltung machte.

Die Lehre

Der historische Buddha Siddhartha Gautama (556 ~ 476 v. u. Z.) wandte sich gegen die brahmanische Lehre vom ewigen Selbst und dem endlosen Kreislauf von Geburt, Tod und Wiedergeburt, die das indische Kastensystem stützte. Die Befreiung durch Erleuchtung und letztlich das Eingehen ins Nirwana ist das Ziel. Einheit mit dem Universum bei gleichzeitiger Leugnung jeder eigenen Wesenheit mit einer ewigen Seele und die Auffassung, dass der Wandel das einzig Beständige ist, sind die Grundpfeiler der buddhistischen Lehre. Nicht nur in dieser Welt gibt es nichts Ewiges, sondern auch in keiner anderen. In seinem Selbstverständnis ist der Buddhismus ursprünglich eine sehr praktische, diesseitsbezogene Religion, die kein Interesse an Theorie hat. Ein wichtiger sozialethischer Aspekt ist, dass jeder den Keim der Buddhaschaft in sich trägt und durch geeignete Übung selbst Buddha werden kann. Damit stellt sich die buddhistische Lehre in direkten Gegensatz zum Hinduismus, der eine hierarchische Gesellschaftsordnung absegnet. Der Buddhismus kennt keinen Schöpfer und auch kein absolutes Prinzip, auf dem die Welt beruht. Jeder Mensch kommt durch ihrerseits veränderliche Daseinsfaktoren zustande, die in funktionaler Abhängigkeit voneinander entstehen und vergehen. So gesehen hatte der ursprüngliche Buddhismus starke atheistische Züge. Die Form, in der er nach Japan kam, ist eine Weiterentwicklung, nämlich der Mahāyāna-Buddhismus, von dem man das nicht sagen kann. *Mahāyāna* bedeutet ‹großes Fahrzeug›, nämlich zum Überqueren der Wasser des Samsara[3] nach dem Land des Heils. Zwei wichtige Tendenzen des Mahāyāna-Buddhismus sind die Erhebung des Buddhas aus dem Menschlichen ins Göttliche sowie die Öffnung für neues Gedankengut und den Ausbau der religiösen Lehre. Die wichtigste Neuerung ist die Erlösergestalt des Bodhisattwa (japanisch: *bosatsu*), der auf dem Weg ist, Buddha (der Erleuchtete) zu

werden. Er verkörpert das Prinzip der Barmherzigkeit, denn seine end-
gültige Erlösung durch das Eingehen ins Nirwana stellt er zurück, um anderen Trost zu spenden und ihrer Erlösung zu dienen. Als größter Akt
der Selbstlosigkeit kehrt er dem Nirwana den Rücken, um sich den Menschen zuzuwenden, und erreicht paradoxerweise gerade dadurch das
Nirwana.

Um den Bodhisattwa herum entsteht das buddhistische Pantheon. In
Japan gehören ihm vier Gruppen göttlicher Wesen an: *Nyorai, Bodhisattwa, Myōō* und *Ten.* Nyorai, ‹die aus der Wahrheit gekommen oder in sie
eingegangen sind›, sind verschiedene Inkarnationen des Buddha. Neben
dem historischen Buddha Shaka werden in Japan besonders *Amida*, der
Buddha des Lichts, *Dainichi*, der kosmische Buddha, und *Yakushi*, der hei-
lende Buddha, verehrt. Bodhisattwa sind die Erleuchteten auf Erden.
Am beliebtesten in Japan sind *Kannon*, der Bodhisattwa des Mitgefühls,
und *Jizō*, der Schutzheilige der Reisenden und der toten Kinder. *Myōō*
sind die zahlreichen Könige des Lichts oder der Weisheit, deren popu-
lärster der Glücksgott *Fudō* ist.[4] *Ten (tembu)* schließlich sind die himm-
lischen Wesen des vierten Ranges in Japans buddhistischer Ikonographie. Es sind Schutzgötter, die oft als Krieger dargestellt werden und am
Eingang von Tempeln stehen, um das Böse abzuwehren. Weibliche und
geschlechtslose Verkörperungen gibt es jedoch auch. Vor allem im esoterischen Buddhismus seit dem 9. Jahrhundert sind um die Gottheiten
dieser Kategorie zahlreiche lokale Kulte entstanden.

Diese Vielfalt konkreter Götter stellt ein gewisses Gegengewicht zur
Abstraktheit des buddhistischen Gedankenguts und zur Weltindifferenz
dar. Begrifflich ist die Lehre vom Mangel an Konstanz und Mangel an
Selbstheit schwer fassbar, aber gerade darauf beruht ihre vielfältige Aus-
legbarkeit, die von den «vier edlen Wahrheiten» ausgeht, die besagen,
dass das Dasein leidvoll ist; dass das Leid durch selbstbezogenes Verlangen nach Genuss und vergänglichen Dingen verursacht ist; dass dieses
Verlangen aufgehoben werden kann; und dass es einen Weg – den «edlen achtfachen Pfad» – gibt, das zu erreichen. Dieser Weg beinhaltet
rechte Ansicht, rechtes Denken, rechte Rede, rechtes Handeln, rechtes
Leben, rechtes Streben, rechtes Bewusstsein und rechte Sammlung. Drei
Elemente liegen diesen acht Aspekten zugrunde: asketische Übung, Meditation und erlösende Erleuchtung.

Askese, Meditation und Erleuchtung sind gemeinsame Elemente vieler Richtungen, Sekten und Schulen des Mahāyāna-Buddhismus. Sie un-

terscheiden sich in ihrer konkreten Ausfüllung, den asketischen Geboten der Lebensführung, den für wichtig erachteten Texten, den Formen
der Meditation und den Techniken, mit denen Erleuchtung als Befreiung vom Selbst gesucht wird.

Schulen in Japan

Von Indien breitete sich der Mahāyāna-Buddhismus über weite Teile
Zentralasiens und ganz China aus und erreichte im sechsten Jahrhundert u. Z. über Korea Japan. Zu dem Zeitpunkt hatte er sich bereits in
verschiedene Strömungen geteilt, die in Japan unter chinesischem Einfluss weitere Verzweigungen erfuhren. Von den sechs Schulen des
8. Jahrhunderts, als Japans Hauptstadt Nara war (710–794), existieren
heute noch drei:

Die Hossō-Schule um den Kōfuku-Tempel in Nara, die Kegon-Schule
mit dem Tōdai-Tempel an der Spitze und die mit diesem ebenfalls in
Nara gelegenen Tempel verbundene Ritsu-Schule. In der Heian-Zeit
(794–1160), als die Hauptstadt in Heian, dem heutigen Kyoto war,
kam es zu weiteren Aufsplitterungen und Neugründungen.

Zu nennen sind hier insbesondere die von Saichō (767–822, posthum:
Dengyō Daishi) im Enryakuji auf dem Berg Hiei gegründete Tendai-Schu-
le und die esoterische Shingon-Schule, die Kūkai (774–835, posthum:
Kōbō Daishi) mit kaiserlicher Erlaubnis aus China nach Japan einführte,
wo er für ihre Verbreitung auf dem Berg Kōya südlich von Nara und im
Tōji in Kyoto wichtige Zentren schuf. Die Tendai-Schule stellt die Lotus-
Sutra in den Mittelpunkt ihrer Lehre und praktiziert konzentrierte Meditation. Die Shingon-Schule greift auf den indischen Tantrismus zurück.
Ihre wichtigsten Schriften stammen von Kūkai selber. Das Wort *shingon*,
wörtlich: ‹wahres Wort›, entspricht sanskritisch *mantra*, was ‹Verkörperung
der göttlichen Kraft im Laut› bedeutet; daher die meditative Übung der
Wiederholung einzelner Silben. Diese Praxis und der geheimnisvolle Ritus
des Shingon-Buddhismus rücken ihn in die Nähe der Magie, in die er
manchmal abgleitet. Tendai und Shingon richteten sich gegen den alten
Buddhismus der Nara-Zeit und legten das geistige Fundament für die
symbiotische Annäherung von Buddhismus und Shintōismus (s. u.). Als
die Heian-Zeit zu Ende ging, waren beide zu den etablierten orthodoxen
Schulen geworden.

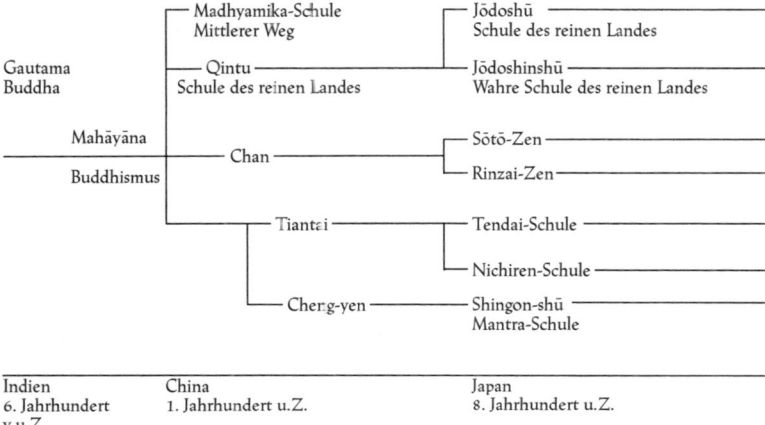

Abb. 8: Japans buddhistische Schulen und ihre Herkunft

In der Kamakura-Zeit (1185–1333) kam es daher noch einmal zu wichtigen heterodoxen Bewegungen. Die lebenspraktische Bedeutung der buddhistischen Religion manifestiert sich nicht zuletzt darin, dass es gewöhnlich Zeiten der Unruhe, der Not und des Krieges waren, in denen charismatische Mönche neue Sekten gründeten und mit einer Variante der Botschaft vom leidvollen Dasein Anhänger fanden. Die Heian-Zeit, in der die Tendai-Schule von Saichō und die Shingon-Schule von Kūkai gegründet wurden, war ebenso von Naturkatastrophen und politischen Wirren gekennzeichnet wie die Kamakura-Zeit, in der sich die von Hōnen (1133–1212) gegründete Jōdo-Schule, die Schule Nichirens (1222–1282) und der Zen-Buddhismus in der von Dōgen (1199–1253) gegründeten Sōtō-Schule sowie Eisais (1141–1215) Rinzai-Schule konstituierten. Die Jōdoshū wurde von dem Mönch Shinran weiterentwickelt, der sich selbst als Schüler und Anhänger Hōnens betrachtete. Seine Wirkung war jedoch so groß, dass sie zur Errichtung einer neuen Schule führte, der ‹Wahren Schule vom reinen Land› *(Jōdoshin-shū)*. Die Unterschiede zwischen der Jōdo-Sekte und der Jōdoshin-Sekte sind jedoch, was Lehre und Praxis betrifft, unerheblich. *Jōdoshinshū*, auch als Shin-Buddhismus bekannt, ist heute die verbreitetste und wichtigste buddhistische Schule in Japan. Mit der *Jōdo-shu* wird sie manchmal als Amida-Buddhismus bezeichnet. Der Amida Buddha (skrt.:

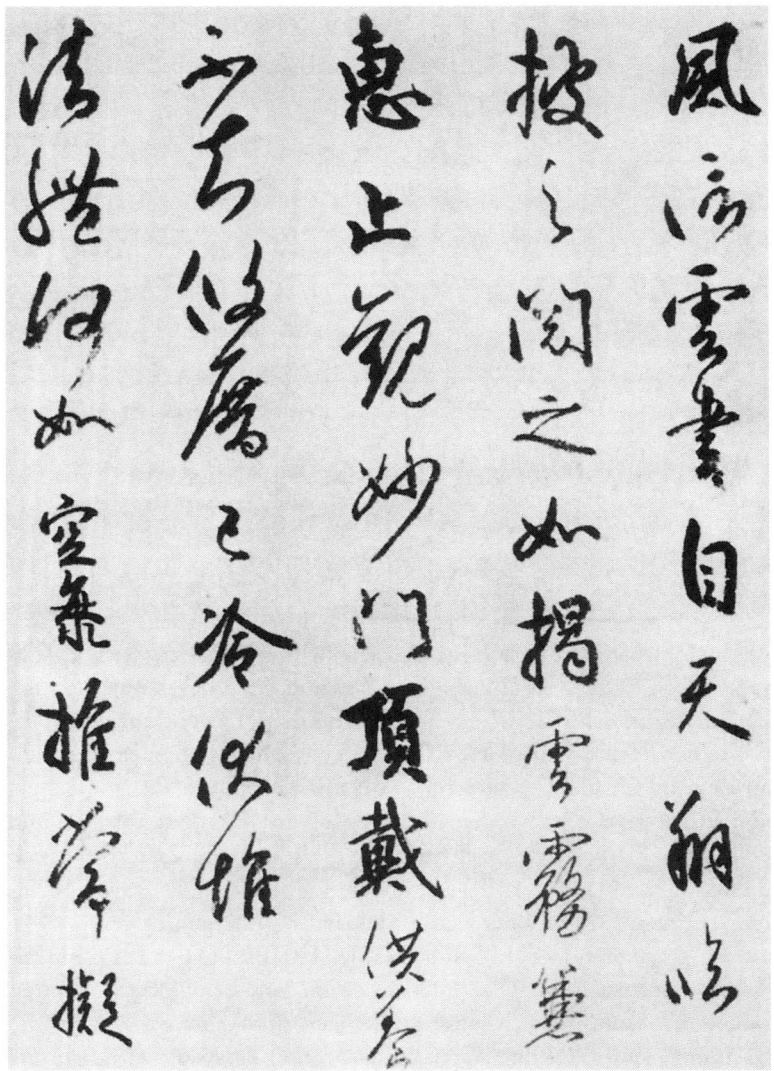

Abb. 9: Aus einer Schriftrolle von der Hand Kūkais (774–835),
des Gründers der Shingon-Schule

Amitābha, ‹unendliches Licht›) steht im Zentrum der Verehrung und der ‹Lehre vom reinen Land im Westen›. Die Anrufung des Namens ist die wichtigste Übung, die in der Formel *Namu Amida Butsu* geronnen ist. Das ‹reine Land im Westen› ist, wo die Erleuchtung ist. Um es zu erreichen, sind nicht wie in anderen Schulen gute Taten erforderlich. Die einzige Übung, die der Shin-Buddhismus vorschreibt, ist die Wiederholung der Anrufungsformel.

Die neuen Bewegungen der Kamakura-Zeit hatten einen protestantischen Charakter, insbesondere der Mönch Nichiren war ein streitbarer Evangelist, der durchs Land zog, zur Erneuerung aufrief und seine Gefolgschaft vor allem unter den niederen Samurai rekrutierte. Nichiren predigte die Ausschließlichkeit der Lotus-Sutra, wobei er wiederum der Schrift besondere Bedeutung beimaß. Die Schriftzeichen der Lotus-Sutra verkörpern die Stimme des Buddha Shākayamuni, seinen Körper und sein Herz. Nichirens Auseinandersetzung mit der Orthodoxie der Klöster und Tempel von Nara und Kyoto war aber nicht nur eine theologische, ging es ihm doch vor allem um eine Reform der japanischen Gesellschaft. *Risshō ankoku ron*, ‹Traktat zur Einführung der Rechtschaffenheit und Befriedung des Landes› hieß eine seiner Streitschriften, die ihm persönliche Angriffe und die Verbannung nach Izu eintrug. Ironischerweise wurde der Nichiren-Buddhismus trotz der kritischen Haltung seines Gründers gegenüber dem Staat in späteren Jahrhunderten, vor allem nach der Meiji-Restauration (1868), von Nationalisten vereinnahmt. In der heutigen Zeit berufen sich so einflussreiche politisch engagierte Organisationen wie Reiyūkai, Risshō Kōseikai und Sōka Gakkai, die Religionsgemeinschaft, die hinter der buddhistischen Partei Shinkōmeitō (bis 1998 Kōmeito) steht, auf Nichiren.

Eine Sonderrolle spielt der aus China übernommene Zen-Buddhismus.[5] Seine Bekanntheit im Westen entspricht nicht der Bedeutung, die ihm in Japan zukommt. Schon die Tatsache, dass er zweimal in zwei verschiedenen Formen von zwei Mönchen eingeführt wurde, deutet darauf hin, dass Zen nicht im gleichen Sinne eine Schule ist wie die anderen erwähnten Richtungen; denn Zen ist weniger eine Lehre als eine religiöse Praxis. Erleuchtung (*satori*) soll sich durch Meditation im Sitzen (*zazen*) ergeben. Diskursive Aufgaben (*kōan*) leiten den Meditierenden dazu an. So pflegte der Meister Hakuin eine Hand emporzuhalten und seine Schüler aufzufordern, ihren Ton zu hören. Durch ihren paradoxen Charakter dienten die *kōan* jedoch gerade dazu, ihnen die Unmöglichkeit einer argumentativen, rationalen Lösung vor Augen zu führen. Dementsprechend läßt sich auch nicht diskursiv darstellen, worin die Erleuchtung besteht. Sie ist keine durch Vernunftanstrengung erreichte Einsicht, sondern eine Transformation. Der Erleuchtete erkennt nicht, er wird Buddha. Manche Tempel sind Zentren des Zen-Buddhismus wie der Jufukuji in Kamakura, der Kenninji in Kyoto, der Shōfukuji in Hakata (Fukuoka) und der Sōjiji in Yokohama, aber *zazen* kann in jedem Tempel geübt werden. Da in der Kamakura-Zeit viele Samurai an Zen-Übungen teilnahmen, entstand eine Verbindung mit dem «Weg des Schwerts» und anderen Wegen, die von ihnen praktiziert wurden, Bogenschießen, aber auch Tuschmalerei, Kalligraphie und Poesie. Auch die intensive Übung in diesen Disziplinen kann zur Erleuchtung führen, wenn die Kraft des denkenden Ich durch die Kraft aus der Mitte des Lebens, die Kraft des Buddha ersetzt wird. *Jiriki soku tariki*, ‹die eigene Kraft ist die andere Kraft›, sagen die Zen-Buddhisten.

Die Schulenbildung und die Verästelung der Schulen in zahlreiche Untergruppen ist ein hervorstechendes Merkmal des Buddhismus in Japan. Zwar gab es in der Geschichte immer wieder Auseinandersetzungen zwischen einzelnen Schulen, was vor allem mit deren Patronage durch die weltlichen Machthaber in Zusammenhang stand. Es gibt aber nichts, was an die Unduldsamkeit der europäischen Religionskriege erinnert. Koexistenz ohne Ausschließlichkeitsanspruch ist der Normalfall, wie es sich auch im Verhältnis zum Shintoismus zeigt (s. u.). Die genannten Schulen haben gewöhnlich einen Haupttempel, zu dem andere Tempel gehören, deren Gemeinden sich zum Teil als untergeordnete Sekten betrachten. Die Nichiren-Schule, zu der über 5000 Tempel nicht nur in Japan gehören, hat ihren Hauptsitz im Kuonji in der Präfektur Yamanashi. Der Haupttempel der Jōdo-Schule ist der Chion'in in Kyoto, wo auch andere Schulen ihren Sitz haben. Der Nishi Honganji in Kyoto ist der Haupttempel der Jōdoshinshū, während der einen Block weiter östlich gelegene Higashi Honganji der Haupttempel eines anderen Zweiges dieser Schule ist, der Shinshū Ōtani-Sekte. Zu beiden gehören um die 10 000 Tempel. Die Shingon-Schule kennt insgesamt 18 Haupttempel ihrer verschiedenen Zweige. Im ganzen Land gibt es rund 80 000 buddhistische Tempel, die durch ihre physische Existenz ebenso wie durch ihre vielfältigen Aktivitäten bis heute einen nicht wegzudenkenden Anteil an Japans kulturellem Leben haben.

Abb. 10: Von Nichiren geschriebenes Text-Mandala. In der Mitte die Verehrungsformel Namu myōhō renge kyō, ‹Ich nehme Zuflucht zur Lotus-Sutra›

Verhältnis zum Shintoismus

Als der Buddhismus nach Japan kam, verdrängte er den einheimischen Shintoismus nicht. Vielmehr existierten beide Religionen jahrhundertelang nebeneinander, ja, miteinander. Nicht nur überlagerten sich die Religionsgemeinschaften fast vollständig, auch die religiösen Inhalte wirkten aufeinander ein, so dass eine ganz eigene Symbiose, *shinbutsu shūgō*, entstand, die dem Buddhismus in Japan seinen spezifischen Charakter gab und auch den Shintoismus veränderte. Topografisch schlug sich die intensive Beziehung der beiden Religionen darin nieder, dass ihre Gotteshäuser nebeneinander erbaut wurden und im ganzen Land Tempel-Schrein-Komplexe (*jisha*) entstanden. Seite an Seite stehen shintoistische Torii und buddhistische Pagoden. *Jingūji*, ‹Schrein-Tempel›, wurden als solche errichtet, damit buddhistische Mönche und Priester zur Erleuchtung der shintoistischen *kami* Sutren rezitieren und buddhistische Riten durchführen konnten. Dem über die Oberschicht nach Japan gekommenen Buddhismus eröffnete die harmonische Verbindung mit dem Shintoismus den Zugang zum Volk. Noch immer gibt es eine gewisse Arbeitsteilung zwischen dem Ernsten und dem Heiteren, aber beides gibt es in jedem Menschenleben, und so heiraten die meisten Japaner, wie in Kapitel 1 erwähnt, nach shintoistischem Brauch und lassen ihre Totenmesse von einem buddhistischen Priester lesen.

Der shintoistisch-buddhistische Synkretismus entstand nicht nur spontan aus dem lebenspraktischen Umgang in den Gemeinden, er wurde auch gezielt kultiviert und mit einem theoretischen Fundament versehen. Nach der Lehre, die mit einem der Exegese der Lotos-Sutra entlehnten Begriff als *honji suijaku*, ‹das primäre Wesen und seine Manifestation›, bekannt wurde, kam es zu einer Identifikation der buddhistischen mit den shintoistischen Gottheiten.[6] Vergleichbar mit dem Mond und seiner Spiegelung in einem Teich wurden die shintoistischen *kami* als lokale Verkörperungen der vergänglichen Buddhas und Bodhisattwas gedeutet, als Beschützer des Buddhismus, als Mittler, die das japanische Volk zur Erleuchtung führen. Von buddhistischer Seite wurden die transzendenten Buddhas als Ursprung und die örtlichen *kami* als manifeste Spuren angesehen. Amaterasu Ōmikami, die im Großen Schrein von Ise verehrte Sonnengöttin, war danach die japanische Verkörperung von Dainichi Nyorai, des großen Sonnen-Buddhas. Nicht zuletzt wegen der

besonderen Beziehung des Kaiserhauses zum Ise-Schrein hatten
Buddhisten, namentlich die Shingon-Schule, ein ausgeprägtes Interesse
an der Fusion mit dem Shintoismus, während umgekehrt die Shintoisten
durchaus bereit waren, vom großen Prestige der fremden Hochreligion
zu profitieren. In ihrer eigenen Interpretation des Synkretismus zogen
sie es allerdings vor, Buddhas und Bodhisattwas als sekundäre Verkörperungen der kami zu betrachten.

In hohem Maße kongenial sind Buddhismus und Shintoismus bezüglich der Naturverehrung. Die ursprüngliche Göttlichkeit können nicht
nur Shintoisten in der Natur entdecken, sondern auch Buddhisten, wie
im folgenden Gedicht von Shōtetsu (1381–1459) zum Ausdruck
kommt, in dem für *hotoke*, ‹Buddha›, ebenso gut *kami* stehen könnte.

Yama mo mina	Berge und Flussläufe
moto no hotoke no	sind Formen des
sugata ni te	ursprünglichen Buddha
taezu minori o	und der Sturm predigt
toku arashi kana	unaufhörlich das Dharma

Die Eintracht der beiden Religionen wurde bis in die frühe Meiji-Zeit
fortgeführt. Erst dann wurde eine institutionelle Trennung verordnet,
weil die Regierung beschlossen hatte, den Shintoismus zu einem autochthonen Staatskult auszubauen. Im Bewusstsein und in der Praxis der
Menschen ist die harmonische Wechselbeziehung aber auch heute noch
verwurzelt. In vielen Häusern gibt es sowohl einen buddhistischen
Hausaltar als auch einen shintoistischen Schrein. Feste buddhistischer
und shintoistischer Provenienz werden zum Teil gemeinsam gefeiert,
wie Buddhas Geburtstag (*kabutsue*) am 8. April, der auch mit dem shintoistischen Ausdruck *matsuri* als Blumenfest (*hanamatsuri*) bezeichnet
wird, oder das mittsommerliche Obon-Fest, das mit vielerlei Zeremonien beider Religionen verbunden ist. So wie Japans bisher einziger
christlich getaufter Premierminister Masayoshi Ōhira im Großen
Schrein von Ise betete, an Bon-Tänzen teilnahm und in Zen-Tempeln
meditierte, führen die meisten Japaner ein bireligiöses Leben und
betrachten die harmonische Funktionsaufteilung als Ideal.

Der Konfuzianismus

Chinas einflussreichster Denker

Khung Fu Tzu (522–479 v. u. Z.), «Meister Khung», im Westen unter seinem latinisierten Namen *Konfuzius* und in Japan als *Kōshi* bekannt, war der einflussreichste Denker, den China hervorgebracht hat. Er war Zeitgenosse des historischen Buddha und starb zehn Jahre vor Sokrates' Geburt. Seine überragende Bedeutung für die Geistesgeschichte Ostasiens ist zutreffend mit Karl Jaspers Charakterisierung als einem der «maßgebenden Menschen»[1] beschrieben. Er verbrachte sein Leben mit der Entwicklung und Verbreitung einer Philosophie von gerechten und harmonischen sozialen Beziehungen. Nach langen Jahren im Staatsdienst ins Exil gezwungen, wanderte er fast eineinhalb Jahrzehnte als Lehrer durchs Land. Die Zeit, in der er lebte, war von politischen Wirren, Rechtlosigkeit und Krieg gekennzeichnet. Er rief zur Umkehr auf und sah sich selbst mehr als Übermittler alter Werte denn als Erneuerer. «Ich übermittle, aber ich schaffe nichts Neues. Ich glaube an das Alte und liebe es.»[2] Er begründete die Tradition des wandernden Gelehrten und professionellen Lehrers.

Konfuzius' Lehre war praktisch. Auf das individuelle und gesellschaftliche Leben bezogen, zielte sie auf soziale Ordnung und Frieden. Die Harmonie des Universums steht in ihrem Mittelpunkt. Ihr entspricht die Ordnung der Menschenwelt, die jedoch keine natürliche ist, sondern von den Menschen selber in Übereinstimmung mit der Natur gebracht werden muss. Sein Ideal war die ordentlichen Gesellschaft, in der sittliche Individuen auf der Grundlage der moralischen Verpflichtungen der fünf menschlichen Beziehungen zusammenleben: Vater – Sohn, Fürst – Untertan, Mann – Frau, älterer Bruder – jüngerer Bruder, Freund – Freund. Ihnen entsprechen die fünf Tugenden: Menschlichkeit, Rechtlichkeit und Wohlwollen, Anstand und Sitte, Klugheit, Zuverlässigkeit. Aus ihnen ergeben sich wiederum drei soziale Pflichten: Loyalität, Pietät (kindliche Verehrung der Eltern und Ahnen) und Höflichkeit (*li*). *Li*, japanisch *rei*, ist ein

Schlüsselbegriff, der Höflichkeit, Dankbarkeit und Anstand beinhaltet.
Das *li* zu beachten ist für den Umgang der Menschen von größter Wichtigkeit. Konfuzius' Philosophie ist also vor allem Sittenlehre und Sozialethik, die moralische Prinzipien für die Gestaltung aller wichtigen Beziehungen und für das Regieren festlegt. Dabei macht er einen Unterschied
zwischen dem Edlen und dem gemeinen Mann. Der Edle wird ein solcher
durch Bildung, nicht Geburt. «Bildung soll allen zugänglich sein. Man darf
keine Standesunterschiede machen» (XV,39). Der strengen ständischen
Ordnung fügte Konfuzius so ein Element intellektuellen Egalitarismus
hinzu, das zum Eckstein einer Meritokratie wurde.

Ebenso wenig wie von Sokrates sind von Konfuzius Schriften erhalten,
die er selbst verfasst hat. Von der Tradition werden ihm jedoch folgende
Werke zugeschrieben, die zum konfuzianischen Kanon wurden: *Yi jing*
(Buch der Wandlungen), eine Art Ontologie; *Shu jing* (Buch der Urkun-
den), eine Sammlung historischer Texte; *Shi jing* (Buch der Lieder), eine
Gedichtanthologie; *Li* (Buch der Bräuche), ein (verschollener) Text über
Riten und Zeremoniell; *Chun qiu* (Frühlings- und Herbstannalen), eine
Geschichte von Konfuzius' Heimatstaat Lu. Zu diesen «Fünf Klassikern»
(*Wu jing*) kamen später die berühmte Sammlung von Aphorismen und
Aussprüchen *Lun yü* (Gespräche, auch als Analekten bekannt) sowie ver-
schiedene Kommentare, deren Studium zum Grundstock konfuzianischer
Gelehrsamkeit wurde. Das vielfältige Werk erlaubte sehr unterschiedliche
Interpretationen und wurde Grundlage einer reichen Kommentarlitera-
tur. Durch dem jeweiligen Zeitgeist entsprechende Auslegungen schuf
sich jede Epoche ihren eigenen Konfuzius.

Die enorme Wirkung der konfuzianischen Schriften beruht vor allem
auf dem System der Mandarinen-Examen, mit welchem das chinesische
Kaiserreich seine Beamten rekrutierte. Da die konfuzianischen Schriften
ihr Hauptinhalt waren, konnte die in ihnen gelehrte Ethik politisch
wirksam werden. Dieses System wurde schon früh von Korea kopiert,
nicht aber von Japan, wo Staatsämter (wie auch Tempel) erblich waren.

Keine Religion

Konfuzius interessierte sich für das Leben mehr als für den Tod. Er lehr-
te moralisches Handeln, Beherrschung der Triebe, Mäßigung, Rechtschaffenheit, Pietät, Nächstenliebe, Höflichkeit, benevolente Herr-

schaft, Kontinuität, Tugenden also, die auf eine Ethik des Verhaltens gerichtet sind. Für ihn zählte diese Welt, nicht irgendein Jenseits. «Wer
nicht den Menschen zu dienen versteht, wie kann der den Geistern dienen?» (XI,12) Eine moralische Ordnung auf rationaler Grundlage zu
schaffen ist nach Konfuzius die Bestimmung der Menschen. Aberglauben und übernatürliche Religionen lehnte er ab. Dass seine Lehre dennoch zu einem Kult wurde, rührt daher, dass die reine Rationalität als
Grund der Verhaltensregulierung, die er als Ideal ansah, nur einer
schmalen Elite genügte. «Nur durch Sitte, nicht durch Wissen kann ein
Volk geleitet werden», lautet ein konfuzianischer Glaubenssatz. Im Zuge
der Verbreitung seiner Lehre nach Konfuzius' Tod wurden ethische
Normen mittels zahlenmystischer Konzepte und aus dem Taoismus
stammender Vorstellungen mit der Ordnung des Himmels und dem
Gang der Natur (*tao*) verknüpft. Die erwähnten fünf menschlichen
Beziehungen korrespondierten mit den fünf Himmelsrichtungen:
Osten, Süden, Westen, Norden und dem eigenen Standpunkt; den fünf
Elementen: Holz, Feuer, Erde, Metall, Wasser; den fünf Sinnen: Gehör,
Gesicht, Geruch, Geschmack, Gefühl; und den fünf Eingeweiden: Herz,
Leber, Magen, Lungen, Niere. Zwischen allen bestehen geheimnisvolle
Beziehungen, die den Gegenstand von Beschwörungen und Horoskopen
darstellten.

Eine zweite Ursache für die Transformation der Lehre des Konfuzius
in einen religionsähnlichen Kult ist die Verehrung des Konfuzius als
Schutzheiligen der Gelehrten-Beamten der Han-Dynastie. Schon im
Jahre 59 u.Z. ordnete Kaiser Han Ming Ti an, dass Konfuzius in jeder
Schule Opfer dargebracht wurden, und machte den Konfuzianismus damit zur Staatsdoktrin. In enger Verbindung zur Ahnenverehrung und
dem Kult der Naturgottheiten erlangte er dadurch den Charakter einer
Religion, die zugleich Ideologie eines mächtigen Beamtenstaates war. Als
eine solche gelangte der Konfuzianismus nach Japan.

Übernahme in Japan

Nach den alten japanischen Chroniken Kojiki (712) und Nihon Shoki
(720) wurde der Konfuzianismus im Jahre 285 u.Z. von dem koreanischen Gelehrten Wani in Japan eingeführt, der ein Exemplar der Analekten des Konfuzius (*Lun-yü*) an den Hof von Yamato gebracht haben

soll. Diese Überlieferung ist apokryph, gewiss ist jedoch zweierlei. Der Konfuzianismus wurde im Laufe des vierten oder fünften Jahrhunderts von Immigranten nach Japan gebracht, und zu diesem Zeitpunkt war die ursprüngliche einfache Sozialethik bereits zu einem komplexen philosophischen System korrelativer Doktrinen ausgebaut worden, das Elemente des Taoismus und der Yin-Yang-Schule zu einer ganzen Kosmologie verband. Ob diese Lehren neue Lebensformen begründeten oder bereits bestehende Praktiken rechtfertigten, verstärkten und erklärten, ist kaum zu ermitteln; dass die Saat des Konfuzianismus in Japan auf fruchtbaren Boden fiel, ist jedoch unverkennbar. Die große Bedeutung, die hierarchischen Beziehungen, Loyalität und Pietät beigemessen wird; die Betonung der häuslichen Harmonie als Grundlage des Staates; die postulierte Einheit von Natur und Mensch – in all diesen Vorstellungen stimmen Konfuzianismus und Shintoismus überein und wurden so zu prägenden Elementen des japanischen Wertesystems.

Staatsideologie der Tokugawa

Wie im vorigen Kapitel erwähnt, enthielt schon die erste japanische Verfassung von Prinz Shōtoku konfuzianisches Gedankengut. Die chinesische Schrift und das chinesische Hofzeremoniell waren zwei Wege, über die der Konfuzianismus einen festen Platz in der japanischen Kultur erwarb. Im japanischen Mittelalter der Kamakura- (1185–1333) und Muromachi-Zeit (1333–1568) kam es zu verschiedenen Verbindungen zwischen Buddhismus und Konfuzianismus. Hauptbezugspunkt war das Werk des chinesischen Neo-Konfuzianers Chu Hsi (1130–1200). Aufgrund einer gewissen Kongenialität der geistigen Ziele wurde es vor allem in Zen-Klöstern intensiv rezipiert, die ihrerseits stark vom Kriegerstand frequentiert wurden. Die japanische Idealfigur des kriegerischen Helden (*bushi*) wurde unter konfuzianischem Einfluss zivilisiert, da ihr das Ideal des Edlen durch Bildung zur Seite gestellt wurde, mit dem sie sich verband: Die Krieger widmeten sich vermehrt Kunst und Wissenschaft.

Zur geistigen Grundlage des bürokratischen Staates wurde der (Neo-) Konfuzianismus in der Edo-Zeit (1600–1868). Die Tokugawa sahen darin ein geeignetes Instrument, die von ihnen errichtete politische Ordnung zu erhalten und dem Volk moralische Normen zu vermitteln.

Von den oben erwähnten drei sozialen Pflichten war im Tokugawa-Staat Loyalität die wichtigste. Das Shogunat sah in der auf Gesellschaft und Politik gerichteten konfuzianischen Ethik eine wichtige Ergänzung zum lebensabgewandten Buddhismus. Es wurden konfuzianische Akademien gegründet, und die konfuzianischen Schriften wurden zum Gegenstand der Unterweisung in den offiziellen Schulen der Lehnsdomänen (hankō) und, in geringerem Maße, in den Tempelschulen (terakoya). Zudem gab es viele Privatschulen, an denen die Samurai konfuzianische Texte studierten. Gesetz und Ordnung, Frieden und Harmonie, Loyalität und Bewahrung der ständischen Ordnung wurden von der Bevölkerung verlangt. Zwar wirkte das Shogunat nicht direkt auf die ideologische Orientierung der Fürstentümer ein, aber viele Lehnsherren (daimyō) beschäftigten konfuzianische Gelehrte (jusha) als Berater und Hauslehrer.

Die Institutionalisierung der hierarchischen Ordnung von vier Ständen mit den Händlern auf dem untersten Rang wurde konfuzianisch legitimiert. «Konfuzius sprach: ‹Der Edle ist mit seinen Pflichten vertraut; der Gemeine sieht nur den eigenen Vorteil.›» (IV,16) Mangels Kriegsführung verwandelte sich der herrschende Stand der Samurai (bushi) unter der Pax Tokugawa zusehends in eine Beamtenschicht, deren Mitglieder sich gern mit dem konfuzianischen Edlen identifizierten. Neben den kriegerischen Disziplinen (bu) wurde von ihnen auch die Übung in Wissenschaft und Kunst (bun) verlangt. In der Ständehierarchie, shi-nō-kō-shō, standen die Samurai oben, gefolgt von Bauern, Handwerkern und ganz unten den Kaufleuten.

Dem Shogunat diente der Neo-Konfuzianismus vor allem für die eigene Legitimation, aber das Gedankengebäude war attraktiv genug, dass es breite Kreise der Oberschicht in seinen Bann schlug und zur intellektuellen Hintergrundfolie des gesellschaftlichen Diskurses in so unterschiedlichen Bereichen wie Geschichtsschreibung, Religion und Literatur wurde.[3] Die Kabuki-Dramen jener Zeit, die Konflikte zwischen Liebe und Pflicht, Pietät und Loyalität, Gefühl und Gesetz thematisieren, sind nur ein Beispiel. Konfuzianischen Prinzipien folgend förderte der Tokugawa-Staat die Volksbildung und schuf damit die Voraussetzung dafür, dass die Gundgedanken des konfuzianischen Ordnungsentwurfs auch breiteren Schichten des Volkes bekannt wurden. Das große Vertrauen, das die Regierung in Bücher als Mittel der moralischen Erziehung setzte, kommt in einer Anweisung Tokugawa Ieyasus (1542–1616), des Begründers der Tokugawa-Dynastie, zum Ausdruck:

«Wenn der Weg der Sittlichkeit nicht deutlich ist, herrscht naturgemäß Un-
ordnung in der Welt, das Land ist unregierbar und die Unruhen nehmen kein
Ende. Es gibt kein besseres Mittel, das zu begreifen, als Bücher. Bücher zu
drucken und den Menschen zugänglich zu machen ist die wichtigste Aufgabe
einer tugendhaften Regierung.»[4]

Über die Tempelschulen hatte der Konfuzianismus nachhaltigen Einfluss auf die Gesellschaft, und zwar sowohl durch das Postulat der schulischen Erziehung für alle als auch durch die Inhalte. So stark wie der
Einfluss des Buddhismus war der des Konfuzianismus nicht, da seine institutionellen Strukturen weniger entwickelt waren und die buddhistische Religion unter dem Schutz des Tokugawa-Staates stand. Beide geistigen Strömungen koexistierten jedoch reibungslos. Im geistigen Leben
hinterließ der Konfuzianismus durch die Hochschätzung der Gelehrsamkeit deutliche Spuren. Kaum ein Gelehrter der Tokugawa-Zeit
gleich welcher Schule, hatte keine konfuzianische Bildung genossen
denn schon das Lesen wurde anhand konfuzianischer Texte gelernt.

Trotz der Anziehungskraft, die die konfuzianische Weltordnung auf
Japans Oberschicht ausübte, war ihre Adaptierung selektiv. Das huma-
nistische Prinzip der Meritokratie wurde nicht übernommen. Nicht Leistung, sondern Stand bestimmten die Entwicklung der Wissenschaft. Als
die Tokugawa-Zeit zu Ende ging, waren 80 Prozent der Naturwissen-
schaftler Samurai.[5] Und als das schon im Niedergang begriffene Shogunat in den ersten Jahrzehnten des 19.Jahrhunderts ständeübergreifende
Prüfungen einzuführen begann, geschah das eher unter dem Einfluss der
Holland-Studien[6] als aufgrund der konfuzianischen Idee der Bildung für
alle. Gleichwohl mag das konfuzianische Bildungsideal dazu beigetragen
haben, dass sich aufgeklärte Samurai letztlich gegen die ständische Ordnung wandten und so den Tokugawa-Staat zu Fall brachten.

Konfuzianismus im modernen Japan

Heute ist Konfuzianismus in Japan eine Chiffre für Konservatismus. Das
ist weniger in Konfuzius' Selbsteinschätzung als zur Umkehr aufrufen-
der Bewahrer begründet, als vielmehr in der engen Assoziation des Neo-
Konfuzianismus mit dem Feudalstaat der Tokugawa. In der auf ihn folgenden Meiji-Zeit (1868–1911) zog ein neues Weltbild in Japan ein, das
der westlichen Zivilisation und Wissenschaft. Die intensiv betriebene,

am Westen orientierte Modernisierung ging mit der Abwendung vom alten Vorbild China einher. Sich von der geistigen Vorherrschaft der offiziell sanktionierten Ideologie zu befreien war für die Gegenelite der Meiji-Restauration, die Reformen auf fast allen Gebieten befürwortete, ein vordringliches Anliegen. Der Konfuzianismus lieferte nicht die Rezepte für die Herausforderungen der frühen Meiji-Zeit, ein Eindruck, der dadurch verstärkt wurde, dass China selbst in Anarchie verfiel und nicht in der Lage war, sich gegenüber dem Westen zu behaupten, der auf so vielen Gebieten überlegen war. Mit den umwälzenden technischen und institutionellen Reformen brachte die Meiji-Zeit eine Ausdifferenzierung. Das konfuzianische Ideal der Einheit von Wissenschaft, Moral und Herrschaft war nicht mehr zeitgemäß.

Die Abkehr vom Konfuzianismus wurde sehr bewusst erfahren und war Gegenstand engagierter Debatten. In einer Rede am 1.III. 1875 klagte der Konfuzianer Nishimura Shigeki:

> «Als Männer in unserem Land den Weg des Konfuzius und Mencius in Ehren hielten, dachten diejenigen, die sich an diese Lehren hielten und das Land regierten selbstverständlich, dass sie die Ethik kultivieren mussten. [...] Diejenigen, die dem Utilitarismus anhängen, halten den Weg des Konfuzius und Mencius für dumm und sehen davon ab, die Kunst der Aufrichtigkeit und Ethik zu üben.»[7]

1876 gründete Nishimura mit einigen gleichgesinnten Wissenschaftlern die *Tōkyō Shūshin Gakusha* (Tokioter Gesellschaft für Ethik), die sich für mehr Moralunterricht in den Schulen einsetzte. Das in dieser und anderen Gesellschaften diskutierte Gedankengut kam gemeinsam mit der von der Regierung geförderten Kaisertreue und dem wachsenden Nationalismus zum Tragen, als auf die radikalen Reformen der frühen Meiji-Zeit eine konservative Wende folgte. Zur Adelung der von traditionsbewussten Intellektuellen und Politikern angemahnten Rückbesinnung auf alte Werte eignete sich der Konfuzianismus, der nun wieder für die Zwecke des Staates in Dienst gestellt wurde. Das kaiserliche Erziehungsedikt (*Kyōiku Chokugo*) von 1890, das bis Ende des Zweiten Weltkriegs in allen Schulen rezitiert wurde, zelebrierte konfuzianische Werte, insbesondere Loyalität und Pietät (wobei im Unterschied zur chinesischen Tradition Ersterer der Vorrang vor Letzterer gegeben wurde). Die im schulischen Moralunterricht verbreitete familienzentrierte Staatsideologie mit dem Tennō an der Spitze und den Untertanen als seinen Kindern schöpfte aus dem Konfuzianismus ebenso wie aus dem Shintoismus.

Seit Anfang der 1930er Jahre musste der Konfuzianismus als ideologisches Gerüst für Japans Kolonialismus herhalten.[8] Expansion wurde mit der Verteidigung konfuzianischer Moral gleichgesetzt und legitimiert, insbesondere in Korea und in der Mandschurei. *Hakkō ichiu*, ‹die acht Ecken der Welt unter einem Dach›, das Motto, nach dem die «Große Ostasiatische Wohlstandssphäre» unter japanischer Führung geschaffen werden sollte, war eine den klassischen Schriften entnommene Formulierung, die jedoch umfassenden Frieden, nicht territoriale Ausdehnung bedeutete.

Die Niederlage im Zweiten Weltkrieg zog auch das Ende des konfuzianischen Moralunterrichts in den Schulen nach sich. Wegen seiner Vereinnahmung durch das militaristisch-nationalistische Regime geriet der Konfuzianismus nachhaltig in Misskredit. Im Rückgriff auf die Edo-Zeit wurde er in den Nachkriegsjahren mit Feudalismus gleichgesetzt und gilt auch heute als eine konservative Lehre. Das bedeutet freilich weder, dass sein Einfluss nicht mehr spürbar ist, noch, dass sich niemand mehr explizit auf den Konfuzianismus beruft. Zu breit und vielschichtig war der geistige Einfluss des konfuzianischen Weltverständnisses, um mit seiner institutionellen Verankerung zu verschwinden. Der Konfuzianismus existierte neben und in synkretistischer Verbindung mit Buddhismus und Shintoismus, so dass es nicht ohne weiteres möglich ist, bestimmte Wertvorstellungen nur ihm zuzuschreiben. Gemeinsam mit den beiden Religionen gehört er dauerhaft zu dem geistigen Quellgrund, aus dem der Strom der japanischen Geistesgeschichte gespeist wird, mal spärlicher, mal reicher.

Japans wirtschaftliche Erfolge in der Nachkriegszeit und in der Phase des rapiden Wachstums in den 1970er und 80er Jahren wurden häufig unter Rekurs auf konfuzianische Werte erklärt.[9] Und wenn die Gesellschaft, wie aus der Sicht der älteren Generation ja meistens, von moralischem Verfall bedroht wird, sind konservative Denker, die an die konfuzianischen Tugenden erinnern, niemals weit.[10] Auch wenn konfuzianische Studien nicht mehr von vielen betrieben werden und im intellektuellen Leben des heutigen Japans nicht viel Energie binden, ist die konfuzianische Tradition weiterhin auf doppelte Weise wirksam. Erstens weil es weiterhin möglich ist, sich auf das konfuzianische Erbe zu berufen, ganz unabhängig davon, wie gerechtfertigt das im Einzelfall sein mag; und zweitens weil konfuzianische Ordnungsvorstellungen und Werte Gemeingut geworden sind, das auch ohne Bezug auf den geistigen

Ursprung tradiert wird. Das ausgeprägte Pflichtbewusstsein, die gute Arbeitsmoral, die Hochschätzung von Bildung, Lernen und Anstrengung, die Bedeutung, die der Familie zugemessen wird, und ihre immer noch eher paternalistische Struktur sowie die Beachtung von Zeremoniell und guter Form sind zumindest teilweise konfuzianisches Erbe, das noch heute spürbar ist.

8
Christentum und neue Religionen

Synkretismus und Toleranz sind die charakteristischen Merkmale der shintoistisch-buddhistischen Koexistenz, die das religiöse Leben Japans jahrhundertelang prägte. Dazu kam das quasireligiöse konfuzianische Erbe, das in das spirituelle Equilibrium eingepasst wurde, wobei die staatlichen Machthaber mal der einen, mal der anderen Glaubensrichtung näher standen, ohne dadurch freilich viel Zwietracht zu säen und Ausschließlichkeitsansprüche hervorzurufen. Die institutionalisierte Religion war anerkanntermaßen eine der «drei Pforten der Macht»[1], die Ausdifferenzierung von Politik und Religion zu getrennten Lebensbereichen schritt nur langsam voran. Empfindlich gestört wurde dieses relativ ausgeglichene Verhältnis zwischen Religion und Staat einerseits und den Religionen untereinander andererseits, als eine monotheistische Religion nach Japan gebracht wurde, das Christentum.

Japans «christliches Jahrhundert»

Mitte der vierziger Jahre des 16. Jahrhunderts hatten die Portugiesen ihren ostasiatischen Seehandel bis nach Japan ausgedehnt, und im Jahre 1549 erreichten Francisco de Javier (Franz Xaver) und zwei weitere Jesuiten Kyūshū, um die Missionierung Japans einzuleiten. Anfänglich zeigten sich die Japaner wenig interessiert an der christlichen Religion, die sie für eine fremdartige Variante des Buddhismus hielten. Denn Javier, der sich in Malakka von einem japanischen Flüchtling in die japanische Sprache hatte einführen lassen, verwendete in seinen Predigten buddhistische Begriffe.[2] Am Handel mit den Portugiesen hatten einige der lokalen Daimyō hingegen großes Interesse, und da sie bemerkten, dass die portugiesischen Kaufleute den Jesuiten große Achtung zollten, taten sie in der Hoffnung auf die Intensivierung der Handelsbeziehungen ein Gleiches. Aus kommerziellen sicher ebenso wie aus spirituellen Gründen und weil die Portugiesen technologisch hoch entwickelte Geräte wie Feuerwaffen und mechanische Uhren mit sich brachten, die von den Daimyō mit der fremden Religion in Verbindung gebracht wurden, bekannten sich einige von ihnen zum Christentum und zwangen die Bevölkerung ihrer Lehnsdomänen zur Konversion. Die Arbeit der christlichen Seelenretter ging auf diese Weise gut voran. Schon 1579 gab es sechs christliche Daimyō und geschätzte 100 000 zwangsbekehrte Japaner, am Ende des Jahrhunderts um die 300 000. So erfolgreich war die Mission, dass diese Epoche das «christliche Jahrhundert in Japan»[3] genannt wurde.

In dem Bewusstsein, wichtige Elemente ihrer Kultur aus dem Ausland übernommen zu haben, insbesondere die buddhistische Religion und den Konfuzianismus, zeigten sich die Japaner gegenüber westlichen Ideen offener als andere asiatische Länder. Aber auf die Unduldsamkeit der christlichen Botschaft waren sie, die an ein friedliches Nebeneinander der Religionen gewöhnt waren, nicht vorbereitet. Buddhistische Äbte und Priester waren die ersten, die erkannten, dass die portugiesischen und dann auch spanischen Gottesmänner nicht nur in ihrem Garten spielen, sondern ihn ganz okkupieren und andere daraus verdrängen wollten. Der amerikanische Japankenner Edwin Reischauer, selbst Sohn christlicher Missionare, bemerkt dazu:

«Die religiöse Intoleranz der Missionare provozierte bald den Widerstand des buddhistischen Klerus, was zu sporadischen Verfolgungen von Christen seitens der politischen Machthaber führte. [...] Die Verbindung zwischen den japanischen Christen und ihre Loyalität zu einem fernen fremden Papst ließ Japans politische Führer das Christentum schließlich als eine subversive Kraft betrachten.»[4]

1587 verwies der Regent Toyotomi Hideyoshi (1537–1598) die Jesuiten des Landes, und 1614 verbot der erste Tokugawa-Shogun, Ieyasu (1543–1616), die Ausübung der christlichen Religion und erließ eine Reihe von Verfügungen, die auf ihre Verdrängung aus Japan zielten. Die Errichtung des im vorigen Kapitel erwähnten *Danka*-Systems unter dem dritten Tokugawa-Shogun Iemitsu (1604–1651), nach dem alle Haushalte bei einem buddhistischen Tempel registriert sein mussten, ist auch im Zusammenhang mit dem Verbot der christlichen Religion zu sehen. Die Versuche der japanischen Führung, sich gegen die geistige Kolonialisierung ihres Landes zu verteidigen, waren erfolgreich. In der Tokugawa-Zeit spielte das Christentum keine Rolle mehr.

Versteckt

Allerdings gingen einige der Bekehrten in den Untergrund, wo sie ohne Führung aus Rom entsandter Missionare ihren Glauben fast zweieinhalb Jahrhunderte lang bewahrten. Obwohl den *kakure* bzw. *kakure kirishitan*[5], ‹versteckten (Christen)›, wie sie sich selbst nannten, die öffentliche Ausübung des Kults unter Androhung der Todesstrafe versagt war, handhaben sie ihn in vieler Hinsicht auf charakteristisch japanische Manier, indem sie viel Wert auf Form und wenig auf Dogma legten und, teils als Tarnung, teils aus synkretistischer Neigung, shintoistische und buddhistische Elemente integrierten. Trotz ihrer überraschenden Glaubenstreue wurden sie nach der Aufhebung des Verbots ihrer Religion im Zuge der Öffnung des Landes Mitte des 19. Jahrhunderts unfreiwillig selbst zu Kronzeugen christlicher Intoleranz. Als nach über 200 Jahren zum ersten Mal wieder katholische Priester ins Land kamen, diesmal aus Frankreich, stießen sie zu ihrer großen Überraschung auf die *kakure*, die sich ihnen als Christen offenbarten. Weit davon entfernt, sie wieder im Schoß der Kirche willkommen zu heißen, verweigerte ihnen der Heilige Stuhl wegen ihrer Entfernung vom Dogma die Anerkennung. Statt, wie von der Kirche verlangt, zu konvertieren, zogen es deshalb viele *kakure*-Gemeinden vor, für sich zu bleiben, ohne Anerkennung Roms.

Kulturwissenschaftlich von besonderem Interesse sind die *kakure*, weil ihr Glaube die Indigenisierung einer Religion mit universalistischem Anspruch unter sehr ungewöhnlichen Bedingungen darstellt. Nur mit einer emischen Begrifflichkeit kann er adäquat beschrieben werden. Die *kakure* machten aus christlichen Heiligen *kamisama*, eine Kategorie höherer Wesen, zu der auch Gott, Jesus und die Jungfrau Maria gehörten. Sie wurden in ähnlicher Weise angebetet wie die shintoistischen *kami*, denen sie auch darin ähnelten, dass man von ihnen nicht nur Gutes erflehen konnte, sondern auch Schlimmes befürchten musste. Zusammen mit der Verehrung der Ahnen verleiht diese Transformation ihrem Glauben stark polytheistische Züge, die durch die Inkorporation der shintoistischen *kami* noch unterstrichen wird. Mit dem Shintoismus teilt er außerdem die Diesseitsbezogenheit. Ritus ist wichtiger als die reine Lehre. Toleranz gegenüber anderen Glaubensrichtungen, Weitergabe durch Familientradition und Verzicht auf die

Bekehrung der Heiden geben der Religion der *kakure* darüber hinaus
einen Anstrich, der besser in die Religionsauffassung Japans passt als
ein doktrinärer Monotheismus.

Geduldet, aber nicht integriert

Letzten Endes waren es der Ausschließlichkeitsanspruch und die Unduldsamkeit der christlichen Kirche, die ihrer Integration in die geistliche Welt Japans im Wege standen. «Die christliche Unfähigkeit, andere
Religionen ernst zu nehmen, ist einer der Hauptgründe, weshalb das
Christentum der heutigen japanischen Gesellschaft nichts zu sagen
hat.»[6] Trotz intensiver Mission seit der Meiji-Zeit – das Verbot der
christlichen Religion wurde 1873 formell aufgehoben – sind heute nicht
mehr als zwei Prozent der Japaner bekennende Christen, ein geringerer
Teil der Bevölkerung als Anfang des 17. Jahrhunderts. In ihren Bekeh-
rungsbemühungen standen die verschiedenen protestantischen Kirchen
der römisch-katholischen in nichts nach, auch nicht in Überheblichkeit
und Unduldsamkeit. Die vor allem aus den Vereinigten Staaten kom-
menden protestantischen Missionare glaubten den Japanern neben dem
rechten Glauben auch die Zivilisation zu bringen, konnte doch aus ihrer Sicht «kein Land ohne Christentum als zivilisiert gelten, und nur das
Evangelium konnte die Menschen aus der Erniedrigung und der Ver-
derbtheit des Heidentums emporheben».[7]

Die enge Verbindung der christlichen Mission mit Rassismus und
westlichem Überlegenheitsdenken hat jedoch nicht verhindert, dass sich
manche Japaner von christlichem Gedankengut angezogen fühlten oder
es mit anderen traditionellen Glaubensinhalten verbanden.[8] Manchen
Intellektuellen wie z.B. Shigeru Nanbara[9] diente ihr christlicher Glaube
als Stütze, um sich während des Zweiten Weltkriegs öffentlich gegen den
totalitären Staat zu wenden. Christliches Engagement für soziale Ge-
rechtigkeit ließ Gemeinden verschiedener Konfessionen entstehen. In
der Sozialarbeit leisteten christliche Gruppen Pionierarbeit. Die sozialistische Bewegung in Japan wurzelt im Christentum; christliche Priester
setzten sich für die Minderheit der *Burakumin* ein. Unter den Koreanern,
die während und nach der japanischen Kolonialzeit diskriminiert wurden, sind die christlichen Kirchen relativ zur Gesamtbevölkerung Japans
stark überrepräsentiert.

Im Erziehungswesen, das der christlichen Mission immer als Hebel-
punkt diente, haben sich kirchliche Organisationen stark engagiert und
zahlreiche Schulen und Hochschulen gegründet, unter denen neben der
jesuitischen Sophia-Universität und der protestantischen International
Christian University die erste Frauenuniversität Japans, Tsuda College,
Erwähnung verdient. Ihre Gründerin Umeko Tsuda (1865–1929) wurde 1871 mit der Iwakura-Gesandtschaft nach Amerika geschickt und
dort christlich erzogen. Sie verkörperte eine Generation von Japanerinnen, für die der fortschrittliche Westen, speziell im Hinblick auf die Erziehung von Mädchen und Frauen, mit der christlichen Religion assoziiert war.

Auch auf anderen Gebieten beschäftigten sich manche Japaner ernsthaft mit dem Christentum, zum Beispiel in der Literatur. Der vielleicht
bekannteste christliche Schriftsteller Shūsaku Endō (1923–1996) hat
das religiöse Bekenntnis mehrfach zum Thema seiner Werke gemacht
und dafür Anerkennung geerntet. Der Roman *Chimmoku* (Schweigen)
behandelt die Christenverfolgung im 17. Jahrhundert. Der teilweise in
Dalian in der Mandschurei aufgewachsene und dort nach eigenem Be-
kunden gegen seinen Willen getaufte Endō verglich Japan, wo Konfuzius
ebenso wie die Lehre Buddhas zwar angenommen, aber auch nachhaltig
umgeformt wurden, mit einem Sumpf, in dem die fremde Pflanze des
Christentums dazu verdammt ist, entweder einzugehen oder bis zur Unkenntlichkeit angepasst zu werden.[10] Die Problematik des nicht anpas-
sungswilligen Glaubens in einer auf Anpassung und harmonisches
Nebeneinander ausgerichteten Umwelt hat er damit auf den Begriff
gebracht. Die Popularität seiner Werke deutet darauf hin, dass viele in
Japan durchaus bereit sind, sich mit dem Christentum auseinanderzu-
setzen. Mit seinem transzendenten, unduldsamen Gott, seinem Abso-
lutheitsanspruch, seiner göttlich legitimierten Ethik und seiner Jenseits-
bezogenheit blieb es Japan jedoch letztlich fremd. Größere Teile der
Bevölkerung hat es nie in seinen Bann geschlagen.

Neue Religionen

Der Misserfolg der christlichen Mission in Japan ist auf diese spezielle
Religion zurückzuführen, nicht auf ein geringes Interesse an Religion
schlechthin. Er steht im krassen Gegensatz zu dem Erfolg der «neuen Re-

ligionen», die große Anhängerschaften gewinnen konnten und den Charakter von Massenbewegungen haben. Von Religionswissenschaftlern wird der Begriff der neuen Religionen, auch Neureligionen, Japans unterschiedlich weit gefasst. Manche subsumieren darunter Sekten und religiöse Strömungen, die seit dem Niedergang des Tokugawa-Bakufu in der ersten Hälfte des 19. Jahrhunderts hervortraten, während andere ihn restriktiver fassen und nur für solche Religionen verwenden, die nach dem Zweiten Weltkrieg entstanden sind. Mehr als um eine qualitative Differenz geht es hierbei jedoch um unterschiedliche Zeitrahmen.

Keine der neuen Religionen kam aus dem Nichts oder, wie das Christentum, aus einem anderen Kulturraum. Sie schöpfen auf unterschiedliche Weise aus der Tradition, wobei sie buddhistische, shintoistische, konfuzianische und in Einzelfällen auch christliche Komponenten zu neuen Lehren verbinden, die oftmals mit politischen Doktrinen, okkulten Elementen und schamanistischen Praktiken angereichert werden. Dabei kam es im Laufe ihrer Entwicklung manchmal zu einer Verlagerung der Gewichte. So wandte sich etwa die zunächst stark buddhistisch orientierte Sekai Kyūsei Kyō (‹Religion für die Errettung der Welt›) im weiteren Verlauf der christlichen Lehre zu. Mokichi Okada, der sie 1935 gegründet hatte, sah sich erst als Verkörperung des buddhistischen Bodhisattwa Kannon und später als christlichen Messias. Seichō no Ie (‹Haus des Wachstums›), eine 1935 von Masaharu Taniguchi gegründete Sekte, verehrt Gautama, Jesus, Konfuzius und Sokrates sowie das shintoistische Pantheon. Die neuen Religionen stehen neben den traditionellen und weichen von ihren Lehren und institutionellen Strukturen ab, aber unter ihrer weltanschaulichen Vielfalt liegen Eklektizismus und Integrationsbereitschaft als gemeinsame Kennzeichen.

Auch bezüglich ihrer Entstehung weisen sie viele Parallelen auf. Die meisten wurden von charismatischen Männern oder Frauen ins Leben gerufen, die sich als Propheten mit Heilsversprechungen an die Öffentlichkeit wandten. Besonders in Zeiten der Not, des Umbruchs und der Unsicherheit fanden und finden sie viel Zulauf. Der Verfall des Tokugawa-Regimes etwa wurde von der Entstehung etlicher neuer Religionen begleitet, deren bekannteste Tenrikyō (‹Religion der göttlichen Weisheit›) ist. Nakayama Miki (1798–1887), die Religionsstifterin, hatte eine göttliche Offenbarung, der zufolge sie die Menschen von individuellem Leid und sozialen Missständen zu erlösen bestimmt war, indem sie sie zur Vereinigung mit Gottvater, *oyagami*, führte. Der stark sozialreformerischer Impetus der Bewegung machte sie der Regierung suspekt und führte zu ihrer Verfolgung, die jedoch letztlich erfolglos blieb. Die Klassifizierung von Tenrikyō als shintoistische Sekte entsprang dem Bemühen der Regierung, das sozialkritische Potenzial dieser wie anderer neuer Religionen unter Kontrolle zu halten. Heute genießt die 2,5 Millionen Mitglieder zählende Sekte den Status einer religiösen Körperschaft (*shūkyō hōjin*).

In der Meiji-Zeit wurden als *shūkyō hōjin* nur solche Organisationen anerkannt, die sich dem Buddhismus, dem Shintoismus oder dem Christentum zuordnen ließen.[11] Die neuen Religionen entstanden jedoch gerade, weil die etablierten den spirituellen Bedürfnissen der Menschen nicht mehr gerecht werden konnten. In den zwanziger Jahren des 20. Jahrhunderts, als Tokyo von einem Erdbeben in Schutt und Asche gelegt wurde und die Industrialisierung große soziale Instabilität verursachte, entstanden zahlreiche neue Religionen. «Die Menschen fühlten sich immer mehr zu einfachen Heilslehren hingezogen, die durch irdischen Nutzen direkt mit ihrem täglichen Leben und ihrer Tätigkeit in Beziehung standen.»[12] 1924 zählte das Erziehungsministerium 98 Organisationen, von denen 65 als shintoistisch, 29 als buddhistisch und 4 als christlich klassifiziert wurden. Fünf Jahre später war die Zahl auf 414 angewachsen, und 1935 auf 1029.[13]

Staat und Religion

Nach dem Ersten Weltkrieg rief die Regierung die drei anerkannten Religionen regelmäßig dazu auf, sie bei der moralischen Erziehung ihrer Mitglieder sowie der Bevölkerung insgesamt zu unterstützen. Manche Organisationen folgten dieser Aufforderung bereitwillig, teils weil sie sich davon den Schutz vor staatlichen Repressalien versprachen, teils aus Sympathie mit diesem Staat, der immer mehr den Staats-Shintoismus mit dem Tennō an der Spitze kultivierte. So machte etwa Tokumitsukyō (‹Tokumitsu-Religion›, nach dem Gründer Tokumitsu Kanada, 1863–1919) das Kaiserliche Erziehungsedikt von 1890 (*Kyōiku Chokugo*) zu einer heiligen Schrift und erklärte die Anbetung von Amaterasu Ōmikami, der Ahnherrin des Kaiserhauses, für gleichwertig mit der ihrer höchsten Gottheit, des Sonnengottes Taiyoshin. Andere Sekten hielten Abstand zum Staat oder stellten sich gegen ihn, insbesondere solche, die sozialistische und kommunistische Neigungen hatten. Staatlicherseits wurde das Gesetz zur Aufrechterhaltung des Friedens von 1887, das durch Novellierungen 1925 und 1942 immer repressiver wurde, zur Unterdrückung sowohl politischer als auch religiöser Bewegungen eingesetzt, wobei beide nicht immer klar von einander zu trennen waren. Viel Aufsehen erregte der langwierige Konflikt mit der um die Wende zum 20. Jahrhundert groß gewordenen Ōmotokyō (‹Religion vom großen Ursprung›). Die anfänglich universalistisch orientierte heterodoxe Sekte, die 1923 Esperanto zum Bestandteil ihrer Religion machte, hatte in dieser Zeit zwischen zwei und drei Millionen Anhänger. Öffentliche Stellungnahmen gegen Krieg, Rüstung und Kapitalismus und ihre schiere nummerische Stärke bewogen die Regierung, gegen sie vorzugehen. 1921 kam es zu einer ersten großen Polizeiaktion, 1935 aufgrund des stärkere staatliche Eingriffe legitimierenden Religionsgesetzes (*shūkyō hōan*) von 1927 zur völligen Zerschlagung der Sekte, die auch die Zerstörung ihrer Tempel beinhaltete. Die Tatsache, dass Ōmotokyō zu diesem Zeitpunkt faschistische Züge und paramilitärische Organisationsformen angenommen hatte, lässt erkennen, welch komplexe Rolle die neuen Religionen bei dem Versuch des Staates spielten, die Bevölkerung ideologisch gleichzuschalten. Hito no Michi Kyōdan (‹Organisation des Wegs der Menschen›), die Nachfolgeorganisation der oben erwähnten Tokumitsukyō, wurde während des Zweiten Weltkriegs ungeachtet ihrer Kaisertreue ebenfalls von der militaristischen Regierung zerschlagen.

Die Haltung der etablierten Religionen gegenüber dem staatlichen Anspruch, zu bestimmen, was eine Religion war und sich als solche organisieren durfte, war zwiespältig. Während Buddhisten und auch Christen einerseits versuchten, ihre Autonomie gegenüber dem Staat zu wahren, billigten sie doch stillschweigend oder explizit staatliche Übergriffe bei den neuen Religionen, da sie in ihnen eine Bedrohung ihrer selbst sahen.[14] Von ihnen wie vom Staat wurden die neuen Religionen insgesamt als Gefährdung des Status quo betrachtet und deshalb bekämpft. Die Bereitschaft des Volkes, immer wieder solche Bewegungen entstehen zu lassen, hat das stets nur vorübergehend geschmälert.

Religionsfreiheit und Gefahr des Missbrauchs

Das Verbot der christlichen Religion zu Beginn der Edo-Zeit, seine Aufhebung 1873, die Aufnahme bedingter Religionsfreiheit in die Meiji-Verfassung 1889 und das Religionsgesetz von 1927 sind historische Etappen der Entwicklung der stets schwierigen Beziehung zwischen Staat und Religion. Bedingungslose Religionsfreiheit wurde schließlich nach der Niederlage im Zweiten Weltkrieg in der neuen Verfassung von 1946 garantiert. Macht und Glaube wurden dadurch jedoch nicht uneingeschränkt miteinander versöhnt, das Verhältnis von Staat und Religion blieb problematisch, was sich immer wieder bei Zusammenstößen neuer Religionen mit der Staatsgewalt zeigt. Zwei Fälle mögen das illustrieren, Sōka Gakkai und Aum Shinrikyō.

Die dem Nichiren-Buddhismus nahestehende Sōka Gakkai wurde 1930 gegründet und wuchs zunächst nur langsam. Ende der dreißiger Jahre hatte sie erst einige Tausend Mitglieder. 1943 wurden der Sektengründer Tsunesaburō Makiguchi und einige andere Mitglieder wegen Verletzung des Gesetzes zur Aufrechterhaltung des Friedens angeklagt. Makiguchi starb 1944 im Gefängnis. In der Nachkriegszeit baute Jōsei Toda, ein Mitstreiter Makiguchis, die Organisation wieder auf und führte sie zu einem kometenhaften Aufstieg. Schon 1958 waren nach ihren Angaben 750 000 Haushalte Mitglieder. In den 1990er Jahren war die Sōka Gakkai auf 6 Millionen Mitglieder angewachsen. Mit der Kōmeitō (‹Partei für eine saubere Regierung›) legte sich die Sekte einen politischen Arm zu, der im Laufe der 1950er Jahre zu einer bedeutenden politischen Kraft wurde. Aggressive Mission, politischer Druck auf die Sektenmitglieder, Kōmeitō-Kandidaten zu wählen, und Bestechungsversuche, mit denen in den 1960er Jahren die Verbreitung von Schriften unterbunden werden sollte, die sich negativ zu Sōka Gakkai und Kōmeitō äußerten, führten zu heftiger Kritik und öffentlichen Warnungen, insbesondere seitens der kommunistischen und sozialistischen Parteien, vor dem Griff einer religiösen Organisation nach der Macht. Die lange subkutanen nationalistischen Unterströmungen des Nichiren-Buddhismus hatten sich mit der Kōmeitō einen Platz in der politischen Arena geschaffen, den viele mit Misstrauen betrachteten. Eine öffentliche Kampagne mit dem Ziel strengerer staatlicher Reglementierung religiöser Organisationen ging daraus jedoch nicht hervor. Die Erfahrungen

mit dem Gesetz zur Aufrechterhaltung des Friedens und dem Religionsgesetz des totalitären Staates vor und während des Krieges hatten die
Gesellschaft für die Gefahren der Einschränkung der Glaubensfreiheit
sensibilisiert.

Dass auch der demokratische Staat in diesen Fragen außerordentlich
zurückhaltend ist, zeigte sich bei seinem Umgang mit Aum Shinrikyō
(‹Religion von Aum höchste Wahrheit›), einer 1986 gegründeten Sekte,
die 1989 den Status einer in Tokyo registrierten religiösen Körperschaft
(*shūkyō hōjin*) erhielt. Nach wenigen Jahren hatte die Sekte 10 000 Mitglieder, wovon etwa 10 Prozent ihre Familien verlassen hatten, um in
sekteneigenen Einrichtungen allein für die Religion zu leben. Der bevor-
stehende Armageddon, der Weltuntergang und die Prophezeiungen des
Nostradamus sind wichtige Motive der unter Rekurs auf esoterischen
Buddhismus, Tantrismus, und Lamaismus von Religionsstifter Shōkō
Asahara ersonnenen Lehre. Zum Zwecke der Errichtung der idealen
Welt des Königreichs Shambhala legitimierte der Erlösungsglaube aus-
drücklich Gewalt, die dann auch von Sektenmitgliedern ausgeübt wurde. 1995 verübten sie einen Giftgasanschlag auf die Tokioter U-Bahn,
dem zwölf Menschen zum Opfer fielen. 5500 weitere wurden verletzt
und trugen teils bleibende Schäden davon. Polizeiliche Ermittlungen
und Geständnisse in der Folge des Anschlags ergaben, dass führende
Sektenmitglieder eine Reihe von Entführungen und Morden verübt
hatten und in andere Verbrechen verwickelt waren.[15] Das Gesuch des
Justizministeriums zur Zwangsauflösung von Aum Shinrikyō wurde von
einer eigens zu dessen Prüfung eingesetzten unabhängigen Kommission
dennoch abgelehnt. Trotz der kriminellen Delikte, die der Sekte zur Last
gelegt und zum Teil nachgewiesen wurden, genießt Aum Shinrikyō daher weiterhin den Status einer religiösen Körperschaft. Viele finden das
besorgniserregend, da der Kult auch nach der Verhaftung und Anklage
seiner Führungsspitze weiterhin aktiv ist, Mitglieder wirbt und Geld
sammelt.

Abgesehen von der exorbitanten Gewaltbereitschaft teilt Aum Shinrikyō viele Merkmale mit anderen neuen Religionen. Gegründet wurde
die Sekte von einem charismatischen Religionsstifter, dem 1955 gebore-
nen Chizuo Matsumoto, der sich selbst den Namen Shōko Asahara gab.
Vor seiner göttlichen Berufung war er Herbalist, Pharmakologe und
Yoga-Lehrer und besuchte den Dalai Lama in seinem indischen Exil. Danach übte er sich in der Levitation und im Wunderheilen. Seine synkre-

tistische Lehre macht Anleihen bei verschiedenen Religionen. Heilsver-
sprechen und magische Verfahren, Askese, Initiationsriten und Gemein-
schaftserlebnisse, die die Mitglieder an Asahara und an die Sekte
binden, sind wesentliche Komponenten der religiösen Praxis. In ihrer
nummerischen Stärke ist Aum nicht mit großen neuen Religionen wie
Tenrikyō, Sekai Kyūseikyō, Hito no Michi Kyōdan oder Sōka Gakkai zu
vergleichen. Aber Aum ist nicht die einzige Sekte, die ihre Mitglieder
mit psychischer oder physischer Gewalt an sich bindet und am Rande
der Kriminalität operiert. Dass Aum gefährlich ist, wurde in der Presse
bereits 1989 behauptet,[16] und schon im selben Jahr konstituierte sich
eine Gruppe von Aum Shinrikyō-Opfern. Das wirft die grundsätzlich
schwierige und seit 1995 intensiv diskutierte Frage auf, wie Religionsfreiheit garantiert und gleichzeitig ausgeschlossen werden kann, dass sie
von kriminellen Vereinigungen missbraucht wird.[17] Soll jeder Kult die
Privilegien einer Religion genießen, und wie sind die Grenzen zwischen
beiden zu ziehen?[18] Das sind Fragen, die sich viele stellen. Eine endgülti-
ge Antwort darauf hat kaum jemand. Im japanischen Kontext zeigt sich
jedoch immer wieder, dass Ausschließlichkeitsansprüche von Religionen
einerseits und das vom Staat reklamierte Vorrecht, Religion zu definieren, andererseits das Risiko des Konflikts bergen. Dieses Risiko völlig zu
vermeiden ist schwierig, weil die etablierten Religionen in Krisenzeiten
nicht alle spirituellen Nöte der Menschen befriedigen.

* * *

Religion hat in Japan somit viele Gesichter und ist Teil der japanischen
Kultur. Als ein kulturelles Subsystem, das der Sinnstiftung und der moralischen Führung dient, die spirituellen Bedürfnisse der Menschen
formt und zum Ausdruck bringt, das Wertvorstellungen prägen und tra-
dieren hilft, hat sie einen ganz eigenen Charakter, der sich von der Bedeutung religiöser Praktiken und Institutionen in anderen Gesellschaften und Kulturen deutlich abhebt. Die Vielfalt der Glaubensrichtungen,
ihre meist friedliche Koexistenz, gegenseitige Beeinflussung und gele-
gentliche Vermischung kontrastieren auffällig mit Kulturen, in denen
eine Religion dominiert. Wenn die in der Geschichte vorherrschende
synkretistische Harmonie gestört wird – sei es durch das Eindringen
einer exogenen intoleranten Religion, sei es durch die Absolutsetzung
einer indigenen Religion seitens des Staates, sei es durch die radikale

Vereinnahmung ihrer Anhänger durch eine neue Religion – verkehrt sich die friedenstiftende Wirkung der Religion leicht in ihr Gegenteil. Obwohl das in der japanischen Geschichte immer wieder geschehen ist, hat die integrative Kraft der japanischen Kultur doch den kompromisslosen Verdrängungswettbewerb der Religionen verhindert und es ermöglicht, dass verschiedene Modelle der Welterklärung, der öffentlichen Moral und individuellen Lebensführung und für das Verhältnis der Lebenden zu den Toten zu einem Gesamtsystem verschmolzen, das als solches sich den verändernden Bedingungen anpasst und von einer Generation zur nächsten weitergegeben wird.

DRITTER TEIL

Institutionen (Kultur und Struktur)

Kultur ist eine Menge von Verfahrensweisen und Institutionen. Für Kultur sind Bedeutung, Symbole, Rituale und Alltagspraktiken entscheidend, die für den Eingeweihten einen Sinn haben, und natürlich ontologische Konzeptionen, Religionen, Werte und moralische Normen. All diese Manifestationen von Kultur fordern zu einer Analyse ihrer Inhalte auf, zu Interpretationen, wie sie verstanden werden sollen und was sie zur Kohärenz von Lebensweisen beitragen. Religionen unterscheiden sich, wie wir im vorangehenden Teil gesehen haben, wesentlich in ihren Glaubensinhalten. Die Mythologie, in der Shintō gründet, ist von der des Buddhismus völlig verschieden, man stellt sich die Gottheit anders vor, die Sprache von Shintō ist anders als die des Buddhismus, die poetischen und magischen Formeln beider Glaubensrichtungen unterscheiden sich auf charakteristische Weise. Daher gilt es, die bedeutungstragenden Ausdrucksformen des Shintō, des Buddhismus und anderer Religionen zu untersuchen, um zu erkennen, was Religion zur japanischen Kultur beiträgt.

Inhalte existieren freilich nie in einem Vakuum, sie brauchen eine Form, ohne die sie nicht über Generationen hinweg von einem Individuum zum anderen, von einer Gruppe zur anderen weitergegeben werden können. Daher geht es bei Kultur immer auch um Formen, Verfahren, Institutionen; um wohl definierte Methoden, Dinge zu tun. «Wohl definiert» muss nicht bewusst gestaltet heißen, sondern meint vielmehr das Vorhandensein bestimmter Strukturen, die spezifischen Funktionen dienen[1], welche offen gelegt und deutlich gemacht werden können. Diese wohl definierten Methoden, Dinge zu tun, lassen sich als Institutionen verstehen und untersuchen. Religion zum Beispiel kann einer institutionellen Analyse unterzogen werden. In vielen Gesellschaften sind der Kult und die Verteidigung die beiden Bereiche, in denen sich zuerst institutionelle Rahmen herausbildeten. Die Kirche und das Militär sind modellhafte Institutionen mit einem Zweck. Tatsächlich bedeutet das lateinische Wort *institutum* ‹Zweck oder Ziel›. Wenn es einen Zweck gibt, der durch die Erfüllung bestimmter Aufgaben erreicht werden soll, kommt es zur Entstehung institutioneller Strukturen. Sobald sie einmal da sind, verknüpfen sie sich mit diesem Zweck und formen ihn unmerklich auf vielfache Weise. Was bliebe von der römisch-katholischen Kirche, wenn sie die Taufe, den Zölibat, die Beichte und all ihre übrigen institutionalisierten Praktiken abschaffte?

Institutionen speichern Information, regeln zwischenmenschliche Beziehungen und statten Individuen mit Macht und Status aus. Viele Praktiken sind bedeutungslos außerhalb der Institutionen, zu denen sie gehören und die den Kontext für ihre Durchführung und Interpretation definieren. In diesem allgemeinen Sinne können viele soziale Übereinkünfte als Institutionen verstanden werden, und zwar nicht nur solche mit einer formalen Grundlage wie etwa ein Gesetzeswerk. Märkte sind ebenso Institutionen wie festliche Ereignisse, Jagdzeiten, die Ehe, Kunstausstellungen und Sportwettkämpfe. In dem Maße, wie Tätigkeiten in Zusammenhang mit diesen Praktiken erkennbaren Mustern folgend ausgeführt werden, haben sie einen institutionellen Charakter. Dieser Teil des Buches erörtert, was eine institutionelle Analyse zu einer Beschreibung des Funktionierens der japanischen Kultur beitragen kann und wird sich dabei mit vier Institutionen befassen, die jede auf ihre Weise einen großen Einfluss auf das soziale Leben haben. Diese Institutionen sind der Jahreskreislauf, die Schule und die Firma.

Bei der Untersuchung von Institutionen konzentrieren wir uns in erster Linie auf die Modelle, die Rahmenbedingungen und die strukturellen Eigenschaften der Bühne und weniger auf das Drama das darauf ausgetragen wird. Es geht mehr darum, wie das Jahr eingeteilt ist, nicht warum; wie Schule erlebt wird, nicht was gelernt und gelehrt wird; wie Firmen strukturiert sind, nicht was sie produzieren. Doch wäre die Annahme, Struktur ließe sich gänzlich von Inhalten trennen, verfehlt. Schließlich ist es jeweils ein bestimmter Zweck, dem die Institution ihr Entstehen verdankt.

Institutionsbildungen haben eine Geschichte, deren Länge vielfach mit Stolz als Beleg, wenn nicht gar als Garantie für Kontinuität gepriesen wird, obgleich permanent Anstrengungen unternommen werden, um sie mit den jeweils herrschenden Praktiken in Einklang zu bringen: das älteste Parlament, die älteste Dynastie, die älteste Universität. Manchmal lässt man Institutionen verfallen, ihre praktische Bedeutung verlieren und in Vergessenheit geraten. Viel seltener ist es, dass Institutionen explizit abgeschafft werden. Wann immer das geschieht, bedeutet es einen Bruch mit der Vergangenheit, etwa als die Meiji-Regierung 1871 die feudalen Lehnsdomänen (*han*) durch ein zentralisiertes System von Präfekturen (*ken*) ersetzte, oder als nach dem Pazifischen Krieg der

Staats-Shintō abgeschafft und das Prinzip der Trennung von Kirche und Staat in die neue Verfassung aufgenommen wurde. Wo es nicht zu derartigen traumatischen Umwälzungen kommt, bleiben Institutionen gewöhnlich bestehen, selbst wenn sie im Laufe der Zeit bis zur Unkenntlichkeit reformiert werden. Institutionen sind daher das wichtigste Mittel, um die Kontinuität und Erneuerungsfähigkeit der Kultur in der Geschichte zu sichern, und liefern einen roten Faden für die Untersuchung der Entwicklung einer Kultur.

Ein anderer Aspekt von Institutionen, auf den Steven Reed hingewiesen hat, ist, dass sie «dauerhaft gültige Verfahren» oder «sozial definierte Verhaltensrepertoires» beinhalten.[2] Zwar beschränkt sich Kultur im weiten Sinne dieses Buches nicht auf «sozial definierte Verhaltensrepertoires», doch erfasst die Idee von Repertoires eine wichtige Komponente von Kultur. Zu den charakteristischsten Merkmalen von Institutionen zählen ihre «Verfahren» und «Verhaltensrepertoires», die zweifelsohne kulturell sind. Diese Repertoires machen eine Schule zu einer japanischen Schule, einen Gerichtshof zu einem japanischen Gerichtshof und unterscheiden diese Institutionen von ihren deutschen oder britischen Entsprechungen. Es ist wichtig, dass institutionelle Verfahren als *dauerhaft* beschrieben werden. Sie haben sich im Laufe der Zeit bewährt, stellen jedoch nicht unbedingt die besten Lösungen der Probleme dar, mit denen sie sich befassen sollen. Das ist so, weil Institutionen eine Geschichte haben und auf Traditionen beruhen. Daher unterscheiden sich vergleichbare Institutionen in verschiedenen kulturellen Kontexten in vielerlei Hinsicht, was zu einer etischen und emischen Analyse einlädt. Einer der Vorzüge von Institutionen ist, dass ihre Verfahren gut eingespielt sind, was die Beteiligten von der Notwendigkeit befreit, zwischen verschiedenen Möglichkeiten zu wählen. Für das reibungslose Funktionieren einer komplexen Gemeinschaft von Menschen ist das sicher ein Vorteil. Der Nachteil ist, dass die Wahlmöglichkeiten der Akteure «pfadabhängig»[3] sind, selbst dort, wo es nachweisbar bessere Lösungen gibt. Ob bewusst konzipiert oder aus Gewohnheiten entstanden, befassen sich Institutionen mit wiederkehrenden Problemen und müssen entsprechend angepasst werden, wobei institutionelle Anpassungen nie auf rein rationalen oder utilitaristischen Prinzipien gründen. Kulturelle Traditionen greifen in ihre Bildung und Anpassung ein. Daher verkörpern Institutionen in hohem Grade kulturelles Wissen.

9
Der Jahreszyklus

Das Jahr – als tropisches, Mond-, Sonnen- oder Sternenjahr – ist eine natürliche Zeiteinheit, die mehr oder weniger genau allen Kulturen bekannt ist. Der Kalender gibt ihm eine künstliche Form. Er ist ein Instrument, mit dem der Mensch Natur und Kultur in Beziehung setzt, indem er natürliche Intervalle deutet. In kaum einem anderen gesellschaftlichen Konstrukt sind so viele Normen, Werte, Kenntnisse und Annahmen über die Stellung des Menschen in der Natur, zu seinesgleichen und gegenüber der Zeitlosigkeit (des Schöpfers, der Götter oder des Nichts) aufgehoben wie im Kalender.[1] Wir können ihn als eine Institution verstehen, die den Rhythmus des kollektiven Lebens bestimmt und das Verhältnis zu den Toten. Für die objektive Messung der Zeit sind verschiedene etische Methoden entwickelt worden, von der Beobachtung des zu- und abnehmenden Mondes über das Verrinnenlassen von Wasser oder Sand im Stundenglas bis zur Zählung von Atomschwingungen. Der Kalender aber bleibt ein emisches Maß. Die Berechnung astronomischer Zyklen markiert den Übergang von der Magie zur Wissenschaft. Die Jahreszeiten zu berechnen, zu verkünden, wann es Zeit für die Aussaat ist, Sonnenfinsternisse vorauszusagen, solche Künste waren lange ebenso erstaunlich wie die Fähigkeit, den günstigsten Tag für den Beginn des Feldzugs, die Eheschließung des Kronprinzen oder sonstige wichtige Verrichtungen vom Himmel abzulesen. Noch heute ist der Wahrsager der Sterndeuter (*senseisha*), obwohl die Astronomie die Astrologie aus dem Kanon der Wissenschaften schon lange verdrängt hat. Das Verstehen der Perioden natürlicher Abläufe ist ein Schlüssel zum Weltverständnis überhaupt, Eliten vorbehalten, die fast niemals darauf verzichtet haben, ihn nicht nur als Beweis, sondern auch zur Sicherung ihrer Macht zu gebrauchen.

Alle Kulturen und Epochen haben ihr eigenes Zeitbewusstsein und unterscheiden sich sehr wesentlich durch die Art und Weise, wie sie die Zeit einteilen, welche natürlichen Phasen sie beachten, welche sie ignorieren und welche Bedeutung sie ihnen geben. Jede Kultur hat ihr eigenes zeitliches Ordnungsmuster[2], das institutionellen Charakter hat und bestimmt, was erinnert und was vergessen wird. Wie sehr es mit Macht verbunden ist, zeigt sich im japanischen Kontext darin, dass der Tennō nach chinesischem Vorbild immer der Herr der Zeit war. Mit einem neuen Tennō beginnt eine neue Ära, und auch heute noch ist der Tennō der einzige lebende Japaner, dessen Geburtstag – am 23.12. – Anlass eines Feiertags für die ganze Nation ist. Wann wer arbeiten muss und ruhen darf, wann welche Feste zu begehen sind, in welchen Intervallen der Ahnen zu gedenken ist, das zu bestimmen sind Hoheitsprivilegien von größter Bedeutung. Der Beginn der Zeit ist einer der Fixpunkte jeder Kultur. Das von den meisten Christen so genannte Jahr 2003 ist für die Juden 5763, nach dem alten römischen Kalender 2756, 5122 im gegenwärtigen großen Zyklus der Maya, 2547 im buddhistischen Kalender und 1423 für die Moslems. In Japan ist es das Jahr Heisei 15 nach der Thronbesteigung des gegenwärtigen Tennō (das erste mitgerechnet) und das Jahr 2663 nach der des sagenhaften Jinmu Tennō. Symbolische Unterschiede sind das, aber darum keineswegs belanglos, sind sie doch manifester Ausdruck der Tatsache, dass ein Kalender sowohl eine Zeitrechnung als auch ein kulturelles Referenzsystem ist. In diesem Kapitel geht es darum, wie dieses Referenzsystem im japanischen Kontext gestaltet ist. In der gebotenen Kürze[3] werden vier für die Kultur wichtige Aspekte des Kalenders angesprochen: die Kosmologie, das kollektive Gedächtnis, die Feste und die Vermittlung von Kontinuität und Wandel.

Kosmologie

Gemeinsam mit dem Ritsuryō-System, das zur Grundlage des bürokratischen Staates wurde, übernahm Japan im Jahre 604 u. Z. aus China die «bürgerliche Zeitrechnung»[4], die zu diesem Zeitpunkt bereits ein hoch komplexes System mit vielschichtiger Bedeutung war. Es war ein System, in dem Mondmonate mit dem Sonnenjahr verbunden waren. Ein neuer Monat begann bei jedem Neumond. Wenn man, wie es üblich war, ein Jahr als zwölf Monate zählte, verschoben sich diese Monate recht schnell gegenüber den Jahreszeiten, denn ein synodischer Monat von Neumond zu Neumond misst nur 29½ Tage, das Jahr somit 354 Tage. Um diese Verschiebung zu verhindern, musste regelmäßig ein dreizehnter Monat eingeschaltet werden.[5] Weil das Sonnenjahr keine ganze Zahl von

Mondmonaten enthält, war der daraus resultierende lunisolare Kalender kompliziert. Der Zyklus der notwendigen Schaltmonate wurde nicht immer genau beachtet, und deshalb kam es zu Unstimmigkeiten zwischen der chinesischen und der japanischen Zeitrechnung. Häufige Kalenderreformen, deren Rationalität für die meisten Menschen undurchschaubar war, waren die Folge. Die Kalendermacher, *Koyomi Hakase*, waren Beamte des Hofes, die einer speziellen Ausbildung bedurften. Sie gehörten dem *Onyōryō*, dem Yin-und-Yang-Amt, an, dessen Aufgabe es war, die Himmelskörper zu studieren, um den Kalender zu machen, und die Zukunft vorauszusagen. Die etische Grenze zwischen Astronomie und Astrologie ist nicht dieselbe wie die emische. Im *Onyōryō* arbeiteten (aus emischer Sicht) nicht Magier auf der einen und Wissenschaftler auf der anderen Seite, sondern Kollegen mit verwandten Fächern, die sich zum Teil überschnitten.

Yin und Yang sind Begriffe des Taoismus, einer auf das erste Jahrtausend v. u. Z. zurückgehenden chinesischen Kosmologie. Die beiden komplementären Kräfte Yin und Yang fließen aus dem *t'ai-chi* (japanisch: *taikyoku*), dem Urgrund des Universums. Ihr Auf und Ab verursacht alle Veränderungen und den Fortgang der Welt. Yin und Yang sind konträre, aber nicht einander ausschließende Kräfte und daher die Ecksteine eines zweipoligen, aber nicht dualistischen Weltbilds. Ihre gegenseitige Ergänzung ist das Grundprinzip alles Geschehens. Ein zeitloses Jenseits von Natur und Gesellschaft passt dazu nicht. Der Taoismus lehrt vielmehr, wie der Mensch in Harmonie mit den Zeitrhythmen der Natur lebt. Das Tao (japanisch *dō*) ist wörtlich der Weg, also der Lauf der Dinge, die Natur. Im *Yi jing*, dem «Buch der Wandlungen», einer der fünf klassischen Schriften des Konfuzianismus[6], wird dieses Wort ebenfalls verwendet. Konfuzius unterscheidet das Tao der Welt und das Tao der Menschen, die kosmologische Ordnung und die Tugend. Das Verhalten der Menschen soll der Weltordnung gemäß sein.

Für Konfuzius war das Tao also nur eine Idee. Aber was lag näher, als die natürlichen Rhythmen als Ausdruck der Weltordnung zu betrachten, der der Mensch unterworfen ist und im Einklang mit der er sein Leben führen muss?! Welterklärung und Verhaltensregulierung trafen sich im Kalender, denn zeitliche Ordnung schafft Ordnung überhaupt. Sie beginnt mit Zählen und Einteilen. Das aus China übernommene Zeitsystem rechnet mit einem Zyklus von 60 Jahren. Darin gibt es Perioden von zehn Stämmen und zwölf Zweigen, die miteinander kombiniert werden,

Zehn Stämme	Zwölf Zweige*			Fünf Elemente		Yin und Yang		
甲 kō	子 shi	ne	Ratte	木 ki	Holz	陰 to	negativ
乙 otsu	丑 chū	ushi	Ochse	火 hi	Feuer	陽 e	positiv
丙 hei	寅 in	tora	Tiger	土 tsuchi	Erde		
丁 tei	卯 bō	u	Hase	金 kane	Metall		
戊 bo	辰 shin	tatsu	Drache	水 mizu	Wasser		
己 ki	巳 shi	mi	Schlange				
庚 kō	午 go	uma	Pferd				
辛 shin	未 bi	hitsuji	Schaf				
壬 jin	申 shin	saru	Affe				
癸 ki	酉 yū	tori	Hahn				
	戌 jutsu	inu	Hund				
	亥 gai	i	Wildschwein				

* linke Spalte sinojapanische, rechte Spalte japanische Lesart

Abb. 11: Jikkan jūnishi, das System der zehn Stämme und zwölf Zweige

um jedes Jahr des Zyklus zu identifizieren. Die Stämme und Zweige sind Mengen von Symbolen, die aufeinander abgebildet werden.

Die zwölf Zweige sind die chinesischen Tierkreiszeichen. Sie werden auch für Tage und Monate benutzt. Die Stämme sind zehn Symbole für die Aufzählung. Der Zyklus kann als 5 × 12 verstanden werden, fünf Mal wiederholt sich in einem Zyklus das Jahr jedes Tierkreiszeichens. Fünf ist im antiken chinesischen Weltbild eine wichtige Zahl, die Zahl der Himmelsrichtungen, der Sinnesorgane, der menschlichen Beziehungen und auch die Zahl der Elemente: Holz, Feuer, Erde, Metall, Wasser. Werden diese nun mit Yin und Yang verbunden, resultiert wiederum zehn. So gibt es für jedes der 60 Jahre zwei Bezeichnungen. Das Erste in jedem Zyklus verbindet den ersten Stamm, kō, mit dem ersten Tierkreiszeichen, «Ratte», und heißt in sinojapanischer Lesart kōshi (oder kasshi). Es ist außerdem ein Jahr des Elements Holz, verbunden mit Yang, kinoe. Das zweite Jahr ist dann ein Jahr des Elements Holz, verbunden mit Yin, kinoto, und außerdem itchū, der zweite Stamm in Verbindung mit dem zweiten Tierkreiszeichen, dem Ochsen; und so fort. Analog ist auch jeder Tag durch ein Tierkreiszeichen und die Verbindung eines Elements mit Yin oder Yang gekennzeichnet. Jede dieser dreifachen Symbolkombinationen kommt in dem Zyklus nur einmal vor. Im Laufe der Zeit ist dafür ein elaboriertes System von Deutungen entwickelt worden, mittels dessen verheißungsvolle und bedrohliche Tage und Jahre bestimmt und, da der Zyklus für den Einzelnen bei seiner Geburt beginnt, das Leben in die richtigen Bahnen gelenkt werden können.

Jeder Tag ist im Bezugssystem des *Jikkan jūnishi* der Tag eines Tierkreiszeichens, eines Elements in Verbindung mit Yin oder Yang und der Tag eines Jahres, das seinerseits durch entsprechende Kombinationen gekennzeichnet ist. Wenn der Zyklus zu Ende ist, beginnt er aufs Neue, das nächste Mal im Jahr 2044 u. Z. Die japanische Chronologie beginnt traditionell im Jahre 601 v. u. Z., einem Jahr, das im Zeichen des Hahns und Yang-Metalls stand, *kanoto tori*, was auf große Veränderungen hindeutete. Chronologische Bedeutung hat der 60er-Zyklus heute nur noch für Historiker. Vor allem die zwölf Tierkreiszeichen der Jahre sind im öffentlichen Bewusstsein jedoch allgegenwärtig. Man weiß, in was für einem Jahr man lebt und wie man jemandes Alter durch die Frage nach dem Tierkreiszeichen seines Geburtsjahres ermittelt. Viele Menschen treffen auf die eine oder andere Weise geeignete Vorkehrungen für ein Unglücksjahr, *yakudoshi*, ein rein emischer Begriff, der das *Jikkan jūnishi* als Bezugssystem voraussetzt.[7] Auch wer nicht an die Deutung der Symbolkonfigurationen glaubt, kennt das System.

Der Glaube an günstige und ungünstige Tage ist weit verbreitet. Er wurzelt in einem Gemisch aus Beobachtungen natürlicher Zyklen, insbesondere der Lunation, und Zahlenmagie. Für das Horoskop spielt traditionell die Zahl fünf eine wichtige Rolle, aber es gab auch eine Denkschule (*liuxing shuo*), die der Sechs ontologische Bedeutung beimaß. Auf sie geht der Sechstagezyklus zurück, der den 60er-Zyklus des *Jikkan jūnishi* überlagert. Er kam in der Muromachi-Zeit (1336–1573) aus China nach Japan, wurde aber erst in der Edo-Zeit (1600–1867) populär.[8] Die sechs aufeinander folgenden Tage des *Rokuyō*-Zyklus sind nicht an das Jahr, sondern an den Monat gebunden. An jedem Monatsersten beginnt er aufs Neue, wobei je zwei Monate mit einem der sechs Tage anfangen: der erste und siebte Monat mit *Senkachi*, der zweite und achte mit *Tomobiki*, der dritte und neunte mit *Senmake*, der vierte und zehnte mit *Butsumetsu*, der fünfte und elfte mit *Taian* und der sechste und zwölfte mit

Abb. 12: *In einem Tempel in Kyoto wird das Jahr des Pferdes willkommen geheißen*

Shakku. Mit jedem der Tage sind bestimmte günstige oder ungünstige Erwartungen verbunden, zum Teil unterschiedliche für Vor- und Nachmittag.[9] Dieses emische System ist in den meisten Kalendern vermerkt und hat auf die Festlegung von Daten für bestimmte Veranstaltungen wie Hochzeiten, Begräbnisse, aber auch Firmengründungen u. a. erheblichen Einfluss. Begräbnisse an *Tomobiki* sind zu vermeiden, denn der Name des Tages bedeutet ‹zieh den Freund mit›. Zum Hochzeitfeiern ist ein solcher Tag schon besser geeignet, obwohl *Taian*, ‹der große Frieden›, als der größte Glückstag dafür am besten ist.

Die Frage, ob sie glauben, dass *Taian* Glück bringt und man an *Senmake*, ‹zuerst verloren›, besonders darauf achten muss, nichts voreilig zu tun, würden die meisten Japaner gewiss verneinen. Dennoch wird ihr Leben auf mancherlei Weise durch diesen Zyklus beeinflusst, nicht zuletzt dadurch, dass er sie mit der Tradition verbindet, die kollektive Erinnerung an eine Institution aufrecht erhält, die außerhalb Japans keine Bedeutung hat.

Das kollektive Gedächtnis

Ein Kalender ist institutionalisierte Stütze und Verkörperung des kollektiven Gedächtnisses. Zyklen betrifft das ebenso wie einzelne Daten, bewegliche, nämlich an Wochentage gebundene Feiertage ebenso wie unbewegliche mit festem Datum. Durch die Hervorhebung einzelner Tage zwingt der Kalender die ihm gehorchende Gesellschaft dazu, bestimmte Ereignisse zu beachten, zu feiern, zu erinnern. In welchem zeitlichen Zusammenhang der Gedenktag mit dem Ereignis steht, ist unerheblich, ja selbst dass es ein solches gab, ist für das Gedenken keine zwingende Voraussetzung. Dass Christus ca. vier Jahre vor Christi Geburt geboren wurde, schmälert die beherrschende Kraft der «falsch» datierten Tradition ebenso wenig wie die begründeten Zweifel an der Existenz des Jinmu-Tennō die japanische Tradition bedeutungslos machen, nach der die japanische Dynastie mit Jinmus Thronbesteigung im Jahre *Kigen* 1 – 660 vor der Zeitenwende der christlichen Chronologie – beginnt. *Kigen* 1 wurde erst zwölf Jahrhunderte später von Prinz Shōtoku festgelegt, der sich dabei nicht von historischen Kenntnissen, sondern vom 60er-Zyklus des *Jikkan Jūnishi* leiten ließ. Kein Wissenschaftler betrachtet die Festlegung des Prinzen als ein historisches Datum. Dessen ungeachtet ist der

Tag, an dem daran erinnert wird, höchst bedeutsam, offenbart er doch die politische Dimension des Kalenders und der in ihm bewahrten Geschichte und Kultur. Prinz Shōtoku war bestrebt, Japan eine respektable Geschichte zu geben, die mit der des chinesischen Vorbilds vergleichbar war.

In moderner Zeit wurde noch einmal so verfahren, als man der *Kigen*-Zeitrechnung offiziellen Status verlieh. 1872 u.Z., vier Jahre nach der Meiji-Restauration, beschloss die japanische Regierung, den 11. 2. zum Reichsgründungstag, *Kigensetsu*, zu machen. Mit dem neuen Nationalfeiertag hoffte sie, die Institution des Tennō zu stärken. Als der Tennō im Jahre Meiji 22 die erste moderne Verfassung verkündete, geschah das am 11. 2. Die große Neuerung wurde durch den symbolischen Rückgriff auf die Tradition geheiligt. In den ersten Jahrzehnten des 20. Jahrhunderts wurde *Kigensetsu* dann immer mehr mit dem exzessiven Tennō-Kult assoziiert, weswegen der Feiertag nach dem Zweiten Weltkrieg zusammen mit der *Kigen*-Zeitrechnung abgeschafft wurde. Diesen Verlust konnte man in traditionsbewussten Kreisen jedoch nicht verschmerzen. 1966 u.Z. wurde der 11. 2. gegen den erbitterten Widerstand vieler Intellektueller wieder zum gesetzlichen Feiertag, nun *Kenkoku kinenbi* geheißen, was ‹Gedenktag der Gründung der Nation› bedeutet.

Nicht alle Gedenktage sind kontrovers. Am Tag der öffentlichen Verkündung des metrischen Systems, dem 11. 4., oder dem 1. 6., dem Wettergedenktag, nimmt niemand Anstoß. Der Tag des Meeres am 20. 7., ein unlängst eingeführter gesetzlicher Feiertag, ist sehr beliebt, wie auch der Grüne Tag am 29. 4., mit dem eine Reihe von Feiertagen der «Goldenen Woche» beginnt. Doch liegen die Dinge hier schon etwas anders als beim Wettergedenktag. Das Grün ist nur ein dünner Firnis. Wer will, kann sich an diesem Tag daran erinnern, dass er der Geburtstag des Shōwa-Tennō war. Zum Grünen Tag wurde er erst nach dessen Tod umgetauft. Ähnlich war der heute als Tag der Kultur (*Bunka no hi*) am 3. 11. begangene Feiertag einmal Kaisers Geburtstag, der nämlich des Meiji-Tennō.[10] Der Kalender hat mehrere Schichten, deren oberste die Spuren vorausgegangener politischer Auseinandersetzungen oft verdeckt. In solchen Auseinandersetzungen geht es um die Beherrschung des konzeptuellen Raumes, der als kollektives Gedächtnis bezeichnet wird. In ihm wird das Kontinuum der universellen Zeit nach Maßgabe spezifischer Befindlichkeiten und Interessen gegliedert und erhält so seine unverwechselbare kulturelle Struktur.

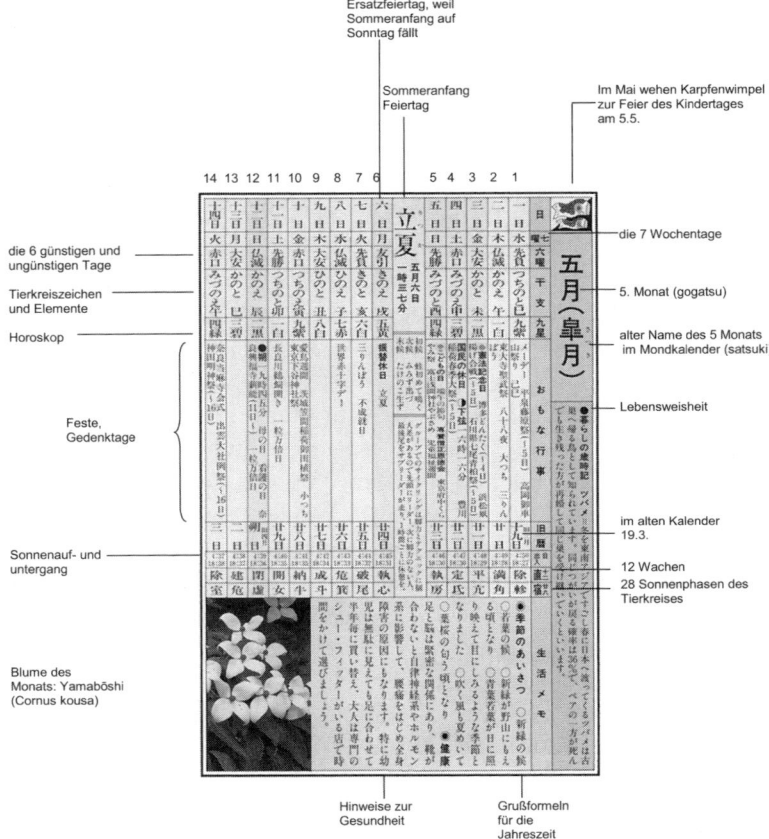

Ersatzfeiertag, weil
Sommeranfang auf
Sonntag fällt

Sommeranfang
Feiertag

Im Mai wehen Karpfenwimpel
zur Feier des Kindertages
am 5.5.

die 6 günstigen und
ungünstigen Tage

Tierkreiszeichen
und Elemente

Horoskop

Feste,
Gedenktage

Sonnenauf- und
untergang

Blume des
Monats: Yamaboshi
(Cornus kousa)

die 7 Wochentage

5. Monat (gogatsu)

alter Name des 5 Monats
im Mondkalender (satsuki)

Lebensweisheit

im alten Kalender
19.3.

12 Wachen
28 Sonnenphasen des
Tierkreises

Hinweise zur
Gesundheit

Grußformeln
für die
Jahreszeit

*Abb. 13: Die ersten 14 Tage des Mai 2002 im Kalender
der buddhistischen Shingon-Sekte*

Am 1. September sind die Sommerferien vorbei. In den Schulen finden an diesem Tag Erdbebenübungen statt, eine angesichts der starken seismischen Aktivität auf dem Archipel nur zweckmäßige Praxis. Der 1. September wurde freilich nicht willkürlich hierfür gewählt, denn 1923 wurde Tokyo an diesem Tag vom schlimmsten Erdbeben seiner Geschichte heimgesucht. Durch die landesweite Veranstaltung von Katastrophenschutzübungen am 1. 9. bleibt die Verwüstung der Hauptstadt im kollektiven Gedächtnis bewahrt.

Ähnliches gilt für den 6. und 9. August. Jeder Japaner assoziiert mit diesen Daten die Zerstörung Hiroshimas und Nagasakis durch amerikanische Atombomben. Nachdem die japanische Regierung diesen Daten nach dem Krieg lange keine Beachtung schenkte – erst, weil die amerikanischen Besatzer es nicht erlaubten, dann, weil politischer Opportunismus sie davon abhielt –, haben die jedes Jahr an diesen Tagen in Hiroshima und Nagasaki durchgeführten Veranstaltungen zum Gedenken an den nuklearen Holocaust doch schließlich dazu geführt, dass sie im kollektiven Gedächtnis der Nation einen Platz bekamen.[11]

Eine knappe Woche nach Nagasaki ist ein weiterer Gedenktag. Der 15. August 1945 war der Tag von Japans Kapitulation. Der politische Kampf darum, was an diesem Tag erinnert wird, wie er ins kollektive Gedächtnis eingeordnet wird, dauert mehr als ein halbes Jahrhundert nach der Niederlage immer noch an. Der Anlass steht außer Frage, nicht aber seine Bewertung. Da dieser Tag in die Saison des buddhistischen Bon-Fests[12] für die Toten fällt, finden im ganzen Land Feierlichkeiten statt, bei denen auch der Kriegstoten gedacht wird. Auf welche Weise das geschehen soll, ist eine kontroverse Frage, die an einem Ort besonders zugespitzt in Erscheinung tritt, am Yasukuni-Schrein in Tokyo. In der Meiji-Zeit als Schrein zum Gedenken an japanische Gefallene errichtet, wurde er in den 30er und 40er Jahren des 20. Jahrhunderts zu einem Brennpunkt von Nationalismus und Militarismus. Da dort auch der japanischen Toten des Pazifischen Krieges unter Einschluss aller Kriegsverbrecher gedacht wird[13], blieb ihm dieser Ruf nach der Niederlage, durch die der Militarismus aus der Mode kam, erhalten. Ob Politiker den Yasukuni-Schrein besuchen sollen oder nicht, ist deshalb eine Frage, die alljährlich für Streit sorgt. Das Datum ist dabei entscheidend. Ein Besuch am 15. August wird von vielen mit der Glorifizierung des Krieges identifiziert und deshalb abgelehnt; andere insistieren aus Gründen der nationalen Ehre gerade auf diesem Datum. Als Premierminister Junichirō Koizumi bei seinem Amtsantritt im April 2001 erklärte, Yasukuni besuchen zu wollen, um sich der Sympathien der nationalistischen Rechten zu versichern, zog er erwartungsgemäß heftige Kritik auch aus dem Ausland auf sich. Um sie zu besänftigen, beschloss er kurzfristig, dem Schrein am 13. statt am 15. August einen Besuch abzustatten. Dessen

Ausnutzung für nationalistische Demonstrationen verhinderte er dadurch zwar, verlieh der symbolischen Bedeutung des 15. August aber gerade durch das Ausweichen Nachdruck. Im kollektiven Gedächtnis Japans ist dieses Datum besetzt, und nicht nur in dem Japans: Südkorea begeht an diesem Tag nicht von ungefähr seinen Nationalfeiertag. Für die Koreaner bedeutete Japans Niederlage die Befreiung von kolonialer Herrschaft.

Die Feste: Matsuri und Nenjū gyōji

Zu den Informationen, die im Kalender von alters her festgehalten werden, gehören die vielen Feste. In Japan fallen sie in zwei sich überschneidende Kategorien, *Matsuri* und *Nenjū gyōji*. *Matsuri* sind shintoistische Feste, die ihren Ursprung im Landbau haben und daher mit den saisonalen Phasen der Reiskultivierung in Verbindung stehen: Bittfeste, Dankfeste und solche, mit denen Unheil abgewendet werden soll.[14] *Nenjū gyōji* (‹jährliche Ereignisse›) sind eine umfassendere Kategorie von Feiertagen und zeremoniellen Bräuchen im Laufe des Jahres. Viele von ihnen sind buddhistischen oder chinesischen Ursprungs.

Das Frühjahr, wenn die Aussaat vorbereitet und die Reissetzlinge umgepflanzt werden; der Sommer, wenn die Götter um Schutz vor klimatischen Bedrohungen der Ernte gebeten werden müssen; und der Herbst, wenn die Ernte eingebracht wird, sind die wichtigsten Jahreszeiten für *matsuri*. Tagundnachtgleiche im Frühjahr und im Herbst sind Feiertage. Nicht zuletzt wegen ihrer ursprünglich engen Beziehung zum landwirtschaftlichen Jahreszyklus werden die saisonalen *matsuri* regional zu verschiedenen Zeitpunkten begangen, erstreckt sich der japanische Archipel in nord-südlicher Richtung doch über fast 3000 Kilometer.

Das *matsuri*, das schon Yanagita Kunio[15] als Schlüsselelement der traditionellen japanischen Kultur identifizierte, ist eine Angelegenheit des Schreins. Es ist ein Gemeinschaftserlebnis, bei dem die Gemeindemitglieder (*ujiko*) zusammenkommen und die spirituelle Verbundenheit mit den *kami* suchen. Es beinhaltet vielerlei Opfer, Speise, Trank und Unterhaltung für die Götter. Sake, Reis, Reiskuchen (*mochi*), Feldfrüchte und Obst werden dem Schrein gespendet und dort während des *matsuri* ausgestellt. Obwohl der Reisanbau überall den Rhythmus der Feste bestimmt, variieren sie von Ort zu Ort bezüglich der angebeteten Götter,

der durchgeführten Riten und der festlichen Veranstaltungen. Letztere
mögen aus schlichten Volkstänzen, kleinen Theateraufführungen und
dem beliebten Tauziehen bestehen oder größere Darbietungen und Pro-
zessionen beinhalten, die monatelanger Vorbereitungen bedürfen. Die
Stadt- und Stadtteilfeste vor allem, die im Zuge der Urbanisierung in
der Edo-Zeit immer mehr an Bedeutung gewannen, sind zum Teil Groß-
veranstaltungen, die enorme Menschenmengen anziehen. Beim *Kanda
Matsuri* Mitte Mai werden tragbare Schreine (*mikoshi*) zu Ehren der im
Kanda-Schrein angebeteten Götter von Tänzern und Musikanten begleitet durch die Innenstadt Tokyos getragen. Es wird gefolgt vom *Sanja
Matsuri* im benachbarten Stadtteil Asakusa, bei dem es eine Parade von
Geishas und nicht weniger als 100 *mikoshi* des Asakusa-Schreins gibt.
Das Gion-Fest Mitte Juli in Kyoto ist das imposanteste und farbenpräch-
tigste der vielen Sommerfeste. Es ist berühmt für den Umzug großer
überdachter Wagen mit riesigen Rädern (*yamaboko*), bei deren Ausschmückung die einzelnen Stadtteile miteinander wetteifern. Im Norden Japans, in Aomori, wird in der ersten Augustwoche das *Nebuta-Mat-
suri* gefeiert, dessen Hauptattraktion eine nächtliche Parade von Festwa-
gen mit von innen erleuchteten Aufbauten aus Papier ist. Beim *matsuri*
des Tsurugaoka Hachiman-Schreins in Kamakura am Ende des Sommers
gibt es einen Wettkampf berittener Bogenschützen in mittelalterlichen
Kostümen. Jede Gemeinde hat ihr eigenes Fest. Die Anlässe gleichen
sich, aber die konkrete Durchführung ist voller Lokalkolorit und mit der
Geschichte des Schreins verbunden, die nicht selten Jahrhunderte zurückreicht.

Viele *matsuri* fallen mit buddhistischen Festen zusammen oder haben sich damit zu synkretistischen Feiertagen verbunden. Buddhas Geburtstag, *kanbutsue*, wird am 8. 4., dem Tag des Blumenfests, *hana matsuri*, begangen. Das buddhistische Bon-Fest zu Ehren der Ahnen korres-
pondiert mit dem shintoistischen Glauben an die mittsommerliche
Rückkehr der Toten in ihr Geburtshaus. Anders als *matsuri* sind die
buddhistischen Feste familiäre Anlässe, die zu Hause begangen werden. In der Zeit des Bon-Fests wird deshalb noch immer wie zu Neujahr am meisten gereist, da es viele Menschen zum Anlass eines
Familientreffens nehmen. Auch buddhistische Feste haben jedoch oft
spektakulären Charakter. Anlässlich des *Daimonji okuribi* etwa wird auf
dem Berg Nyoigatake am Stadtrand Kyotos ein riesiges, fast überall in
der Stadt sichtbares Feuer in Form des chinesischen Zeichens *dai*,

‹groß›, entfacht, um die Seelen der Ahnen am Ende ihres sommerlichen Besuchs wieder zu verabschieden.

Das Bon-Fest und das Neujahrsfest gehören zu den *Nenjū gyōji*, deren Festlegung ursprünglich nach chinesischem Vorbild unter Berücksichtigung astrologischer Vorgaben im Kalender des kaiserlichen Hofs vorgenommen wurde. Heute beinhaltet der Begriff *Nenjū gyōji* alle in Japan begangenen Feiertage, eine deutliche Folge der Demokratisierung der Gesellschaft. In früheren Epochen wurden viele der darunter zusammengefassten Anlässe nur am Hof gefeiert, damit zusammenhängende Riten nur von Höflingen, Mitgliedern des Kaiserhauses oder vom Tennō selbst durchgeführt. Dazu gehörten z. B. das Schreiben der ersten Kalligraphie im neuen Jahr, *kakizome*, am 2. 1. und das Sieben-fünf-drei-Fest, *shichigosan*, am 15. 11.

Im antiken China wurde der Wechsel der Jahreszeiten durch Feiertage hervorgehoben. Hieraus entstanden als Kern der *Nenjū gyōji* die fünf *Sekku*, die noch immer als Jahreszeitenfeste begangen werden:

> *Jinjitsu* (Tag der Menschheit) oder *Nanakusa no sekku*
> (Sieben-Heilkräuter-Fest) *am* 7. 1.;
> *Jōshi no sekku* oder *Hinamatsuri* (Puppenfest) am 3. 3.;
> *Shōbu* (Iris-) bzw. *Tangō no sekku* (Kinder- [früher Knaben-]Fest) am 5. 5.;
> *Tanabata* (Sternenfest) am 7. 7. (in manchen Regionen am 7. 8.); und
> *Chōyō no sekku* (Chrysanthemenfest) am 9. 9.

In der Edo-Zeit waren die fünf *Sekku* Feiertage. Dazu kamen der Neujahrstag und das Bon-Fest. Neben den Jahreszeiten werden Lebensalter gefeiert bzw. zum Anlass für Übergangsriten genommen: *Shichigosan* für sieben-, fünf- und dreijährige Kinder; *Seijin no hi* am 15. 1. für alle, die volljährig werden; und *Keirō no hi*, der Tag des Respekts vor den Alten, am 15. 9. Zusammen genommen bilden die heutigen *Nenjū gyōji* eine mehrstufige Ordnung, in der sich lokale, regionale, nationale und internationale Rhythmen überlagern. Manche Feste werden wie das *Sannō-Matsuri* am Hie-Schrein in Tokyo alle zwei Jahre oder in noch größeren Intervallen gefeiert; das Tanabata-Fest variiert regional zwischen der ersten Juliwoche und der ersten Augustwoche; der Reichsgründungstag am 11. 2., der Tag des Sports am 10. 10. und der Tag der Kultur am 3. 11. sind nationale Feiertage; und der Maifeiertag sowie der Tag der Menschenrechte am 10. 12. entsprechen einer internationalen Ordnung. Analog verbindet der Kalender shintoistische Rhythmen mit buddhisti-

schen und solchen, die im chinesischen Hofzeremoniell wurzeln sowie
solche, die Japan partiell mit der modernen westlichen Welt synchroni-
sieren. Die Freilegung der im Kalender aufgehobenen Schichten enthüllt
die Wandelbarkeit der Kultur und die Einflüsse, deren Aufnahme sie geformt haben.

Kulturwandel und Anpassung

Der 9.11. ist im japanischen Kalender der Tag der Einführung des Sonnenkalenders, kein Feiertag zwar, aber ein Gedenktag, der daran erinnert, dass der gregorianische Kalender, nach dem man sich heute richtet, nicht immer galt. Seine Einführung 1873 war eine der tief greifends-
ten Reformen der frühen Meiji-Zeit, denkwürdig fürwahr. Keine andere
Einzelreform und kein anderer Tag symbolisieren Japans Eintritt in die
westliche Moderne deutlicher. Veränderungen der zeitlichen Ordnung
reflektieren veränderte Machtverhältnisse und kulturellen Wandel. Die
Übernahme des päpstlichen und, wie es sich fügte, genaueren Kalenders
war der deutlichste Akt der Abkehr vom sinozentrischen Weltbild und
der Anerkennung der wissenschaftlichen Imperative des überlegenen
Westens. Das chinesische Zeitregime, das über tausend Jahre unangefochten war, hatte ausgedient, und der Tennō war nicht mehr Herr der
japanischen Zeit. Die Ära der Weltzeit zog herauf, und die Meiji-Reformer entschlossen sich, sie für Japan zu akzeptieren. Die gleichzeitige
Hervorhebung der japanischen Zeitrechnung nach Jinmu-Tennō konnte
das nur oberflächlich kaschieren. Seit 1873 wurde der Kalender nicht
mehr in Japan gemacht. Das Yin-und-Yang-Amt verlor seine Existenzbe-
rechtigung. Der Sonnenkalender stand für eine andere Kultur.

Kulturelle Fremdbestimmung so ad hoc zu akzeptieren, wie eine Ka-
lenderreform sein muss, ist schwierig und provoziert fast zwangsläufig
Widerstand.[16] Um die Einführung des neuen und fundamental anderen
Zeitregimes für die Masse der Bevölkerung erträglich zu gestalten, wurde auf eine Weise verfahren, die für die Flexibilität der japanischen Kultur charakteristisch ist. Man hielt an den hergebrachten Feiertagen fest,
tat jedenfalls so, als wäre das möglich. Die Feiertage am 1.1., 3.3., 5.5.
und 7.7. zum Beispiel wurden auch weiterhin am 1.1., 3.3., 5.5. und
7.7. begangen. Über den zugrunde liegenden Unterschied sah man hinweg, was den meisten Menschen mangels einschlägiger Kenntnisse zwei-

fellos leicht fiel. Nach dem alten Kalender bewegten sich diese Feiertage relativ zum Sonnenjahr und fielen jedes Jahr auf einen anderen Tag (des Jahres). Der Sonnenkalender mit einem einzigen zusätzlichen Tag alle vier Jahre ist demgegenüber so eingerichtet, dass sich Daten und Jahreszeiten nicht gegeneinander verschieben. Von alters her wird Neujahr am 1. 1. gefeiert, kann man sich zwar sagen, tatsächlich aber war z. B. der 1. 1. 1999 der 14. 11. nach dem alten Kalender. Die Frühlingsäquinox fällt nach dem Mondkalender alljährlich auf einen anderen Tag, nach dem Sonnenkalender immer auf denselben, den 21. 3. Heute ist das ein unbeweglicher Feiertag. Neuer Wein in alten Schläuchen, das ist das Prinzip. Man ändert die Substanz unter Beibehaltung der Form.

Heute gilt in Japan unangefochten der gregorianische Kalender. Spuren des bis 1872 herrschenden Zeitregimes weist er noch immer auf, die jedoch zum symbolischen Zierrat abgeschwächt worden sind. Insbesondere sind das die vielen oben besprochenen Feiertage, die noch immer suggerieren, dass Japan seinem eigenen kulturellen Rhythmus folgt. Zum Teil trifft das zu, da es nach wie vor viele lokale, regionale und japanische Festtage gibt. Dennoch besteht eine weitgehende Synchronisierung mit der Zeitordnung der westlichen Welt, die weiter voranschreitet. Dass beispielsweise der Volljährigkeitstag Mitte Januar und der Tag des Respekts vor den Alten Mitte September in jüngster Zeit auf den zweiten Montag dieser Monate gelegt und damit zu beweglichen Feiertagen gemacht wurden, reflektiert das Vordringen der Fünf-Tage-Woche und des verlängerten Wochenendes, das man auf diese Weise künstlich herbeiführt. Solche Beschlüsse zu fassen, also die interne Struktur des Kalenders festzulegen, ist nach wie vor ein Vorrecht der Herrschenden, obwohl ihnen die Macht über seinen äußeren Rahmen entglitten ist. So zeugen die im japanischen Kalender angesammelten Feiertage, vom nur lokal beachteten Dorffest bis zur weit über Japans Grenzen hinaus gültigen Markierung des Laufs der Zeit wie dem 1. Januar, vom schrittweisen, manchmal abrupten Wandel der japanischen Kultur durch die Institutionalisierung immer wieder vorgenommener Anpassungen des Zeitregimes.

10
Die Schule

Zu den vielen Manifestationsformen einer Kultur gehören, wie wir im vorigen Kapitel gesehen haben, die für sie charakteristischen kollektiven Rhythmen, ihr Zeitbewusstsein und die Reglementierung zeitlicher Abläufe. Jede Kultur hat ihre eigene Zeit. Gesellschaften unterscheiden sich darin, wann und wie lange ihre Mitglieder arbeiten, ruhen, feiern, beten, essen, fasten, sich mit dem anderen Geschlecht und den Kindern befassen und wie lange sie lehren und lernen. Die Schule nimmt hier einen wichtigen Platz ein: der Schultag, das Schuljahr und die Schulzeit im Sinne des Teils eines Lebens, der mit Lernen verbracht wird. An der Schnittstelle von kultureller Tradition und gesellschaftlicher Notwendigkeit spielt die Institution Schule in diesem Zusammenhang eine Schlüsselrolle. Sie ist der Ort, an dem die Gesellschaft sich und ihre Kultur am offenkundigsten und bewusstesten reproduziert, aber auch der, wo mit der größten Aussicht auf Erfolg Veränderungen eingeleitet werden. Beides zeigt sich beim Studium der japanischen Schule auf exemplarische Weise. Im gegebenen Zusammenhang ist sie nicht nur wegen ihrer Bedeutung für die Wissensvermittlung von Interesse, sondern weil sie sowohl mit Inhalten als auch durch ihre Arbeitsweise wesentliche Aspekte der Kultur verkörpert.

Wie andere ostasiatische Länder, die unter dem Einfluss der konfuzianischen Tradition stehen, ist Japan eine stark bildungsorientierte Gesellschaft. Japaner gehen lange zur Schule und nicht nur gezwungenermaßen. Die Schultage, die Schuljahre und die Schulzeit sind lang. 97 Prozent jedes Jahrgangs absolvieren über die Schulpflicht hinaus nach der Mittelschule die dreijährige Oberschule. Mehr als 38 Prozent gehen danach weiter auf die Universität oder ein College[1] – verglichen mit 29 Prozent in der BRD. In Japan gibt es 1114 Universitäten und Colleges: 98 staatliche, 41 öffentliche und 384 private Universitäten sowie 92 staatliche bzw. öffentliche und 499 private Colleges. Dazu kommen 59 staatliche und drei private technische Hochschulen und mehr als 3000 Fachhochschulen.[2] Diese Zahlen besagen nichts über die Qualität des

Bildungssystems, aber sie sind ein unmissverständliches Indiz für die große Wertschätzung der Schulbildung. Man glaubt an den Nutzen der systematischen Unterweisung, der Mühe zum Zwecke der Wissensaneignung. Die unter staatlicher Aufsicht arbeitende Schule ist die wichtigste Institution, wo das geschieht, aber keineswegs die einzige, die die Wissbegier befriedigt.

Bildung ist eine Großindustrie, die außerhalb der staatlichen Einrichtungen auf dem freien Markt Angebote in allen erdenklichen Bereichen und für die ausgefallensten Interessen bereithält. Zwischen riesigen, landesweit operierenden Privatschulen mit Zehntausenden von Angestellten am einen und allein arbeitenden Meistern einer Kunst am anderen Ende gibt es ein breites Spektrum von Akademien, Ausbildungsstätten, Seminaren und Lehrgängen für alle Fertigkeiten, die man durch Lernen erwerben kann, und das sind in Japan sehr viele. Japaner verbringen einen großen Teil ihrer Freizeit mit dem Besuch solcher Einrichtungen, was allerdings eine etwas problematische Bezeichnung ist, denn «Freizeit» ist ein historisch kontingenter und in diesem Sinne emischer Begriff. Nur wenn es geregelte Arbeitszeit gibt, gibt es auch Freizeit, und die Vorstellungen davon, was als Freizeit gilt, sind kulturabhängig, wie auch die, was erlernbar und lernenswert ist. Wenn beispielsweise Lehrgänge darüber, wie man eine gute Braut oder eine gute Mutter wird, ihren Veranstaltern eine wirtschaftliche Existenz sichern, so deutet das darauf hin, dass man in Japan in manchen Bereichen Instruktion sucht, wo man sich andernorts auf Spontaneität oder die «Natur» verlässt. Blumen in eine Vase zu stellen traut sich in Europa jeder zu. Nur die wenigsten kämen auf die Idee, erst einen Lehrgang zu absolvieren, was jedoch in Japan ganz unauffällig ist, da Blumenstecken (*kadō*) eine anerkannte Kunst ist. Die Grenzen zwischen dem Natürlichen und dem Künstlichen sind nicht natürlich, sondern künstlich, also kulturell.[3] Es kennzeichnet die japanische Kultur, dass der Bereich des Künstlichen relativ ausgedehnt ist und damit der Bereich dessen, was für lernbar gehalten wird.

Mit den typisierten, den Geschlechtern, Lebensaltern und Professionen zugeschriebenen Attributen, die dem Konzept der Gemäßheit (*rashisa*) entsprechen (vgl. Kapitel 3), ist man nicht begabt, man erwirbt sie – von denen des Neugeborenen abgesehen – durch Lernen.

«Vom Säuglingsalter bis sie sechs oder sieben Jahre sind, ist der Geist der Kinder rein und frei vom geringsten Makel; ihr Charakter ist so lauter und unverfälscht wie eine echte Perle. Dieses Alter bietet die beste Gelegenheit, ihren

Charakter zu bilden und ihren Manieren beizubringen, denn was sie dann
sehend und hörend aufnehmen, hinterlässt tiefe Eindrücke, die bis zum Tod
nicht mehr ausgelöscht werden.»[4]

Worauf es eigentlich ankommt, sind also nicht natürliche Anlagen, sondern durch Formung und Streben kultivierte Fähigkeiten und Verhaltensweisen. Diese hier von Mitsukuri Shūhei (1826–1886), einem in der
Meiji-Zeit prominenten Intellektuellen, formulierte Überzeugung wurzelt in der konfuzianischen Tradition. Sie stellt ein Leitmotiv japanischen Denkens über Bildung dar, dessen Klänge auch heute noch zu
vernehmen sind.

Dauerhafte Tradition

Von China hat Japan zwar nie das System der Beamtenprüfungen übernommen[5], wohl aber das konfuzianische Ethos der Lernbereitschaft, kō-
gaku (chin. hao xue). Lernen nach dem konfuzianischen Kanon wurde in
der Tokugawa-Zeit institutionalisiert. Ende des 17. Jahrhunderts wurde
im Stadtteil Kanda von Edo die Schule Shōheizaka Gakumonjo gegründet, der vom Shōgunat offizieller Status zuerkannt wurde und die der
Ausbildung seiner Gefolgsmänner diente. Im Jahre Kansei 2 (1790 u. Z.)
wurde der Neo-Konfuzianismus unter Tokugawa Ienari, dem elften Shōgun, zur «offiziellen Lehre für alle Zeit» gemacht. Die Lehnsdomänen
hatten ihre Schulen, hankō, für die Samurai. Daneben gab es die Tempelschulen (terakoya) für das gemeine Volk sowie private Akademien, shijuku.
Diese verschiedenen Schulen unterschieden sich mehr in Dauer und In-
tensität als in Inhalt und Methode. Lernen, gaku (chin. xue), bedeutete
von anderen lernen. Eine konfuzianische Grundüberzeugung war es,
dass niemand sich aus eigener Kraft alles erforderliche Wissen aneignen
und seinen Charakter bilden kann. Das Vorbild des Lehrers und seine
Anleitung wie auch der Vergleich mit anderen waren unverzichtbar. Das
Studium der konfuzianischen Klassiker war mühsam und langwierig. Die
Sprache war den Japanern fremd, die Schrift war kompliziert; ihre Erlernung verlangte Fleiß und Ausdauer. Ein wesentlicher Teil des Studiums
bestand im Kopieren, Auswendiglernen und Repetieren, schon weil es
nicht genug Abschriften gab. Die Aneignung des Textinhalts setzte seine
physische Reproduktion voraus. Die Vermittlung der traditionellen Wer-

te – kindliche Ehrfurcht gegenüber den Eltern, Loyalität gegenüber Herrn und Fürst, Großmut gegenüber Untergebenen – war zentraler Lehrinhalt. Darüber hinaus hatte die systematische Schulung im Tokugawa-Staat die Aufgabe, die Anerkennung der hierarchischen Ordnung zu unterstützen. Die wissenschaftliche Neugier, das Vordringen in unbekannte Bereiche, die experimentelle Erforschung der Natur stimulierte diese Art des Lernens kaum.

Durch die Rezeption des westlichen Weltentwurfs in Gestalt der Hollandkunde (*rangaku*), deren Stärke in der Naturkunde lag, einerseits und der Erstarkung der nativistischen Philologie (*kokugaku*) andererseits kam die konfuzianische Orthodoxie der Tokugawa um die Wende zum 19. Jahrhundert immer mehr unter Druck, um schließlich durch den intellektuellen Umschwung der Meiji-Restauration (1868) als staatstragende Ideologie abgelöst zu werden. Reformer wie Fukuzawa Yukichi, Mori Arinori und Nishi Amane erkannten, dass die existierenden Schulen mit ihren starren, rückwärtsgewandten Curricula den Herausforderungen ihrer Zeit nicht gerecht werden konnten und dass Japan vom Westen lernen musste, um seine Unabhängigkeit zu wahren. Bezüglich der Lerninhalte wurde unter ihrer und der Führung ihnen gleichgesinnter Intellektueller eine radikale Abkehr von der chinesischen Tradition vollzogen, von der sie freilich selbst zutiefst geprägt waren. Das konnten sie nicht abstreifen.

Die Meiji-Reformen waren insofern Teil einer dialektischen Entwicklung, als sie dezidiert mit der konfuzianischen Tradition brachen, sie aber dennoch fortsetzten. Eben hierin zeigt sich, welch starke und dauerhafte Komponente des Hintergrunds der japanischen Kultur diese Tradition ist. Japan war eines der wenigen Länder, die über ein fest etabliertes vormodernes Schulsystem verfügten[6] und nicht erst durch die Konfrontation mit dem Westen zu einem solchen kamen. Das war konfuzianisches Erbe. Und auch die Tatsache, dass die Meiji-Reformer ihr Heil bzw. das ihrer Nation in der «Empfehlung der Wissenschaft» – so der Titel einer berühmten Artikelserie von Fukuzawa Yukichi[7] – suchten, zeugt von dem ungebrochenen Glauben an den Nutzen des Lernens, auch wenn mit «Wissenschaft» hier vor allem westliche Wissenschaft gemeint war. Tsuda Mamichi[8] unterschied die «leeren Studien» (*kyogaku*) der buddhistischen und konfuzianischen Gelehrsamkeit von den «praktischen Studien» (*jitsugaku*) der empirischen Wissenschaft europäischer Provenienz. Letztere waren für Japan von nun an wichtiger

als die Beherrschung der klassischen Schriften. Aber es waren Konfuzianer, die den Konfuzianismus überwanden. Sie glaubten an Schulung
und ihre überragende Bedeutung für das Gemeinwesen. Schule und
Bildung waren die tragenden Säulen von Japans Modernisierung und
Verwestlichung, das Fundament, auf dem sie errichtet wurden, war konfuzianisch.

Soziale Steuerung

Auch damit, Schulbildung als Instrument sozialer Steuerung zu behandeln, schlugen die Meiji-Reformer keine neuen Wege ein. Dass Wissen
Macht ist, war in Japan schon lange als Notwendigkeit staatlicher Kontrolle interpretiert worden.[9] Die strenge Aufsicht des Tokugawa-Shōgu-
nats über die Hollandkunde in der Edo-Zeit, als selbst die Dolmetscher
Beamte waren und sich niemand ohne offizielle Billigung diesen Studien
widmen durfte, exemplifiziert das eindringlich. Für das Tokugawa-
Regime war die Kontrolle des Wissens ein Mittel der Erhaltung des
Status quo.[10] Der Gegenelite, die durch die Meiji-Restauration an die
Macht kam, diente sie dazu, die Gesellschaft zu reformieren.[11] Verstärk-
te Bildungsanstrengungen waren unabdingbar, um die manifeste Rückständigkeit Japans zu überwinden. Nachdem zunächst durch die Gründung vieler privater Schulen und Hochschulen neue Wege eingeschlagen
wurden, machte der Staat seinen Anspruch, Richtung und Inhalt der
Schulbildung zu bestimmen, wieder geltend, wobei er auf konfuzianische Konzepte zurückgriff. Diese gegenreformatorische Bewegung wurde
zum Teil von Reformern der ersten Stunde wie Fukuzawa Yukichi und
Mori Arinori vollzogen, die zu Positionen zurückkehrten, die sie in ihrer
reformbegeisterten Jugend längst aufgegeben hatten.

Die Instrumentalisierung der Schule durch den Staat kulminierte im
Kaiserlichen Erziehungsedikt (Kyōiku Chokugo) von 1890, für dessen
Entwurf Nakamura Masanao (1832–1891), der die Shōheizaka Gakumonjo absolviert hatte, federführend verantwortlich zeichnete. Auch er
war ein Reformer, der sich in früheren Jahren u. a. für die Gleichberech-
tigung der Geschlechter in der Bildung eingesetzt hatte. Das Edikt, vom
Meiji-Tennō seinen Untertanen verkündet, stellt fest, dass Loyalität und
kindliche Ehrerbietung die Grundlage der japanischen Bildung seien
und dazu dienten, die besten Traditionen der Vorväter fortzuführen.

Nach seiner Veröffentlichung wurde es in allen Schulen eingeführt, wo ihm bald die Funktion eines Schulgebets zuwuchs; seine Rezitation markierte bis Ende des Pazifischen Krieges den Beginn jedes Schultags. Schon das einige Jahre vor dem Erziehungsedikt verabschiedete Curriculum für die verbindliche Grundschule[12] von 1881 wies unverkennbar konfuzianische Züge auf. Es beinhaltete Moralunterricht, Lesen, Schönschrift, Rechnen und Leibeserziehung. Japans erster Erziehungsminister, Mori Arinori, betrachtete die Errichtung eines modernen Schulsystems als wichtigste Voraussetzung dafür, die notwendige gesellschaftliche Erneuerung zu erreichen, und unternahm große Anstrengungen, die konfuzianische Hinterlassenschaft des Tokugawa-Staates auszumerzen. Da er die Schule jedoch gleichzeitig als Staatsorgan verstand, das der öffentlichen Ordnung diente und die Loyalität zum Staat und zur Institution des Tennō förderte, war er, wie der Erziehungswissenschaftler Morikawa[13] gezeigt hat, letzten Endes wesentlich daran beteiligt, dass die Schule zu einem Ort staatlich gesteuerter Indoktrination wurde, wo den Schülern eben die konfuzianischen Vorstellungen nahe gebracht wurden, die er daraus verbannen wollte.

Natürlich gab es auch Kritiker des *Kyōiku Chokugo* und der konfuzianischen Ideen, die darin Ausdruck fanden. Sie gewannen jedoch nie die Oberhand, sondern verkörperten in der Auseinandersetzung um die Gestaltung des Schulsystems stets die schwächere, antiautoritäre Unterströmung.[14] Zu ihr gehörten und gehören noch immer vor allem Lehrer. Entgegen der vom Erziehungsministerium verfolgten Linie, nach der die Schule primär den Interessen des Staates zu dienen hat, betonten sie das Recht der Kinder auf Bildung und die Verpflichtung des Staates, für deren gerechte Realisierung zu sorgen. Zwischen den Verfechtern dieser beiden Positionen gibt es seit Gründung des Erziehungsministeriums in der Meiji-Zeit ein stetiges Tauziehen. Dienst am Staat fordern die einen, Dienst am Kind die anderen. Obwohl sich die Schwerpunkte seither und insbesondere seit Ende des Pazifischen Krieges zugunsten einer kindzentrierten Erziehung verlagert haben, ist die grundsätzliche Frage, wer Lehrmethoden und Inhalte bestimmen soll, noch immer ungelöst. Am offenkundigsten zeigt der Staat, dass er nicht bereit ist, auf seine Verfügungsgewalt zu verzichten, bei der Schulbuchzulassung bzw. Zensur, gegen die Autoren und Lehrergewerkschaften jahrzehntelange Prozesse geführt haben. Die Haltung der Beamten des Ministeriums, die ihre Aufgabe heutzutage darin sehen, Geschichts- und Sozialkundebücher von

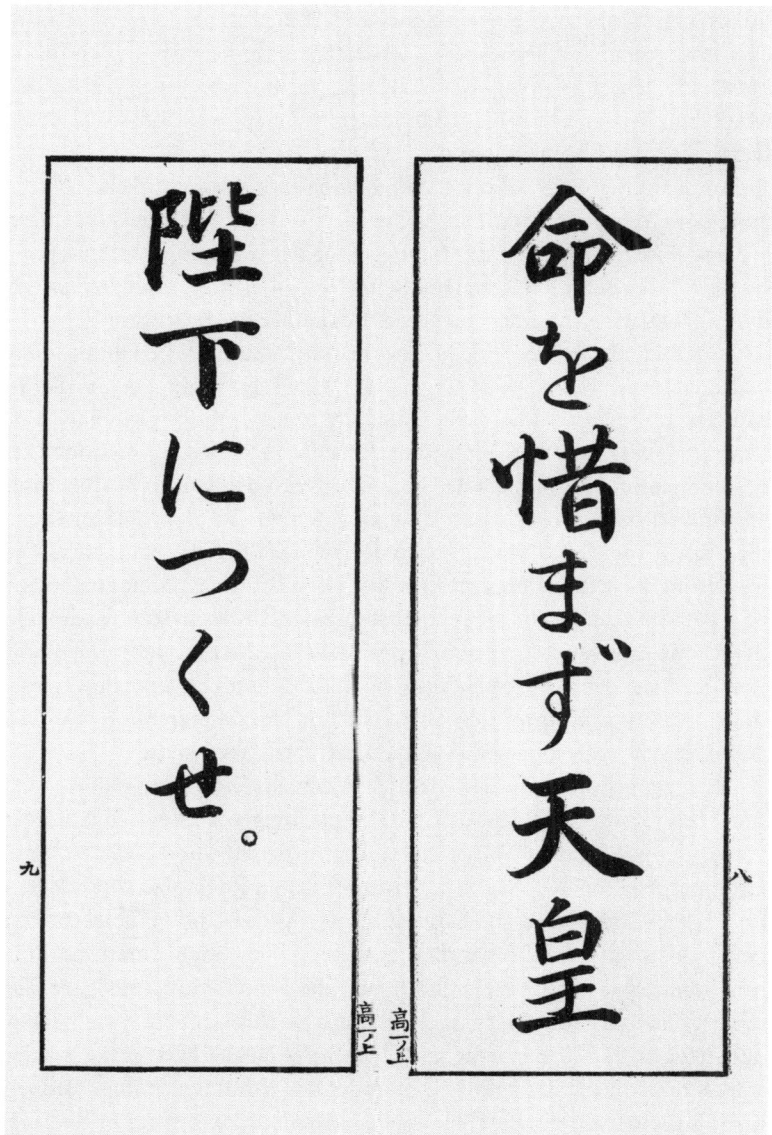

Abb. 14: Kalligraphieübung aus einem Schulbuch für die Oberschule aus der späten Meiji-Zeit (1904): «Diene dem Tennō, ohne dein Leben zu schonen!»

Inhalten zu säubern, die einen Schatten auf Japans Glorie werfen, weist eine unverkennbare Geistesverwandtschaft mit den Zensoren der Tokugawa auf, denen es oblag, dafür zu sorgen, dass die Erkenntnisse der westlichen Wissenschaft nicht Unbefugten zugänglich und so zu einer Gefahr für das Regime wurden.

Das Kaiserliche Erziehungsedikt beinhaltete eine deutliche Absetzung vom Westen. Es war ein Aufruf zur Umkehr, zur Rückbesinnung auf das Authentische und zur Bekräftigung der eigenen Moral und politischen Philosophie. Sein nativistischer Appell richtete sich freilich an die ganze Nation, und das war ein einschneidender Bruch mit der konfuzianischen Tradition. Allgemeine Schulpflicht und Erziehung zum Nationalismus waren Neuerungen, die Hand in Hand gingen. Beide führten in die Entwicklung der Gesellschaft ein egalitäres Moment ein. Dem Staat ging es darum, im internationalen Wettstreit der Nationen zu bestehen, und dafür musste das Bildungsniveau der ganzen Bevölkerung angehoben, mussten alle Reserven ausgeschöpft werden. Die notwendige Konsequenz war die Öffnung der Schulen für alle Schichten, was wiederum die Etablierung eines kompetitiven Prüfungssystems nach sich zog, das den Aufstieg in die neu entstandenen Universitäten regelte. Da der Dienst am Staat traditionell mit hohem Ansehen verbunden war und der Staat seine Beamten aus den Kaiserlichen Universitäten rekrutierte, bildete sich unter den Universitäten eine Hierarchie heraus, an deren Spitze noch immer die Universität von Tokyo steht.

Als Ergebnis dieser in der Meiji-Zeit eingeleiteten Entwicklung entstand ein System, für dessen Charakterisierung oft zwei Schlagwörter verwendet worden sind: *shiken jigoku*, ‹Prüfungshölle›, und *gakureki shakai*, ‹Bildungsgesellschaft›. Wegen der hierarchischen Rangfolge von Schulen und Hochschulen sind die Schüler ab der Mittelschule einem starken Leistungs- und Konkurrenzdruck ausgesetzt, sie gehen durch die Prüfungshölle. Das ist der Preis dafür, dass die Schulbildung mit dem Abschluss einer guten Universität die ständische Herkunft als entscheidendes Attribut der Elite ersetzt hat. Zwar zeigt Japans Elite heute wieder starke Tendenzen, sich selbst zu reproduzieren, stützt sich dabei jedoch nicht auf eine ständische Ordnung, sondern auf Investition in Bildung. «Obwohl die Korrelation zwischen Universitätszugehörigkeit, Beruf und sozialem Status im Erwachsenenleben langsam schwächer wird, ist sie immer noch sehr stark.»[15] Insofern trifft die Bezeichnung *gakureki shakai* auch heute noch zu.

Bindungen

Die Bildungsgesellschaft ist eine hoch gebildete Gesellschaft. Daran, dass sein effizientes Schulsystem Japans Aufstieg zur Großmacht vor und zur Wirtschaftsweltmacht nach dem Zweiten Weltkrieg begünstigte, kann kein Zweifel bestehen. Diese Bildungsgesellschaft ist jedoch keine reine Meritokratie, denn sie ist zugleich eine Beziehungsgesellschaft. Und daran haben die Schulen einen wesentlichen Anteil, ja, die Beziehungen, die vom Kindergarten an eingeübt werden, sind ein wichtiger Aspekt der japanischen Erziehungsphilosophie und somit der Kultur. Hierarchie, Seniorität und Gruppenethos sind die Grundlagen des Beziehungsnetzes, in das der Einzelne eingebunden ist.

Zunächst ist da die Lehrer-Schüler-Beziehung, die sehr viel umfassender ist als in Schulen westlicher Länder. *Kizuna*, ‹Bindung›, ist der emische Begriff, mit dem das Wesentliche dieser Beziehung beschrieben wird, nämlich eine intime persönliche Verbundenheit getragen von Empathie. Diese stark gefühlsbetonte Beziehung ist durch gegenseitiges Vertrauen und, wie die Erziehungswissenschaftler Shimahara und Sakai es ausdrücken, «eine Berührung der Herzen»[16] gekennzeichnet. *Kizuna* ist eine Beziehung nicht zwischen Rollen – Lehrer und Schüler –, sondern zwischen ganzen Personen. Um sie zu kultivieren, interagiert der Lehrer mit den Schülern auch außerhalb von Zusammenhängen, die die Wissensvermittlung betreffen. Der dahinterstehenden ganzheitlichen Erziehungsphilosophie entsprechend sind die Aufgaben des japanischen Lehrers sehr vielfältig. Das beginnt mit den Grundschullehrern, die für die Schüler im Bezug auf Hygiene, Moral und soziales Verhalten nicht weniger maßgeblich sind als im Hinblick auf die akademischen Unterrichtsfächer, und setzt sich fort bis zum Ende des Studiums, wenn Professoren ihren Studenten beim Schritt ins Berufsleben behilflich und nicht überrascht sind, wenn sie bei persönlichen Problemen um Rat gefragt oder aufgefordert werden, Trauzeuge zu sein. *Kizuna* ist eine Lebensbeziehung, was äußerlich dadurch zum Ausdruck kommt, dass man seine Grundschullehrerin als Erwachsener noch genauso anredet wie in der ersten Klasse: *sensei*, ‹Lehrerin›.

Nicht weniger wichtig als die Beziehung zwischen Lehrer und Schüler ist die der Schüler untereinander. Der Zusammenhalt der Klasse gilt als entscheidende Voraussetzung des Erfolgs, jede Störung desselben als schwerwiegendes gesellschaftliches Problem. In der Grundschule hat das Sozialtraining Vorrang vor dem akademischen Lernen. Große Leistungsdifferenzen werden nicht als Grund angesehen, die Zusammensetzung der Klasse zu ändern. Besonders in der sechsjährigen Grundschule kommt das Überspringen oder Wiederholen einer Klasse praktisch nicht vor. Mitmachen und sich Mühe geben sind das, worauf es ankommt. Der Leistungsdruck setzt erst später in der Mittelschule ein. Die Einordnung in die Gruppe und die Zugehörigkeit werden von frühestem Alter an trainiert. Dabei ist die Klasse nur ein Bezugsrahmen, innerhalb dessen es weitere gibt. Die Kooperation in kleinen Gruppen, auf die schon im Kindergarten viel Wert gelegt wird, ist eine tragende Säule der japanischen Schule. Diese Gruppen entstehen nicht durch Freundschaften, sondern durch mehr oder minder willkürliche Einteilung und sind nicht auf Dauer angelegt. Die Aufgaben, die sie durchführen, könnten die Kinder auch einzeln erfüllen, aber das ist es nicht, worauf es ankommt. Geübt wird soziales Verhalten, kooperatives Lernen und gemeinsame Verantwortung. Über die Schulfächer hinaus beinhaltet die Gruppenarbeit praktische Tätigkeiten wie Saubermachen, Sportgeräte und Musikinstrumente aufräumen, das Beet im Schulhof versorgen, das Mittagessen aus der Küche holen, abräumen usw. Solche Aufgaben werden turnusmäßig nicht Einzelnen, sondern Gruppen übertragen. Die japanische Schule hat dadurch einen ausgeprägten Gemeinschaftscharakter, der mit vielen kollektiven Veranstaltungen der Klasse und der ganzen Schule weiter unterstrichen wird. Jede Schule hat ein Schullied. Am Beginn des Schuljahrs, bei der Verabschiedung der Absolventen, bei sportlichen Wettkämpfen und allerlei anderen Anlässen wird es gesungen, was der Förderung des Zusammengehörigkeitsgefühls dient.

Eine wichtige den Gemeinschaftssinn fördernde Praxis, die von der Grundschule bis zum Graduiertenstudium gepflegt wird, sind die Ferienkurse, *gasshuku*. Anders als die Klassenfahrt der deutschen Schule findet das *gasshuku* in der Ferienzeit statt und wird insbesondere in den höheren Schulstufen und auf der Universität zu intensivem gemeinschaftlichen Lernen mit den Lehrern genutzt. Dabei unterliegen die Teilnehmer keinem curricular bedingten Leistungsdruck, sondern allein dem, den die Gruppe selbst aufbaut. Es gehört dazu, dass man voneinander lernt, dass die Besseren viel Zeit dafür aufwenden, die Schlechteren bei ihren Bemühungen zu unterstützen. Das jedenfalls ist der Grundgedanke; dass die Praxis diesem Ideal nicht immer entspricht, braucht nicht hervorgehoben zu werden.

Das Lernen von anderen ist, wie oben erwähnt, ein sehr wichtiger Aspekt des Lernens, und in diesem Zusammenhang kommt eine weitere für die japanische Kultur charakteristische vertikale Beziehung zum Tragen, die zwischen dem Älteren, *senpai*, und dem Jüngeren, *kōhai*. Das in vielen Bereichen wirksame Senioritätsprinzip macht sich auch hier bemerkbar. Es bezieht sich nicht auf das Lebensalter der Schüler, sondern auf die Klassenstufe bzw. auf den Zeitpunkt des Schuleintritts. In der Schule ist der *senpai* gewöhnlich auch an Jahren älter als der *kōhai*; in anderen Organisationen – Firmen, Verbände, Parteien, Clubs –, auf die die *senpai-kōhai*-Beziehung übertragen wird, ist das nicht unbedingt der Fall. Hier ist der *senpai* derjenige, der der Organisation schon länger angehört. Die *senpai-kōhai*-Beziehung besteht zwischen zwei Individuen. Der *kōhai* verlässt sich auf die Anleitung des *senpai*, der ihm zeigt, wie die Schule (die Organisation) funktioniert, ihn also vor allem mit bewährten Verfahren vertraut macht, die auf diese Weise tradiert werden. Es ist ein Vertrauensverhältnis, das wie die Lehrer-Schüler-Beziehung prinzipiell lebenslangen Charakter hat, auch wenn der *kōhai* in seinen Leistungen über seinen *senpai* hinauswächst. *Senpai* und *kōhai* gehören derselben Schule an. Ihre innerhalb derselben hierarchische Beziehung erhält dadurch nach außen ein egalitäres Gegengewicht.

Das Netz der vertikalen und horizontalen Bindungen bestimmt den Schulalltag. Von allen Schülern wird erwartet, dass sie Bindungen der beschriebenen Art erwerben bzw. aufbauen. Diese Erwartung beruht auf der unausgesprochenen Annahme großer Einheitlichkeit. Die in den letzten Jahrzehnten zu beobachtende Diversifizierung der japanischen Gesellschaft, durch die Schulen mit größerer Fluktuation und Schülern unterschiedlicher Hintergründe konfrontiert werden, erzwingt hier manche Anpassungen. Ob die Bedeutung der beschriebenen Bindungen für die japanische Lernkultur dadurch geschwächt wird, ist eine Frage, die für das Studium des Kulturwandels von größtem Interesse ist.

* * *

Die japanische Schule verkörpert und vermittelt Grundüberzeugungen und Verfahren, die für die japanische Kultur konstitutiv sind. Dass das Individuum mehr durch aufrichtige Anstrengung als durch Begabung geformt wird, ist ebenso eine das zugrunde liegende Menschenbild prägende Wertvorstellung wie die Wertschätzung der Lernbereitschaft. Das Vertrauen in Bildung und die Schule als Institution hat eine lange zurückreichende Tradition, die im Konfuzianismus wurzelt, dessen prägende Kraft, wenn auch vielfach gebrochen, noch immer spürbar ist. Der Auftrag der Schule für die moralische Bildung des Kindes ist ein Aspekt davon, die große Bedeutung, die dem Lernen von anderen beigemessen wird, ein anderer. Indem die Schule in der Meiji-Zeit zur Schule der Nation wurde, hat sie zur Transformation der hierarchischen Ständegesellschaft in eine demokratischere Gesellschaft mit stark egalitären Zügen beigetragen, wobei Vorstellungen von Loyalität und Gruppenverantwortlichkeit in für die Schule so charakteristischen Praktiken wie dem *gasshuku* und Bindungen wie der *senpai-kōhai*-Beziehung fortleben.

11
Die Firma

Japan ist das «Land des Lächelns». Was aus dieser Bezeichnung unmiss-
verständlich folgt, ist, dass Lächeln kulturell ist, sonst könnte es kein
Merkmal sein, das die Fremdwahrnehmung einer Gruppe von der anderer unterscheidet. Mit dem Weinen ist es nicht anders. Wer Tränen
für eine natürliche Lebensäußerung hält, kann sich leicht davon über-
zeugen, dass sie in verschiedenen Kulturen bei sehr unterschiedlichen
Gelegenheiten vergossen werden und insofern zeichenhaften Charakter haben.

Bei einer Pressekonferenz am 24. November 1997 in Tokyo kam es zu
einem der seltenen Momente, die sich schlagartig ins Gedächtnis der
Nation einbrennen. Shōhei Nozawa, der Vorstandsvorsitzende des angesehenen Börsenmaklers Yamaichi Securities, trat vor die Kameras, ergriff
ein Mikrophon und begann zu weinen. Seine undankbare Aufgabe war
es, das Ende des traditionsreichen Hauses zu verkünden, dessen hun-
dertjähriges Jubiläum in diesem Jahr anstand. Es brach unter der Last
seiner Schulden zusammen. «Wir sind schuld. Die Angestellten trifft
keine Schuld!», sagte er unter Tränen und mehrfachen tiefen Verbeu-
gungen. «Es bricht mir das Herz.»

Große Pleiten sind in der westlichen Welt kein unbekanntes Phänomen, aber wie wahrscheinlich ist es, dass ein hartgesottener Spitzenma-
nager vor der Presse in Tränen ausbricht und von seinem gebrochenen
Herzen spricht?! Die Bilder des weinenden Nozawa gingen wohl nicht
nur um die Welt, weil sie die prekäre Lage der japanischen Finanzindus-
trie so augenfällig machten und von amerikanischen Journalisten mit einem hämischen «Sayonara Japan Inc.» begleitet wurden; die Bildredak-
teure spürten auch, dass ihnen hier Einblick in die japanische Volksseele
gewährt wurde, wenn es denn eine solche gibt.

Kultur und Kulturalismus

Die Art und Weise, wie die Bekanntgabe eines Insolvenzantrags insze-
niert wird, wirft ein Licht auf Dimensionen der Kultur, die korporatives
Verhalten und die Institution der Firma betreffen. Der sich öffentlich
entschuldigende leitende Angestellte ist ein Topos der japanischen Ge-
genwartskultur, was uns fragen lässt, was daran japanisch ist und wie er
mit anderen Aspekten der Kultur zusammenhängt. Das ist eine schwierige Frage, weil die Beziehung zwischen Kultur, Sozialstruktur und historischer Kontingenz in keinem anderen Bereich so problematisch ist wie in
dem der Wirtschaft bzw. des Betriebs. Firmen, Industriebetriebe, Han-
delshäuser und Dienstleister sind moderne Akteure des wirtschaftlichen
Lebens. Ihre kurze Geschichte und die Tatsache, dass sie zunehmend im
internationalen Wettbewerb stehen, lassen erwarten, dass sie überall im
Wesentlichen nach den gleichen Prinzipien funktionieren. Und doch
wird nicht ohne Grund gefragt, wie Kultur und Wirtschaft zusammenhängen. Darüber gibt es dezidierte und zum Teil wohl begründete
Ideen.[1]

Ein einschlägiges Beispiel ist der Diskurs um «asiatische Werte», der in
den achtziger Jahren des 20. Jahrhunderts aufkam, als sich in den Fuß-
spuren Japans andere ostasiatische Volkswirtschaften durch spektakuläre
Wachstumsraten auszeichneten, während gleichzeitig das amerikanische
Vorbild aufgrund sozialer Verfallserscheinungen viel von seinem Glanz
verlor.[2] Die Frage, welchen Anteil die Kultur am unübersehbaren Aufstieg Asiens hatte, wurde sowohl von Japanern als auch von westlichen
Beobachtern intensiv diskutiert. Denn der Erfolg verlangte nach Erklärungen, und solche schien die gemeinsame konfuzianische Tradition zu
bieten. In Umkehrung einer europäischen Denkfigur, nach der die «asiatische Produktionsweise» – ein von Karl Marx erfundener Begriff[3] – die
Völker des Ostens zur Stagnation verdammte, kam die Rede vom «konfuzianischen Kapitalismus» auf, die freilich bei näherer Betrachtung für
den Nachweis einer Kausalbeziehung zwischen Kultur und Wirtschafts-
leistung kaum tauglicher war als die umgekehrte These von der asiatischen Kultur als Hemmschuh der Wirtschaftsentwicklung.

Damit wird nicht in Abrede gestellt, dass es Zusammenhänge zwischen Wirtschaft und Kultur gibt, aber angesichts der Allgegenwart der
Kultur als Referenzrahmen für die Ausformung von Institutionen und

Abb. 15: Yamaichi Securities geht in Konkurs, der Chef weint (Foto © AERA)

des Alltagslebens der Menschen, die in diesen Institutionen arbeiten, ist eine kulturelle Verursachung ökonomischen Wandels (oder dessen Ausbleibens) wenig wahrscheinlich. Zudem ändern sich Kulturen, wie wir mehrfach gesehen haben. Obwohl es berechtigt ist, auch heute noch von der konfuzianischen Tradition zu sprechen, ist andererseits doch gewiss, dass im 21. Jahrhundert andere Aspekte dieser Tradition in den Vordergrund treten als im zwölften oder im 18. Jahrhundert. Noch den Neo-Konfuzianern galt das Streben nach Wohlstand als niedrig, und in der ständischen Ordnung des feudalistischen Japans standen die Kaufleute ganz unten, während heute niemand auf den Gedanken käme, im Gelderwerb etwas moralisch Anrüchiges zu sehen. Die Familie, nicht das Individuum, als wichtigste Einheit der Gesellschaft; der Vorrang des Gemeinwohls vor dem des Einzelnen; Respekt vor Alter und Autorität; Genügsamkeit; der Glaube an Bildung und harte Arbeit – solche Einstellungen werden gewöhnlich von Verfechtern konfuzianischer Werte angeführt. Auch wenn damit tatsächlich auf konfuzianische Imperative zurückgegriffen wird, kann damit doch nicht viel erklärt werden, denn ersichtlich handelt es sich nicht um exklusiv konfuzianische Werte, und es bleibt die Frage, warum sich diese Werte gerade zwischen den 1960er und 1990er Jahren positiv auf die japanische Wirtschaft ausgewirkt haben sollen. Dass sich die japanische Kultur (mit ihren konfuzianischen Elementen) aufgrund wirtschaftlicher Entwicklungen verändert, ist nicht weniger wahrscheinlich, als dass sie solche Entwicklungen verursacht. Die Annahme einer einseitigen Beziehung zwischen Kultur und Wirtschaft führt geradewegs in die kulturalistische Fallgrube, in der sich die Kultur als Abfallkategorie für alles im übrigen Unerklärliche befindet. Japans Anfang der 1990er Jahre einsetzende lange Rezession ist dafür ein gutes Beispiel.

Lebenslange Beschäftigung

Als Japans Wirtschaft boomte und im Westen als Bedrohung wahrgenommen wurde, trieb so manchen westlichen Beobachter die Frage um, «ob andersartige kulturelle Kräfte die Leistungsfähigkeit der japanischen Nation bewirken».[4] Der Samurai[5] schien zum Unternehmer geworden zu sein, um die Welt zu erobern. Seinen Verhaltenskodex musste man im Westen verstehen lernen, um mit der japanischen Herausforderung fertig zu werden. Die japanische Kultur als ein Schlüsselfaktor des Erfolgs der japanischen Industrie wurde in zahlreichen Büchern besonders von amerikanischen, aber auch japanischen Autoren thematisiert.[6] Mit dem Ende der Hochwachstumsperiode der japanischen Wirtschaft versiegte die Flut dieser Publikationen, was dem Eindruck Vorschub leistet, dass die Bezugnahme auf Kultur für die Erklärung der Wirtschaftsentwicklung konjunkturabhängig ist. Verlor das vielfach der japanischen Kultur zugeschriebene Ethos der Loyalität und Arbeitsamkeit, das die vorausgegangenen drei Boom-Jahrzehnte möglich gemacht haben soll, plötzlich seine Wirkung? Das ist sehr unwahrscheinlich. Andererseits jedoch werden wirtschaftliche Veränderungen sicher von kulturellen Faktoren geprägt. Sie sind ein Teil der Ausgangslage, in der eine Veränderung einsetzt, und können als solcher einen wesentlichen Einfluss auf Verlauf und Ergebnis haben.

Zu den kulturell begründeten betriebswirtschaftlichen Besonderheiten Japans gehörte lange das Beschäftigungssystem, jedenfalls im Diskurs darüber. Dem *hire and fire*-System amerikanischer Unternehmen stand die lebenslange Beschäftigung in japanischen Firmen gegenüber. Erklärt wurde das gern mit Mentalität und Kultur. Insbesondere wurde auf den Familialismus bzw. die familienzentrische Gesellschaft (*ie shakai*[7]) verwiesen. Zwischen Firmenleitung und Mitarbeitern werden Familienbande geknüpft, die ebenso wie die nicht metaphorischen nicht auflösbar sind.

> «Die Firma und der neue Angestellte verstehen beide, dass die Firma den ganzen Menschen einstellt. Bei schlechter Konjunktur entlässt die Betriebsleitung keine Arbeiter, da sie sie in die Familie aufgenommen hat. Diese Beziehung kann nicht beendet werden, nur weil die Arbeitskraft des Mitarbeiters zu einem bestimmten Zeitpunkt nicht gebraucht wird. Das ist das *ie*-Bewusstsein in der Praxis.»[8]

Wenn wir dem Autor dieser Zeilen, Shuji Hayashi, einem angesehenen Betriebswirt, folgen, ist die Beziehung zwischen Leitung und Belegschaft einer Firma in der Tat anders als in westlichen Industrieländern, speziell den Vereinigten Staaten. Entlassungen wegen Überkapazität kommen einfach nicht in Frage, und der Grund dafür ist die Kultur: Familienbeziehungen bestehen nicht zwischen Arbeitgebern und Arbeitnehmern, sondern zwischen ganzen Menschen. Sie sind unverbrüchlich. Allein, fragt sich der westliche Manager, wie ist das möglich? Wie allmächtig kann die Kultur sein? Kann sie die Unwägbarkeiten fluktuierender Märkte außer Kraft setzen, ohne die Wettbewerbsfähigkeit der japanischen Industrie einzuschränken?

Die Tatsachen lassen sich auch anders interpretieren. Als Hayashis Buch Ende der 1980er Jahre erschien, hatte die japanische Wirtschaft eine mehr als dreißigjährige Expansionsphase hinter sich, während der es nur in den 1970er Jahren zu kurzen, durch die beiden Öl-Schocks verursachten Konjunktureinbrüchen kam. Eine Generation von Arbeitern hatte praktisch keine Entlassungen erlebt, denn es herrschte Vollbeschäftigung, wenn nicht sogar Arbeitskräftemangel. Das Vorbild ihrer Väter und älteren Kollegen (*senpai*) vor Augen, konnten Schul- und Universitätsabsolventen, die bei Toyota oder Santory anfingen, erwarten, dass sie ein Leben lang dort arbeiten würden. Sie zogen in firmeneigene Wohnungen oder bekamen von der Firma einen Kredit für das eigene Haus, verbrachten ihre Ferien in firmeneigenen Ferienheimen und lernten so schnell, das Wohl der Firma als ihr eigenes zu betrachten. Freilich war das nur in großen Firmen möglich und außerdem weniger aufgrund kultureller als wirtschaftlicher Faktoren. Das ist schon daran ersichtlich, dass der japanische Arbeitsmarkt vor dem Pazifischen Krieg ganz anders aussah. Entlassungen waren ebenso häufig wie Streiks.[9] Das von Hayashi beschworene *Ie*-Bewusstsein war damals entweder nicht vorhanden oder kam aus Gründen, die erklärt werden müssten, nicht zum Tragen.

Daraus zu folgern, dass dieser kulturelle Topos keinerlei Wirkung habe, wäre jedoch voreilig. Mit dem Bild der Firma als Familie wurde auf Vorstellungen zurückgegriffen, die in der Meiji-Zeit kultiviert wurden: die Dorfgemeinschaft als Familie, die ganze Nation als Familie, deren Geschick vom Kaiser oder in dessen Namen gelenkt wurde. Für das Management war das doppelt opportun. Für betriebsinterne Beziehungen lieferte die traditionelle Familie ein geeignetes Modell für die Legitimation von Autorität und Abhängigkeit. Der patriarchalische Vater-Chef kann Folgsamkeit – zum Beispiel unbezahlte Überstunden oder widerstandslose Versetzung in abgelegene Zweigstellen – erwarten, muss aber auch seiner Verpflichtung gerecht werden, für die Familie zu sorgen. (Wenn er das nicht mehr kann, trifft ihn das persönlich, und er weint.) Nach außen war das Familienmodell für die Firma ein willkommener Schutz gegen die Einmischung des Staates, der starke Neigungen hatte, unternehmerische Initiative durch eine explizite Industriepolitik zu reglementieren. Das Familienmodell rechtfertigt die Priorität persönlicher vor sachlichen Beziehungen, was z. B. bedeuten kann, dass bei der Bonitätsbeurteilung für die Auftrags- oder auch Kreditvergabe langjährige Beziehungen schwerer wiegen als Bilanzen.

Kultivierung des Familienmodells

Das Familienmodell wurde und wird noch immer durch gezielte Maßnahmen kultiviert, insbesondere durch die Sozialisation neuer Belegschaftsmitglieder. Japanische Firmen öffnen ihre Tore neuen Mitarbeitern ganz wie Schulen in der Regel einmal im Jahr. Durch eine feierliche
Aufnahmezeremonie, wiederum wie in der Schule, wird der neue Mitar-
beiterjahrgang in die Firma eingeführt. Reden werden gehalten; das Firmenlied wird gesungen; manche Firmen haben einen Firmeneid oder ein
Motto, Firmenkleidung, ein Abzeichen. Zur Aufnahmezeremonie werden nicht selten auch die Eltern der neuen Mitarbeiter geladen. Ein
wichtiger Einschnitt im Leben wird auf diese Weise markiert.

Für den neuen Jahrgang folgt eine Grundausbildung, während der
sie den Betrieb kennen lernen, seine Geschichte und seine Ideologie.
Gemeinsame Ausflüge und sportliche Übungen gehören gewöhnlich
dazu, wodurch Kameradschaft und die Identifizierung mit der Firma
gefördert werden sollen. Die Neuen werden auch in die Tagesroutine
eingeführt, zu der oft eine gemeinsame Morgengymnastik gehört. Das
Ziel ist, die Belegschaft zu einem harmonisch zusammenarbeitenden
Ganzen zu integrieren.[10] Die Länge der Grundausbildung variiert,
folgt aber ähnlichen Grundsätzen und hat ähnliche Bestandteile. Obwohl die neuen Belegschaftsmitglieder dieser Prozedur durchaus kri-
tisch gegenüberstehen, verfehlt sie insgesamt ihre Wirkung nicht, aus
ihnen loyale Firmenmitglieder zu machen.[11] Das Gesagte gilt für die
Kernbelegschaft, deren langjährige Mitgliedschaft in der Firma erwartet wird, nicht für Teilzeitbeschäftigte, die keine feste Anstellungsper-
spektive haben. Angeleitet werden neue Mitarbeiter von älteren Kollegen, ihren *senpai*. Die *senpai-kōhai*-Beziehung ist ein weiteres Struktur-
merkmal, das an in der Schule eingeübte Verhaltensmuster anknüpft
und die Bedeutung menschlicher Beziehungen unterstreicht. Wie bereits mehrfach betont, beruht die japanische Kultur in starkem Maße
auf bewährten Verfahren, die in der direkten Interaktion weitergegeben werden. Wenn neue Mitglieder einer Körperschaft beitreten, verlassen sie sich bei ihrem Bemühen, deren Funktionsweise kennen zu
lernen und sich einzupassen, weniger auf kodifizierte Standards als auf
die Verfahren, die sie ihre *senpai* anwenden sehen. Wie jüngere Geschwister folgen sie dem Beispiel der älteren.

Solange die Wirtschaft wächst, die Arbeitslosigkeit gering ist und jeder mit regelmäßigen Lohnerhöhungen rechnen kann, ist das Familienmodell anwendbar und verführt dazu, ihm ursächliche Wirkungen zuzuschreiben. Anzuerkennen, dass Beziehungen zwischen Arbeitgebern und Arbeitnehmern in Japan durch das Familienmodell der Firma beeinflusst sind, ist jedoch etwas grundsätzlich anderes als eine so allgemeine These wie die, dass wirtschaftlicher Erfolg kulturelle Ursachen hat. Die Dauerbeschäftigung erhielt erst nach 1960 in den Jahren des hohen Wachstums, als die Arbeitgeber darum bemüht sein mussten, die von ihnen ausgebildeten Arbeitnehmer zu halten, institutionellen Charakter. Und als in der zweiten Hälfte der 1990er Jahre Arbeitslosigkeit zunehmend zum Problem wurde und die Zahl der Konkurse stieg, wurde es immer schwieriger, daran festzuhalten. Freilich hatte unterdessen eine ganze Generation von Arbeitnehmern lebenslange Beschäftigung für einen inhärenten Bestandteil der japanischen Kultur zu halten gelernt. Auch an den Unternehmern ging die langjährige Kultivierung der Idee von der Firma als Familie nicht spurlos vorüber. Sie war zu einer Komponente der japanischen Betriebskultur geworden, die der Entlassung von Mitarbeitern entgegensteht und sie, wo sie sich nicht vermeiden lässt, zu einem traumatischen Erlebnis macht. Japanische Unternehmer und Arbeitnehmer rechnen mit dieser Möglichkeit weniger als insbesondere amerikanische Unternehmer und Arbeitnehmer, die sich hier stärker von Japan unterscheiden als westeuropäische.[12] Insofern stellen die lebenslange Beschäftigung und die Idee der Familie Firma einen kulturellen Aspekt der Arbeitgeber-Arbeitnehmer-Beziehungen in japanischen Betrieben dar, wie sie sich in der zweiten Hälfte des 20. Jahrhunderts entwickelt haben.

Die daraus zu ziehende Lehre ist, dass bei wirtschaftlichen Prozessen bzw. Tätigkeiten genau geprüft werden muss, ob kulturelle Faktoren eine Begleiterscheinung sind, der wirtschaftlichen Entwicklung vorausgehen oder folgen, ihr förderlich oder hinderlich sind oder in keinem erkennbaren Zusammenhang damit stehen. *Die* japanische Kultur als Ganze mit der Leistungsfähigkeit der japanischen Volkswirtschaft in Zusammenhang zu bringen ist ein nutzloses Unterfangen. Zweifellos gibt es unterschiedliche Betriebskulturen, da Betriebe nicht in einem Vakuum, sondern unter ganz bestimmten soziokulturellen Umständen gegründet werden und sich entwickeln. Dass es in Japan, Deutschland und den USA eine Automobilindustrie gibt, heißt nicht, dass die dazugehörenden Betriebe gleich funktionieren. Und die Einsicht, dass es in Nagoya, Detroit und Wolfsburg unterschiedliche Betriebskulturen gibt, erlaubt nicht den Schluss, dass der Erfolg oder Misserfolg der verschiedenen Hersteller allein oder auch nur teilweise kulturell bedingt ist. Selbst wenn Betriebe völlig neuer Industriezweige gegründet werden, müssen sie sich in das lokale soziokulturelle Umfeld einpassen. Sie arbeiten auf der Grundlage der gegebenen kulturellen Ressourcen, machen davon Gebrauch und wirken unter Umständen darauf zurück.

Betriebskultur

Gewisse Besonderheiten des Wirtschaftslebens, der Betriebsführung, der industriellen Beziehungen hängen mit der Kultur zusammen. Der weinende Herr Nozawa kann als ein Patriarch dargestellt werden, dessen Tränen aus konfuzianisch konditionierten Kanälen flossen und als Zeichen der durch ein konfuzianisches Ethos begründeten emotionalen Verbundenheit des Herrn mit seinen Abhängigen, für die er Verantwortung trägt, gedeutet werden können. Dass Nozawas Tränen den Angestellten mehr als den Aktionären galten, kann man vermuten, und das würde zu den Darstellungen passen, nach denen ein wesentlicher Unterschied zwischen dem japanischen und dem amerikanischen Kapitalismus darin besteht, dass japanische Manager für die Angestellten der Firma, amerikanische aber für ihre Aktionäre arbeiten. In dieses Bild passt auch das Vorherrschen von Betriebsgewerkschaften gegenüber Industriegewerkschaften in Japan und die gängige Praxis, dass leitende Angestellte aus dem Betrieb kommen und nicht von außen. Sie handeln als Führer der Belegschaft, nicht als ihre Gegenspieler. Konsens, Kompromiss und persönliche Beziehungen sind deshalb wichtiger als in einem System, wo einerseits Arbeitgeber und Arbeitnehmer ihre Interessen auf überbetrieblicher Ebene gegeneinander verteidigen und andererseits leitende Angestellte oft von außen in die Betriebsleitung kommen und durch die Entlohnung durch Aktienoptionen auf die Seite der Aktionäre gezogen werden. Selbst die Besetzung von Aufsichtsratsposten mit Betriebsfremden war in Japan bis vor kurzem selten. Die japanische Betriebskultur beruht so gesehen mehr auf personalisierten Beziehungen als die europäische oder amerikanische, wo versachlichte Beziehungen eine größere Rolle spielen. Deutlich zum Ausdruck kommt das in der

Aufgabenverteilung und in den Mechanismen der Entscheidungsfindung.

Arbeitnehmer gehören in japanischen Betrieben gewöhnlich einer Gruppe an, und es sind Gruppen, nicht einzelne Arbeiter, denen Aufgaben gestellt werden. Die Nachlässigkeit des Einzelnen schadet seiner Gruppe, die gute Leistung nützt ihr. In einer solchen Organisationsstruktur ist die Beziehung zwischen den Mitgliedern einer Gruppe mindestens ebenso wichtig wie die zwischen einem Manager und seinen Mitarbeitern. Junge Mitarbeiter werden, um Erfahrung zu sammeln, immer wieder anderen Gruppen in anderen Abteilungen des Betriebs zugeordnet. Später bleiben sie oft jahrelang in derselben Gruppe. Die schon in der Schule eingeübte Einordnung in die Gruppe ist eine für den reibungslosen Arbeitsablauf entscheidende Fähigkeit. Gruppen werden Verantwortungsbereiche zugewiesen, in denen sie initiativ werden können, indem sie Vorschläge für die Verbesserung von Produkten oder der Herstellung oder für die Entwicklung neuer Produkte machen. Japanische Manager legen auf die Pflege harmonischer Beziehungen großen Wert und schaffen regelmäßig Gelegenheiten dafür, dass die Mitarbeiter auch außerhalb der Arbeitswelt soziale Kontakte miteinander pflegen.

Auch die Manager selber sind in einen Gruppenzusammenhang eingebunden. Sie arbeiten typischerweise in Großraumbüros, was die informelle Kommunikation erleichtert. Großraumbüros sind für die Verwaltungen großer Firmen wie auch öffentlicher Ämter typisch. Die Anordnung der Arbeitsplätze ist ein Abbild der Hierarchie der Mitarbeiter. Wer will, kann darin die Fortsetzung einer alten Tradition erblicken. Schon am mittelalterlichen Hof war die Sitzordnung symbolischer Ausdruck der Machtverhältnisse. Die Offenheit des Großraumbüros gewährleistet Transparenz, setzt die Beteiligten jedoch auch einem Maximum an sozialer Kontrolle aus. Mouer und Sugimoto haben den repressiven Charakter dieser Praxis hervorgehoben:

> «Einmal eingestellt, kommt das Individuum in eine Arbeitssituation, die dem Gruppendruck und der Gruppenüberwachung Vorschub leistet. Angestellte bekommen kein eigenes Arbeitszimmer, nicht einmal einen abgeteilten Arbeitsplatz. Vielmehr sind sie nach dem *ōbeya* (Großraum) System dazu gezwungen, unter den aufmerksamen Augen ihrer Kollegen zu arbeiten.»[13]

Die relativ einfache Kommunikation auch von unten nach oben in der Hierarchie ist die andere Seite dieses Systems, die für den Mechanismus der Entscheidungsfindung in japanischen Betrieben sehr wichtig ist. Entscheidungen werden nur in den seltensten Fällen ohne lange Vorbereitung von der Betriebsleitung gefällt. Der Prozess ist langwierig, hat viele informelle Komponenten und beruht auf einem dicht geknüpften Kommunikationsnetz. Die erste Phase eines Entscheidungsprozesses besteht in direkten Gesprächen zwischen Beteiligten aller Ebenen, ein zyklischer Prozess, der mehrfach wiederholt wird, um ein Problem von allen Seiten zu beleuchten und eine Lösung einzukreisen. Im Japanischen wird dieses Verfahren mit einer Metapher aus dem Gartenbau als *nemawashi* bezeichnet, was wörtlich ‹die Wurzeln umrunden›, nämlich für die Verpflanzung eines Baums von allen Seiten ausgraben, bedeutet. Wichtig ist hier wieder der Aspekt der Beziehungspflege. Eine Entscheidung muss nicht nur sachlich richtig sein, sondern auch von denen, die sie ausführen sollen, getragen werden. Voraussetzung dafür ist ein intensiver vorbereitender Informationsfluss, so dass sich alle Beteiligten einbezogen und nicht von einer Entscheidung überrascht fühlen. Sitzungen der formell entscheidungskompetenten Gremien haben nach gründlicher Vorbereitung durch *nemawashi* oft nur noch absegnenden Charakter. Selten wird bei solchen Gelegenheiten kontrovers um die richtige Entscheidung gerungen.

Konstitutiver Bestandteil des formellen Entscheidungsprozesses ist das *ringisho*, eine Umlaufmappe bzw. ein Dokument, das die Durchführung einer Aufgabe betrifft, über die alle daran Beteiligten, dafür Verantwortlichen oder auch nur mittelbar davon Betroffenen informiert werden. Das Dokument wird abgezeichnet und weitergegeben. Auf diese Weise wird erreicht, dass «eine stetig wachsende Zahl von Beteiligten die Einzelheiten einer bestimmten Aufgabe formell zur Kenntnis genommen hat. In den niederen Rängen bedeutet die Abzeichnung mit dem Namenssiegel eher Kenntnisnahme denn Billigung.»[14] Trotz der hierarchischen Struktur der Betriebsleitung geht der Umlauf des *ringisho* von unten nach oben, nicht umgekehrt. Der Umlauf bietet Möglichkeiten für Anregungen, Kritik und das Aufmerksammachen auf bisher übersehene Aspekte. Wenn das *ringisho* beim Hauptabteilungsleiter (*buchō*) oder, bei größeren Entscheidungen, bei der Direktion angekommen ist, kann die Entscheidung, der alle Beteiligten durch ihre Abzeichnung zugestimmt bzw. sich angeschlossen haben, umgesetzt werden. Breiter Konsens wird angestrebt und durch dieses Verfahren auch weitgehend erreicht. Der dadurch geschaffene Konformitätsdruck ist wiederum die

Kehrseite dieser Art der Entscheidungsfindung, die vielfach als unzeitgemäß, innovationsfeindlich und für eine effiziente moderne Unternehmensführung zu langwierig kritisiert worden ist. Als ein bewährtes Verfahren gehört sie jedoch zu den kulturellen Aspekten der Institution Firma, die sich nur langsam ändern, zum Teil durch internationale Verflechtungen.

* * *

Nemawashi und *ringisho* als Instrumente der Entscheidungsfindung sind zentrale Bestandteile der japanischen Betriebskultur. Sie sind Ausdruck des speziellen Zusammenhangs von Hierarchie und Solidarität, der die japanische Firma kennzeichnet. Die *senpai-kōhai*-Beziehung gehört ebenso dazu wie das Lernen in der Praxis, das Konsensstreben, der Konformitätsdruck durch soziale Kontrolle und der Aufwand, der für die Kohäsion der Belegschaft und die Kultivierung einer Firmenidentität nicht nur auf der Ebene der Produktrepräsentation getrieben wird, sondern auch auf der der Verbundenheit der Mitglieder mit dem Betrieb. Scheinbare Äußerlichkeiten wie Firmenkleidung, Morgengymnastik, Firmenlied und Großraumbüros mit rangindizierender Sitzordnung drücken der Institution der Firma einen japanischen Stempel auf und illustrieren den Umstand, dass Kultur als Menge bewährter Verfahren direkt mit materieller Manifestation zusammenhängt.

VIERTER TEIL

Materielle Kultur

Kultur ist ein Artefakt. Die physische Umwelt ist der primäre Kontext der Entwicklung einer Kultur. Kultur beginnt dort, wo Menschen über ihre eigene Stellung in dieser Umwelt nachdenken und sich Letztere als etwas vorstellen, was geformt und geregelt werden muss, anstatt sich den Elementen zu unterwerfen. Während der jeweilige Grad des Eingreifens und die Mittel zum Schaffen einer künstlichen, vom natürlichen Lebensraum verschiedenen Lebenswelt sich von einer Kultur zur anderen beträchtlich unterscheiden, ist die existentielle Antithese des menschlichen Lebens universell. Wie alle Lebewesen unterliegen Menschen den Naturgesetzen und müssen sterben. Gleichzeitig steht ihre Existenz unter der Prämisse, sich den Mächten der Natur zu widersetzen. Fortwährend versuchen sie, die Natur zu überlisten und eigene Gesetze zu entwerfen, um eine Zivilisation aufzubauen und die Sterblichkeit zu überwinden. Viele Japaner hängen der verbreiteten Vorstellung an, der japanische Blick auf die Natur sei grundverschieden vom europäischen. Das Streben, die Natur zu unterwerfen, wird als Eckstein der westlichen Zivilisation dargestellt, wohingegen die Japaner, anstatt gegen die Natur zu kämpfen, sich ihrer Macht beugen, seit undenklichen Zeiten in Harmonie mit ihr leben. Dieser Auffassung zufolge ist die Wertschätzung von Natur der geistige Kern der japanischen Kultur, was in vielen ihrer Bereiche offen zutage tritt: Die Japaner bewundern Blumen und Bäume; sie bevorzugen Naturwerkstoffe für ihre Wohnungen; ihre Häuser und Gärten schmiegen sich in die natürliche Umgebung; ihre Empfänglichkeit für den Naturzyklus der vier Jahreszeiten ist allgegenwärtig in Dichtung und Malerei. Mehr noch, sie verehren die Natur als Wohnsitz ihrer Götter. Und die Liebe zur Natur ist keine Sache der Vergangenheit. Bewies nicht Mamoru Mohri, Japans erster Mann im Weltall, dass die Japaner selbst an der vordersten Front der technologischen Entwicklung nicht blind gegen die Natur sind? Auf die Endeavour-Raumschiffmission 1992 nahm er eine Kirschblüte mit, um der Welt zu zeigen, wie sie eingeschlossen in einen schwerelos schwebenden Wassertropfen aussah. Ein zartes Stück (japanischer) Natur in einer vollkommen künstlichen (westlichen) Umwelt!

All das ist richtig, weist aber weniger darauf hin, dass die japanische Kultur der Natur näher ist als andere Kulturen, als auf die ideologische

Stellung der Natur in der japanischen Kultur, auf deren allgemeine Orientierung und charakteristische Weltsicht. Jede Kultur ist auf dem Fundament der Natur errichtet, aber errichtet ist sie von Menschenhand, mit einem Zweck, in bewusster Absicht. Es bedarf lediglich eines zwischen zwei Felsen im Meer gespannten Seils, um Natur in Kultur zu verwandeln. In der Präfektur Mie in Ise, nicht weit von Ise Jingū, dem wichtigsten Shinto-Schrein, sind zwei Felsen auf diese Weise dauerhaft durch ein Seil miteinander «verheiratet», das ihnen eine symbolische Bedeutung verleiht. Sie verkörpern Izanagi und Izanami, das Paar aus Japans Schöpfungsmythos. Wie die Kirschblüte im Weltraum oder auch jede beliebige Blume im *Ikebana* wurden sie aus dem Reich der Natur in das der Kultur gehoben. Dem lassen sich viele ähnliche Beispiele hinzufügen. Ein Zwergbaum (*bonsai*) ist nicht natürlicher als eine Teeschale. So wie sich unter der Hand des Töpfers Ton in ein Stück Geschirr verwandelt, formt die Kunstfertigkeit des Gärtners aus einem Sämling ein Dekorationsstück. Beide streben ein geistiges Modell an, statt der Natur freien Lauf zu lassen. Obwohl nicht zu leugnen ist, dass die Liebe zur Natur, zu natürlicher Schönheit, natürlicher Unvollkommenheit und natürlicher Einfachheit herausragende Themen japanischer Kulturpraktiken sind, haben diese idealisierten Aspekte von Natur mithin sehr wenig mit der unberührten Natur der westlichen dualistischen Ontologie zu tun, wo Körper und Geist, Fühlen und Denken Gegensätze sind, die der Trennung von Natur und Kultur entsprechen. «Kultivierte Natur» oder «Natur als Kultur» ist daher im japanischen Denken weit weniger widersprüchlich als im westlichen. Die Kirschblüte im Weltraum verkörpert die japanische Haltung zur Natur.

Die Natur ist somit ein wichtiges Element der spirituellen und der materiellen japanischen Kultur. In diesem Teil des Buches wenden wir uns der materiellen Kultur zu, das heißt der aktiven Bearbeitung natürlicher Werkstoffe und Kräfte und den daraus entstehenden Artefakten. Zunächst werden wir den menschlichen Körper als etwas Gegebenes und zugleich Geformtes betrachten. Hier wird die Doppelrolle des Menschen als natürliche Kreatur und Schöpfer der Kultur am augenfälligsten ausgespielt, da das Subjekt sein eigenes Selbst in ein Objekt verwandelt und biologisch bedingte Körpermerkmale in sozial bedingte Posen und Gesten umgestaltet. Der menschliche Körper ist eine Leinwand, ein Bild und, natürlich, ein Mannequin, das man bemalen, formen und kleiden kann. Ebenso ist auch Kleidung, das Thema des nachfolgenden Kapitels,

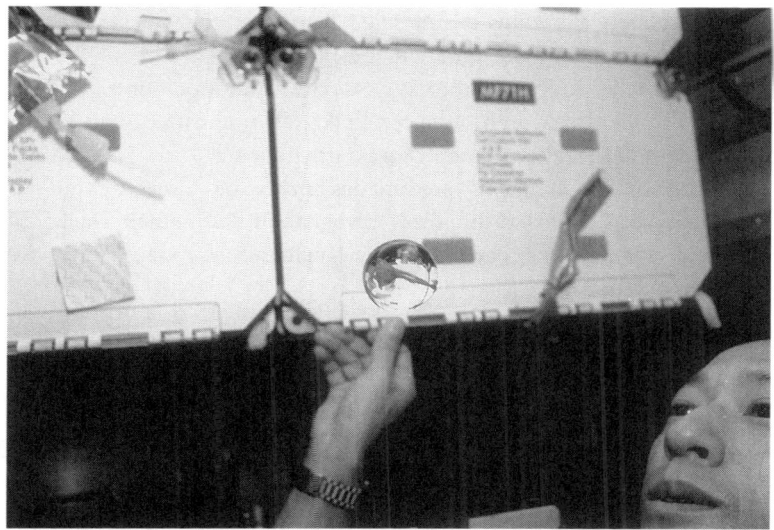

Abb. 16: Mohri Mamoru, Japans erster Astronaut, mit einer in einem Wassertropfen eingeschlossenen Kirschblüte im Weltraum

ein wichtiges Medium kulturellen Ausdrucks. Als Schnittstelle zwischen physischen Bedürfnissen und ästhetischen Wünschen eignet sie sich hervorragend für eine semiotische Analyse als Zeichensystem. Schon die frühesten bekannten Gewänder weisen vielfältige Einflüsse auf, die zu einer charakteristischen japanischen Bekleidung verschmolzen wurden. Auch heute noch, im Zeitalter der Globalisierung, ist die japanische Mode durch die Offenheit gegenüber äußeren Einflüssen und einen gewissen Synkretismus bei gleichzeitiger unverkennbarer Eigentümlichkeit gekennzeichnet, obwohl Mode zu den Artefakten gehört, deren weltweite Verbreitung am schnellsten vor sich geht.

So wie der menschliche Körper, zumindest in Gegenden mit rauhem Klima, bekleidet werden muss, benötigt er auch Obdach. Das dritte Kapitel dieses Teiles erkundet die Wohnung als Kulturraum. Wenn wir das japanische Haus als Teil der japanischen Kultur verstehen wollen, ist es notwendig, wenn auch nicht hinreichend, die physische Umwelt, das Klima, die verfügbaren Baumaterialien, Werkzeuge und Technologien zu untersuchen. Ein Haus trennt seine Bewohner von der Umgebung, der natürlichen Umwelt und dem gesellschaftlichen Milieu. Als ein Stück materieller Kultur verkörpert es soziale Traditionen und wirkt auf sie ein: Familienstrukturen, religiöse Praktiken und ästhetische Ideale. Alle gemeinsam erzeugen einen charakteristischen Stil. Ein Haus ist ein Mikrokosmos, in dem das Private und das Soziale, das Greifbare und das Spirituelle, die Gegenwart und die Vergangenheit unter einem Dach vereint sind; was natürlich ebenso für die Küche gilt, die Gegenstand des nächsten Kapitels ist.

Auch Essgewohnheiten verschmelzen körperliche Bedürfnisse und kulturelle Auswahl, Ernährung und Geschmack. Die japanische Küche ist bekannt für ihre Vorliebe für Frisches und Rohes, wobei das Rohe nicht mit dem Groben oder dem Natürlichen gleichgesetzt werden darf. Vielmehr ist die Küche ein Ort, an dem meist hoch kultivierte Naturprodukte eine weitere kulturelle Umgestaltung für den Verzehr erfahren. Die Analyse der Beziehung zwischen traditionellem japanischen Essen und anderen Merkmalen der materiellen Kultur, besonders Küchenutensilien und Architektur, wird das deutlich machen. Die Japaner haben ihre eigene Grammatik des guten Geschmacks geschrieben, in der die Ästhetik der Tafel eine zentrale Stellung einnimmt.

Der feine Sinn für optische Schönheit, der in japanischen Esswaren zum Ausdruck kommt, die zum Kauf und zum Verzehr angeboten werden, durchdringt die meisten Bereiche von Japans materieller Kultur, insbesondere die Künste und das Handwerk. Das letzte Kapitel wird einige Charakteristika dieser beiden Bereiche erörtern und versuchen, bestimmte Allgemeinheiten und gegenseitige Abhängigkeiten der verschiedenen Gebiete der materiellen Kultur, die das Thema dieses Teiles des Buchs sind, zu ermitteln. Die Meteorologen halten es einem Gerücht zufolge für möglich, dass eine durch das sanfte Flügelschlagen eines Schmetterlings im brasilianischen Regenwald ausgelöste Turbulenz sich über die ganze Welt ausbreitet und einen tropischen Sturm verursacht, der an der japanischen Küste niedergeht. In kulturellen Untersuchungen sollten wir auf ähnliche Wirkungen gefasst sein. Nicht alles in der Kultur hängt miteinander zusammen, aber zwischen einzelnen Bereichen und Elementen gibt es vielfältige Beziehungen und unerwartete Wechselwirkungen. Die genaue Analyse eines einzigen Artefakts kann den archimedischen Punkt zum Verständnis einer ganzen Kultur liefern: der Schreibpinsel mit auffüllbarer Patrone, das elektronische

Siegel, Essstäbchen aus Plastik. Technische Spielereien dieser Art deuten darauf hin, dass die materielle Kultur in vielerlei Weise die technische Entwicklung überdauert, dass die formende Kraft der Kultur auch in der immer mehr durch technische Zwänge bestimmten Lebenswelt unserer Zeit, die mehr Kontakte zwischen den Kulturen ermöglicht als je zuvor, noch nicht erloschen ist.

12
Der beschriebene Körper

Indem der menschliche Körper zum Ort der Darstellung gemacht wird, verschmelzen biologisches und soziales Erbe, Natur und Kultur. Das Beibringen von rituellen Narben, die Beschneidung und andere körperliche Mutilationen, durch die der natürliche, ungeformte Körper bewusster Gestaltung unterworfen wird, sind Praktiken, die bei vielen Völkern im Zusammenhang mit Initiationsriten stehen. Auch nicht-invasive Hygiene und Körperpflege dienen der Kultivierung des Leibes und damit gleichzeitig seiner Individuierung und Vergesellschaftung. In Japan wird damit, wie wir bei der Behandlung der mit der Geburt verbundenen Übergangsriten in Kapitel 1 gesehen haben, sehr früh begonnen.[1] Drei Tage nach der Geburt erfolgt die Einführung in einen Schlüsselbereich der japanischen Kultur: das erste rituelle Bad, gefolgt vom ersten Haarschnitt und dem Anlegen der ersten Kleider. Damit sind drei Topoi benannt, an denen sich die japanische Kultur das ganze Leben lang manifestiert, auch noch im modernen Japan. Das Bad ist der Ort der täglichen Körperreinigung, der Begegnung und des Vergnügens; das gepflegte Haar ist der größte Stolz weiblicher Schönheit; und auf propere Kleidung wird allenthalben großer Wert gelegt. Das Aussehen, so hatten wir bereits verschiedentlich festgestellt, ist mehr als eine Äußerlichkeit. Absichtsvolles Design versieht den Körper mit Bedeutung und verwandelt ihn in ein Zeichen. Unter den verschiedenen Praktiken, die dem dienen, sind in Japan drei besonders augenfällig, die Tätowierung, die Kosmetik und die Frisur.

Tätowierung

Jede Tätowierung setzt einen Betrachter voraus, dem sie die Botschaft vermittelt, «ich verfüge über diesen Körper». Das Ich, das hier spricht, ist nicht der Tätowierer. Er führt die Dermagraphie nur aus, wobei er im Auftrag des Inhabers des Körpers oder eines anderen handelt, der seine

Verfügungsgewalt über diesen Körper in ihn einschreiben läßt. Diese allen Tätowierungen gemeinsame Metabotschaft ist universell, bedarf also für ihre Entschlüsselung keiner weiteren Kenntnisse. Anders ist es mit der darunter liegenden speziellen Botschaft, die gewöhnlich nach einer emischen Interpretation verlangt. Motive mögen offensichtlich sein, ihre Bedeutung jedoch erschließt sich nur vor dem Hintergrund des kulturellen Zeichensystems, zu dem sie gehören. Die vielen Europäer, die im Zuge der Meiji-Restauration ins Land kamen, waren von den extravaganten Tätowierungen, derer sie gewahr wurden, fasziniert. So heißt es in einem Ende der 1880er Jahre erschienenen Buch:

«Wahrscheinlich wird das Tätowieren immer weniger werden, aber in der Vergangenheit war es weit verbreitet, selbst unter Frauen der höheren Schichten. Heutzutage tragen die «Läufer», die den Part der Zugpferde spielen, die prächtigsten Muster zur Schau, die manchmal fast den ganzen Körper bedecken und häufig einen großen Formenreichtum zeigen. Kunstvoll angeordnete Vögel, Drachen und Blumen in rot, weiß und blau sind die Hauptmotive.»[2]

Der Autor konnte die Bilder der verzierten Haut sehen, die Bedeutung von Vögeln, Drachen und Blumen jedoch, ohne Bezugnahme auf den sozialhistorischen Kontext und den ikonographischen Zeichenschatz, zu dem sie gehören, nicht verstehen.

Zeichen der Schande

Die ältesten Belege für Dermagraphie finden sich im *Nihon Shoki* (720 u. Z.), wo von der Gesichtstätowierung als Strafe berichtet wird. Tamabayashi Seirō, der eine der ersten Gesamtdarstellungen der japanischen Tätowierung vorgelegt hat, weist darauf hin, dass die Betroffenen keine Schwerverbrecher waren, wurde im Altertum doch schon Diebstahl mit dem Tod geahndet.[3] Die punitive Tätowierung auf der Stirn – wie die Legende von Kain bezeugt, eine weit verbreitete Praxis – macht ihren Träger als Missetäter kenntlich. Bei wiederholter Straffälligkeit wurden dem ersten Mal weitere Striche hinzugefügt. Die unmissverständliche Metabotschaft, dass nämlich der Richter über den Körper des Gezeichneten verfügt, wurde durch eine explizite Botschaft ergänzt. So ist die Stirn des rechten oberen Gesichts in Abbildung 17 mit dem chinesischen Zeichen *aku*, ‹schlecht›, inskribiert und die des linken unteren mit dem für ‹Hund›, *inu*, was dem Ausschluss

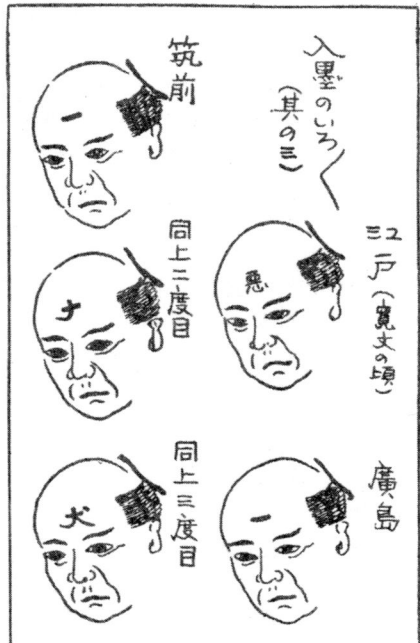

Abb. 17:
Straftätowierung als Stigma[4]

aus der menschlichen Gesellschaft gleichkam. Straftätowierungen wurden außer auf der Stirn auch am Arm angebracht, wobei die Anzahl und Anordnung der Striche ein einfaches Zeichensystem bildeten, das zur Darstellung von Art und Schwere der Übertretung diente. Diese Art der Bestrafung als Stigmatisierung macht von einem Mechanismus der sozialen Kontrolle Gebrauch, der den Umgang mit abweichendem Verhalten in Japan in gewissem Maße noch heute kennzeichnet. Sie stützt sich weniger auf einen absoluten, normativen Schuldbegriff als auf die Schande und die Scham vor der Gesellschaft, deren Blick sich niemand entziehen kann.

Für die punitive Tätowierung wurde zunächst der aus China übernommene Ausdruck _bunshin_ (chin. _wén shēn_) verwendet, was so viel bedeutet wie ‹beschriebener Körper›. Die beiden chinesischen Zeichen wurden in der Folge auf japanisch auch _irezumi_ gelesen, was die bis heute gebräuchlichste Bezeichnung ist, die freilich ihrerseits unterschiedlich geschrieben wurde. Sie besteht aus der Konjunktionalform _ire_ des Verbs *iru*, ‹einführen›, und der phonetisch angepassten Form *zumi* des Nomens *sumi*, ‹Tusche›, und beschreibt somit den Prozess der Dermagraphie, der in der mittels einer Nadel vorgenommenen Einführung von Tusche unter die Haut besteht. Als Bezeichnung für ein Stigma hatte *irezumi* ursprünglich eine eindeutig negative Bedeutung. Daneben kamen für die dekorative Tätowierung andere Bezeichnungen in Gebrauch, insbesondere *horimono* von *horu*, ‹einritzen›, und *mono*, ‹Ding›. Dass auch diese Form der Tätowierung das Anrüchige niemals ganz verlor, liegt daran, dass zumindest einer ihrer Ursprünge in dem Bestreben zu suchen ist, die Straftätowierung durch Übermalung zu camouflieren. Zu diesem Zweck wurden verschiedene Motive verwendet, u. a. das chinesische Zeichen *butsu*, ‹Buddha›, oder die buddhistische Anrufungsformel *namu amida butsu*, die den Übeltäter zu einem Mann machte, der den Beweis seiner Frömmigkeit auf der Stirn trug. Durch die neue Botschaft ändert sich wie bei jeder Fälschung die Metabotschaft, nämlich die vermeintliche Autorenschaft der Inskription. Noch immer sagt sie, «ich verfüge über diesen Körper», aber nun ist das Ich nicht mehr der Richter, sondern der fromme Mann selber.

Zeichen der Differenz

Dem Stigma in seiner Unauslöschbarkeit verwandt ist das in die Haut geritzte Versprechen, die Tätowierung als Zeichen der Liebe, der Opferbereitschaft, der Verbundenheit, des Treueschwurs. *Kishō-bori* genannt, kam diese Praxis nicht zuletzt wegen ihrer Schmerzhaftigkeit in verschiedenen Epochen immer wieder in Gebrauch, wobei gewöhnlich kleine Motive verwendet wurden, z. B. Schriftzeichen aus dem Namen des Liebhabers bzw. der Geliebten, die notfalls mit Moxabustion[5] wieder entfernt werden konnten. Auch Tätowierungen dieser Art haftete immer etwas Rebellisches, zumindest Unkonventionelles an, ein Ruch von Halbwelt. Was den Normbrechern aufgezwungen wurde, nahmen manche, die gegen den Stachel der rigiden konfuzianischen Ordnung des Tokugawa-Staates löckten, freiwillig auf sich: Sie erwarben ein permanentes Zeichen der Differenz. Strenge Konfuzianer betrachten den Körper als eine Gabe der Eltern, die man nicht das Recht hat zu versehren. Schmuck, der eine Beschädigung des Körpers erfordert, wie auch Tätowierung lehnen sie deshalb ab. Die Tätowierung verband so gesehen die

Abweichler am Rande der Gesellschaft miteinander. Halbnackt arbeitende Senftenträger, Boten, Pferdeknechte, Kurtisanen, Handwerker und andere Städter der Unterschicht trugen sie für jeden sichtbar zur Schau, und auch in den öffentlichen Bädern konnte man sie bewundern. Nur unter Aufwendung manchmal beträchtlicher Mittel und Schmerzen zu erwerben, war sie vor allem denen ein Symbol der Härte und auch des Reichtums, denen der soziale Aufstieg und die Teilnahme an der politischen Macht verwehrt waren. Von Kurtisanen und ihren Freiern wurde die Schmucktätowierung in das Repertoire der Abenteuer und Eskapaden des zügellosen Stadtlebens integriert. Immer aufwendiger und raffinierter wurden die Dekors, aber zu den spektakulären Ganzkörpertätowierungen, von denen die europäischen Reisenden in der Meiji-Zeit so beeindruckt waren, kam es erst sehr spät und, wie eine Mode, sehr plötzlich in den zwanziger Jahren des 19. Jahrhunderts.

Zeichen der Kultur

Als der Reichtum der großen Städte zunahm, das kulturelle Leben vielfältiger und die Vergnügungssucht breiter Bevölkerungskreise größer wurde, nahmen auch das Kabuki-Theater und die populäre Lektüre einen Aufschwung. Volkstümliche Geschichten wurden in großen Auflagen vertrieben, ihre Helden von Holzschnittkünstlern verewigt. In der späten Edo-Zeit wurde namentlich das *Suikoden* zu einem Bestseller und regelrechten Kultgegenstand.[6] Die alte aus China stammende Legende handelt von Banditen, die das einfache Volk gegen Übergriffe der korrupten Autoritäten verteidigten. Berühmte Künstler, insbesondere Utagawa Kuniyoshi[7] (1798–1861 u. Z.), später auch Hokusai (1760–1849 u. Z.) und Kunisada (1786–1864 u. Z.), beteiligten sich mit Holzschnittserien zu der Geschichte an dieser Mode. Ihre Bilder waren so beliebt, dass sie zur Vorlage von Tätowierungen wurden. In der Tat waren viele Tätowierer selbst Holzschnitzer, die ihre Schnitzmesser durch Nadeln ersetzten, um ihre Kunden in lebendige Kunstwerke zu verwandeln. In Holzschnitten aus der Zeit sind in einer doppelten Spiegelung dann wiederum viele tätowierte Figuren abgebildet, und unter den Tätowierungen gab es solche, die tätowierte Helden des *Suikoden* oder anderer volkstümlicher Geschichten zeigten. Die Dermagraphie wurde so zu einer multimedialen Manifestation kultureller Motive, die noch

Abb. 18: Holzschnitt eines tätowierten Kabuki-Schauspielers von Kunisada
aus dem Jahr Ansei 6 (1859)

den zusätzlichen Reiz des Ephemeren hatte, der in Japan so geschätzt wird: Das Kunstwerk stirbt mit seinem Besitzer.[8]

Pfingstrosen, Kirschblüten, Ahornblätter und Kiefernzweige sind beliebte Pflanzenmotive, die in der Malerei, in der Blumensteckkunst, im Stoffdesign und auf Porzellan und Steingut einen festen Platz haben. So auch die Tiermuster – Drache, Fuchs, Affe, Kranich, Karpfen, Tintenfisch, Schlange, Schmetterling –, die auf profane und sakrale Literatur Bezug nehmen und mit Prototypen arbeiten. Dazu kommen Helden, Götter und Geister aus der Folklore. Die Kunst der Tätowierer besteht darin, die Motive zu einem einzigartigen Ganzen zusammenzufügen, das den symbolischen Bedürfnissen des Auftraggebers gerecht wird. Auch hier geht es wieder um Bedeutung. Tätowierungen sind Aussagen, die einerseits von der Schmerzindifferenz ihrer Träger sprechen, andererseits ästhetische Vorstellungen buchstäblich verkörpern und schließlich Bewunderung für bestimmte Figuren, Wünsche und Ängste repräsentieren. Denn alle genannten Motive haben eine feststehende ikonographische Bedeutung. Die Kiefer ist ein heiliger Baum, der für die Neujahrsdekoration verwendet wird und Gegenstand zahlloser künstlerischer Darstellungen ist, ebenso wie die Kirschblüte, das Symbol der Vergänglichkeit, die Pfingstrose als Symbol fürstlicher Macht usw. Die symbolischen Bedeutungen der Tiere sind gleichfalls stereotyp: Der Affe ist ein kluger Freund der Menschen; der Karpfen ist der «König der Flussfische», so wie die Meerbrasse der «König der Seefische» und der Kranich der «König der Vögel» ist, alle drei Glück verheißend. Füchse sind von Geistern besessen und haben die Macht, Menschen zu verhexen, während Schlangen das ewige Leben darstellen, als Gottheit des Reisfelds verehrt werden, aber auch sexuelle Konnotationen haben. Der blaue Drache, ein mächtiges göttliches Wesen, herrscht im Osten und bringt den segensreichen Regen für den Ackerbau. Indem die großflächige Tätowierung aus diesem symbolischen Formenschatz schöpft, der den Charakter eines Codes hat, konstituiert sie ein komplexes interpretierbares Zeichen. Die unumgängliche, kulturell determinierte Zeichenhaftigkeit lässt die Tätowierung auch als Amulett geeignet sein, als Zeichen nämlich, das Schutz vor bösen Mächten gewährt. Buddhistische Gottheiten wie der mit einem Schwert bewaffnete Fudō Myōō, Fujin, der Gott des Windes, und Rajin, der Gott des Donners, waren als hautnahe Begleiter in dieser Funktion sehr beliebt. Über ihre dekorative Funktion hinaus macht die Tätowierung den beschriebenen Körper so zu einem

Artefakt, das den Tropen der japanischen Kultur auf vielschichtige Weise Ausdruck verleiht.

Zeichen der Rückständigkeit

Für die Europäer, die ab Mitte des 19. Jahrhunderts nach Japan kamen, waren die vielen Tätowierungen, die auf den Straßen zu sehen waren, ein Faszinosum, dessen ästhetische Qualitäten ihnen nicht entgingen. Nicht wenige von ihnen ließen sich selbst ein Souvenir in die Haut schnitzen. In Japan jedoch, wo man seit Meiji peinlich darauf bedacht war, Gepflogenheiten abzulegen, die westlichen Vorstellungen von Zivilisation nicht entsprachen, geriet die immer etwas fragwürdige Kunst als Zeichen der Rückständigkeit zunehmend in Verruf. Ihre Produkte erregten trotz oder vielleicht auch gerade wegen ihrer tiefen Verwurzelung im traditionellen Zeichenschatz der heimischen Kultur als potenzielle Beweise barbarischer Sitten das Missfallen der Autoritäten, die schließlich das Tätowieren unter Strafe stellten. Im dritten Meiji-Jahr (1870) wurde die dekorative Tätowierung verboten und die Straftätowierung abgeschafft. Aber obwohl die Studios der Künstler zur Zielscheibe von Razzien wurden, erhielt sich das Handwerk in einer subkulturellen Nische, in der es noch heute gepflegt wird, ja, in den letzten Jahrzehnten des 20. Jahrhunderts eine Renaissance erlebte.[9] Tätowierer, insbesondere diejenigen, die das *tebori*, ‹Handschnitzen›, mit traditionellen Werkzeugen praktizieren und keine elektrischen Nadeln verwenden, verstehen sich als Künstler, die den menschlichen Körper als Malgrund betrachten, der nach artistischer Gestaltung verlangt. Noch im 21. Jahrhundert benutzen berühmte Meister wie Horiyoshi II aus Tokyo und Horihide aus Yokosuka in der Tradition der Holzschnittkünstler als Pseudonyme Namen berühmter Meister der Vergangenheit und führen deren Kunst fort.

Kosmetik

Dass, wer schön sein will, leiden muss, ist beim Tätowieren offensichtlich. Andere traditionelle Verfahren der Körpermodellierung sind weniger schmerzhaft, aber auch von weniger dauerhafter Wirkung. Statt eine permanente subkutane Pigmentveränderung künstlich herbeizuführen, lässt sich die Farbe der Haut auch durch oberflächliche Behandlung einem Schönheitsideal anpassen, mit Schminke. Mit der Tätowierung gemein hat die Hautbemalung den zugrunde liegenden Wunsch, das natürlich Gegebene nach eigenen Ideen zu formen und so in ein Zeichen zu verwandeln. Die Werkzeuge dafür, Farbkasten, Pinsel, Pinzetten, Buntstifte, Puder, Cremes, Lotionen etc., sind heute der Grundstock einer großen Industrie, deren Bedeutung im Erdgeschoss jedes japanischen Kaufhauses sichtbar ist und von der Wertschätzung der perfekten Erscheinung zeugt.

Schminke ist in Japan schon früh bezeugt. Tonfiguren, die aus dem dritten bis sechsten Jahrhundert stammen, also bevor die aufgezeichnete japanische Geschichte beginnt, sind im Gesicht bemalt. Sie dienten als Grabbeigaben und sind nach ihrer zylindrischen Form und dem Material als *Haniwa* bekannt (*hani* ‹Ton›, *wa* ‹Ring›). Wie bei den Haniwa war die Gesichtsbemalung ursprünglich eine rituelle Praxis, die für kultische Handlungen und Festtage (*hare no hi*) reserviert war. Um eine Gottheit zu verkörpern und schamanistische Tänze aufzuführen, wurde, statt eine Maske anzulegen, das Gesicht geschminkt. Verbreitete Toponyme wie *Keshōzaka*, ‹Schminkhügel›, *Keshōike*, ‹Schminkteich›, *Keshōshimizu*, ‹Schminkquelle›, benannten ursprünglich Orte, an denen Tempeldienerinnen und Kurtisanen sich schminkten oder im vollen Ornat sangen und tanzten.[10] Schon in der Heian-Zeit (794–1185) war das Schminken aus der sakralen in die profane Welt übernommen worden und ein Teil des höfischen Lebens, wo es von beiden Geschlechtern praktiziert wurde, um die Bemalten – wiederum ein Zeichen der Differenz – vom gemeinen Volk zu unterscheiden.

«Das hoch entwickelte ästhetische Empfinden des höfischen Mittelalters, sonst der Natur und ihrer Schönheit herzlich zugetan, machte beim Menschen eine Ausnahme: Es galt individuelle Züge so gut wie möglich auszumerzen. Männer wie Frauen bei Hofe liefen geradezu grotesk entstellt einher, mit maskenhaft totgeschminken Gesichtern. […] Man entnahm dem Gesicht, was immer sich daraus entnehmen ließ, indem man die Augenbrauen ausrasierte, die Zähne durch Schwarzfärben unsichtbar machte und das gesamte Gesicht einschließlich der Lippen mit (billiger) Reiskleie oder (teurem) Bleiweiß übertünchte. […] In dem geweißten, seiner Individualität beraubten Gesicht wurden nun, dem damaligen Schönheitsideal entsprechend, die natürlichen Züge mit Schminke korrigiert und neu aufgemalt, die Augenbrauen mit blaugrüner Tusche nach oben versetzt und die Lippen winzig mit Zinnober angedeutet.»[11]

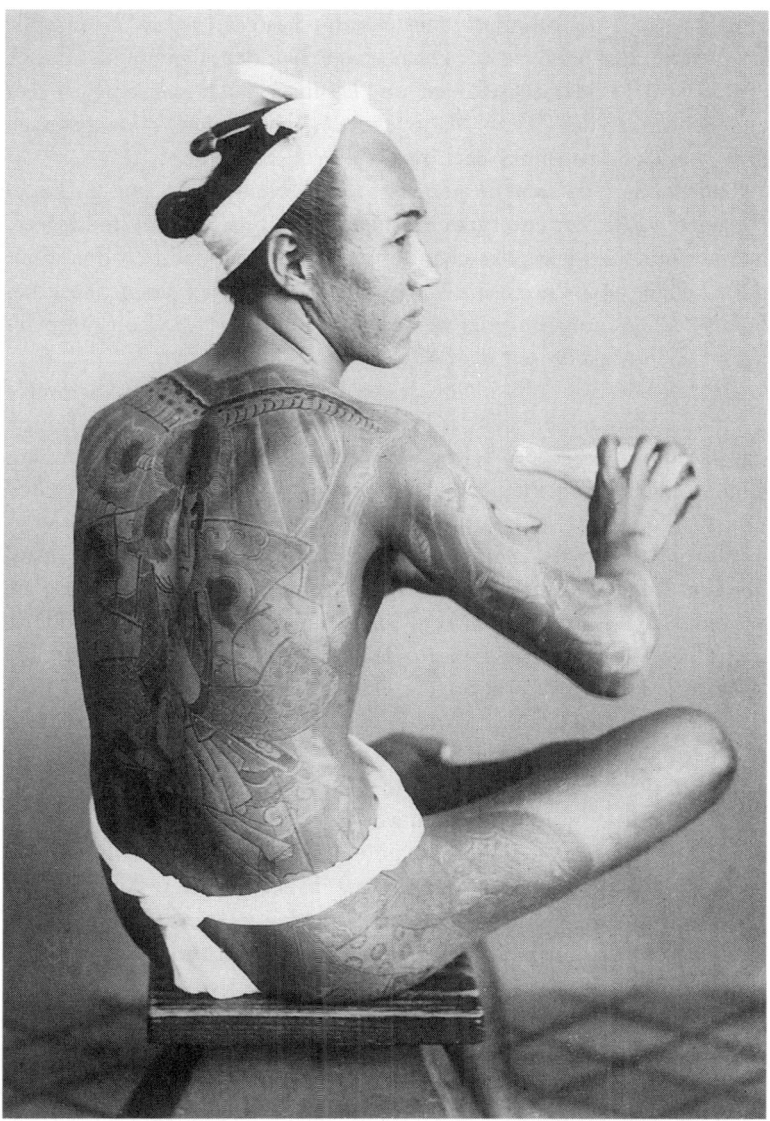

Abb. 19: Tätowierter Mann um 1890 (© Hotei Publishing)

Fünf Instrumente gehörten zum Schminkbesteck: *yūmen*, Baumwolle bzw. Watte zum Einölen der Haare; *mayuzumi*, der Augenbrauenpinsel; *oshiroi*, weißer Puder; *beni*, Rouge; und *hagurume*, auch *kane*, eine Tinktur zum Schwärzen der Zähne. Männliche Gesichter waren von rechts nach links, weibliche von links nach rechts zurechtzumachen.

Eine weiße Haut war unverzichtbar, wenn man nicht wie ein Bauer aussehen wollte, der unter freiem Himmel arbeitete. Gesicht und Körper wurden mit Reiskleie gewaschen, in der Hoffnung, dadurch den Teint aufzuhellen, eine Praxis, die in ländlichen Gegenden noch heute bekannt ist. Dick aufgetragener weißer Puder, *oshiroi*, ist die Konstante des japanischen Makeup seit dem Mittelalter.

In der Edo-Zeit übernahm das erstarkende Bürgertum die weiße Schminke wie auch das aus der Färbedistel (*benibana*) gewonnene Rouge, das allerdings wegen der Seltenheit der aus Ägypten stammenden, aus China eingeführten Pflanze extrem teuer war und deshalb nur selten und sparsam verwendet wurde.

Ohaguro, dem Schwärzen der Zähne, diente eine Tinktur, die aus in Tee und Sake oxidierten Metallsplittern hergestellt wurde. Ursprünglich war diese Praxis dem weiblichen Geschlecht vorbehalten, sie markierte den Übergang vom Mädchen zur Frau. Die Zähne durch Schwärzung unsichtbar zu machen erhöhte die Attraktivität der Frau und galt außerdem als gesund. In der Kamakura-Zeit wurde dieses Schönheitsideal von Männern übernommen, in der Edo-Zeit aber wieder auf Frauen beschränkt, die es bis in die späte Meiji-Zeit pflegten.

Das Erwachsenwerden der Frau wurde seit der Heian-Zeit auch durch *mayuzumi*, das Anmalen der Augenbrauen, angezeigt. Dafür wurden Asche und Ruß verwendet. Verheiratete Frauen rasierten sich nach der Geburt des ersten Kindes die Augenbrauen, um sie künstlich nachzuziehen. Diese Praxis blieb ebenfalls bis Ende des 19. Jahrhunderts in beinahe allen Bevölkerungsschichten erhalten. Heute ist sie nur noch gelegentlich bei Schaustellern zu beobachten, die mit Musikinstrumenten umherziehen, um bei Geschäftseröffnungen und ähnlichen Anlässen aufzuspielen.

In anderen, gehobenen Subkulturen, namentlich in der Welt des Kabuki-Theaters und der Geisha, wird die Kunst der Zeichnung von Lippen und Augenbrauen auf kalkweißen Grund noch gepflegt. Heute tragen Schauspieler und Künstlerinnen dieses Metiers die Stereotype japanischer Gesichtsdarstellung als Memento vergangener Zeiten zur Schau.

Das karmesinrote Augenmakeup und die aufgemalten Lippen, die kleiner als der natürliche Mund sind, heben sich sehr markant vom Gesicht ab, das bis zum Nacken weiß geschminkt ist und mit der schwarzen Haartracht kontrastiert.[12] Die Glück verheißende Kombination von weiß und rot (die Farben von Geschenkbanderolen, von Absperrzäunen bei Festen, der japanischen Fahne) passt zu dem Gesicht der Schönen, deren Profession die gehobene Unterhaltung ist. Das Lächeln bekommt durch den stilisierten Mund etwas sehr Künstliches, was noch dadurch unterstrichen wird, dass die Geisha zum Lächeln mit geschlossenem Mund erzogen wird, da selbst makellose, nicht geschwärzte Zähne in dem schneeweißen Gesicht gelb wirken. Die Lippen geschlossen zu halten oder den Mund zu verbergen gehört zur Etikette, worauf auch die charakteristische Geste der den Mund beim Lachen und auch oft beim Sprechen bedeckenden Hand zurückzuführen ist, die unter Japanerinnen aller Schichten weit verbreitet ist, obwohl sich die Kosmetik seit der Meiji-Zeit immer mehr westlichen Formen und Farben angeglichen hat.

Das Schönheitsideal der hellen Haut hat seinen Reiz freilich noch nicht verloren. Die Sonnenschirme, die vor allem von älteren Damen zum Schutz vor der Bräunung aufgespannt werden, zeugen davon ebenso wie die oft sehr stark aufgetragene Schminke. Unterdessen hat freilich die Jugend für ihre Selbstdarstellung einen eigenen Code entwickelt, nach dem gebräunte Gesichter unter Haaren fast jeder Kontur und Schattierung in die Welt blicken, deren Mode sie folgt und die sie gelegentlich selbst beeinflusst.

Haartracht

In der Individualgeschichte wird, wie am Beginn dieses Kapitels erwähnt, mit der Kultivierung des Haupthaars in Japan schon im zartesten Säuglingsalter begonnen, symbolisch jedenfalls. Das hat eine Parallele in der Kulturgeschichte, in der die symbolische Bedeutung der Haarpflege ebenfalls schon sehr früh in Erscheinung tritt. Heute unterscheidet sich die Haarmode in Japan kaum vom Westen und ist insofern indikativ für den Kulturkontakt seit der Meiji-Zeit. So weit, wie gesicherte Aussagen überhaupt in der Geschichte zurückreichen, war die Haartracht immer ein kulturelles Subsystem, dessen Entwicklung die Sozialgeschichte widerspiegelte. Die Frisur ist älter als die aufgezeichnete Geschichte. Davon zeugt eine Legende über das wichtigste Instrument der Haarpflege, den Kamm, die sich in der ältesten Chronik, dem Kojiki (712), findet.

Berichtet wird von dem Gott Izanagi, der in die Unterwelt hinabsteigt, um seine Gefährtin Izanami dazu zu bewegen, mit ihm zurückzukehren. Sie bittet ihn zu warten, während sie sich mit anderen Göttern in einer Höhle berät. Als Izanagi die Zeit zu lang wird, bricht er einen Zahn aus seinem Kamm und benutzt ihn als Fackel, mit der er in die Höhle leuchtet. Dort findet er Izanami, die sich mit den Göttern offenkundig nicht nur beraten hat, sondern in einem Zustand der Auflösung befindet, woraufhin er entsetzt davonläuft. Izanami, nicht weniger schockiert, so gesehen zu werden, schickt ihm einen Teufel hinterher. Izanagi bricht die Zähne eines anderen Kamms ab und wirft sie auf den Boden, wo sie sich auf der Stelle in delikate Bambussprossen verwandeln. Während der Teufel innehält, um sie zu essen, kann Izanagi entkommen.

Die magischen Kräfte des Kamms beschränken sich nicht auf die Ausschmückung, er kann vor bösen Geistern schützen. Ein solches Instrument gilt es mit Ehrfurcht zu behandeln. Im Yasui-Konpira-Schrein in Kyoto wird deshalb alljährlich im September ein Ritus für gebrauchte Kämme mit abgebrochenen Zähnen abgehalten, bevor sie in einem reinigenden Feuer verbrannt werden. Kämme wurden von altersher mit großer Kunstfertigkeit hergestellt, sowohl für die Haarpflege als auch als Schmuck. Fein poliertes Buchsbaumholz ist ein bis heute beliebtes Material.

Schon im japanischen Altertum zwischen dem fünften und achten Jahrhundert u. Z. wurde die Haartracht zu einem Alter und soziale Stellung abbildenden Zeichensystem, das in der höfischen Kultur des Mittelalters weiter ausdifferenziert wurde. In der Kunst der Heian-Zeit werden Hofdamen stets mit körperlangem niederwallenden Haar dargestellt, «das zu waschen, trocknen, kämmen und mit Haaröl zu pflegen eine aufwendige Arbeit war. [...] Sich kahl scheren zu lassen war das größte Opfer einer Frau, die der Welt zu entsagen und Nonne zu werden gedachte.»[13] Einen solchen Aufwand mit der Haarpflege zu treiben, konnte sich nur die Oberschicht leisten. Im Mittelalter blieben die Haare lang, wurden aber hoch gebunden, und im Laufe der Jahrhunderte kamen für diesen Zweck Zierkämme, Haarnadeln und anderer Haarschmuck aus Buchsbaum, Lack, Perlmutt und Elfenbein in Gebrauch, der in der Edo-Zeit immer raffinierter und kostbarer wurde. In dieser

Epoche wurde die elegante Frisur zu einem Attribut weiblicher Schönheit, das über die gehobenen Schichten hinaus vor allem in der städtischen Bevölkerung Verbreitung fand. Obwohl Frisuren durch Aufwand und Stil weiterhin sozial indikativ waren, ist darin ein Anzeichen des langsamen Aufweichens der starren Standesbarrieren zu erblicken.

Die männliche Haartracht erfuhr seit dem Altertum ebenfalls etliche Metamorphosen. Ein Erlass aus dem späten siebten Jahrhundert von Temmu Tennō schrieb Männern ebenso wie Frauen vor, das Haar hochzubinden. Das zwang zum Knüpfen von Knoten und Schlaufen, was sich vor allem für die Samurai als hinderlich erwies. Im Mittelalter gingen sie dazu über, vor militärischen Übungen und Kriegszügen die Schädeldecke zu scheren, da der dichte Haarschopf unter dem Helm unangenehm warm war. Das Haar an den Seiten und am Hinterkopf ließen sie herabhängen, banden es aber, wenn sie keinen Helm trugen, zu einem Zopf, der an den Schädel zurückgebunden oder umwickelt wurde, um vom Hinterkopf abzustehen. Diese sehr markante, ursprünglich aus praktischen Notwendigkeiten hervorgegangene Haartracht blieb auch in der Edo-Zeit erhalten, als aus den Kriegern langsam Beamte wurden. Heute tragen einen solchen Zopf (*chonmage*) noch die Sumō-Ringer, verzichten allerdings auf das Scheren der Schädeldecke. In der Welt des Sumō ist der *chonmage* ein Emblem des aktiven Ringers, das ihm bei Beendigung seiner Karriere in einer Zeremonie abgeschnitten wird. Wie die Tätowierer und andere traditionelle Handwerker und Künstler führen sie eine vormoderne Praxis fort, von der sich der Rest der Gesellschaft bereits im Zuge der Meiji-Reformen trennte. 1871, als die ständische Ordnung offiziell abgeschafft wurde und die Samurai das Privileg des Schwertertragens einbüßten, wurden alle Männer per Regierungsdekret (*dampatsurei*) aufgefordert, ihre Zöpfe abzuschneiden, denn wie die Schwerter waren sie ein sehr auffallendes Symbol einer vergangenen Epoche.

* * *

Von alters her und von der Geburt an wird die physische menschliche Natur ebenso wie der Geist der Formung durch die Gesellschaft unterworfen. Noch stärker als heutzutage erfuhren die Menschen im vormodernen Japan ihre Kultur am eigenen Leibe. Haut und Haar waren die Schnittstellen von Natur und Kultur. Mit der Körperpflege verbundene

Riten, Regierungserlasse, die Dermagraphie, Haarstil und andere Aspekte des Aussehens betrafen, die Tatsache, dass die bemalte Haut und das ondulierte Haupthaar verrieten, welchen Standes, welchen Alters und welcher Profession man war und dass beide zum Medium artistischer Gestaltung gemacht werden konnten; all dies zeugt von der großen kulturellen Bedeutung der Körpergestaltung, deren spezifisch japanische Ausprägung zunehmend von Formen der westlichen Zivilisation überlagert worden sind. In der peinlichen Beachtung von Hygiene und Sauberkeit aber ist sie immer noch wirksam wie auch in der allgemeinen Haltung zum Körper, bei der Seele und Charakter viel weniger als in der dualistischen Kultur des Abendlands gegenüberstehen. Dass sichtbar ist, wer und was man ist, hat in Japan eine lange Tradition, denn wie schon im Zusammenhang mit den Regeln der Etikette in Kapitel 3 deutlich geworden ist, hat die Unterscheidung zwischen Wesen und Erscheinung im Rahmen der japanischen Kultur wenig Sinn. Das ist vielleicht nicht darauf zurückzuführen, steht aber damit im Zusammenhang, dass Japaner (mit Ausnahme der Christen unter ihnen) anders als Juden und Christen nicht einen von Gott geschaffenen Körper *haben*, sondern ihr sozialisierter Körper *sind*. Epidermis und Haar sind ein Teil des sozialen Selbst, dessen Eigenschaften sich auch darin manifestieren, wie es sich anzieht. In nicht geringerem Maße als die Bemalung der Haut ist die Kleidung ein Zeichensystem, das das Individuum mit der gesellschaftlichen Ordnung verbindet und seine kulturelle Identität bestimmt. Ihr wenden wir uns jetzt zu.

13
Kleidung und Mode

Das Grundbedürfnis, den nackten Körper vor den Elementen zu schützen, erfüllen die Menschen auf höchst unterschiedliche Weise. Dabei reagieren sie einerseits auf Klima und natürliches Milieu, ändern ihre Gewohnheiten andererseits jedoch innerhalb desselben Milieus im Laufe der Zeit. Kleidung wird dadurch zu einem Differenzierungsmerkmal, das sich dazu eignet, Gruppen nach außen voneinander abzugrenzen und im Inneren zu differenzieren. Als Zivilisationsprodukt wird sie nach Prinzipien gestaltet, die praktisch-funktionale Notwendigkeiten transzendieren. Die Herstellung von Kleidern geschieht durch die Gewinnung, Aufbereitung und Verarbeitung von Materialien mittels geeigneter Techniken. Neben den Schutz tritt durch den Werkzeuggebrauch das Ornament, das im Extremfall die Funktion der Körperbedeckung überlagert, so dass das Kleid zur Kunst oder zum Symbol wird, erst nur bei den Mächtigen, später in der ganzen Gesellschaft. Was verhüllt und enthüllt werden muss und darf, ist Gegenstand von Regeln, die aufs Engste mit der Etikette und der Kultivierung von Gefühlen im Zusammenhang stehen, Gefühlen nämlich der Scham, des Schönheitsempfindens und des Tabus. Sie sind gesellschaftlich geprägt und also variabel. Deshalb können Kleiderordnungen entstehen, die allerdings eine gesellschaftliche Differenzierung voraussetzen. In Japan gab es solche (*ifukurei*) schon im Altertum. Indem sie zweckmäßige, technische, soziale, emotionale, und ästhetische Merkmale in sich vereint, ist Kleidung nicht nur funktional, sondern auch bedeutungsvoll. Was die Variation determiniert, kann nur durch die Interaktion dieser Faktoren erklärt werden, die in unten stehender Matrix zusammengefasst werden können.

Der Körper ist die menschliche Natur. In seiner ererbten schutzbedürftigen Nacktheit ist er universell und daher ohne Scham. Seine Verhüllung erfolgt einerseits funktional, nämlich seiner Gegebenheit und der Umwelt angepasst; andererseits ästhetisch, nämlich den durch Erlernen geformten Gefühlen entsprechend schamhaft sozialisiert und also speziell.

Bekleidung des Körpers

Natur	Kultur
Schutz	Zierde
universell	speziell
ererbt	erlernt
gegeben	geformt
funktional	ästhetisch
schamlos	schamhaft

Ursprünge

Im japanischen Altertum war die Kleidung, nach dem Wenigen, was man darüber weiß, einfach und für beide Geschlechter ähnlich. Sie bestand aus einer kittelartigen Jacke und weiten Hosen, beides aus gewebtem Tuch. Die wichtigsten Belege hierfür sind wiederum die im vorigen Kapitel erwähnten *Haniwa*, die bei Gräbern gefundenen Tonfiguren. Ähnliche Kleider werden auf Wandbildern in koreanischen Gräbern dargestellt. Ob Japan Stoffe oder Kleider aus Korea importierte, ist nicht bekannt; möglich ist es jedoch, da seit dem vierten Jahrhundert Handelsbeziehungen nachgewiesen sind.

Im sechsten Jahrhundert kommt es durch die Einführung des Buddhismus und des chinesischen Regierungssystems zu einer deutlichen Veränderung der Bekleidungsgewohnheiten. Prinz Shōtokus zivilisatorisches Sinisierungsprogramm erstreckte sich auch auf die Garderobe. Er dekretierte eine Kleiderordnung und statuierte damit ein Exempel dafür, dass die Mode mit der Macht geht. Allerdings hatte diese Kleiderordnung nur für den Hof Geltung, weswegen wir den Begriff ‹Mode› in diesem Zusammenhang zurücknehmen müssen. In einer fast ausschließlich agrarischen Gesellschaft hat er keinen Platz. Im ländlichen Leben jener Zeit überwog das Funktionale über das Ästhetische. Zwar veränderten sich Habitus und Garderobe, aber nicht im Sinne einer Mode, die eine andere ablöst. Mode ist eine durch kurzfristige Zyklen gekennzeichnete Verhaltensregelung, die keineswegs nur Kleidung betrifft. Sie setzt andere gesellschaftliche Konfigurationen mit Städten als Zentrum sozialen Geschehens voraus, die sich erst viel später herausbilden. Die Gewänder, die der Prinz am Hof von Asuka[1] einführte, glichen im Stil ihren chinesischen Vorlagen. Ebenfalls nach chinesischem Vorbild wurde die Kleidung zum Bestandteil des förmlich geregelten Hoflebens.

Hierarchische Kodierung

Für das von Prinz Shōtoku 604 eingeführte System von zwölf höfischen Rängen (*kan'i jūnikai*) der Beamten, die den Staat verwalteten, gab es eine symbolische Kodierung: sechs Farben in dunklem und hellem Ton für die sechs Hauptränge, die jeweils eine niedere und eine obere Stufe hatten. Im Taihō-Kodex von 702 (Taihō 2), der die rechtliche Basis des Ritsuryō-Systems war, und im Yōrō-Kodex, der 757 in Kraft trat, wurden die Rangordnung und ihr symbolischer Farbenkode weiter verfeinert, aber das Grundprinzip blieb dasselbe. Die Farben der von den Höflingen getragenen Kappen und ihre Kleidung zeigten ihren Rang an: dunkel- und hellpurpur an der Spitze, gefolgt von rot und rosa, dunkel- und hellgrün, dunkel- und hellblau, und braun und gelb.[2] Orangegelb steht als Farbe des buddhistischen Klerus und des Kaisers über dieser Hierarchie. Die Kleiderordnung des Yōrō-Kodex bezog sich nicht nur auf die Farben, sondern auch auf andere Details. So legte sie etwa fest, dass die vorn in der Mitte geteilten Gewänder links über rechts schlagend zu schließen waren. Damit waren zwei traditionsbildende Präzedenzen geschaffen, die symbolische Bedeutung der Farben und die der Kleider. Das galt zunächst für die Aristokratie. Man *bekleidete* ein Amt, das im Sinne des Wortes an der Kleidung zu erkennen war. Diese Praxis erwies sich als außerordentlich beständig, sie blieb bis an die Schwelle zur Moderne erhalten. Noch fast tausend Jahre nach ihrer Einführung beschrieb Engelbert Kaempfer die differenzierende Funktion der höfischen Kleidung:

«Der Hoff trägt zu mehrer distinction von ihren weltlichen landes leuten, welche Sie vor ein gering und unheiliges Geschlecht achtet, eine absonderliche art Kleidung; welche unter den Hoff leuten selbst in einigen theilen also variert, das eines jeden würde daraus zu erkennen steht. [...] Sie sind angethan mit weiten langen hosen, und über dieselbe mit einem ümbher weit abstehenden, bey ihnen also genanten, compliment oder Ehren Röcken, woran rücklings ein abhangender schweiff nach schleppt. Die platte des Hauptes ist gezieret mit einer gepappten und schwarz verlackten Mütz von mancherley wunderlichem form, nach eines jeden qualität, [...] Das Frauen zimmer trägt

*Abb. 20: Haniwa-Figur einer Tempeldienerin (miko)
aus der Kofun-Zeit (6. Jahrhundert u. Z.).
Sammlung des Nationalmuseums Tokyo*

von anderen weltlichen persohnen ihrer Sexe gleichfalls absonderliche kleidung, und sonderlich des Dairi[3] Gemahlinnen jede 12 ungefutterte mit Gold
beblühmte kostbare Röcke.»[4]

Ungeachtet der Beharrlichkeit, mit der die Aristokratie über die Jahrhunderte daran festhielt, sich durch die Garderobe vom Volk zu unterscheiden, veränderte sich ihre Kleidung. In der Heian-Zeit löste sie sich
vom chinesischen Einfluss, die der Frauen schneller als die der Männer,
und bildete eigene Muster aus, die zu einem in der Literatur viel beschriebenen Bestandteil der ästhetisierten Hofkultur wurden. Seide
wurde aus China importiert, aber Spinnerei, Weberei und Färbetechnik
waren hoch entwickelt und erlaubten die Herstellung prächtiger Stoffe.
Für hoch stehende Hofdamen kam das zwölfschichtige Gewand, *jūnihi-
toe*, in Gebrauch, das sie bei förmlichen Anlässen trugen. Das waren
opulente, farbenprächtige Kleider, die auf dem Boden schleiften, zum
Sitzen besser geeignet waren, als um sich darin fortzubewegen. Das entsprechende zeremonielle Gewand der Höflinge, *sokutai*, hatte ebenfalls
eine Schleppe, *shitagasane*, an dem Überkleid, *hō*, unter dem sie an den
Knöcheln zugebundene Hosen, *sashinuki*, und ein Unterkleid, *hitoe*, trugen. Die formelle Kopfbedeckung war eine lackierte Krone, *kammuri*,
deren hinterer bogenförmiger Teil nach oben stand oder herabhing.
Männer und Frauen trugen an den Füßen Socken, die bereits den heute
noch zum Kimono getragenen Tabi glichen. Die Gewänder beider Geschlechter waren vorn in der Mitte geteilt und wurden durch Schärpen
und Gürtel zusammengehalten. Unterschiede zwischen den Geschlechtern waren deutlich, aber in keiner Weise körperbetont. Es gab keine
Taille, kein Dekolleté, keine sichtbaren Beine, keine die Sexualität be-
tonenden oder auch nur anerkennenden Linien. Unterschiede gab es in
Farben, Mustern und Qualität der Stoffe und in der Länge von Ärmeln
und Schleppe, nicht im Bezug darauf, welche Körperteile dem Blick des
Betrachters freigegeben wurden. Im Winter wie im Sommer bedeckten
die höfischen Kleider praktisch den ganzen Körper, anders als die Kleider nichtadliger Frauen und Männer, die sehr viel einfacher waren. Insbesondere in der warmen Jahreszeit wurden ärmellose Gewänder, *tena-
shi*, getragen, die praktisch, aber weniger dekorativ waren und nicht so
geeignet, das feine Sittenspiel, das sich zwischen Verhüllung und Ent-
hüllung entfaltet, auszuleben. Das höfische Leben war, wie «Das Kopf-
kissenbuch» der Hofdame Sei Shōnagon und die «Geschichte vom Prinzen Genji» ihrer Kollegin Murasaki Shikibu bezeugen, alles andere als

prüde. Der lustvolle Umgang mit der schönen Kleidung hatte daran einen wichtigen Anteil. Zwar war die Alltagsaufmachung von Hofdamen und Höflingen weniger aufwendig, aber insgesamt war die Kleidung am Hof von Heian wie das ganze kulturelle Leben durch Farbenpracht und Raffinesse gekennzeichnet, was auf die wirtschaftlichen Aspekte des distinguierten, nämlich (Standes-)Unterschiede markierenden Geschmacks verweist. Den Aufwand, der dafür getrieben wurde, konnte eine Agrarwirtschaft nur für eine hauchdünne Schicht tragen. Die Auszeichnung des Hofadels durch die Kleidung war somit exklusiv und eindeutig.

Die Verschiebung der politischen Macht vom kaiserlichen Hof zum Sitz des Shōguns in Kamakura 1185 schlug sich in der Bekleidung nieder. Die Eleganz und Verspieltheit weicher und fließender Formen wich größerer Strenge und Einfachheit. Die Alltagskleidung der zu Macht und Ansehen gelangten Samurai, ein mit breitem Kragen versehener, vorne über Brust und Bauch überkreuz geschlossener Jagdrock, *kariginu*, wurde hoffähig. Zusammen mit einer gestärkten ‹Schulterjacke› aus Seide oder Gaze, *kataginu*, und weiten Hosen, *nagabakama*, die viel länger als die Beine waren und daher beim Gehen eines gewisses Geschicks bedurften, wurde sie zur Tracht für offizielle Anlässe an den Fürstenhöfen. Frauen trugen weite seidene Hosenröcke, *hakama*, mit daran festgenähten Gürteln aus demselben Stoff, in die je nach Anlass und Jahreszeit mehrere Schichten gefütterter Ärmelkleider, *uchiki*, gesteckt wurden. Letztere wurden im ausgehenden Mittelalter durch den kurzärmligen Kimono, *kosode*, ersetzt, der die Bekleidung in den nächsten Jahrhunderten beherrschen sollte. In der Muromachi- und der Azuchi-Momoyama-Zeit an der Schwelle zur frühen Moderne wurde der Kosode am Hof über mehreren Unterkleidern getragen.

Kosode

Der Kosode ist der Kimono, wie man ihn heute kennt. Er gehört zu den emblematischen Kulturgegenständen, die eine ganze Epoche charakterisieren, die Edo-Zeit.[5] Ein Kleidungsstück für beide Geschlechter, wurde er von allen Frauen und Männern getragen, die es sich leisten konnten. Anders als die höfische Kleidung und die der Oberschicht in den vorausgegangenen Epochen bestimmte er das Stadtbild, insbesondere in

Edo, das unter der Herrschaft der Tokugawa-Shōgune zu einer vor Leben und Geschäftigkeit übersprudelnden Megapolis heranwuchs. Der Schnitt des Kosode ist äußerst einfach, er wird zur Gänze aus einer langen Stoffbahn geschnitten und hat nur wenige, gerade Nähte. Der Abfall beim Zuschnitt ist deshalb sehr gering. In der kalten Jahreszeit wird über den Kosode ein dreiviertellanger Mantel, *haori*, im selben Schnitt getragen. Noch einfacher im Schnitt als der Kosode ist der Obi, die dazu gehörende Schärpe, die an die Stelle schmalerer Gürtel trat, mit denen vordem die Kleider zusammengehalten wurden. Er ist eine bis zu 4 Meter lange und 30 Zentimeter breite Tuchbahn, die um die Mitte des Körpers gewickelt und hinten zu einer Schleife gebunden wird. Die hierfür verwendeten Stoffe sind schwerer und steifer als die des Kosode. Dank neuer Webe- und Färbetechniken wurden in der Edo-Zeit Baumwoll- und Seidenstoffe vom leichtesten Chiffon bis zum schwersten Brokat in bis dahin nie gesehener Vielfalt an Farbschattierungen und Mustern hergestellt. Gewoben, geprägt, bemalt, mit Schnürbatik gefärbt, bestickt, mit Gold und Silber durchwirkt, wurden diese Stoffe zu tragbaren Kostbarkeiten.[6]

Die Gewerbe der Tuchmacher, Färber, Schneider und Kimonohändler erlebten eine Blüte. Ihre Kundschaft war nicht mehr allein die Aristokratie, sie rekrutierte sich vor allem aus dem städtischen Bürgertum (*chōnin*), das den Kosode zum augenfälligsten Symbol seines wachsenden Reichtums und Einflusses machte. Kaufleute und Handwerker, Kurtisanen, Schauspieler und andere Künstler trugen ihn und benutzten ihre Kostüme, und solche wurden es nun, um nicht nur miteinander, sondern auch mit der Aristokratie zu rivalisieren, der sie das Vorrecht auf wertvolle Garderobe streitig machten. Jedes Kleid ist ein Kostüm, das städtische Leben, in dem sich eine Öffentlichkeit formiert, ein Theater; jeder tritt auf. Mit dem Kostüm kann sein Träger in eine Rolle schlüpfen, und das ist etwas grundsätzlich anderes als ein Stand, in den man geboren ist. Die Bedrohung, die das für den konfuzianischen Staat bedeutete, erkannte das Shogunat schon früh. Es begegnete ihr mit Verordnungen, die die zulässigen Materialien, Farben und Stile der von den Gemeinen getragenen Kleider einschränkten. Ein Erlass aus dem Jahre Tenna 3 (1683) etwa verbot den Import von Luxusartikeln, während ein anderer das Tragen prunkvoller Kleider untersagte. Dabei ging man sehr ins Detail: Wer nicht der Aristokratie angehörte, durfte keine Kimonos in Auftrag geben, für deren Herstellung Goldgaze, Stickerei und durch

Tabelle 5: Bukkiryō, ‹Trauerkleiderverordnung›, der Tokugawa-Regierung (1684)

Verstorbener	Dauer der Trauer	Trauerkleidung
Eltern(teil)	50 Tage	13 Monate
Adoptiveltern	20 Tage	150 Tage
Großeltern	30 Tage	150 Tage
Urgroßeltern	20 Tage	90 Tage
mütterlicherseits	10 Tage	30 Tage
Onkel, Tante	20 Tage	90 Tage
mütterlicherseits	10 Tage	30 Tage
Geschwister	20 Tage	90 Tage
Stiefeltern	10 Tage	30 Tage
Cousin/-ine	7 Tage	7 Tage

Schnürbatik hergestelltes gesprenkeltes Tuch verwendet wurden.[7] Ein anderer Erlass aus demselben Jahr bestimmte, dass Ärzte einen Schnurrbart zu tragen hatten. Wie sehr der Tokugawa-Staat darauf versessen war, den Lebenswandel der Menschen in allen Einzelheiten zu reglementieren, offenbart ein Erlass aus dem folgenden Jahr, der Vorschriften über Trauerkleidung zum Inhalt hat (*bukkiryō*). Geregelt wird die Länge der Trauerzeit und des Tragens von Trauerkleidung, wie aus Tabelle 5 ersichtlich.

Diese Verordnung galt für Samurai, wurde aber von den Städtern kopiert. Ebenso wie das Verbot luxuriöser Kleider für den Kaufmannsstand und andere ähnliche Verordnungen aus dieser Zeit diente sie dazu, die unterscheidende Funktion von Kleidung und Haartracht als Symbol der ständischen Ordnung zu bestätigen. Denn diese Ordnung geriet durch den Aufstieg des finanzkräftigen Stadtbürgertums immer mehr unter Druck. Kleidung erwies sich hier sehr unmittelbar als Ausdruck gesellschaftlicher Verhältnisse; die Machtelite selber glaubte, über die Kleider die Gesellschaft regulieren und die herrschende Ordnung erhalten zu können. Eine spontane, ungeregelte Veränderung der Kleidung, insbesondere die Anmaßung von Gewändern, die die herrschende Klasse auszeichneten, konnte sie nicht zulassen, da ihre eigene Legitimität gefährdet war, wenn der aufstrebenden Klasse erlaubt wurde, auf einem Gebiet mit ihr zu konkurrieren. Eben dies taten ja die sich in feinste Seidenkimonos hüllenden Kaufleute, die nach traditionellen Vorstellungen den untersten Stand der Gesellschaft ausmachen sollten.

Abb. 21: Kosode. Grundschnitt des kurzärmligen Kimonos der Edo-Zeit
(17. Jahrhundert), Länge 154,5 cm, Breite 68,8 cm.
Nationalmuseum Tokyo

Aber die Kleiderverordnungen kamen zu spät, nicht alle hielten sich daran, die Entwicklung war nicht mehr aufzuhalten. Zwar wurde die Mode in der Folge, sowohl was die Qualität als auch was das Design der Stoffe betraf, etwas verhaltener, aber es war eben eine Mode, nämlich eine kollektive Übereinkunft über die ästhetische Ausgestaltung des menschlichen Körpers mit Kleidern und Accessoires, die periodischem Wandel unterliegt und nicht von der Autorität sanktioniert ist. Nicht von ungefähr sprechen die Kulturhistorikerinnen Gluckmann und Takeda[8] im Zusammenhang mit den sich verändernden Formen und Mustern des Kosode von Mode, denn in der Edo-Zeit waren die sozialen und wirtschaftlichen Verhältnisse der Stadt zur Ausbreitung neuer Designs in breiteren Bevölkerungsschichten geeignet. Elaborierte Muster um die Hüften des Kosode wurden modern, dann wieder verschob sich der Blickfang nach unten zum Saum. Neue Modelle und Stile entstanden, asymmetrische Muster, die sich traversal von der linken Seite zum rechten Saum zogen, im so genannten *Edozuma*-Stil. Die Bezeichnung nimmt, was hier durchaus bedeutsam ist, auf die Stadt Bezug, nicht auf einen gesellschaftlichen Stand oder einen Beruf. Die Mode läutete das Ende der ständischen Kleidung ein und nahm das Ende der ständischen Ordnung der Feudalgesellschaft vorweg. Was der Soziologe René König zur geschichtlichen Entwicklung der Mode generell feststellte, gilt auch für Japan. Eine ständische Ordnung verträgt sich nicht mit Mode. Sie kennt nur die Differenzierung der Trachten, aber nicht die Nachahmung der Kleidung der oberen durch die unteren Schichten. «Die Nachahmung tritt erst in Aktion, wenn die Ständeordnung zerfällt.»[9] Das geschah in Japan nicht über Nacht durch eine Revolution, aber das sich entwickelnde Modebewusstsein war ein untrügliches Zeichen des einsetzenden Zerfalls.

Und noch eins illustrieren die emanzipatorischen Bekleidungspraktiken des städtischen Bürgertums der Edo-Zeit, den Skandal der Mode. Eine neue Mode ist immer ein Verstoß gegen die herrschenden Sitten, eine Herausforderung des guten, nämlich von der Elite gutgeheißenen Geschmacks, weswegen sie niemals mit Gleichgültigkeit aufgenommen wird. Das hat nichts mit der Schutzfunktion und alles mit den ästhetischen und emblematischen Funktionen der Kleidung zu tun, nämlich mit der Demokratisierung des Geschmacks und der Möglichkeit des sozialen Aufstiegs.[10] Mode ist nicht auf Kleidung beschränkt, sie umfasst auch Schmuck, Schminke, Haartracht und andere Requisiten des gesellschaftlichen Auftritts auf der Bühne des Stadtlebens. Auch die Bürger, die sich an die Kleidervorschriften der Regierung hielten, brauchten nicht auf ostentativen Konsum als Zeichen ihres Wohlstands zu verzichten. Fächer, Geldbörsen, Pfeifenetuis, Behälter für Siegel und Siegelfarbe und andere *sagemono*, ‹Dinge, die (am Gürtel) hängen›, boten dazu reichlich Gelegenheit. Hierzu gehören auch und ganz besonders die Netsuke, mit Löchern durchbohrte Knebel, welche mit den anderen Gegenständen an einer Seidenschnur am Gürtel befestigt wurden.[11] In der Edo-Zeit entwickelten sich Netsuke zu einer eigenen Kunstgattung. Verarbeitet wurden verschiedenerlei Hölzer, die sich zum Schnitzen eigneten, wie Buchsbaum, Kirschbaum und das schwarze Kakiholz, ebenso wie Elfenbein von Elefanten und Walrössern, Koralle, Schildpatt, Perlmutt, Bernstein und Lack. Die von hervorragenden Schnitzern hergestellten, oft auf den ersten Blick unauffälligen, aber höchst kunstvollen Kleinplastiken sind geradezu paradigmatisch für den Reichtum des Bürgertums der Edo-Zeit, das diese Kunst florieren ließ. Sie gedieh in einer Nische, in der Produkte entstanden, mit denen die Bürger die regulativen Versuche der Regierung, die standesgemäße Kleidung und mit ihr die Ständeordnung zu bewahren, unterliefen. Dem Einzug der Mode war damit der Boden bereitet.

Die Aneignung des Kosode durch das städtische Bürgertum und seine weitere Verbreitung in der Bevölkerung drängten die standes- und berufsspezifischen Trachten langsam zurück, obwohl der Kosode keineswegs uniform, sondern vielmehr ein höchst variables, Alter, Geschlecht, Jahreszeit und Gelegenheit anzupassendes Kleidungsstück war. Zusammen mit Haartracht und Kopfbedeckung erlaubte es die soziale Einordnung seines Trägers, so, wie es Kleider immer getan hatten. Die entscheidende Neuerung war, dass die starre Grenze zwischen der Aristokratie und den übrigen drei Ständen durch den Kosode eingerissen worden war. Seine Verbreitung ging von der Metropole Edo und dann von den anderen Städten aus, eine Bewegung, wie sie für die Mode der Neuzeit charakteristisch ist.

Die Sprache der Mode

Roland Barthes' Einsicht[12], dass jede Mode ihre eigene Sprache schafft, hat nichts von ihrer Gültigkeit verloren. Die Sprache der Mode ist ein Teil von ihr und dient dazu, das Unmoderne als solches auch in der Benennung obsolet zu machen. Gleichzeitig weist sie darauf hin, dass die Mode ein emisches System ist: Differenzen sind in einem kulturellen System bedeutungsvoll, und Bedeutungen ändern sich innerhalb desselben. Die Mode und die daran beteiligten Industrien haben ihre eigenen Fachsprachen, die Aufschluss darüber geben, wie wichtig und wie entwickelt das kulturelle Subsystem der Bekleidung in einer Epoche ist. Die Funktion solcher Fachsprachen ist es, die für Fachleute bzw. die Angehörigen einer Kultur erforderlichen terminologischen Differenzierungen zur Verfügung zu stellen. Der Terminus ‹Kimono› etwa ist in die europäische Modesprache eingegangen, bezeichnet dort aber etwas durchaus anderes als im japanischen Kontext. Auf Japanisch bedeutet *kimono* ‹Kleidung›, während das gleichlautende Lehnwort in westlichen Sprachen in etwa dasselbe bedeutet wie japanisch *kosode*. Die Differenzen in Stoff, Farbe, Muster, Länge, Volumen, Art der Fütterung, Länge und Weite der Ärmel etc. lassen sich nur umschreiben, da ihre Bedeutungen im europäischen Kontext unbekannt sind. Im Japanischen haben sich demgegenüber, wie zu erwarten, für die Bezeichnung der signifikanten Differenzen Fachausdrücke entwickelt. Alle in diesem Kapitel kursiv gedruckten Wörter gehören dazu. Sie zu verwenden ist eben darin begründet, dass sie deutlicher als deutsche Umschreibungen die Emik des Systems offenbaren. Es ist ein differenzielles System mit bestimmten bedeutungsvollen Kontrasten. So kontrastiert beispielsweise *kosode*, wörtlich: ‹Kurzärmel›, der Kimono der Samurai und der Städter der Edo-Zeit, mit *nagasode*, wörtlich: ‹Langärmel›, dem Gewand der Höflinge und buddhistischen und shintoistischen Priester (die metonymisch auch selber so bezeichnet wurden). Ein anderer, heute noch bedeutungsvoller Kontrast ist der zwischen *kosode* als Gewand erwachsener, verheirateter Frauen und dem von jungen Mädchen getragenen langärmligen *furisode*.

In der Edo-Zeit entstanden mit neuen Webe-, Färbe- und Stickereitechniken zahlreiche Fachtermini, ein deutliches Indiz für die kulturelle Relevanz der Kleidung in dieser Epoche. Außerdem wurden viele Textilien eingeführt, und zwar nicht nur wie schon immer aus China, sondern auch aus Südostasien. Nach dem oben erwähnten Verbot prunkvoller Stoffe wuchs die Nachfrage für gestreifte Baumwollstoffe, genannt *shima*, was ‹Insel› bedeutet und auf die Herkunft dieser Textilien in Übersee hinweist. Besonders populäre Streifenmuster wurden unter dem Namen ihrer Herkunftsorte bekannt, wie *bengara* und *jagatara*, Bengalen bzw. Jakarta. Die bedeutende Rolle der niederländischen Handelsfakto-

Tabelle 6: Textiltermini

ayaori	gemusterter Seidendamast
kanokoshibori	gesprenkelter Stoff mit «Rehkitzmuster» (weiße Flecken auf farbigem Grund)
kinran	Goldbrokat
ginran	Silberbrokat
komanui	Metallstickerei (Gold- und Silberfäden werden mit Überfangstichen festgenäht)
sha	Seidengaze
shuchin	Satin mit eingeprägtem Relief
tango chirimen	weißer Seidencrêpe
donsu	Damast
nishiki	Brokat
nerinuki	mit Rohseidenfaden als Kette und irisierendem Seidenfaden als Schuss gewebtes Tuch
fūtsū	auf Vorder- und Rückseite unterschiedlich gefärbter Stoff, der beidseitig verarbeitet werden kann, so dass Revers, Taschen usw. oft umgekehrt aufgesetzt werden.
rinzu	Satin mit eingewebtem Muster
ro	Seidengaze (feiner gewebt als *sha*)

Tabelle 7: Bekleidungstermini

kimono	Kleidung (*kiru* – anziehen, *mono* – Ding)
kosode	Kimono (*ko* – klein, *sode* – Ärmel)
nagasode	Hofkleidung, Sondertracht (*nagai* – lang, *sode* – Ärmel)
furisode	Kimono für junge Mädchen (*furu* – herabfallen, *sode* – Ärmel)
obi	Schärpe, die den Kimono zusammenhält
obijime	Schnur, die den Obi zusammenhält
kataginu	ärmellose Jacke der zeremoniellen Samurai-Tracht
yukata	baumwollener Sommerkimono (*yu* – Bad, *kata* – Kleid)
hitoe	ungefüttertes Sommergewand (wörtl.: eine Schicht)
jūnihitoe	festliches Gewand der Hofdamen (wörtl.: zwölf Schichten)
kōchiki	Alltagskleid für Hofdamen
uchiki	gefüttertes Untergewand
uchikake	Übergewand über Kimono
hakama	weite Faltenhose
nagabakama	schleppender Hakama, zusammen mit *kataginu* (Männer) oder *kōchiki* (Frauen) zu tragen
haori	Dreiviertelmantel über Kimono
tabi	Schnallensocken mit abgeteilter großer Zehe mit verstärkter Sohle
zōri	Sandalen, zu Tabi und Kimono zu tragen

rei für den Textilimport jener Zeit hat ihren terminologischen Niederschlag in der Bezeichnung *kyaputen*, ‹Kapitän›, gefunden. Der Titel des
Faktoreivorstehers stand für ein Streifenmuster, das freilich nicht aus
Holland, sondern Ost-Indien kam. Von Dutzenden in der Edo-Zeit ent-
standener Textiltermini führt die Liste auf Seite 229 nur einige zur Illustration an.

Bis zum Ende der Edo-Zeit war die fachsprachliche Terminologie von
Kleidungs- und Textilwesen ein geschlossenes System. Zwar kannte man
westliche Kleider von den Holländern in Nagasaki, aber man trug sie
nicht. In den «Geschichten von den rothaarigen Barbaren» (*Kōmō zatsu-
wa*,1787) beschreibt Morishima Chūryō die Kleidung der Niederländer[13], wobei er sich in Ermangelung japanischer der niederländischen
Termini bedient, z. B. *rokku*, ‹Rock›, *kureido*, ‹Kleid›, hier ein Überrock,
und *puroiku*, ‹pruik› (Perücke). Diese Termini wurden aber nie in den japanischen Wortschatz aufgenommen, denn dafür gab es keine Notwendigkeit. Das änderte sich schlagartig in der Meiji-Zeit.

Yōfuku und wafuku

Die Meiji-Restauration brachte auch auf dem Gebiet der Garderobe ein-
schneidende Neuerungen mit sich, denn zu den vielen westlichen Kultur-
gütern, die von den Japanern übernommen wurden, gehörten auch die
Kleider. Die entsprechende Terminologie, größtenteils aus Lehnwörtern
bestehend, wurde Teil der japanischen Sprache. 1872, im fünften Jahr
Meiji, ging der Meiji-Tennō dazu über, bei Staatszeremonien eine Militär-
uniform im westlichen Stil zu tragen. Der Ehrgeiz, von den westlichen
Mächten respektiert zu werden, verlangte es, ihren Rock überzustreifen
und ihre Maßstäbe für Zivilisiertheit zu akzeptieren.[14] Als sich der Hof zu
dieser radikalen Änderung der Kleiderordnung entschloss, war die berühmte Iwakura-Gesandtschaft (1871–1873) unterwegs in Europa. Hohe
Beamte unter Führung von Iwakura Tomomi bereisten den Westen, um
von ihm zu lernen. Einer von ihnen, Ōkubo Toshimichi, hatte in Bezug
auf Europa erklärt: «Gegenwärtig bemühen sich alle Länder der Welt darum, die Lehren der ‹Zivilisation und Aufklärung› zu verbreiten, und
ihnen fehlt es an nichts. Wir müssen es ihnen darin deshalb gleichtun.»[15]

Dass dazu auch gehörte, sich westlich zu kleiden, schien fast selbstverständlich. Ein Erinnerungsfoto der Iwakura-Gesandtschaft (Abb. 22)

bringt das und die Umbruchstimmung dieser Jahre deutlich zum Ausdruck. In der Mitte Iwakura, der Gesandte, auf beiden Seiten umgeben von seinen Begleitern, dem erwähnten Ōkubo Toshimichi und Ito Hirobumi zu seiner Linken, Ōkuma Shigenobu und Kido Takayoshi zur Rechten; alle fünf als Samurai geboren und noch viele Jahre einflussreiche Mitglieder der politischen Führungsschicht. Die vier Jüngeren haben westliche Anzüge mit weißen Hemden und Halsbinde an. Nur Iwakura, der Älteste, trägt einen formellen Kimono und die traditionelle Haartracht der Samurai, kombiniert allerdings mit westlichen Schuhen und, wie die anderen, einem Zylinder, ein ungeheuerlicher Stilbruch, wie er nur in hybriden Zeiten möglich ist, wo die alte Ordnung nicht mehr trägt und die neue noch nicht etabliert ist.

Die Übernahme westlicher Kleidung, anfangs nur bei formellen Anlässen, später im Alltag in aller Schichten der Gesellschaft, die nun keinen Adel und keine Stände mehr kannte, sondern nur noch *heimin*, ‹Bürger› oder ‹Bürgerliche›, implizierte eine Re-Kategorisierung des Bekleidungssystems, denn Anzüge, Hosen, Hemden, Kleider, Röcke, Blusen usw. traten nicht an die Stelle der traditionellen Kleidung, sondern neben sie. Aus manchen Bereichen wurden Kimono, Hakama, Haori usw. verdrängt, aus anderen nicht, und das ist bis heute so geblieben. Die neue Kategorisierung kontrastiert auf der obersten Ebene *wafuku*, ‹japanische Kleidung› und *yōfuku*, ‹westliche Kleidung›. Dabei ist Erstere unvermeidlich, da Japans Modernisierung nach westlichem Schnittmuster vollzogen wurde, zur traditionellen Kleidung geworden. Insbesondere der Kosode, der in der Edo-Zeit modischem Sich-Kleiden den Weg bereitet hatte, wurde zum Inbegriff des Authentischen, Eigenen, Hergebrachten. Durch die Integration moderner westlicher Kleidung in den üblichen eigenen Habitus haben manche Kleidungsstücke eine Umdeutung erfahren. Den *uchikake* genannten Kimono, den adlige Damen in der Edo-Zeit zu zeremoniellen Anlässen trugen, gibt es noch immer, aber seine Bedeutung im japanischen Bekleidungssystem hat sich verändert: Er ist zu einem Hochzeitskleid geworden. *Wafuku* im Allgemeinen assoziieren Brauchtum, Authentizität, Festlichkeit, es sind größtenteils *haregi*, Kleider für besondere Anlässe. Umgekehrt erfüllen sie die Funktion, Zeremonien, Festivitäten und andere Kulturpraktiken als spezifisch japanisch zu kennzeichnen. Sondertrachten, wie sie der buddhistische und shintoistische Klerus trägt, wie sie auch der Tennō zu bestimmten Anlässen anlegt, haftet das Image des typisch Japanischen an, obwohl sie außergewöhnlich und nicht typisch

Abb. 22: Erinnerungsfoto der Iwakura-Gesandtschaft (1871)

sind. In teuren japanischen Restaurants erwartet man eine gepflegte Bedienung im Kimono, dessen Qualität direkt mit der Preiskategorie der Etablissements korreliert. Wer sie besucht, «geht aus», wie ins Theater, wo gleichfalls durch Kostüme eine entrückte Welt rekonstruiert wird. In dem gleichen essenzialistischen Gestus werden der zu feierlichen Anlässen getragene Kimono, der *chonmage* des Sumō-Ringers und das *hachimaki* (Stirnband), das Demonstranten am 1. Mai umbinden, zum Ausdruck des Wesens der japanischen Kultur und der vermeintlichen Verbindung mit der guten alten Zeit stilisiert.

Unterdessen sind die Menschen im Alltag längst dazu übergegangen, Kleider, Röcke, Anzüge und Hosen im westlichen Stil zu tragen, deren Attraktivität zumindest anfänglich ihre Standesneutralität war. Die fremde Kleidung ließ sich nicht auf die traditionelle Gesellschaftsordnung abbilden. Wichtiger als die Differenz zwischen den Ständen war plötzlich die zwischen Japan und der «zivilisierten Welt» geworden. 1888 forderte eine Gruppe amerikanischer Frauen, angeführt von der First Lady Frances F. Cleveland, die Frauen Japans in einem offenen Brief auf, die Übernahme westlicher Kleidung noch einmal zu bedenken. Verständlich sei es zwar, dass sie sich kleiden wollten wie «die Frauen beinah aller zivilisierter Länder», aber in westlichen Kleidern seien sie doch weniger elegant als in ihrem hergebrachten Kimono. Japanerinnen sollten Japanerinnen bleiben, das war der Sinn der Botschaft. Für die Japanerinnen bedeutete das freilich unter anderem auch, Teil einer überlebten Gesellschaftsordnung zu sein. Westliche Kleidung anzulegen war eine symbolische Geste, mit der sie ihren Willen bekundeten, am Fortschritt der Nation mitzuwirken. Frauen, so demonstrierten sie auf diese Weise, standen Männern nicht darin nach, für Japan einen respektablen Platz in der westlich dominierten Welt zu ergattern.[16]

Trotzdem blieben die Japanerinnen dem Kimono als Teil ihrer Garderobe bis in die Gegenwart treu, was es ihnen erlaubt, die Doppelrolle der nostalgische Gefühle verkörpernden Wahrerin des an den japanischen Archipel gebundenen kulturellen Erbes und der Avantgardistin der grenzenlosen Postmoderne zu spielen. Der Kimono wurde so unwiderruflich zum Symbol der japanischen Tradition. Alle Versuche, ihn zu einem modernen Gewand umzustilisieren, mussten deshalb scheitern, obwohl Teile dieser Tradition in die Moderne herübergerettet wurden. Diese Doppelung ist es nicht allein, die den japanischen Bekleidungsgewohnheiten auch heute ein spezifisches Flair verleiht. Die Neigung, die emblematische Funktion der Kleidung zu betonen, Kleidung als Gruppenidentitätsmerkmale zu benutzen, ist sehr ausgeprägt. Schuluniformen sind weit verbreitet, Firmen- und Berufskleidung, Abzeichen, Handwerkstrachten und die Kostüme von Priestern, Nonnen und anderen Mitgliedern klerikaler Organisationen gehören ebenso dazu wie gelegenheitsspezifische Kleidung – der bei der Universitätsabschlussfeier getragene Hakama, der Hochzeitskimono, das zweiteilige Kostüm für das Vorstellungsgespräch, das unverzichtbare Hütchen für die Wanderung, der von Badegästen getragene Sommerkimono (*yukata*) mit dem Zeichen des Hotels. In der japanischen Kultur verankerte Vorstellungen von Angemessenheit (*rashisa*) kommen hier zum Tragen, obwohl viele der Kleidungsstücke westlichen Zuschnitts sind. Das gilt auch für die verspielte, sehr kindliche Kinderkleidung. Japanische Kleidung stellt so gesehen noch immer ein erkennbares Gesamtsystem dar, in dem westliche Kleidung dominiert, aber nicht ohne akkulturiert worden zu sein. Den aus der Begegnung Japans mit dem Westen resultierenden synkretistischen Charakter kann man auch in der Mode erkennen.

Japanische Mode – für die Welt

Westliche Mode wurde zunächst nach Japan importiert, dann akkulturiert und kopiert, um schließlich zu einem integralen Bestandteil der japanischen Kultur zu werden, der seinen Einfluss in einer globalen Industrie geltend macht. In den frühen 1980er Jahren – nicht von ungefähr, als Japan zu einer Wirtschaftsgroßmacht geworden war – betraten Modelle einer Reihe japanischer Designer die Laufstege in Paris, Mailand und New York, deren Namen inzwischen weltbekannt sind: Hanae Mori, Issey Miyake, Kenzo Takada, Rei Kawakubo (von Comme des Garçons) und Yohji Yamamoto, um die prominentesten zu nennen. Diese Namen artikulieren Japans Anspruch auf Weltgeltung, was bedeutet, einerseits von der westlich dominierten Modeszene akzeptiert zu werden und andererseits kreativ an ihrer Fortentwicklung teilzunehmen. Das ambivalente Verhältnis zur japanischen und zur westlichen Tradition brachte Issey Miyake, der wie die anderen in den 1960er Jahren nach Paris gegangen war, auf den Begriff:

«Als ich fern von meinem Heimatland in Paris lebte und arbeitete, fragte ich mich, was ich als japanischer Modeschöpfer tun konnte. Da ging mir auf, dass mein Nachteil, die mangelnde Teilhabe am westlichen Erbe, auch mein Vorteil sein konnte. Ich war frei von westlicher Tradition und Konvention. Ich dachte, ‹ich kann alles Neue ausprobieren. Ich kann nicht in die Vergangenheit zurückgehen, denn in mir ist, was westliche Kleidung betrifft, keine Vergangenheit. Für mich gibt es keine andere Möglichkeit, als vorwärts zu gehen.› Das Fehlen der westlichen Tradition war genau das, was ich brauchte, um eine zeitgemäße universelle Mode zu schaffen. Als Japaner kam ich freilich aus einer reichen Tradition. Dieser beiden wunderbaren Vorteile wurde ich mir bewusst und begann zu experimentieren, um eine neue Art von Kleidung zu schaffen, die weder westlich noch japanisch war, sondern übernational. Ich hoffte eine neue universelle Kleidung zu schaffen, die eine Herausforderung unserer Zeit ist.»[17]

Universell, so müssen wir Miyake interpretieren, bedeutet hier nicht kulturneutral, sondern die Zurückweisung der europäischen bzw. westlichen Hegemonie einerseits und die nicht bloß exotisierende Einbeziehung nicht-westlicher, nämlich japanischer Elemente in die Haute Couture andererseits. Insofern als Frauen in Europa und Nordamerika heute in als solche erkennbare japanische Kleider schlüpfen, ist das den

Abb. 23: Schuluniform (2002)

Großen der Branche gelungen. Der Schatten des Kimonos scheint durch die kostbaren bemalten Seidenstoffe der Creationen Hanae Moris genauso durch wie bei Kenzos bunt geblümten Blusen; Kawakubo greift auf den Formenschatz traditioneller Kostüme wie die klobige Tracht der Feuerwehrleute Edos oder die breitschultrigen Kampfanzüge der Samurai zurück; und viele andere Modeschöpfer passen ihre Gewänder dem Körper nach Art des Kimono durch Einhüllen und Verschnüren an statt durch den Schnitt. Auch der Umgang mit Farbkombinationen und Textur der Stoffe evoziert Erinnerungen an traditionelle ästhetische Prinzipien, die auf dem Reißbrett der Modeschöpfer den Weg aus der japanischen Provinz auf die Weltbühne gefunden haben. Miyake strebte eine universelle Kleidung an, und seine berühmten Designerkollegen wollen als Couturiers, als individuelle Künstler nämlich, bekannt sein und nicht unbedingt als *japanische* Modeschöpfer. In ihren Werken verleugnen sie dennoch nicht, woher sie kommen. In die sich herausbildende transnationale Mode haben sie japanische Elemente eingeführt, wie nur sie es konnten.

14
Behausung und Architektur

So, wie sich die Japaner heutzutage im Allgemeinen westlich kleiden, hat sich auch ihre Wohnkultur in vielen Dingen westlichen Standards angeglichen. Sie wohnen in mehrstöckigen Appartmenthäusern, sitzen auf Stühlen und schlafen in Betten. Japans Städte sind hoch modern und abgesehen von der dichteren Besiedlung westlichen Städten sehr ähnlich. Die Urbanisierung der Gesellschaft setzte schon vor der Meiji-Zeit ein[1], und heute verbleibt nur noch ein kleiner Teil der Bevölkerung auf dem Land, der nicht größer ist als in den westlichen Industrieländern. Auch der Komfort, mit dem sich die Menschen umgeben und ihre Wohnungen einrichten, unterscheidet sich nur in Details vom Leben in europäischen und nordamerikanischen Städten. In den Städten sieht man hier und da ein altes Schloss (dessen physische Bausubstanz meistens gar nicht sehr alt ist), aber im Übrigen findet man nur wenige architektonische Spuren der Vergangenheit, sehr wenige sogar, wenn man damit Gebäude meint, die sich seit vielen Generationen mehr oder weniger unverändert am selben Ort befinden. Nicht viele Japaner bewohnen Häuser, an denen die Erinnerung mehrerer Generationen haftet. Japanische Häuser haben nur eine kurze Lebensdauer, so dass die Städte mehr noch als in Europa ständig im Bau sind und wenige Bauwerke von den Lebensgewohnheiten früherer Epochen zeugen. Die strohgedeckten Holzhäuser auf dem Land waren nicht für die Ewigkeit gebaut. Nach Erdbeben und extremen Witterungseinwirkungen, insbesondere Taifunen und schweren Regenfällen, waren sie oft leichter von Grund auf neu zu bauen als zu reparieren. In den Städten kamen die durch offenes Herdfeuer verursachten Brände hinzu, die wegen der dichten Bebauung oft ganze Straßenzüge erfassten. Als *Edo no hana*, ‹Blumen Edos›, waren sie wegen ihrer Häufigkeit in der damals wohl größten Stadt der Welt[2] bekannt.

Zehn Prozent der auf diesem Globus alljährlich durch Erdbeben freigesetzten Energie entladen sich in und um Japan. Keine Woche vergeht ohne fühlbare Erdbeben irgendwo im Land. In allen großen Städten sind

Fluchtwege markiert. Die ständige Erdbebengefahr war immer eine be-
stimmende Determinante des Lebens in Japan und des Verhältnisses der
Japaner zu den Naturgewalten. Auf Versuche, ihr mit robusten Gebäuden
zu trotzen, wurde in vormoderner Zeit weitgehend verzichtet. Vielmehr
begegnete man ihr mit schlichten Behausungen, die nach erlittenem Scha-
den schnell wiedererrichtet waren. Stetiger Wandel, Impermanenz, um
nicht zu sagen Vorläufigkeit, ist aus diesem Grund ein Charakteristikum
traditioneller japanischer Wohnstätten, das den Lebensstil zum Teil noch
heute kennzeichnet. Wie schon in Kapitel 5[3] erwähnt, werden viele Einfa-
milienhäuser und Privatwohnungen im Turnus von nur 20 Jahren abgerissen und wieder aufgebaut bzw. von Grund auf renoviert. «Ganz anders als
im Westen, wo mit Architektur bleibende Denkmäler der Geschichte und
Zivilisation geschaffen werden, haben die Japaner sie immer eher als tem-
porär und vergänglich betrachtet.»[4]

Trotz dieser Wandelbarkeit gibt es Strukturelemente des japanischen
Wohnens, die von längerer Dauer sind wie auch solche, die von den Japanern als traditionell und typisch japanisch empfunden werden. Wie
wir sehen werden, sind das nicht unbedingt dieselben Elemente, wird
doch auch im Bereich der Wohnkultur das Authentische immer wieder
neu geschaffen.

Das Haus

Das Haus ist gleichermaßen eine architektonische und eine soziale Einheit. Die Außenwände und das Dach, die beiden strukturellen Grundbe-
standteile eines jeden Hauses, markieren Grenzen. Das Dach vor allem
bietet Schutz vor der Witterung, die Wände scheiden die Menschen, die
drinnen sind, von der Natur und von denen, die draußen sind. Die konkrete Ausgestaltung dieser beiden Bestandteile spiegelt klimatische und
gesellschaftliche Verhältnisse wider. Dach, Fußboden und Wände traditioneller japanischer Häuser lassen Eigenschaften erkennen, die vom
Zusammenwirken beider zeugen.

Das Dach. Was an Bildern alter japanischer Bauwerke und an solchen, die
wie der Ise Jingū[5] durch regelmäßigen Wiederaufbau überliefert oder in
unserer Zeit rekonstruiert worden sind, unmittelbar auffällt, ist die Dominanz des Dachs. Vergleicht man etwa italienische Renaissance-Palazzi

und niederländische Patrizierhäuser mit japanischen Villen, Pavillons und Tempelhallen, so fällt auf, dass bei Ersteren die Wände und bei Letzteren das Dach betont werden. Bei vielen europäischen Häusern wird das Dach durch Blendfassaden völlig verdeckt. Bei japanischen Bauwerken hingegen ist das stroh-, holzschindel- oder ziegelgedeckte Dach der Teil, der am meisten ins Auge springt. Wie der Architekturhistoriker Fujimori[6] erklärt, ist das auf das feuchte Klima und die Verwendung von Holz als wichtigstem Baumaterial zurückzuführen. Holz verwittert durch die abwechselnd starken Regenfälle im Sommer und Perioden sehr trockener Luft im Winter, wie sie für das Klima in Japan charakteristisch sind, sehr schnell. Die ausladenden Dächer haben sich als wirksamster Schutz der hölzernen Außenwände bzw. Pfeiler vor Regen entwickelt. Bei großen Gebäuden kann das Dachgesims bis zu fünf Meter über die Wände hinausragen. Aus statischen Gründen muss ein solches Dach auch eine gewisse Höhe haben, was letzten Endes dazu führt, dass das hohe, weit vorspringende Dach der markanteste Teil des Bauwerks ist, was sowohl für repräsentative Bauten wie Tempel als auch für größere Bauernhäuser gilt.

Wie das Dach gedeckt wird, ist eine praktische, eine ästhetische und eine Kostenfrage. Gebrannte Lehmziegel (*kawara*) gibt es bereits seit dem Altertum. Ihre Verwendung war jedoch lange auf wichtige Gebäude beschränkt und daher mit Reichtum und Status assoziiert. Bauernhäuser waren demgegenüber mit Stroh oder Ried gedeckt. Als Brandschutzmaßnahme förderte das Shogunat in der Edo-Zeit in den Städten die Ersetzung von Stroh- und Rieddächern durch Ziegel, allerdings nicht ohne genaue Vorschriften über die standesgemäße Verwendung zu erlassen. Normale Bürger (*chōnin*) durften nur die Ränder ihrer Dächer mit Ziegeln decken – ein weiteres Beispiel für das Bestreben, Statusunterschiede sichtbar zu machen, und dafür, wie weit der Arm der Tokugawa-Regierung reichte. Erst in der Meiji-Zeit wurde die Verwendung von Dachziegeln liberalisiert, was das Aussehen japanischer Städte wesentlich veränderte. Die einheitliche Masse der grauen Dächer wurden nun durch solche aus rot, blau und ocker glasierten Ziegeln aufgelockert. Ziegel werden in regional unterschiedlichen Formen und Farben gebrannt und von der Ziegelei auf Wunsch mit Zeichen der Auftraggeber versehen, z.B. von Tempeln und Schlössern oder auch mit Familienwappen. Der Schlussziegel am Giebel ist oft eine veritable kleine Plastik, eine Teufelsmaske z.B. zur Abwehr böser Geister oder ein Karpfen als Glücksbringer.

Abb. 24: Das dominante Dach: Tōshōdaiji, Präfektur Nara, 13. Jahrhundert

Eine der augenfälligsten Konsequenzen der das Dach so stark beto-
nenden Bauweise ist, dass es in den Häusern sehr dunkel ist. Das über-
hängende Dach schützt nicht nur vor Regen, es verhindert auch den
Einfall des Sonnenlichts. Japanische Häuser werden oft mit Papierfens-
tern assoziiert, und Japaner halten diese auf Holzrahmen gespannten,
vor die Fensteröffnung geschobenen *shōji* für ein traditionelles Element
ihrer Wohnkultur, was freilich nur im Sinne herabgesunkenen Kultur-
guts zutrifft. Denn das japanische Papier (*washi*), das hierfür verwendet
wird, ist ein teurer Rohstoff, den sich Bauern im vormodernen Japan
nicht leisten konnten. Bis zur Meiji-Zeit wurden Fenster in Bauernhäusern mit hölzernen Läden und Strohmatten verschlossen, so dass es zumindest im Winter innen völlig dunkel war. Als Fensterverkleidung
tauchte Papier in den Bauernhäusern erst im Zuge der japanischen Aufklärung auf, das so buchstäblich ein Zeitalter der Erleuchtung wurde, als
nämlich in der Meiji-Zeit die allgemeine Schulpflicht eingeführt wurde
und die vollgeschriebenen Schulkladden in einer Art Recycling avant la

lettre vor die Fenster geklebt wurden. Die dadurch bewirkte Aufhellung des Inneren der Häuser zog eine größere ästhetische Empfindlichkeit für die Ausgestaltung des Innenraums und der Haushaltsgegenstände nach sich,[7] eine Tendenz, die durch die Einführung von Glasfenstern fortgesetzt wurde. *Shōji* wurden jedoch durch Glas nicht ersetzt, sondern – ein charakteristisches Beispiel japanischer Modernisierungsstrategien – zu einem dekorativen Element umfunktioniert. Nach heutigem Stereotyp gehören sie zu einem japanischen Raum, in dem sie auf einer extra Schiene an der Innenseite vor den Fenstern angebracht sind. Auch in der häufigen Verwendung von Milchglas mag man eine Erinnerung an die undurchsichtigen Papierfenster erkennen, die Licht hereinlassen, aber den Blick von außen nach innen nicht freigeben.

Der Fußboden. Die zweite Eigenschaft traditioneller japanischer Häuser ist der erhöhte Fußboden. *O-agari kudasai,* ‹kommen Sie bitte herauf›, heißt es wörtlich, wenn man einen Gast bittet hereinzukommen, denn der Fußboden im Haus ist eine, manchmal einige Stufen höher als der Eingang zu ebener Erde. Die Haustür mag immer offen sein, und auch vom Garten aus sind japanische Häuser über eine Veranda zugänglich, aber die Grenze zwischen außen und innen ist immer unzweideutig, nämlich dort, wo man hinaufsteigt. Hier ist es, wo die Schuhe ausgezogen werden, um das Haus mit bloßen Füßen oder auf Socken zu betreten. Das traditionelle japanische Haus hat keinen Keller und ruht nicht auf dem Boden, sondern steht auf Pfeilern. Diese die Luftzirkulation auch unter dem Haus zulassende Bauweise ist klimatisch bedingt. Sie bietet Schutz vor Feuchtigkeit von unten und mildert die Einwirkung der großen sommerlichen Hitze. Ein Zusammenhang mit der Besiedlung Japans in vorgeschichtlicher Zeit durch Einwanderer aus Südostasien, wo Häuser auch auf Stelzen errichtet werden, ist vermutet worden. Zwar ist es auch im Westen des Landes, von wo aus sich die japanische Kultur ausbreitete, im Winter in ungeheizten Räumen unangenehm kalt, aber die traditionelle Architektur ist den feuchten heißen Sommern besser angepasst als den trockenen kalten Wintern, auf die eher mit Kleidung und Verhaltensweisen reagiert wird. Noch heute ist die Kühltechnik in vielen Häusern besser als die Heiztechnik.

Der Innenbereich des Hauses wird durch den erhöhten Fußboden abgegrenzt. Solange man nicht darauf steht, hat man, auch wenn man sich innerhalb der Haustür befindet, diese Grenze nicht überschritten. Im

Eingangsbereich behält man seine Schuhe an, doch mit Schuhen betritt man kein Haus. Auch in mehrstöckigen Mietshäusern, wo vor der Wohnungstür keine Abwässergräben laufen, vor deren bei starken Regenfällen anschwellenden Wassermassen man sich mit einem erhöhten Fußboden schützt, wird das noch heute so gehandhabt. Einen Eingangsflur, von dem aus man eine Stufe hinaufsteigt, hat auch das kleinste Appartment. Da man den Fußboden nicht nur mit bloßen Füßen betritt, sondern auch direkt berührt, da sich das Leben im Wesentlichen im Knien und Sitzen abspielt, wird ihm in der traditionellen Architektur viel Sorgfalt gewidmet. Fein abgeschliffenes und poliertes Holz für Korridor und Innenveranda und *Tatami* für den Innenraum sind die klassischen Bodenbeläge.

Tatami sind aus Reisstroh gefertigte, mehrere Zentimeter dicke Matten einer bestimmten Größe, heute gewöhnlich 0,90 × 1,80 m. Sie sind fest und schwer, aber elastisch, wenn man darauf geht, und eine angenehme Unterlage, um darauf zu sitzen und auf einem Futon darauf zu liegen. «Wach eine halbe, zum Schlafen eine ganze Matte braucht der Mensch» (*ningen wa okite hanjō, nete ichijō*), heißt es sprichwörtlich. Das sind die Dimensionen des Daseins, wie reich oder berühmt ein Mensch auch sein mag. Als Maß der menschlichen Existenz betrachtet nicht jeder die Tatami, aber sie ist zweifellos ein wichtiges architektonisches Maß. Regional und durch die Epochen weist die tatsächliche Größe gewisse Schwankungen auf, ihre Funktion als Größeneinheit ist davon aber unberührt. Räume werden in Matten gemessen, alle anderen Maße darauf abgestimmt. Dieses Maß entspricht ursprünglich dem Abstand zwischen zwei Pfeilern der Außenwand, die mit Querverstrebungen das tragende Gerüst des Hauses bilden. Durch die Abstimmung der Maße werden Räume völlig mit Tatami ausgelegt. Dadurch, dass Breite und Länge der Tatami auch das Maß für Fensteröffnungen, Shōji, Deckeneinteilung, Schiebetüren usw. abgeben, entsteht ein Raum mit harmonischen Proportionen, von denen sich auch Architekten im Westen haben inspirieren lassen.[8]

Das Leben auf dem Fußboden hat eine lange Tradition. Illustrationen der höfischen und mittelalterlichen Literatur ebenso wie Portraits von Würdenträgern bis zum Ende der Edo-Zeit zeigen die Protagonisten stets auf dem Boden sitzend, den Tennō und den Shōgun meist auf leicht erhöhten Podesten. Möbel spielen eine untergeordnete Rolle und werden im traditionellen Raum nicht als permanente, an einen Platz fixierte Ein-

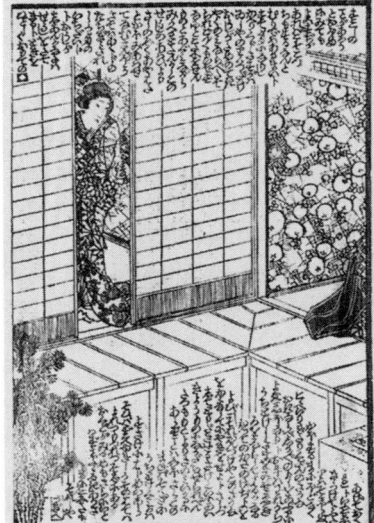

Abb. 25: Man sitzt auf dem Fußboden. Illustration eines Romans aus der Edo-Zeit

richtungsgegenstände angesehen, sondern nach Bedarf aus Wandschränken und Nebengemächern hervorgeholt, verstellt und wieder weggeräumt. Die Ästhetik des leeren Raums wird höher geschätzt als die der geschmackvollen Einrichtung. In dem Maße, wie Ess- und Schreibtische, Betten, Fernsehapparate usw. in japanischen Wohnungen Einzug gehalten haben, ist sie jedoch zurückgedrängt worden. Denn das gedrängte Stadtleben der Konsumgesellschaft hat keinen Platz mehr für leere Räume. Ein den traditionellen ästhetischen Idealen entsprechendes Empfangszimmer (*zashiki*) ist jedoch nach wie vor ein Prestigeobjekt. Im Gegensatz zum *ke*, ‹alltäglich›, des Wohnraums der Familie ist es als *hare*, ‹festlich›, klassifiziert. Ebenso wie Shōji sind Tatami durch die Verwestlichung des Lebensstils seit der Meiji-Zeit nicht aus dem Alltag verschwunden. Japanische Restaurants und gepflegte Gasthäuser (*ryokan*), deren Zimmer der Duft frischer Tatami erfüllt, sind gleichermaßen populär und teuer, und wer es sich leisten kann, hat selbst in einer Stadtwohnung wenigstens ein japanisches Zimmer mit Shōji, Tatami und roh verputzten Wänden.

Der erhöhte, mit Tatami ausgelegte Fußboden als Lebensoberfläche hat Folgen für die visuelle Ausgestaltung des Raums: Die Proportionen sind auf die Augenhöhe des Sitzenden abgestimmt. Die Höhe der Fenster mit Blick auf Garten oder Landschaft ist entsprechend eingerichtet, und die Anbringung dekorativer Elemente, Malerei auf Schiebetüren und Wandschirmen etwa oder Borde an der Wand, ist dadurch bestimmt.

Keine Wände. Das dritte Merkmal der traditionellen Bauweise ist der große Unterschied, der zwischen den Außenwänden und inneren Abteilungen gemacht wird. Das typische Haus ist ein Kasten, dessen Wände einen Raum umschließen. Ist es größer, besteht es aus mehreren solchen Kästen, die ineinander geschachtelt oder durch Korridore miteinander verbunden sind. Die Grundstruktur ist so, dass sich vielleicht ein oder mehrere tragende Pfeiler in dem Raum befinden, aber keine tragende Wand. Das Innere des Hauses war ursprünglich ein multifunktionaler Wohnraum, der nach Tageszeit und Gelegenheit unterschiedlich genutzt wurde, zum Sitzen, zum Essen und zum Schlafen. Küche und Bad befanden sich außerhalb des Hauses. Zum Essen wurden entweder kleine Tische bzw. Tabletts für jeden Einzelnen herbeigeholt oder ein niedriger Tisch, um den alle auf dem Boden saßen. Rauchbesteck, kleine Kohlebecken, Armstützen und Schreibpulte gab es in begüterten Häusern. Zum Schlafen wurde das Bettzeug ausgelegt, das morgens wieder zurück in die Wandschränke kam.

In größeren Häusern wird der Innenraum durchaus unterteilt, aber nicht durch Wände, die Teil der Baustruktur sind, sondern durch Stellschirme, Shōji oder Schiebetüren, die jederzeit eine Veränderung der Konfiguration erlauben. Das Nichtvorhandensein schwerer, unverrückbarer Möbel steht damit direkt in Zusammenhang. Die veränderliche Raumaufteilung stellt nicht nur psychologisch eine weniger starke Abgrenzung dar als die eines durch massive Wände abgeteilten und abschließbaren Zimmers, sondern auch praktisch. Die Hellhörigkeit japanischer Häuser zwingt zu Diskretion einerseits und fördert das Gefühl der Nähe und Verbundenheit der Bewohner untereinander andererseits. Die Hypothese, dass die durch diese Lebensweise bewirkte relativ geringe Distanz zwischen den Hausbewohnern über die Jahrhunderte einen prägenden Einfluss auf die japanische Psyche gehabt und das Kollektivgefühl stärker als den Individualismus gefördert habe, wurde schon in den 1930er Jahren von dem Philosophen Watsuji[9] vertreten und seither immer wieder zitiert. Sie ist schwer zu beweisen oder zu widerlegen. Die Annahme, dass die architektonische Gestaltung des Lebensraums soziale Verhältnisse reflektiert und psychische Dispositionen prägt, ist in dieser Allgemeinheit nur plausibel. Im Einzelnen zu zeigen, was die Veränderung von Wohnverhältnissen bewirkt, welche Konsequenzen solche veränderten Verhältnisse haben, ob und in welcher Richtung Kausalzusammenhänge bestehen, ist jedoch außerordentlich schwierig, da es unmöglich ist, eine einzige Variable zu isolieren. Eine weitere Schwierigkeit stellt der Zeitrahmen dar. Wie lange braucht eine Veränderung in der materiellen Kultur, um sich auf Aspekte der geistigen Kultur auszuwirken? Japanische Häuser sind nach wie vor sehr leicht gebaut und hellhörig. Zeugt das von der Stabilität psychischer und sozialer Strukturen oder vielleicht eher von den Mechanismen der Weitergabe von Kulturtechniken wie z. B. handwerklichen Tätigkeiten, die eine Generation von der vorigen lernt und die deshalb relativ veränderungsresistent sind? Solange keine verlässlichen Methoden für die Beantwortung solcher Fragen zur Verfügung stehen, muss man Versuche, vom Grundriss des traditionellen japanischen Hauses den der japanischen Seele abzulesen, als das sehen, was sie sind: metaphorische Spekulationen.

Wie, wenn überhaupt, hat sich die japanische Psyche dadurch verändert, dass die Japaner seit der Meiji-Zeit meist auf Stühlen sitzen? Solche Fragen sind sinnlos, weil die Sitzgewohnheiten nur ein sehr kleiner Teil dessen sind, was sich im Lebensstil der Japaner seit der Meiji-Zeit verändert hat. Leichter ist es, derartige Veränderungen nachzuzeichnen und Zusammenhänge zwischen ihnen aufzuzeigen. Warum, können wir beispielsweise fragen, ist man in der Meiji-Zeit überhaupt dazu übergegangen, auf Stühlen zu sitzen? Den unmittelbaren Anlass bot die Diplomatie. Das größte Bestreben der politischen Elite war es damals, von den imperialen Mächten als Gesprächspartner akzeptiert zu werden. Wie aber sollte man mit ihnen reden? Ihre Gesandten waren durchaus nicht bereit anzuerkennen, dass auf dem Boden zu sitzen nicht weniger respektabel war als auf Stühlen. Sie traten überall in der Welt in dem Bewusstsein auf, mit ihrem Lebensstil die Zivilisation zu verbreiten. Von dem Aufklärer Engelbert Kaempfer, der im April 1691 bei der Audienz des Vorstehers der niederländischen Handelsfaktorei am Hof des Shōguns in Edo zugegen war, können wir erfahren, wie der japanische Lebensstil mit europäischen Augen wahrgenommen wurde. Er be-

schreibt die Übergabe der von dem holländischen «Capitain» mitgebrachten Geschenke:

«Kaum war er [der Shōgun] verschienen, alß man überlaut rieffe: Hollanda
Capitain! Zu einem Zeichen, daß er herbeÿ treten und die Reverentz des Ho-
magii[10] ablegen sollte; worauf Er zwischen den Ort der rangierten Geschen-
cke und dem hohen Sitzplatz seiner Majestät, so weit man Ihme anwiess, auf
Händen und Knien herbÿ kroche, und auf dem Knie liegende, das haupt auf
den boden neigte, und in selbiger positur wie ein Krebß, ohne die geringste
wortwechselung wieder zurück kroche. Also kurtz und schlecht geht es der
Nahmhafften Audientz in sein Werk.»[11]

Diese Beschreibung verrät den Blickwinkel des Europäers, der anderen
gewöhnlich stehend oder auf Stühlen sitzend begegnet und dem auf die
Knie zu gehen, um sich auf Händen und Knien vorwärts und – wie ein
Krebs – rückwärts zu bewegen, nur eine Geste der Unterwerfung, ja, Erniedrigung sein kann. Gewiss, was anstand, war der Höflichkeitsbesuch
eines Kaufmanns beim Machthaber des japanischen Kaiserreichs. Einen
größeren Statusunterschied gab es nicht; da mussten schon protokollari-
sche Vorschriften beachtet werden. Wer aber auf dem Fußboden lebt, in
Räumen praktisch immer sitzt oder kniet, sieht das beschriebene Ereignis anders. Das Haupt auf den Boden zu legen, mit der Stirn die Tatami
zu berühren ist eine Ehrerbietungsbezeugung, die nur geringfügig weiter
geht als eine normale Verbeugung und nicht unterwürfiger ist als eine
Verneigung vor einem gekrönten Haupt, ein tiefer Diener vor einem erhöhten Thron, ein gebeugtes Knie, ein Hofknicks. Kaempfer merkte in
seiner Beschreibung noch an, dass der Shōgun nicht auf einem Thron,
sondern auf einem «mit wenigen Matten erhabenen Estrich» sitzt und
dass die Audienz japanischer Fürsten dem gleichen Protokoll folgt. Dadurch schwächt er den Eindruck etwas ab, hier werde ein europäischer
Gast gedemütigt. Eine solche emische Perspektive einzunehmen, die
dem System der Etikette am Hof des Shōguns seine eigene Logik zuer-
kennt, konnte man in der zweiten Hälfte des imperialistischen Jahrhunderts von den westlichen Emissären nicht erwarten, und die Japaner
konnten sie ihnen nicht abzwingen. Aus einer Position der Schwäche
heraus mussten sie die europäischen Konventionen als auf internationa-
lem Parkett allein gültig akzeptieren. Also setzten sie ihren Kaiser und
andere Würdenträger auf Stühle, um mit den Großmächten zu verhan-
deln. Der kaiserliche Palast in Tokyo wurde so zum Ausgangspunkt der

Verbreitung des Stuhls im ganzen Land. Die kaiserliche Familie war die
erste, die den traditionellen Lebensstil auf Tatami aufgab.

Der Stuhl ist ein Möbelstück, das nicht zu diesem Lebensstil passt.
Wer Stuhl sagt, sagt auch Tisch, und Tische und Stühle vertragen sich
nicht mit Tatami, schon weil ihre Beine darauf stehend Löcher bohren.
Auch wegen der verschiebbaren Zwischenwände ist ein japanischer
Raum nicht mit westlichen Einrichtungsgegenständen zu möblieren; sie
zerstören unvermeidlich die harmonischen Proportionen des Raums, ge-
hören einer anderen ästhetischen Ordnung an. Deutlich wird das bei
Bildern.

An stehenden Wänden können Bilder aufgehängt werden. Je reprä-
sentativer die Gebäude sind, desto großformatiger sind die Gemälde, die
aufgehängt werden. Europäische Paläste und Patrizierhäuser sind veritable Galerien. Verschiebbare Trennwände eignen sich dafür nicht. In
traditionellen japanischen Häusern hängen daher keine Bilder. Zur Ausschmückung werden eher die Schiebetüren und Wandschirme selber bemalt. Nur an einem Ort ist Platz für ein Bild, im Alkoven, *Tokonoma*, an
der Rückseite des Empfangszimmers. Unter dem Einfluß der Mönchs-
klausen in Zen-Klöstern wurde das Tokonoma in der Kamakura-Zeit,
als viele Samurai eine Affinität zum Zen-Buddhismus entwickelten, zu
einem Teil ihrer Wohnhäuser. Diese kleine Nische ist ein sakraler Raum,
in den die Mönche ein einfaches Blumengesteck oder ein Weihrauchge-
fäß stellten. Dahinter hängten sie eine Kalligraphie oder eine Tuschzeichnung an die Wand, die ebenso wie die Blumen mit den Jahreszeiten
wechselten. Einem kleinformatigen Bild bietet das Tokonoma Platz, das,
da es nur kurze Zeit zur Schau gestellt wird, die ganze Aufmerksamkeit
des Betrachters beanspruchen kann. Daraus ergibt sich eine andere,
mehr aufs Detail und die Einzigartigkeit des Kunstwerks gerichtete Betrachtungsweise, als wenn es sich neben anderen in einem Raum oder
sogar an einer Wand behaupten muss. Dieser in der Ästhetik des leeren
Raums wurzelnden Betrachtungsweise entsprechen auch die Kunstwerke selber, die von einer räumlichen Perspektive absehen und den Gegenstand der Darstellung vor einen leeren Hintergrund setzen.

Wie das dominante Dach und der erhöhte Fußboden hat, wie dieses
Beispiel zeigt, auch die Bauweise ohne Unterteilung des Innenraums
durch tragende Wände weitreichende Implikationen für die Gestaltung
des häuslichen Lebensraums, die soziale Aspekte des Zusammenlebens
ebenso betreffen wie ästhetische Konzepte.

Moderne Architektur

Seit der Meiji-Zeit wird bei Gebäuden wie bei praktisch allen Kulturpro-
dukten *wafū*, ‹japanischer Stil›, von *yōfū*, ‹westlichem Stil›, unterschieden.
Zunächst war das eine allumfassende dichotomische Klassifikation, ein
Bauwerk war entweder *wafū* oder *yōfū*. Im Laufe des 20. Jahrhunderts
aber und insbesondere nach dem großen Kantō-Erdbeben 1923 wurde
sie auf kleinere Bauelemente übertragen. Es wurden japanische Häuser
mit einem westlichen Zimmer gebaut, und später wurden Etagenwoh-
nungen in Betonblocks westlicher Bauart mit japanischen Zimmern versehen. Das erste größere Bauprojekt im westlichen Stil wurde 1872 in
Angriff genommen, nachdem ein großes Feuer den Tokyoter Stadtteil
Ginza zerstört hatte. Der englische Architekt Thomas Waters wurde be-
auftragt, den Bezirk wieder aufzubauen bzw. mit roten Backsteinbauten
neu zu gestalten.[12] Zwischen Shinbashi und Kyōbashi entstand mit der
so genannten «Backsteinstadt» der westlichste und eleganteste Teil der
Metropole. Das neue Material[13] brachte eine völlig neue Bauweise mit
sich, es war nicht nur feuerfest und witterungsbeständig und verlieh den
Gebäuden größere Stabilität und eine längere Lebensdauer; Backstein-
wände führten, wie die Japaner bald merkten, auch viel härtere Abgren-
zungen der einzelnen Räume in ihre Häuser ein. Das war nicht immer
zweckmäßig, gefiel nicht jedem und stellte an manches Budget zu große
Ansprüche. In der Meiji-Zeit wurden Backsteine daher vielfach nur für
mondäne Fassaden verwendet, hinter denen sich bescheidene Holzhäus-
chen verbargen.[14] Mit den so verwendeten Backsteinen war das Fundament neuer Entwicklungen der Architektur gelegt, die zunächst zur
Übernahme aller anderen westlichen Baumaterialien – Beton, Glas,
Stahl – und Techniken führte und später zur souveränen Verbindung
westlicher und japanischer Elemente.
　Ähnlich wie in der Mode sind durch diese Fusion auf der einen Seite
im Wesentlichen westliche Wohnhäuser mit dem japanischen Geschmack angepassten Interieurs entstanden und auf der anderen Seite
Gebäude, die technisch auf dem letzten Stand der Entwicklung sind,
aber sowohl in ihrer Form als auch mit den verwendeten Materialien auf
die japanische Tradition zurückgreifen. Der Tokyoter Architekt Shigeru
Ban ist ein Beispiel aus unseren Tagen. Er führte Pappe – z. B. für den
Bau des japanischen Pavillons auf der Expo 2000 in Hannover – und

Abb. 26: Das dominante Dach: Städtisches Museum für Fotografie in Nara;
Kisho Kurokawa, 1991 (mit freundlicher Genehmigung
von Kurokawa Kisho Co., © Tomio Ōhashi)

Sperrholz wieder als Werkstoffe in die zeitgenössische Architektur ein
und benutzt auch mit der Konstruktion von Gebäuden ohne tragende
innere Wände ein traditionelles Bauschema. Sein berühmter älterer Kol-
lege Kisho Kurokawa vertritt eine dezidiert eklektische Philosophie, der
zufolge Wachstum und Veränderung im Mittelpunkt einer menschlichen
Architektur stehen müssen. Mit einer Geste, die an Issey Miyake erinnert, strebt er die Symbiose der Kulturen an und wendet sich gegen den
Eurozentrismus.[15] In vielen seiner hypermodernen Bauwerke sind die
dem traditionellen japanischen Formenschatz entnommenen Elemente
unübersehbar, wie z. B. das alles beherrschende Dach des Städtischen
Museums für Fotografie in Nara. Wandelbarkeit und mikrokosmische
Ordnung im makrokosmischen Chaos, wie er es in Tokyo vorfindet,
macht Makoto Sai Watanabe zum Grundprinzip seiner Architektur.
Kenzo Tange, der Altmeister der modernen japanischen Architektur,
war der Erste, der durch Verbindung moderner Techniken mit alten
ästhetischen Konzepten internationalen Ruhm erlangte.

Japanische Architekten gehören heute zur internationalen Avantgarde. Durch die Anwendung neuester Bautechniken, an deren Entwicklung die japanische Forschung und Industrie seit Jahrzehnten beteiligt ist, und die synkretistische Verwendung von Elementen des traditionellen Formenschatzes haben sie zwar keinen einheitlichen Stil geschaffen, aber vielen Gebäuden innerhalb und außerhalb Japans einen japanischen Anstrich gegeben und dadurch in Japan die Grenzen zwischen *wafū* und *yōfū* relativiert und die der westlich dominierten Architektur weltweit erweitert.

15
Geschmack

«Die Verhaltensformen beim Essen sind nichts Isolierbares. Sie sind ein Ausschnitt – ein sehr charakteristischer Ausschnitt – aus dem Ganzen der gesellschaftlich gezüchteten Verhaltensformen. Ihr Standard entspricht einer ganz bestimmten Gesellschaftsstruktur.»[1] Norbert Elias erkannte, dass die mit dem Essen verbundenen Bräuche die Bedürfnisse der Menschen und die ihnen sinnvoll und notwendig erscheinenden Formen ihrer Befriedigung besonders deutlich ans Licht treten lassen. Unter diesem Gesichtspunkt offenbart sich die Postmodernität der heutigen japanischen Gesellschaft deutlicher als auf den meisten anderen Gebieten. Mehr als die Hälfte aller Nahrungsmittel führt Japan ein; in den großen Städten kann man zwischen den Kochkünsten aller Herrn Länder auswählen;[2] das Spektrum von den kleinsten Imbissstuben bis zu den erlesensten Restaurants ist in den Preisniveaus ebenso breit wie in der Varietät der Menüs; das Warenangebot der einfachsten Supermärkte erlaubt auch der Durchschnittsfamilie einen Speisezettel, der allwöchentlich Kontinente überspannt. Und es bleibt nicht beim Nebeneinander. Der Experimentierlust am Herd wird durch zahllose Kochschulen, Zeitschriften, populäre Fernsehsendungen, *chat rooms* von Hobbyköchen und internationale Wettbewerbe von Profis Vorschub geleistet. Grenzen werden hemmungslos überschritten, es wird ohne Bedenken variiert, kreolisiert, raffiniert: japanische nouvelle cuisine, chinesische Pizza, kalifornische Sushi. Mit einer kleinen Verbeugung vor den französischen Leistungen auf dem Gebiet der kultivierten Küche haben die Japaner ihr Lexikon in jüngster Zeit um ein Wort erweitert, das all dies bezeichnet: *gurume*. Die große postmoderne Vielfalt hat den kulinarischen Horizont enorm erweitert, sie ist jedoch kein ungeordnetes Chaos; ihr liegen Kategorien und Strukturen zugrunde, die die Geschichte der Esskultur in Japan widerspiegeln.

Kategorien

Eine wichtige Dichotomie ist die von *washoku* und *yōshoku*, japanischer und westlicher Küche, die wie die parallele Kategorisierung von Bekleidung und Architektur, aber auch Malerei, Musik, Tanz und Theater in *wafū* bzw. *yōfū* aus der jüngsten japanischen Geschichte, nämlich der Meiji-Zeit, stammt. Daneben steht die Kategorie *chūka ryōri*, chinesische Küche, die in privaten Haushalten ebenso wie im Gaststättengewerbe gleichermaßen allgegenwärtig ist. Obwohl China schon im Altertum die Quelle vieler Lebensmittel war, wurde die chinesische Küche ebenfalls erst im Zuge der Öffnung des Landes in der Meiji-Zeit in das kulinarische Universum Japans integriert. Auch die koreanische Küche gehört seither zum Repertoire, allerdings im Wesentlichen mit Varianten eines Gerichts und Restaurants, die darauf spezialisiert sind – *yakiniku*, gegrilltes Fleisch.

Quer zu diesen Kategorien liegt eine andere Dichotomie, die von *hare*, ‹festlich›, und *ke*, ‹alltäglich›. Weißer Reis ist *ke*, mit roten Bohnen gemischter Reis, *sekihan*, ist wegen der glücklichen Farbkombination rot-weiß *hare*. Auch *mochi*, ein aus weichgekochtem gestampften Reis geformter Reiskuchen ist *hare*. Eine gebackene Makrele ist *ke*, eine gebackene Meerbrasse *hare*, was nicht nur dem im Vergleich zur Makrele weniger fetten und festeren weißen Fischfleisch geschuldet ist, sondern auch dem Namen des Fischs, *Tai*, den man in dem Adjektiv *medetai*, ‹glückverheißend›, erkennen kann. Was *hare* ist, eignet sich zum Speiseopfer, das den Göttern in Schrein und Tempel dargebracht wird, offensichtlich eine kontingente Kategorie, deren Inhalt sich im Laufe der Zeit und mit den Verhältnissen ändert. Es ist eine emische Kategorie, die zwar zum Teil auf dem relativen Wert, der Verfügbarkeit der Speisen, ihrer saisonalen Frische und dem für ihre Zubereitung erforderlichen Arbeitsaufwand beruht, deren Bedeutung aber nur innerhalb des kulinarischen Systems Japans gegeben ist.

Auch die anderen Kategorien beruhen nur scheinbar auf dem objektiven Umstand der Herkunft der Gerichte und Essgewohnheiten. Wie *hare* und *ke* sind es emische Kategorien. Sie grenzen nicht das Japanische vom Chinesischen und vom Westlichen ab, sondern das, was in Japan als japanisch, chinesisch und westlich gilt. *Gyūnabe* zum Beispiel, ein in der frühen Meiji-Zeit populäres Eintopfgericht, das aus in Bouillon gekochtem, mit Sojasauce und Zucker gewürztem Rindfleisch besteht, galt als westlich, obwohl der europäische Gast darin kaum seine eigene Esstradition erkennen konnte. Viele Ingredienzien, die für *washoku* unverzichtbar sind und den meisten Japanern als prototypisch japanisch gelten, stammen aus China, fermentierte Esswaren wie Sojasauce, Miso (Bohnenpaste), Tōfu (Bohnenquark) und Nattō (fermentierte Bohnen) ebenso wie Tee, die meisten Nudelsorten und in Salz eingelegte Gemüse und Früchte. Auf den emischen Charakter der Speisekategorien deuten auch Kategorienwechsel hin. So ist *Tempura*, in Eierteig gehüllte tiefgebackene Gemüse und Meeresfrüchte, heute eines der typischsten Gerichte der japanischen Küche, das in Restaurants, bei Festessen und zu Hause bereitet wird. Es gehört zweifelsfrei zur Kategorie *washoku*. Ursprünglich war es ein portugiesisches Rezept, das im 16. Jahrhundert ins Land kam (vielleicht von portugiesisch *temperar*, ‹würzen›) und als *nanban ryōri*, ‹Speise der südlichen Barbaren›, klassifiziert war. Zu dieser Kategorie gehörten auch *kasutera*, ein kastilianischer Kuchen, *karumera*, Karamellbonbons, und etliche andere Gerichte, die sich von Nagasaki aus im ganzen Land verbreiteten. *Nanban ryōri* ist heute keine effektive Kategorie der begrifflichen Speiseeinteilung mehr. Allenfalls wird der Name in ironischer Absicht von Restaurants noch gelegentlich verwendet. Die Speisen, die einmal darunter fielen und heute noch gegessen werden, sind vollständig akkulturiert.

Ähnlich verlief die Geschichte von Kulturpflanzen und Lebensmitteln, die vor der Abschließung des Landes unter den Tokugawa ins Land kamen, etwa die Süßkartoffel, *satsumaimo*, und der Cayenne-Pfeffer, *tōgarashi*. Beide waren ursprünglich *nanban* und sind aus der heutigen japanischen Küche nicht mehr wegzudenken. Immer wieder zeigt die Geschichte der Küche, wie Fremdes zu Eigenem gemacht wurde. Die gebräuchlichste Kürbisart, *kabocha*, hat ihren Namen von dem Land, aus dem sie kam: Kambodscha. Die weiße Bohne wurde im 17. Jahrhundert von dem Zen-Mönch Ingen aus China eingeführt und heißt daher *ingen mame*. *Karē raisu*, gekochter Reis mit Currysauce, ist japanisierte indische Küche, die heute im Kontrast zur indischen Küche, *indo ryōri*, der ethnischen Restaurants steht. Lange war *karē raisu* eines der drei typischen *yōshoku*-Gerichte, die jede Hausfrau kochen konnte (die anderen beiden Spaghetti und Hamburger). Für *karē raisu* wird der gleiche weiße Reis verwendet wie für andere japanische Gerichte; er wird jedoch mit dem englischen Lehnwort als *raisu* bezeichnet, während er bei japanischem, chinesischem und koreani-

schem Essen *gohan* heißt. Diese emische Unterscheidung korreliert mit
dem Geschirr: *gohan* wird in einer Reisschale serviert, *raisu* auf einem Teller. Das gleiche Klassifikationsprinzip wird bei Teigwaren angewandt.[3] Die
Kategorie *menrui* umfasst nur japanische und chinesische Nudeln, die in
Suppenschalen oder Körben serviert werden, aber keine italienischen Nudeln, die auf Tellern serviert werden.

Eine weitere Klassifikation basiert auf der Zubereitungsart japanischer
Gerichte. Die wichtigsten Kategorien sind: *shirumono*, Suppen; *yakimono*,
Gebackenes und Gegrilltes; *agemono*, Tiefgebackenes; *nimono*, Gekochtes;
mushimono, Gedünstetes; *sunomono*, mit Essig Angemachtes; *nerimono*, Pas-
ten; *yosemono*, Geliertes; *nabemono*, am Tisch gekochte Topfgerichte; *tsuke-
mono*, Eingelegtes. Mit diesen Kategorien erfasste Speisen sind *washoku*. Sie
unterliegen bei einer typischen Mahlzeit Kookkurrenzregeln, die bestimmen, was miteinander kombiniert werden kann. Eine allgemein beachtete
Regel ist, dass die erwähnten Speisen mit Reis, aber nicht mit Brot gegessen werden. Obwohl schon lange fester Bestandteil der japanischen Diät,
gilt Brot, wie Naomichi Ishige, Esskulturforscher und Direktor des Nationalen Museums für Ethnologie in Osaka, mit einer Erhebung gezeigt hat[4],
als westliches Essen, das nicht mit *washoku* kombiniert werden kann. Bestimmte Nudeln, z.B. *soba*, und Reis als Bestandteile eines Menüs sind
möglich, Brot und Reis oder Brot und Nudeln nicht. Speisen, ihre Zubereitung und die Form ihrer Darreichung sind durch die Kategorien, die
das kulinarische Universum ordnen, konzeptuell miteinander verbunden.

Tabus

Dass Essgewohnheiten darüber hinaus im Sinne von Norbert Elias mit
anderen Praktiken und ideologischen Inhalten in Beziehung stehen,
zeigt sich an Tabus, mit denen bestimmte Speisen in bestimmten Epochen belegt waren, z.B. Schweinefleisch im Nahen Osten und Rindfleisch in Indien. Der Anthropologe Marvin Harris[5] hat argumentiert,
dass ideologisch begründete Speiseverbote dieser Art – das unreine
Schwein, die heilige Kuh – auf die Notwendigkeit der Ressourcenkon-
servierung hindeuten. Bei der geringen Produktivität der Landwirtschaft
im vormodernen Indien etwa war das Rind als Arbeitstier unverzichtbar;
sein massenhafter Konsum als Quelle von Protein und Fett hätte fatale
Folgen haben müssen. Auch in Japan war der Genuss von Rindfleisch

lange tabuisiert.[6] Die buddhistische Lehre lehnt das Schlachten ab, und dem Shintoismus gilt Blutvergießen als unrein. Schon aus dem siebten Jahrhundert sind Fleischverbote belegt. Der offizielle Kodex *Engi shiki* (927 u. Z.) bestimmte, dass Beamte und andere Mitglieder des Hofadels nach dem Genuss von Fleisch drei Tage lang als unrein galten und von shintoistischen Riten am Hof ausgeschlossen waren. In den folgenden Jahrhunderten kam es immer wieder zu ähnlichen, auch speziell auf Jahreszeiten bezogenen Edikten, was darauf hindeutet, dass sie nicht rigoros eingehalten wurden. In aller Konsequenz wurde das buddhistische Gebot einer fleischlosen Diät immer nur von wenigen beachtet. Wild, Geflügel und Fisch wurden soweit vorhanden konsumiert, selbst von Angehörigen des Klerus, und auch die Tabuisierung des Rindfleischs war nie lückenlos. *Kusurigui*, die Praxis des ‹medizinischen Essens›, war für Fleischliebhaber ein bequemer Vorwand, das Verbot zu umgehen. Sie hatte eine Parallele im ‹medizinischen Jagen› (*yakurō*), einer von der Aristokratie mehrmals jährlich veranstalteten zeremoniellen Jagd, die mit dem Verzehr der Beute endete.

Dennoch blieb das Fleisch-Tabu keineswegs folgenlos. Am stärksten waren seine gesellschaftlichen Auswirkungen in der Kamakura-Zeit, während der einerseits in den Klöstern eine fleischlose *haute cuisine* entstand und andererseits Schlachter und andere, die an der Verarbeitung des Schlachtviehs beteiligt waren, geächtet und zunehmend diskriminiert wurden, so dass sie zu einer vom Rest der Gesellschaft isolierten Kaste wurden.[7] Rindfleisch war viel stärker tabuisiert als Wild, und sein geringer Anteil an der vormodernen japanischen Diät lässt sich nicht allein durch das ideologische Speiseregime erklären. «Der entscheidende Faktor im Hintergrund ist die Tatsache, dass die japanische Landwirtschaft keine systematische Tierzucht für die Fleisch- und Milchproduktion beinhaltete.»[8] Milch, Butter und überhaupt tierische Fette sind der traditionellen japanischen Kost daher fremd. Das änderte sich in der Meiji-Zeit mit dem Import von Zuchtvieh aus Europa. In dem Maße, wie das Tabu seine ressourcenschonende Funktion verlor, geriet es in Misskredit, obwohl es im allgemeinen Bewusstsein noch deutlich präsent war, wie folgende Passage aus Kanagaki Robuns Monologsammlung *Aruganabe* aus der frühen Meiji-Zeit belegt:

> «Wer würde schon Wildbret oder Wildschwein essen, wenn es Rindfleisch gibt? Im Westen isst man heutzutage immer Rindfleisch, aber früher aßen nur Könige und Minister Rindfleisch und Lamm, nie die einfachen Leute. Was für

ein Segen, dass unser Land auch immer zivilisierter wird und auch einfache Leute wie wir Rindfleisch essen können. Manche Leute, die die Zivilisation ablehnen, halten das Fleischessen immer noch für eine barbarische Sitte. Sie sagen absurde und unsinnige Dinge wie, ‹Wer Fleisch isst, beleidigt Buddha und die Shinto-Götter. Wer Fleisch isst, verunreinigt sich.› – aber das tun sie nur, weil sie nichts von westlicher Wissenschaft verstehen.»[9]

Ebenso wie in anderen Bereichen hatte der intensive Kulturtransfer im Zuge der Meiji-Reformen für die Essgewohnheiten der Japaner tief greifende Folgen, die der Anthropologe Kumakura Isao dokumentiert hat. Er sieht vor allem drei geistige Veränderungen: die Abschwächung des religiösen Einflusses auf die Esskultur, die Verbreitung von Essmoden und des Konsums als Freizeitbeschäftigung und den wachsenden Einfluss der Wissenschaft als ideologischer Grundlage des Speiseregimes.[10] Alle drei Tendenzen deuten in die gleiche Richtung eines Anschlusses an Entwicklungen der Esskultur in der westlichen Welt, die die japanische Esskultur freilich ihrer distinktiven Merkmale nicht beraubt hat. Die Tischsitten lassen das deutlich erkennen.

Tischsitten

Als eine Form des rituellen Verhaltens und der Etikette stehen Tischsitten an der Schnittfläche von Profanem und Heiligem einerseits und dienen andererseits der Manifestation von Identitäten, durch die sich Gruppen von anderen abgrenzen. Die Bedeutung, die Tischsitten in Japan beigemessen wird, entspricht dem ausgeprägten Bewusstsein für Form und Manieren, das für die japanische Kultur so charakteristisch ist.[11] Wie was in welcher Reihenfolge von wem mit was für Geräten zu welchen Gelegenheiten gegessen und getrunken wird, ist durch Vorschriften und Verbote geregelt, deren Erlernung als elementarer Teil der Sozialisation gilt. Das ästhetische Arrangement einer Mahlzeit und die Beachtung der angemessenen Form ihrer Darreichung und ihres Verzehrs spielen im Leben von der frühesten Kindheit an eine Rolle. Die gute Form, die einst nur für die oberen Schichten maßgebend war, ist zum allgemeinen Kulturgut geworden, ein demokratisches Instrument der Regulierung des menschlichen Umgangs.

Die japanischen Tischsitten beginnen und enden mit den Esswerkzeugen, Stäbchen (*hashi*). Ihre kulturelle Bedeutung ist so groß, dass Ostasien oft als Kulturkreis der chinesischen Zeichen und Essstäbchen bezeichnet wird.[12] Im sechsten Jahrhundert aus China übernommen, wurden Stäbchen in Japan zunächst allein für religiöse Zeremonien verwendet, fanden aber rasch allgemeine Verbreitung. Im Laufe dieses Prozesses veränderte sich ihre Form. Japanische Essstäbchen sind im Unterschied zu chinesischen rund und laufen spitz zu. Außerdem sind sie weniger lang und nach Geschlecht differenziert, die für die weibliche Hand sind etwas kürzer als die männlichen. In Korea wird außer Stäbchen stets ein metallener Löffel gedeckt und in China manchmal ein solcher aus Porzellan. In Japan wird demgegenüber alles mit Stäbchen gegessen bzw. aus einer Suppentasse getrunken. Elias hat die Reglementierung des Gebrauchs des Messers an Europas Tafeln im ausgehenden Mittelalter – das Verbot, mit der Spitze auf sich oder andere zu zeigen, es mit der Spitze nach vorn zu überreichen und schließlich die Abrundung der Spitze – als Zivilisationsfortschritt einer pazifizierten Schicht beschrieben und dabei darauf hingewiesen, dass die Europäer in den Augen der Chinesen Barbaren seien, denn «sie essen mit Schwertern».[13] Tatsächlich hatte bereits Konfuzius, der selber Vegetarier war, das Messer vom Esstisch verbannt, da es an das Schlachthaus erinnere.

Mit Stäbchen zu essen impliziert eine strikte konzeptuelle und praktische Trennung zwischen Zubereitung und Verzehr der Speisen, denn alles kommt mundgerecht auf den Tisch. Wenn doch einmal weiche Speisen wie Fisch oder gekochtes Gemüse am Tisch zerkleinert werden müssen, so sind die Stäbchen wie beim Essen mit einer Hand zu manipulieren. Sie mit beiden Händen zu verwenden, um etwas zu zerteilen, ist unmanierlich. Ebenso vulgär ist es, mit Stäbchen etwas aufzuspießen, sie nebeneinander gelegt wie einen Löffel zu benutzen, mit ihnen Essen vom Teller in den Mund zu schieben, an den Spitzen der Stäbchen zu kauen oder sie abzulecken oder mit ihnen einen Teller zu sich zu ziehen. Die Stäbchen liegen am Beginn der Mahlzeit quer vor dem Essenden, manchmal auf einer kleinen Stäbchenbank aus Lack, Holz oder Porzellan. In der Familie hat typischerweise jeder seine persönlichen Stäbchen. Gewöhnlich werden alle Gänge in einzelnen Portionen für jeden Teilnehmer an der Mahlzeit separat serviert, so dass jeder mit seinen Stäbchen nur von seinen Tellern und Schüsseln isst. Bei am Tisch gekochten Gerichten bedient man sich jedoch aus einem gemeinsamen Geschirr, zu welchem Zweck man die Stäbchen umdreht. Sich mit der Seite, die man zum Mund führt aus einer gemeinsam benutzten Schale zu bedienen, gilt als ungehörig. Motiviert sind diese Gebote durch shintoistische Vorstellungen von spiritueller mehr als physischer Verunreinigung, obwohl sie der Hygiene der Esskultur durchaus dienlich sind. Essstäbchen mit anderen zu teilen birgt – emisch gesprochen – das Risiko der geistigen oder charakterlichen Kontamination, die nicht abwaschbar ist. Die im Restaurants verwendeten Wegwerfstäbchen, *waribashi*, entsprechen diesen Vorstellungen. *Waribashi* sind ein einfaches Holzstück, das fast der ganzen Länge nach gespalten ist. Indem er es aus seiner Papierhülle zieht und auseinanderbricht, erhält der Gast zwei Stäbchen, in der Gewissheit, dass sie vor ihm noch niemand benutzt hat. Mit Stäbchen auf etwas oder gar jemanden zu zeigen, ist ein Verstoß gegen die Etikette. Nach Beendigung der Mahlzeit sollen sie nebeneinander auf die geleerte Reisschale gelegt werden, keinesfalls überkreuz. Bambus ist das beliebteste Material für die Herstellung von Stäbchen, außerdem verschiedene andere Holzarten, die durch Lack haltbar gemacht werden. Von der Oberschicht wurden früher auch Stäbchen aus wertvollen Materialien wie Elfenbein, Koralle, Jade und Edelmetallen verwendet, aber im Allgemeinen wird Bambus und rohem Holz der Vorzug gegeben. Diese Präferenz für das Einfache kommt am deutlichsten bei einer besonderen Gelegenheit gemeinschaftlichen Speisens zum Ausdruck, der Teezeremonie (*chanoyu*).

Tee

Die Teezeremonie ist das Paradigma des guten Geschmacks. Im ausgehenden Mittelalter entstand unter starkem Einfluss des Zen-Buddhismus eine ästhetische Bewegung, die Mäßigung und Einfachheit, die Würdigung des unscheinbaren Details und Bescheidenheit der Form kultivierte, eine geistige Orientierung, die mit dem Begriff *wabi* bezeichnet wird. *Wabicha* ist die von Sen no Rikyū (1522–1591 u. Z.) entwickelte Teezeremonie[14], dem Begründer von *sadō*, dem japanischen ‹Weg des Tees›, der seinen Ursprung in China hat und heute in verschiedenen Schulen weitergeführt wird. Der Ort der Teezeremonie ist ein Teehaus oder Teezimmer (*chashitsu*), dessen Einfachheit die Ideale der Ästhetik des schmucklosen Raums verkörpert. Die Praxis des Händewaschens und Mundausspülens vor Betreten des Teehauses erinnert an die rituelle Reinigung beim Besuch eines Schreins oder Tempels und daran, dass Tee

*Abb. 27: Leichte Kost: Asarihan, Reis mit Muscheln, klare Suppe mit Pilzen, Kräutern
und Tōfu, eingelegte Gemüse (Foto © Chūōkōronsha)*

ursprünglich eine religiöse Übung war. Das *chashitsu* ist ein heiliger Raum
abseits der geschäftigen Welt, in dem arm und reich nichts gilt, weltliche
Standesunterschiede zwischen den Teilnehmern aufgehoben sind und
dessen Schlichtheit zu Besinnung und Harmonie einlädt. Tee ist Frieden. Selbst der Krieger legt vor dem Betreten des *chashitsu* seine Schwerter ab. Attentate und Meuchelmorde – keine seltene Erscheinung in der
japanischen Geschichte – haben bezeichnenderweise nie in einem Teezimmer stattgefunden.

Die vollständige Teezeremonie besteht aus zwei Teilen. Im Mittelpunkt des ersten steht eine leichte Mahlzeit, *kaiseki ryōri*. Im Vergleich zu
den festlichen Banketten der mittelalterlichen Oberschicht sind die ser-
vierten Speisen einfach, Reis mit vier Beilagen: *shiru*, Misosuppe; *mukōzu-
ke*, roher Fisch oder mit Essig angemachtes Gemüse; *nimono*, mit Fisch
oder Geflügel gedünstetes Gemüse; und *yakimono*, gegrillter Fisch. Sake
kann nach bestimmten Regeln der Etikette dazu getrunken werden. Auf
die Mahlzeit folgt nach einer kurzen Pause der zweite Teil der Teezeremonie, das Trinken von *matcha*, der aus zu Pulver gemahlenen grünen

Teeblättern hergestellt wird. Zu dem sehr bitteren Getränk gibt es Süßigkeiten aus gezuckerten Bohnen oder Reis. Der Gastgeber brüht den Tee für jeden Gast einzeln auf. Dieselbe Teeschale wird immer wieder gereinigt und neu gefüllt, bis alle Gäste bedient sind, wodurch das Gefühl, der Gemeinsamkeit unterstrichen wird. Das Teebesteck, die Teeschale, die aufgehängte Kalligraphie oder Tuschzeichnung und vielleicht eine Blume sind alle mit Vorbedacht der Jahreszeit und der Gelegenheit entsprechend und nach Maßgabe der Ästhetik der anspruchslosen Schönheit, *wabi*,[15] ausgewählt. Dass der Gast sich in der Konversation dazu äußert, gehört zur Etikette. Jede einzelne Bewegung bei der Zubereitung des Tees ist einstudiert, und auch die Entgegennahme der Schale und das Teetrinken folgen detaillierten Regeln. Die äußerste Stilisierung der Einfachheit im Sinne von *wabi*, wie sie in der Teezeremonie praktiziert wird, gilt heute vielen Japanern, keineswegs nur aktiven Anhängern dieser Übung, als Schlüssel ihres kulturellen Erbes.

Diese Einschätzung hat ihre Berechtigung darin, dass die von Sen no Rikyū formalisierte Teezeremonie einerseits Elemente der klassischen Kultur aufnahm und andererseits stilbildend wirkte. Das Teehaus ist der Bezugspunkt der Ästhetik des leeren Raums und der Schlichtheit, die in der Tuschmalerei, in der Räume nur angedeutet werden und viele Flächen frei bleiben, ebenso ihren Niederschlag fand wie in der Darbietung des Essens auf Tellern, die niemals voll sind, in Textur, Farbe und Material den einzelnen Speisen angepasst sind und mit jedem Gericht wechseln. Symmetrie wird bei der Anordnung der Speisen auf den Tellern und der Teller auf dem Tisch vermieden. Die förmliche Etikette der Teezeremonie hat vom *chashitsu* ausgehend die Tischmanieren der ganzen Gesellschaft beeinflusst. Der Garten des Teehauses inspiriert Landschaftsgärtner bis in die Gegenwart, und auf die Ausschmückung des Teezimmers mit Blumen gehen alle Ikebana-Schulen zurück.

Speisekarte

Auch was heute als *washoku* gilt, weist wesentliche Einflüsse der Teezeremonie auf. Dazu gehört vor allem die Bevorzugung einfacher Kost, viel Rohes, ob Fisch, Gemüse oder Obst, das mit den Jahreszeiten wechselt. Der Jahreszeitenbezug ist ein wesentliches Element der Teezeremonie, das bei der Raumausgestaltung ebenso berücksichtigt wird wie bei der Zusammenstellung der Teeutensilien. Entsprechend sind auch bestimmte Esswaren zu Symbolen der Jahreszeiten geworden. *Kisetsu ryōri*, saisonale Küche, ist das Kennzeichen vieler japanischer Restaurants. Die Jahreszeitenspezifik der Diät und die Frische der Esswaren ist auch dem shintoistischen Naturgefühl kongenial, das sich hier mit zen-buddhistischen Ideen im Einklang befindet. Bei der Speisezubereitung äußert es sich darin, dass Speisen ihr natürlicher Geschmack belassen und auf die Verwendung von Gewürzen beim Kochen weitgehend verzichtet wird. Gewürzt wird mit Saucen, Kräutern und fermentierten Beilagen zum Essen, in dessen Zentrum der Reis steht. Sojasauce ist die bei weitem wichtigste Würze, «ohne die die japanische Küche nicht wäre, was sie ist».[16] Bei Sushi, Sashimi (rohem Fisch), Kamaboko (Fischpastete) darf sie ebenso wenig fehlen wie bei Tempura, rohen und gekochten Gemüsen, Tōfu oder gegrilltem Fisch. Sie wird als Basis für allerlei andere Saucen verwendet, mit denen Soba, Somen, Udon und andere Nudeln, Kushiyaki (am Spieß Gebratenes), Yakitori (gegrilltes Hähnchenfleisch) und Yakiniku (gegrilltes Fleisch) gegessen werden. Und sie dient als Geschmacksgeber und Konservierungsmittel für getrocknete Speisen vom Seetang über kleine Fische bis zu Reiscrackern. Das Rezept für die Herstellung von Sojasauce aus fermentierten Bohnen stammt aus der späten Muromachi-Zeit, in der auch die Teezeremonie ihre kanonische Form erlangte.

Reis wird zwar nicht zu jeder Mahlzeit gegessen, aber er steht trotzdem im Zentrum der japanischen Esskultur bzw. des damit verbundenen Wertesystems.[17] Bei allen anderen Lebensmitteln hat Japan eine stark negative Handelsbilanz, nur die Autarkie der Reisversorgung ist durch hohe Handelsschranken geschützt. *Gohan desu*, ‹das Essen ist fertig›, heißt es. Reis ist konzeptuell Essen schlechthin. *Meshi*, ein anderes Wort für zubereiteten Reis, bedeutet ebenfalls Essen im Allgemeinen. Reis betrachtet man als authentisch. Er ist das typische Produkt der Bauern, mit dem sie bis Ende der Edo-Zeit ihre Steuern bezahlten. Der Reichtum der Lehnsherren bemaß sich in Scheffeln Reis. Reis als Grundlage der Existenz und der Kultur, diese Topoi sind tief verwurzelt. Den Bauern sichern sie ihre Existenz, denn obwohl der Reisanbau sehr unrentabel ist, sind nur wenige Japaner gegen überhöhte Preise und seine Subventionierung mit Steuergeldern. Bei der Produktion des Grundnahrungsmittels, meinen die meisten Japaner, sollte man sich nicht in Abhängigkeit begeben. Wenn wenigstens Reis auf den Tisch kommt, ist das Überleben gesichert.

Im Bewusstsein der Japaner besteht eine typische japanische Mahlzeit aus gekochtem, ungewürztem weißen Reis und variablen Beilagen. Einen Hauptgang im Sinne der westlichen Küche gibt es nicht. Vielmehr werden zum Reis allerlei andere Speisen verzehrt, *okazu*. Wenn dazu Sake serviert wird, werden sie *sakana* genannt, ein Homonym des Wortes *sakana*, das Fisch bedeutet. Die beiden Wörter werden heute mit unterschiedlichen chinesischen Zeichen geschrieben, haben aber einen gemeinsamen Ursprung in dem Ausdruck, der ‹Beilage zum Sake› bedeutete. Der Sakegenuss kann in der traditionellen Mahlzeit Fisch- und Gemüsegerichte begleiten, aber sobald der Reis aufgetragen wird, soll nicht mehr getrunken werden. Sake ist Reiswein, und Reis soll man nicht gleichzeitig in zwei verschiedenen Formen zu sich zu nehmen. Das Ende der Mahlzeit markiert eine Tasse Tee. Der Tee kann auch über die letzte Schale Reis gegossen und zusammen damit gegessen bzw. getrunken werden. Daraus ist ein eigenes Gericht entstanden, *chazuke*. Heutzutage kann danach Obst serviert werden. Früher gehörte ein Dessert jedoch nicht zu einer typischen Mahlzeit. Obst und Süßigkeiten wurden als Zwischenmahlzeiten, *oyatsu*, gegessen, zu denen es keinen Reis gab.

* * *

Neben seiner Hauptfunktion, der Nahrungsaufnahme, erfüllt das Essen wichtige soziale Funktionen. Typischerweise gelten für seine Zubereitung bestimmte gesellschaftlich sanktionierte Vorschriften und es wird nach bestimmten Regeln in Gesellschaft genossen. Die Essgewohnheiten der Japaner stehen dadurch mit anderen Bereichen der Kultur auf vielfältige Weise in Zusammenhang. Weder ihre Kochkunst noch ihre Tischsitten lassen sich ohne Bezugnahme auf sie hinlänglich erklären.

Die Kultivierung der Landschaft und die der Speisen wirken zusammen. Milchprodukte und Rindfleisch sind der traditionellen Diät fremd, was einerseits darauf zurückzuführen ist, dass der arbeitsintensive Reisanbau auf Nassfeldern gewöhnlich nicht mit Viehzucht einhergeht, und andererseits durch buddhistische Verbote motiviert ist. Wie sich die Kultur wandelt, wie gesellschaftliche Werte umgekehrt werden können, exemplifiziert die Metamorphose des Rindfleischs von einer verbotenen und barbarischen Speise zum Ausweis der Zivilisation und wissenschaftlich begründeter Ernährung.

Die Präferenz von frischen, einfachen Speisen erwächst aus buddhistischen ebenso wie shintoistischen Vorstellungen. Die strenge Etikette der Tischsitten entspricht konfuzianischen Geboten der Angemessenheit. Die Essstäbchen verkörpern das chinesische Erbe, das unter dem Einfluss shintoistischer Reinheitsgebote umgestaltet wurde. Auch die Stilprinzipien, die bei besonderen Anlässen in Gestaltung und Anrichten der Speisen angewendet werden, korrespondieren mit Idealen der Ästhetik des leeren Raums, der schlichten Eleganz und der Asymmetrie.

So eröffnet sich aus der Küche ein Blick auf die japanische Kultur. Viele Japaner erkennen darin ihren authentischsten Teil. Wenn Touristen zum Mampukuji, dem Haupttempel der zen-buddhistischen Ōbaku-Sekte in Uji bei Kyoto fahren, um dort eine vegetarische Mahlzeit zu sich zu nehmen, fühlen sie sich ihrer eigenen Kultur am nächsten. Allein, die unbeschwerte Einkehr erlaubt der Fahrplan des Besichtigungsbusses nicht. Zeit und Muße, unverzichtbare Ingredienzien jeder kultivierten Mahlzeit und insbesondere einer Zen-Mahlzeit, sind heute knapp. Bei der Frage nach der wichtigsten japanischen Erfindung des 20. Jahrhunderts entfielen die meisten Nennungen auf Cup Noodles: Zubereitung, Konsum und Aufräumen erfordern nicht mehr als fünf Minuten.

16
Die Künste

Die Kunst hat in der japanischen Kultur eine starke Präsenz, was auch im Westen weithin bekannt ist. Schon lange vor der ersten Welle des Japonismus, die europäische Künstlerkreise in den letzten Jahrzehnten des 19. Jahrhunderts erfasste, waren japanische Kunstprodukte – vor allem Lack, Keramik und bemalte Stellschirme – nach Europa gelangt wie auch die Kunde von der höchst verfeinerten Ästhetik kultureller Kreativität, die für jeden Japanreisenden sichtbar war.[1] Das starke Formbewusstsein, das sich, wie wir in den vorausgegangenen Kapiteln gesehen haben, in vielen Bereichen der Kultur bemerkbar macht, gibt auch der Kunst ihren distinktiven Charakter. Die Vorstellung, dass sie ein besonders ausgeprägtes Gefühl für das Schöne haben, gehört zum Selbstverständnis der Japaner. Als Beweis dafür wird oft die anhaltende Popularität[2] des fast tausendjährigen *Genji monogatari* angeführt, denn dieser Roman über die amourösen Abenteuer und politischen Ränke des Prinzen Genji ist zugleich ein Hohelied des Schönen in der Kunst und auch in der Natur. Seine Wirkung strahlte weit über die höfische Literatur hinaus. Nicht nur gehen zahlreiche Nō-Dramen auf ihn zurück, er ließ auch ganze Kunstgattungen entstehen, wie zum Beispiel die *Genji monogatari emaki*, Querrollen, in denen seit dem zwölften Jahrhundert Szenen aus dem Roman illustriert wurden. Motive daraus liefern Dekorationen auf Wandschirmen, Lackwaren, Stoffen und allen nur erdenklichen Oberflächen, wie etwa der im Jahre 2000 ausgegebenen 2000-Yen-Note (Abb. 28), deren Bedeutung niemandem erklärt zu werden braucht, denn das *Genji monogatari* ist durch die anhaltende Lektüre und Verarbeitung in der Literatur und anderen Künsten zur nationalen Ikone geworden, deren moderne Darstellungen in Manga und Animationsfilmen auf den Gesamtzusammenhang der Künste hinweisen.

Literatur, bildende und darstellende Künste fügen sich zu einem kulturellen Subsystem, das sich über Jahrhunderte durch das Zusammenwirken gesellschaftlicher, wirtschaftlicher, religiöser und Umweltfakto-

Abb. 28: Genji-Motiv auf der 2000-Yen-Note

ren herausgebildet hat. Die drei prägnantesten Einflüsse waren die natürliche Umwelt, China und der Buddhismus.

Einflüsse

Unübersehbar ist die bedeutende Rolle der Natur in der japanischen Kunst. Die ausgeprägten Jahreszeiten leisteten der Fixierung saisonaler Symbole wie Pflaumenblüte, Kirschblüte, Ahorn und Chrysantheme Vorschub, die seit langem zum ikonographischen Bestand gehören, aus dem alle Kunstgattungen schöpfen, wobei der symbolischen Komprimierung tendenziell der Vorzug vor der realistischen Darstellung gegeben wird. Der Lebensraum zwischen Meer und Bergen förderte den Respekt vor einer Natur, der man ausgeliefert ist, ebenso wie das feuchte Klima, die vielen Taifune und häufigen Erdbeben, die den Gebrauch von Holz und anderen leichten Baumaterialien begünstigen, die leichter ersetzt und repariert werden können als Stein. Die Naturgewalten und der Gang der Jahreszeiten regeln das Dasein der Menschen, die sich in «Empathie mit den Dingen» setzen müssen. In der Heian-Zeit verfestigten sich die damit verbundenen Vorstellungen zum ästhetischen Schlüsselkonzept des höfischen Mittelalters, *mono-no aware*, dessen Bedeutung für das japanische Kunstverständnis in der Edo-Zeit der Gelehrte Motoori Norinaga (1730–1801 u. Z.) wiederentdeckte und ins Vokabular einer Ästhetik einführte, in deren Mittelpunkt die affektive Dimension der menschlichen Erfahrung steht. *Mono* bedeutet ‹Ding› und *aware* ist nach Norinaga ursprünglich der Seufzer, der der Empfindung beim Hören, Sehen oder Betasten schöner Dinge Ausdruck gibt. Er konstatierte die große Vorkommenshäufigkeit von *aware* im *Genji monogatari*[3] und leitete daraus eine melancholische Grundhaltung des Lebensgefühls ab, die die Unbeständigkeit des Glanzes der höfischen Kultur angesichts der bebenden Erde, übermäßiger Regenfluten, Krankheit und des allzu frühen Todes reflektiert. Nicht beherrschen soll der Mensch die Natur, sondern danach streben, mit ihr im Einklang zu leben. Dieses Konzept des *mono-no aware* wurde zu einem ästhetischen Imperativ, der in der Dichtung ebenso Ausdruck fand wie auf der Nō-Bühne, in der Malerei, Kalligraphie, Bildhauerei und Architektur.

Zu der offensichtlichen Bedeutung der Natur und der Auseinandersetzung mit ihr für die japanische Kunst tritt nicht minder maßgebend der Einfluss der chinesischen Kultur – oft durch koreanische Vermittlung. Er lässt sich in fast allen Bereichen der Kunstproduktion aufspüren, mal deutlicher, wie in der Schriftkunst – dem Paradigma und einenden Band der ostasiatischen Kultur –, mal verhaltener, wie im Kabuki-Theater, das erst in der Edo-Zeit entstand. Die Schrift selber wurde von China übernommen wie auch ihre Werkzeuge, die in den Dienst der Malerei gestellt wurden, Pinsel, Tusche und Papier. In der gleichfalls aus China stammenden monochromen Tuschmalerei wurde ihre Verwendung im Zusammenhang mit der Teezeremonie[4] und dem Zen-Buddhismus zur höchsten Blüte gebracht. Die «japanischsten» der japanischen Musikinstrumente wurden aus China importiert oder nach chinesischen Vorbildern weiterentwickelt: Koto, die 13-saitige Zither, Samisen, die dreisaitige Laute, und Shakuhachi, die auf acht

Löchern gespielte vertikale Bambusflöte.[5] Viele Formen der ausführenden Kunst wie die höfische Gagaku-Musik und der Bugaku-Tanz haben ihren Ursprung in China. Die Kunst der Seidenweberei war ursprünglich vom Festland herübergekommen; die Techniken der Porzellanherstellung und des Lacks wurden importiert, ebenso Bronzeguss und Schnitzkunst. Vielen Plastiken und Bauwerken liegen chinesische Modelle zugrunde.

China war für Japan auch die Quelle des Buddhismus[6], der seit dem siebten Jahrhundert seinerseits der künstlerischen Kreativität in Japan nachhaltige Impulse verlieh, vornehmlich in Architektur, Malerei, Skulptur, Kalligraphie und Dichtung. In Tempelhallen und anderen Sakralbauten viel mehr als in Schlössern und Palästen manifestierte sich jahrhundertelang die hoch entwickelte Holzarchitektur Japans. Schon in der Nara-Zeit erreichte die buddhistische Plastik durch die Herstellung vieler Kultfiguren (vor allem Holzkern-Trockenlack) eine erste Blüte. In der Heian-Zeit war die Geschichte der Bildhauerei im Wesentlichen eine Chronik der Buddhastatuen, und in der Kamakura-Zeit wurde sie, ausgelöst vom Wiederaufbau der zerstörten Tempel in Nara, noch einmal durch die Religion zu höchsten Leistungen inspiriert. Auch in der Malerei standen religiöse Motive jahrhundertelang im Mittelpunkt. Nach chinesisch-festländischem Vorbild wurden in großer Zahl Kultbilder und symbolische Darstellungen des Weltaufbaus (*ryōkai mandara*) nach Maßgabe des esoterischen Buddhismus geschaffen. Die schönsten Tuschezeichnungen von Landschafts- und anderen Naturmotiven der Kamakura- und Muromachi-Zeit sind vom Zen-Buddhismus inspiriert, dem auch die von Beginn an buddhistisch geprägte Kalligraphie entscheidende neue Anstöße verdankt.

Synkretistische Authentizität

So offenkundig nun diese drei Einflüsse der Umwelt, der Festlandskultur und der Religion auf die japanische Kunst sind, so schwierig ist es, die jeweilige Bedeutung eines jeden für das Ganze zu ermessen. Sie gegeneinander abzuwägen ist ein müßiges Unterfangen, weil alle drei den kreativen Prozess auch dort mitbestimmen, wo sich keine direkte Einwirkung nachweisen lässt, denn gemeinsam mit shintoistischen Elementen sind sie zu einem Bestandteil der synkretistischen Folie geworden, auf der sich künstlerisches Schaffen entfaltet und deren Formenschatz Topoi und Ikonographie Künstler aller Gattungen ständig reproduzieren und weiterentwickeln. Sie sind zu einem Ganzen verschmolzen, das von innen und außen als das authentisch Japanische an der japanischen Kunst identifiziert wird und heute noch zeitgenössische Formen der Kreativität mit solchen früherer Epochen verbindet.

Manga zum Beispiel haben etwas distinktiv Japanisches, weswegen sie auch im Westen als solche bekannt sind und nicht als *comics*, *cartoons* oder Bildergeschichten. Denn sie stehen in einer autochthonen Tradition. Dem Betrachter, der die Geschichte der erzählenden Bildrollen (*emakimono*) und des japanischen Holzschnitts kennt, der immer ein populäres Medium war, zeigt sich das deutlich, da er bestimmte Elemente wie die Vorliebe für das Groteske, Anspielungen auf mythologische Figuren und andere kulturelle Leitmotive, die zeichnerische Kunstfertigkeit und die Wahl charakteristischer Bildausschnitte und Blickwinkel wiedererkennt. Die in den 1990er Jahren entstandenen *pokemon* (Pocket Monster) stehen in einer langen Tradition von Spukgestalten, Schattenwesen, Teufeln, Dämonen und Gespenstern, die seit Jahrhunderten die japanische Kunst und Phantasie bevölkern. Mit Mickey Mouse haben sie nichts gemein. Sie können nur in Japan entstanden sein. Manche sind geradezu Zitate, wie etwa die fünf kleinen Gestalten, die den fünf Elementen der traditionellen taoistischen Ontologie entsprechen. Die «Nachtparade der 100 Dämonen» (Abb. 29), eine fast acht Meter lange Querrolle, die dem Maler Tosa Mitsunobu (1434–1525 u. Z.) zugeschrieben wird und sich im Daitoku-Tempel in Kyoto befindet, zeigt eine ganze Schar von skurrilen Unholden – Küchengeräte, Musikinstrumente, Ritualgegenstände, Mischwesen aus Mensch und Tier –, die nachts zum Leben erwachen und ihr Unwesen treiben. In ihnen wie in vielen anderen Bildern mythologischer Figuren kann man die Ahnen der *pokemon* erkennen. Dass sie trotzdem die Welt eroberten, spricht für ihre attraktive Ausgestaltung, aber der Reiz, den sie auf europäische und amerikanische Kinder ausüben, ist nicht unbedingt derselbe wie in Japan, da sie zu einem Universum kulturspezifischer (emischer) symbolischer Bedeutungen gehören.[7] Der Drache etwa verkörpert in der abendländischen Mythologie ein bedrohliches Ungeheuer, den Lindwurm, den Siegfried besiegt, das furchterregende Monstrum, das der heilige Georg zum Wohle der Menschheit tötet. In Ostasien hingegen ist der Drache ein glückverheißendes Wesen, das Schutz und langes Leben symbolisiert.[8]

Zwar erhebt Kunst den Anspruch – zumal aus westlicher Sicht –, kulturelle Gebundenheit zu transzendieren, und große Kunstwerke beeindrucken uns oft gerade dadurch, dass sie außerhalb des Kontexts ihrer Schöpfung bestehen und den Betrachter, Leser oder Hörer erreichen können. Aber ihr primäres Verständnis, das als auf den Künstler gerichtete Erwartung wesentlich an ihrer Entstehung teilhat, ist lokal. Kunst ist eine Ordnung und folgt einem bestimmten Kunstverständnis, auch wenn der einzelne Künstler oft genug dagegen verstößt. Wenn wir den Platz der Kunst in der Gesamtkultur erkennen wollen, müssen wir uns mit dieser Ordnung mehr als mit den einzelnen Künsten beschäftigen und ihre Gemeinsamkeiten ermitteln. Viel zu reich ist das Universum der japanischen Kunst[9], als dass im Rahmen dieses Buches ein auch noch so kursorischer Überblick angestrebt werden könnte. Stattdessen sollen einige grundsätzliche Überlegungen angestellt werden, die die Bedeutung der Kunst für die Kultur betreffen.

Die lokale Ordnung der Kunst

Was gilt als Kunst? Welche Kunstgattungen gibt es? Wo wird Kunst gezeigt und gesehen? Welche soziale Stellung hat der Künstler? Wie verhalten sich er und sein Tun zum Handwerk, zur Religion, zur Wissenschaft? Auf welchem Hintergrund von Seh- und Hörgewohnheiten, von Mythen, Gemeinplätzen, symbolischen Bedeutungen entstehen Kunstwerke? Um die vermeintlich unmittelbare Wirkung von Kunstwerken kann es nicht gehen, denn die gibt es nicht, da jeder Betrachter seine eigenen Erfahrungen, Erwartungen und Kenntnisse hat, derer er sich nur zum Teil bewusst ist. Wer wie die Japaner die Schuhe auszieht, bevor er die eigene Wohnung betritt, erfährt den Besuch eines Tempels oder Teehauses in Kyoto anders als der westliche Architekturkenner, der das nicht gewohnt ist. Räume, denen die Maßeinheit der Tatami zugrunde liegt, betrachten Japaner, in deren Alltagsleben der Tatami-Flechter und seine Matten nach wie vor präsent sind, anders als externe Beobachter. Die genaue Größe läßt sich leicht mit etischen Maßangaben darstellen, etwa 190 × 94 cm. Über die Bedeutung der Tatami für die Einteilung und Gestaltung von Räumen ist damit aber nichts gesagt. In diesem Sinne ist Tatami ein emisches Maß, das zum Grundstock von Japans ästhetischer Ordnung

Abb. 29: Nachtparade der 100 Dämonen (Hyakki yagyō), Querrolle, Tusche
und Farben auf Papier Original aus dem 16. Jahrhundert
im Daitoku-Tempel, Kyoto (Ausschnitt)

gehört.[10] Ähnlich der Umgang mit Farben. In einer etischen Beschreibung lassen sie sich als Wellenlängen im chromatischen Spektrum lo-
kalisieren, das vom menschlichen Auge wahrgenommen und eingeteilt werden kann. Die Ikonographie der Farben aber ist emisch: Die
japanische Sonne ist, wie jedes Kind weiß und wie sie die japanische
Fahne zeigt, rot; der Schurke auf der Bühne des Kabuki-Theaters
trägt gelbe Beinkleider; Zinnober ist die Farbe der Kindheit, die aber
auch den Alten wieder zusteht. Die Assoziation von Farben mit höfischen Rängen[11] ist allgemein bekannt, wenn auch die Einzelheiten
dieser symbolischen Ordnung nicht jedem Betrachter gegenwärtig
sind.

Emischen Charakter hat auch die Unterscheidung zwischen Kunst
und Handwerk und die Hinzufügung des Kunsthandwerks, das die Befriedigung des schöpferischen Impulses mit der Herstellung von Ge-
brauchsgegenständen zu verknüpfen scheint. Eine solche Dreiteilung ist
weniger in den Sachen selbst begründet als in ihrer gewohnheitsmäßigen
Einschätzung und dem Selbstverständnis der Akteure, der Künstler und
Handwerker, sowie dem ihrer Kunden und Mäzene. Nishi Amane
(1829–1897), ein führender Intellektueller der Meiji-Zeit, weist in seiner Einführung in die Ästhetik auf diesbezügliche Unterschiede zwischen
dem Westen und der sinozentrischen Welt hin:

«Im Westen sind zur gegenwärtigen Kunst Malerei, Bildhauerei, Schnitzerei und Kunsthandwerk zu rechnen und außerdem Lyrik, Prosa und Musik; in China kommt die Kalligraphie zu diesen Künsten hinzu, die alle den Grundprinzipien der Ästhetik entsprechen, welche sich auch auf den Tanz und das Theater erstrecken.»[12]

Nishi sah, dass den Künsten gemeinsame ästhetische Prinzipien zugrunde liegen und dass dem Geltungsbereich des Ästhetischen in Europa und in Asien unterschiedliche Künste zugerechnet wurden. Sie sind Teil des kulturellen Systems, in dessen Zentrum die Produkte, die Herstellungstechniken, die Normen ihrer Bewertung und der Habitus ihrer Wahrnehmung stehen. Dass hier systematische, mit dem Ganzen der Kultur in Zusammenhang stehende Beziehungen gegeben sind, zeigt sich sowohl daran, dass die Grenzen zwischen Kunst und Handwerk in Japan anders verlaufen als in der europäischen Tradition, als auch daran, dass die Normen der Würdigung dieser Kulturprodukte nicht spontan entstehen, sondern erlernt werden müssen. Das bedeutet nicht, dass man als Europäer japanische Kunst nicht schätzen kann, wohl aber, dass man sie gewöhnlich nicht auf die gleiche Weise erfährt und schätzt, wie Japaner es tun. Um diesen Unterschied geht es, um die Frage also, wie japanische Augen und japanische Ohren japanische Kulturprodukte wahrnehmen, einordnen und bewerten. Ein selektiver Blick auf drei Kunstformen soll im Folgenden zeigen, dass das Verhältnis von Kunst und Handwerk einerseits und von Kunst und Natur andererseits in der japanischen Tradition anders beschaffen ist als in der abendländischen. Diese drei Kunstformen spielen für das Kunstverständnis Japans eine hervorragende Rolle und lassen die Verwobenheit der künstlerischen Kreativität mit dem Ganzen der Kultur besonders deutlich hervortreten. Es sind Töpferei, Kalligraphie und Gartenbau.

Töpferei

Töpfer sind im europäischen Zusammenhang wie etwa Drucker und Schmiede eher Handwerker als Künstler, was mit der Vorstellung zusammenhängt, dass sie Gebrauchsgegenstände, Künstler hingegen Objekte der Betrachtung herstellen, die keinen unmittelbaren Nutzen haben. Diese Opposition des Nützlichen und des Schönen, des funktionalen Handwerks und der beschaulichen Kunst, ist dem japanischen Verständ-

nis eher fremd. So nahm die Metallbearbeitung schon früh einen hervorragenden Platz unter den Künsten ein, und zwar nicht für Schmuck,
sondern für die Herstellung von Sakralgeräten für den buddhistischen
Kult einerseits und für Schwerter andererseits.[13] Namen bedeutender
Schmiede sind bereits aus dem neunten Jahrhundert u. Z. bekannt. Und
die Keramik, die wie die Schmiedekunst mit Feuer arbeitet, ist eine seit
langem hoch geschätzte Kunstform. Mehr noch als in anderen kommen
in ihr die beiden auffälligsten Ideale der japanischen Ästhetik zur Geltung, sparsame Raumnutzung und Asymmetrie. Dabei sind die wichtigsten Produkte Gebrauchsgegenstände, vor allem Vasen und Teeschalen.
Beide stehen im Zusammenhang mit der Teezeremonie, die das Blumenstecken als eine eigene Kunstform inkorporiert. Symmetrie ist sta-
tisch und ausgeglichen, wohingegen Asymmetrie Dynamik und Vergänglichkeit darstellt. Nicht die makellose Perfektion einer symmetrischen
Vase, eines Tellers, einer Schale aus chinesischem Porzellan entspricht
dem aus der Teezeremonie erwachsenen Schönheitsideal, sondern das
daneben unscheinbar wirkende Keramikgefäß, dem die formende Kraft
der Hand des Töpfers durch Unregelmäßigkeiten und oft absichtsvolle
Verformungen anzusehen ist. Die exorbitanten Preise, die für schwarz
glasierte, in der Form höchst einfache Raku-Ware in Japan gezahlt werden, sind für die europäisch geschulte Wahrnehmung ohne Erläuterung
nicht nachvollziehbar.[14]
  Das Ansehen der Künstler ist gleichfalls ein anderes. Töpfer wie Chōjirō (1516–1592 u. Z.) und Kenzan (Ōgata Koremasa, 1663–1743
u. Z.) stehen in der allgemeinen Wertschätzung auf einer Stufe mit den
berühmtesten Bildhauern, Malern und Dichtern. Denn auch ihre Arbeit
hat eine geistige Dimension. Der Kerngedanke des Buddhismus ist die
Leere, die Wesenlosigkeit. Danach haben die Dinge keine konstante
Existenz oder Essenz, alles ist im Fluss, immer nur vorläufig. Gegenstände sind nur zeitweilige Zusammenfügungen ihrer Elemente, die sich
schließlich wieder voneinander lösen werden. Die asymmetrische,
schlichte Keramikschale bringt diese Vorstellung im japanischen Verständnis viel besser zum Ausdruck als ein in seiner glatten Vollkommen-
heit scheinbar für die Ewigkeit bestimmtes Porzellanstück. Die Würdigung des stillen und einfachen Werkstücks, dessen karge Schönheit frei
von jeder Künstlichkeit ist, entspricht dem zentralen ästhetischen Konzept *wabi*.[15] *Wabi* steht ursprünglich für Verlassenheit und Armut, Zustände, die in der Kamakura-Zeit von Künstlern positiv als Befreiung

von materiellen und emotionalen Bindungen umgedeutet wurden. Die daraus erwachsenen ästhetischen Prinzipien der Schönheit in Einfachheit und des Reichtums der Armut wurden in der frühen Edo-Zeit von Matsuo Bashō (1644–1694 u. Z.) mit seiner Poesie der reduzierten Form, namentlich im japanischen Lied, *waka*, und im *haikai* wieder aufgenommen. Der von ihm verwendete Begriff *sabi* von *sabiru*, ‹reifen›, betont die Eleganz der Einfachheit, Patina, Ruhe und Getragenheit, die er in Saigyōs (1118–1190 u. Z.) Kurzgedichten ebenso erkennt wie in Sesshūs (1420–1506 u. Z.) Landschaftsbildern und Sen no Rikyūs (1522–1591 u. Z.) Teezeremonie. Dank ihres abstrakten synästhetischen Charakters wirken sich die Konzepte *wabi* und *sabi* in verschiedenen Kunstgattungen aus, unter denen freilich die Dichtkunst und die Keramik eine besondere Stellung einnehmen. Eine einfache Teeschale, die ihnen entspricht und die Vergänglichkeit der Dinge verkörpert, kann zum Gegenstand größter Verehrung und sorgfältiger Bewahrung werden. Okakura Kakuzō, der mit seinem *Buch vom Tee* Anfang des 20. Jahrhunderts als einer der Ersten versuchte, das japanische Kunstverständnis im Westen bekannt zu machen, schrieb über die Wertschätzung solcher Objekte:

«Im Augenblick der Begegnung erhebt der Kunstliebhaber sich über sich selbst hinaus. Er ist und ist nicht zur gleichen Zeit. Er wirft einen Blick in die Unendlichkeit; Worte aber können sein Entzücken nicht ausdrücken, denn das Auge ist ja keine Zunge. Befreit von den Fesseln der Materie, schwingt sein Geist mit im Rhythmus der Dinge. […] So kommt es, daß ein Meisterwerk zur heiligen Sache wird. In den alten Zeiten war die Verehrung, die in Japan den großen Künstlern gezollt wurde, sehr groß. Die Teemeister hüteten ihre Schätze mit religiöser Heimlichkeit, und oft mußte man eine ganze Reihe von Schachteln, eine in der anderen, aufschließen, ehe man an das Sanktuarium selbst gelangte – die seidenen Hüllen, in deren weichen Falten das Allerheiligste verborgen war. Selten wurde der Gegenstand selbst gezeigt, und auch dann nur den Eingeweihten.»[16]

Diese Bemerkungen bestätigen die Auffassung, nach der sich Kunst niemals nur aufgrund rein ästhetischer Kriterien definieren lässt, wenn solche überhaupt eine mehr als marginale Rolle spielen.[17] Vielmehr beruht die Definition der Kunst und ihr Verständnis darauf, wie sie mit anderen gesellschaftlichen Tätigkeiten in Zusammenhang steht und mit einer bestimmten Lebensform verwoben ist, denn Kunstwerke tragen selbst zur Aufrechterhaltung und Verstärkung sozialer Regeln und

Werte bei. Okakura schreibt über Tee im Sinne einer Lebensphiloso-
phie, die Reduktion und Bescheidenheit betont und zu Prinzipien
auch der künstlerischen Gestaltung erhebt. Als Katalysator dieser
Empfindungen wurde der Zen-Buddhismus im 14. Jahrhundert zum
stärksten Impuls der japanischen Ästhetik, der seine Wirkungskraft
auch heutzutage noch nicht verloren hat, obwohl es neben ihm viele
andere, teils jüngere, teils ältere sakrale und profane Strömungen gibt,
die den Geschmack bestimmen. Ungebrochen ist seine Wirkung auf
die Kalligraphie, eine Kunst, in der sich die Beziehung von Religion,
Kunst und gesellschaftlich bedeutsamen Kulturtechniken besonders
eindringlich manifestiert.

Kalligraphie

Mit Buddhismus und Konfuzianismus nach Japan gelangt, war die
Schriftkunst (*shodō*) dort von Beginn an eng mit der Religion verknüpft.
Shakyō, das Kopieren von Sutras, wurde seit der Nara-Zeit in buddhistischen Klöstern praktiziert. In der Heian-Zeit begannen die Schreiber eigene Stile zu entwickeln, deren Unabhängigkeit von China wesentlich
durch das zwar vom chinesischen abgeleitete, aber strukturell völlig andere, auf die japanische Sprache zugeschnittene Schriftsystem gefördert
wurde.[18] Sutras wurden und werden auch heute noch in chinesischer
Sprache und chinesischer Schrift kopiert. Das Kopieren, vor allem das
schöne Kopieren (auch ohne Verständnis des chinesischen Texts) unter
Beachtung genau festgelegter formaler Regeln gilt als wichtige religiöse
Übung. Aus dieser Praxis sind große Kunstwerke hervorgegangen, mit
goldener oder silberner Tusche geschriebene Exemplare der Lotus-Sutra
etwa, solche, in denen jedes chinesische Zeichen auf einer Lotusblüte
ruht (Abb. 30) oder von einer ihm zur Seite gestellten Buddhafigur begleitet wird. Das Aufblühen der profanen Literatur in der Heian-Zeit
brachte die Emanzipation der Kalligraphie von der Religion mit sich, in
der die expressive Gestaltung des individuellen Künstlers zusehends neben die Vorbildtreue der Abschrift trat. Der Natur des Mediums Schrift
ist es jedoch geschuldet, dass die Kalligraphie immer beide Elemente
enthält, die Reproduktion der Vorlage und ihre individuelle Gestaltung,
da die Formelemente der Schrift – die einzelnen Zeichen bzw. die Striche, aus denen sie aufgebaut sind – gegeben sind.

In dem Maße, wie der Kalligraph seinem Gestaltungsimpuls nachgibt, tritt die mediale Funktion der Schrift als Mittel des Ausdrucks eines Inhalts in den Hintergrund, überwiegt der ästhetische Eindruck der Form gegenüber der Lesbarkeit der Zeichen. Insbesondere bei den von Mönchen der Zen-Klöster verfertigten Kalligraphien ist das oft der Fall. Diese als *bokuseki* oder ‹Tuschespuren› bekannten Werke waren ein wichtiger Bestandteil der vom Zen-Buddhismus inspirierten ästhetischen Bewegung der Muromachi-Zeit. Das Was und das Wie der Darstellung gehen darin eine einzigartige Verbindung ein, die nicht in die semiotische Dichotomie von Bezeichnendem und Bezeichnetem, Form und Inhalt, aufgelöst werden kann, denn die Form ist ähnlich wie im Gedicht Teil des Inhalts. Viele Kalligraphien der Zen-Meister bestehen nur aus einem einzigen oder wenigen chinesischen Zeichen, eine graphische Geste, die dem Betrachter eher einen konzeptuellen Raum zur Reflexion und Meditation eröffnet als ihm eine lineare Botschaft vermittelt, wie zum Beispiel *ki*, ‹Luft›, ein Schlüsselbegriff des Zen-Buddhismus, der für die «Himmel und Erde zugrunde liegende Kraft» steht (Abb. 31).

Obwohl die Kalligraphie in Japan eigene stilistische Entwicklungen erfuhr, brach der Kontakt mit dem Festland selten ab, von wo wiederholt neue Einflüsse ausgingen wie etwa durch die von chinesischen Immigranten gegründete Ōbaku-Sekte des Zen-Buddhismus im 17. Jahrhundert in Kyoto. Ihre Tempel pflegten enge Kontakte mit der Regierung in Edo. So wurde beispielsweise der Mönch und Kalligraph Fukami Gentai (1649–1722 u. Z.) zum Gelehrten im Dienst des Shogunats. In der Edo-Zeit, die sich auf den Konfuzianismus als staatstragende Ideologie stützte, entstanden auch zahlreiche Handbücher und theoretische Schriften zur Kalligraphie.[19] Die Kenntnis der chinesischen Klassiker und die formvollendete Beherrschung der chinesischen Schrift waren Teil einer Lebensform, in der Buddhismus und Konfuzianismus eng miteinander verbunden waren. Im Zuge des vehementen Kulturkontakts mit dem Westen, der die Tradition vielen Intellektuellen als veraltet und nutzlos erscheinen ließ, verlor sie viel von der prägenden Kraft, die sie in der Muromachi- und Edo-Zeit gehabt hatte. Die soziohistorische Bedingtheit des Kunstverständnisses kam dadurch deutlich zum Ausdruck. So sehr war die Kalligraphie ein Teil der Lebensform, die in der Meiji-Zeit durch eine andere ersetzt wurde, dass ihr Status als eigenständige Kunstform von manchen Intellektuellen in Frage gestellt wurde. In einer berühmten Debatte vertrat Koyama Shōtarō, ein Vertreter der west-

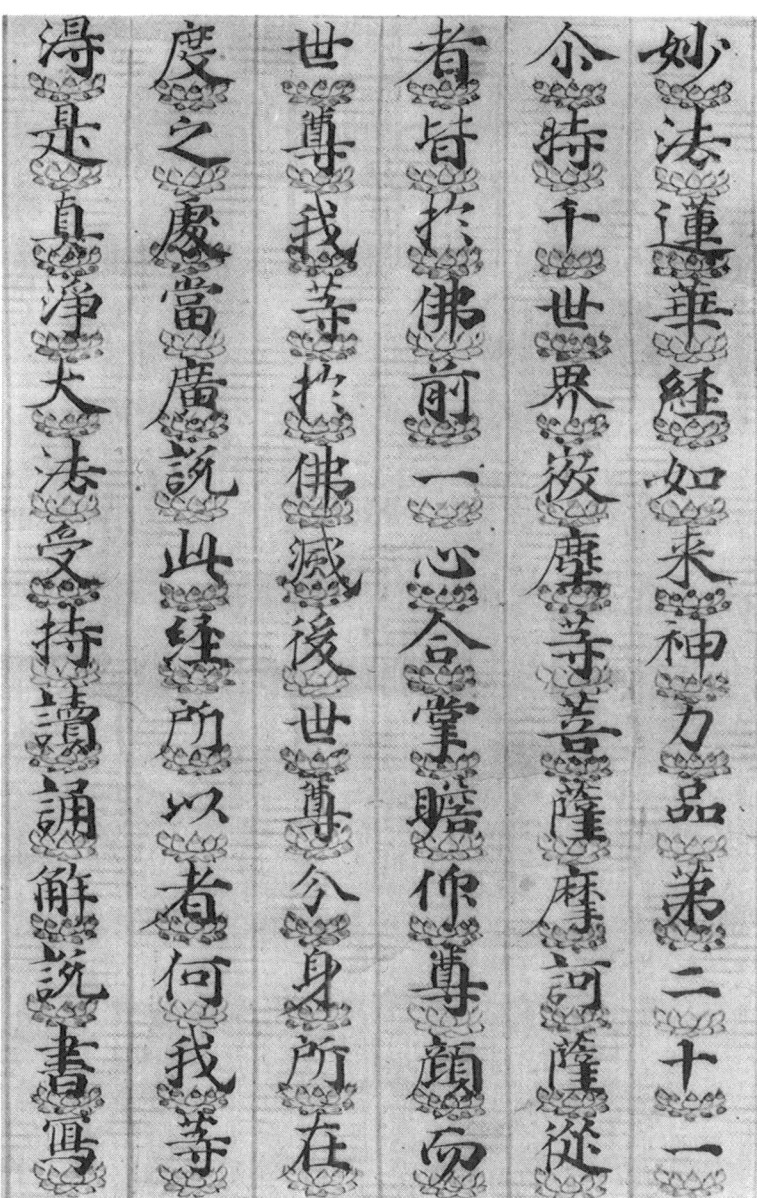

Abb. 30: *Kopie der Lotus-Sutra aus der Heian-Zeit (11. Jahrhundert), Ausschnitt. Nationalmuseum, Kyoto*

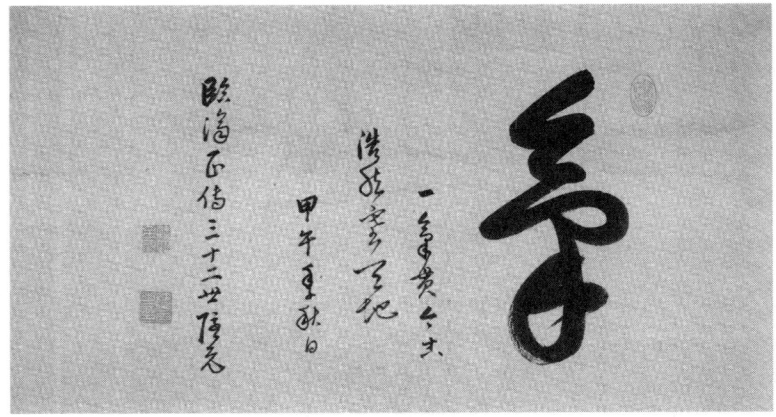

Abb. 31: Das chinesische Zeichen ki, ‹Luft›,
*geschrieben von Ingen Ryūki (1592–1673 u. Z.),
dem Abt des Manpukuji in Kyoto*

lichen Ölmalerei, die Auffassung, die Schrift diene nur der Darstellung eines verbalen Inhalts und könne deshalb nicht als Kunst an sich gelten. Sein Kontrahent war der oben zitierte Philosoph und Kunsthistoriker Okakura Kakuzō, der die Kalligraphie als die sublimste der Künste beschrieb, die mehr als alle anderen Japans kulturelles Erbe verkörperte.[20]

Eine Kulturpraxis, die das Instrumentelle, das Symbolische und das Ästhetische in sich vereint und auf so vielfältige Weise mit dem kulturellen Gesamtsystem verbunden ist wie die Kalligraphie, ist für eine Auseinandersetzung darüber, was als Kunst gelten soll, prädestiniert. Die Debatte zwischen dem Modernisten Koyama und dem Traditionalisten Okakura zeugt von den tief greifenden geistigen Veränderungen, die der Kulturkontakt mit dem Westen verursachte. Im Rückblick lässt sie jedoch auch die Beständigkeit kultureller Schlüsselelemente erkennen, zu denen die Schrift zweifellos gehört. Heute, 120 Jahre nach der Debatte, stehen nicht nur traditionelle *Shodō*-Meister nach wie vor in hohem Ansehen und werden die Kinder in der Schule mit den Grundzügen der Schönschrift vertraut gemacht; wird nicht nur auf eine schöne Handschrift viel Wert gelegt und sind schön geschriebene Zeichen für spezielle Anlässe noch immer unverzichtbar. Die Tradition hat auch den

Anschluss an neue Kulturtechniken gefunden. Es gibt kalligraphische Fonts und ganze Softwareprogramme für Kalligraphie. Die Expressivität des *bokuseki* hat Eingang in die moderne Kunst gefunden.

Schriften, das ist in Japan überdeutlich, grenzen Kulturräume voneinander ab. Ohne die chinesisch-japanische Schrift sähe ganz Japan anders aus. Die das Bild der Städte prägenden Neonzeichen definieren Japans Platz in der sinozentrischen Welt, grenzen es von China und Korea ab und zeigen auf einen Blick, dass es eine andere als die westliche Moderne gibt. Sowohl für die Alltagskultur als auch für die Kunst und ihr Verständnis spielt die Schriftkunst eine zentrale und distinktive Rolle. Ungeachtet ihrer vielen Transformationen verkörpert sie auch heute noch viele Prinzipien der japanischen Ästhetik: die Bedeutung von Balance und Proportion; die Dominanz der Form, die die ganzheitliche Betrachtung des Zeichens gegenüber der linearen Entzifferung des Textes favorisiert; die Vorstellung, dass Kunstobjekte nicht steter Betrachtung ausgesetzt sein, sondern nur gelegentlich hervorgeholt werden sollten; den Reiz des Unvollkommenen; die Schlichtheit des Materials. All das sind Konzepte, die den kreativen Impuls in der monochromen Landschaftsmalerei ebenso steuern wie in der Poesie der Haiku-Dichter, die eine Empfindung, einen Gedanken in der einfachsten Form des 17-Silben-Verses (5-7-5) einfangen, der gelesen *und* gesehen werden will. Der sparsame Umgang mit dem künstlerischen Zeichen verlangt vom Betrachter und Leser die Kenntnis dieser Prinzipien, die im Kontext der japanischen Kultur auch das Wissen beinhalten, dass vieles implizit, nicht sichtbar ist. In den Steingärten, die wie die Kalligraphie Teil einer Lebensform sind und eine weitere ursprünglich in Europa unbekannte Kunstgattung darstellen, manifestiert sich die Unerlässlichkeit der emischen Interpretation exemplarisch.

Gärten

Der Garten ist der Ort, an dem der Mensch die Natur zu sich holt und zu eigenen Zwecken gestalterisch auf sie einwirkt, sie denaturiert. Er ist ein Stück künstliche Natur, die sich dem menschlichen Willen fügen muss. Nach westlicher Auffassung ist das ein Gegensatz, denn das Naturverständnis setzt die unberührte Wildheit der gegebenen Umwelt voraus, der der Mensch gegenübersteht und mit seiner Kultur trotzt.

Charakteristisch für das Verhältnis von Mensch und Natur in Japan ist demgegenüber die Betonung der Kontinuität, der Interdependenz, des gleitenden Übergangs von Kultur und Natur. Die zum Teil höchst artifizielle Formgebung der Natur im Garten, prototypisch in der Entwicklung der Bonsai-Kultur der gezüchteten Miniaturbäume, wird deshalb nicht als widersprüchlich empfunden. Ein einfaches Strohseil zwischen zwei Steinen gespannt reicht, um die Naturverbundenheit herzustellen. Auf diese Weise vermählte Steine (*fūfu iwa*) finden sich im ganzen Land ebenso wie Bäume und Quellen, die mit geflochtenen Tauen (*shimenawa*) abgegrenzt und so zum Artefakt werden, wodurch gleichzeitig die Nähe der Kunst zum Kult betont wird.

Ein Stück Natur mit einem Tau abzugrenzen und als Garten zu kultivieren hat eine lange Tradition. Das *Nihon Shoki*, die zweitälteste Chronik Japans (720 u. Z.), berichtet davon, dass sich Kaiser Keiko, der danach im ersten Jahrhundert u. Z. regiert haben soll, an seinem Palastgarten erfreute, in dessen Teich er Karpfen aussetzte. Die erste Erwähnung des japanischen Wortes für Garten, *niwa*, findet sich ebenfalls im *Nihon Shoki*, wo es einen Ort der rituellen Reinheit für die Anbetung bezeichnet. Dem shintoistischen Glauben zufolge offenbart sich die Göttlichkeit in Naturgegenständen wie Bergen, Felsen und Bäumen.[21] Die Nähe der Natur zu suchen, sich mit ihr verbinden zu wollen entspricht aus dieser Sicht einem kultischen Bedürfnis. Diese Art von Naturverbundenheit ist nichts Natürliches, sondern ein kulturelles Konstrukt, das der japanischen Gartenbaukunst zugrunde liegt. Wie in der Glaubenspraxis kam es auch hier zur kongenialen Befruchtung von shintoistischen und buddhistischen Konzepten.

Zusammen mit der buddhistischen Architektur wurde der chinesische Gartenbau während der Nara-Zeit in Japan heimisch. Unter dem Einfluss der autochthonen shintoistischen Tradition scheint er jedoch bald abgewandelt worden zu sein, obwohl von dem konkreten Aussehen der Gärten dieser Zeit wenig bekannt ist, außer dass sie einen Teich enthalten mussten.[22] Zum Gegenstand symbolischer Gestaltung wurde der Garten erst im Zen-Buddhismus, wiederum also unter chinesischem Einfluss, der jedoch in Japan eine sehr eigene Ausformung erfuhr. Die Priester selber widmeten sich dem Gartenbau und wurden als «Fels-Errichter-Mönche» (*ishitate sō*) bezeichnet. Der bekannteste von ihnen war Musō Soseki (1275–1351 u. Z.), einer der einflussreichsten Zen-Mönche seiner Zeit, in dessen Schrift *Muchū mondō shū*,

«Sammlung in einem Traum ausgetauschter Fragen und Antworten»[23], die Gartengestaltung als Bestandteil der Zen-Praxis beschrieben wird. Musō Soseki versuchte der Zen-Philosophie im Garten materielle Form zu geben, wodurch die einzelnen Elemente zu Zeichen wurden. Der Mikrokosmos des Gartens als symbolische Darstellung des Universums, das war der Grundgedanke.

Einige der von Musō Soseki geplanten Gärten sind begehbar wie z. B. der Moosgarten des Saihōji (Kokedera) in Kyoto; andere sind nur von außen zu betrachten, und dazu zählen vor allem die Trockengärten (*karesansui*), in denen Sand und Kies anstelle von Wasser verwendet werden, wie der Garten des Daisen-in, der zu dem großen ebenfalls in Kyoto befindlichen Tempelkomplex des Daitoku-ji gehört, und der Steingarten des Ryōanji, der in anderem Zusammenhang bereits im ersten Kapitel erwähnt wurde. Es sind diese trockenen Landschaftsgärten und die später aus ihnen hervorgegangenen Tee-Gärten, die heute vor allem mit Zen in Verbindung gebracht werden. Den Betrachter fasziniert die Zeitlosigkeit dieser Raumkunstwerke, die besonders zur Meditation einzuladen scheint. Es ist freilich zu beachten, dass die Gartenanlage bestimmten Prinzipien folgte, an denen wiederum ihr lokaler bzw. an lokales Wissen gebundener Charakter deutlich wird. Geharkter Kies und Sand stellen fließendes Wasser dar, wodurch der Garten eine Richtung bekommt, als Zeichen lesbar wird. In Zen-Texten zum Gartenbau werden außerdem folgende für die Anlage wichtige Elemente genannt:

(1) Die drei Inseln der Unsterblichen im Ostmeer, die zu finden nach chinesischen Legenden ewiges Leben versprach.

(2) Eine Höhle als Eingang in ein verborgenes Paradies, durch die man (wie in einem Computerspiel von Nintendo) von dieser in eine andere Welt gelangt.

(3) Die Miniatur-Darstellung einer realen Landschaft.[24]

Durch diese Elemente sind die Gärten, die sie enthalten, fest mit einer bestimmten geistigen Tradition verbunden, mit der buddhistischen Kosmologie. Unabhängig davon wurden Prinzipien der Raumnutzung und der landschaftlichen Komposition entwickelt. Verkleinerung, allegorische Andeutung und der «geliehene Hintergrund» (*shakkei*) sind die wichtigsten. Natürliche Berge und Flüsse werden in verkleinerter Form nachgebildet. Motive der buddhistischen Kosmologie werden symbolisch dargestellt – weißer Sand als Andeutung des Meeres, ein Steinbrocken als Metapher der Glück verheißenden Schildkröte. Und der

Ausblick auf die außerhalb des Gartens liegende Landschaft wird in seine Komposition miteinbezogen.

Mit der Verallgemeinerung dieser Prinzipien – Miniaturisierung, Symbolisierung und Kontextualisierung – wird manchmal auf vermeintlich wesentliche, die Jahrhunderte überdauernde Züge der japanischen Kultur hingewiesen, die noch heute wirksam seien. Gewiss ist die Versuchung, trockene Landschaftsgärten, eben weil sie der zeitbedingten Veränderung enthoben zu sein scheinen, als besonders charakteristische Verkörperung der japanischen Kultur zu betrachten, groß. Viele ästhetische Konzepte, die in der kreativen Gestaltung anderer Kunstgattungen eine Rolle spielen, sind hier vereint, Raumökonomie, Asymmetrie, Verwendung natürlicher Materialien, Zeichenhaftigkeit, sparsame Andeutung eines Sinns, ganzheitliche Verwobenheit mit einer Lebensform und ihren geistigen Grundlagen. Was aber die hier nur kurz genannten Umstände der Entstehung und Grundsätze der Gestaltung der Steingärten lehren, ist, dass bei einer solchen essenzialistischen Auffassung von Kultur Zurückhaltung geboten ist. Denn diese Gärten beeindrucken uns zwar noch immer, aber das lokale Wissen, das sie verkörpern, erschließt sich heutzutage keinesfalls auf die gleiche Weise wie in vergangenen Epochen. Unser Blick ist begrenzt. Der Steingarten des Nansen-ji in Kyoto zeigt auf geharktem Kies drei Sandhaufen, die so angeordnet sind, dass der Betrachter immer nur zwei von ihnen sieht, ein Zeichen dafür, dass sich uns die Welt niemals in ihrer Ganzheit erschließt. Das gleiche Prinzip liegt dem Garten des Ryōanji zugrunde. So, wie man niemals alle 15 Steine dieses Mikrokosmos zu Gesicht bekommt, gibt es auch immer Aspekte der Kultur, die sich dem Blick entziehen.

ANHANG

Anmerkungen und weiterführende Literatur

Zeichen und Orientierungen

1 So der Titel ihres 1880 veröffentlichten Buches (Bird 1973).
2 Zum Zusammenhang von Kulturanthropologie und Imperialismus s.
z. B. Gough 1968, Davis Caulfield 1974, Lepenies 1971: 42–56. Die Kritik
an den imperialistischen Wurzeln der Kulturanthropologie findet ihre Fortsetzung in der postkolonialen Theorie der 1980er und 1990er Jahre, z. B.
Prakash 1995.
3 Die Vieldeutigkeit von Geertz' (1995) Buchtitel, mit dem er sich ironisch
auf das Verhältnis der Ethnologen zu den Tatsachen bezieht, ist auf Deutsch
nicht in zwei Worten wiederzugeben. Vgl. Coulmas 1996.
4 Humboldt 1963.
5 Whorf 1956.
6 Yanagita 1967: 279.
7 Ebd.: 291.
8 Kindaichi 1957.
9 Suzuki 1975.
10 Williams 1982.
11 Coulmas 1997.
12 Eisenstadt 1995.

ERSTER TEIL
Verhalten und soziale Beziehungen

1 Vgl. Shimada 2000: 73 f.
2 Minami 1983.
3 Smith 1983: 73.
4 Hamaguchi 1996: 338.
5 Vgl. z. B. Eisenstadt/Ben-Ari 1990.
6 Coulmas 1992.

1. Übergangsriten

1 Einzelheiten zum Tierkreis enthält Kapitel 9.
2 Siehe Kapitel 9.

4 Mauss 1950; Lévi-Strauss 1967; Harris 1977: 82 f.
5 Siehe das nachfolgende Kapitel 2 zur Verwandtschaft.
6 Lévi-Strauss 1967: 62.
7 Siehe Kapitel 5.

Edwards, Walter. 1989. *Japan through Its Weddings. Gender, Person, and Society in Ritual Portrayal.* Stanford: Stanford University Press.
Hendry, Joy. 1986. *Becoming Japanese. The world of the preschool child.* Manchester: Manchester University Press.
Inokuchi, Shōji. 1978. Jinsei girei [Rituale des Lebens]. In: *Kōza Nihon no minzoku.* Tokyo: Yūseido.
Suzuki, Hikaru. 2000. *The Price of Death. The Funeral Industry in Contemporary Japan.* Stanford: Stanford University Press.
Yamada Shinya. 1996. Shi o juyō saseru mono. Koshi kara saidan e [Warum wir den Tod akzeptieren. Vom Leichenwagen zum Altar]. *Nihon Minzokugaku* 207, S. 27–57.

2. Verwandtschaft

1 Paradigmatisch thematisiert schon 1935 Watsuji die Großfamilie als Analogie der japanischen Nation (Watsuji 1992: 130 f.). Eine kritische Diskussion der Gegenüberstellung von europäischem Individualismus und japanischem Familialismus findet sich in Befu 2001: 20 f.
2 Vgl. klassisch Lévi-Strauss 1981; eine gute neuere Darstellung der Verwandtschaftsethnologie bietet Kohl 2000.
3 Das im siebten Jahrhundert u. Z. entwickelte *Ritsuryō*-System kodifiziert zum ersten Mal (für Höflinge) die Erbfolge des ältesten Sohnes, der die Familienlinie fortführt und in erbliche Ämter eintritt.
4 Nach Smith 1962.
5 «Vornamen» nur im Gegensatz zu Familiennamen. Die normale Reihenfolge der Namen im Japanischen ist erst der Familienname und dann der persönliche Name.
6 Eine ausführliche Darstellung der regionalen Verwandtschaftsbegriffe findet sich in *Kokuritsu Kokugo Kenkyūsho* 1979; vgl. auch Smith 1962 und speziell zu Okinawa Tanaka 1977.
7 Takeuchi 1954: 733–735.
8 Goodman 1998: 146; Takeuchi 1954.
9 Genaueres dazu bei Coulmas 2000: 113–115.

Goodman, Roger. 1998. A child in time. Changing adoption and fostering in Japan. In: Joy Hendry (Hrsg.): *Interpreting Japanese Society. Anthropological Approaches. 2nd edition.* London: Routledge, S. 145–163.
Kokuritsu Kokugo Kenkyūsho. 1979. *Kakuchi hōgen shinzoku-goi no gengoshakaiteki*

kenkyū [Eine soziolinguistische Untersuchung der Verwandtschaftsbegriffe in japanischen Dialekten]. Research report no. 64. Tokyo: Sanseido.

Ōtake, Hideo. 1995. *Gendai no kazoku* [Die moderne Familie]. Tokyo: Kobuntō.

Tanaka, Masako. 1977. Kinship terminologies: The Okinawan case. In: W. C. McCormack/S. A. Wurm (Hrsg.): *Language and Thought. Anthropological Issues.* The Hague/Paris: Mouton, S. 211–226.

Torikoe, Hiroyuki. 1996. *Ie to mura no shakaigaku* [Soziologie der Familie und des Dorfs]. Tokyo: Sekaishisōsha.

3. Etikette

1 Die Popularität des Stücks hat u. a. zu bisher 85 Verfilmungen geführt.
2 Als Gründer der Ogasawara-Schule (*Ogasawararyū sahō*) gilt Ogasawara Sadamune (1294–1347 u. Z.). Das drei Generationen später von Nagahide kompilierte *Sangi Ittō* ist das erste aus ihr hervorgegangene Manierenbuch.
3 Benedict 1946; im gleichen Sinne Norbeck 1977.
4 Kaempfer 2001: 353.
5 Siebold 1973: 131.
6 Reischauer 1977: 143.
7 Für Europa unübertroffen beschrieben in dem gleichnamigen Buch von Elias (1969).
8 Für genauere Darstellungen des Soziativs vgl. Coulmas 1992 b; Inoue 1999. Eine kritische Darstellung pragmatischer und soziolinguistischer Theorien der sprachlichen Höflichkeit bietet Eelen 2001.
9 Als «markiert» wird eine Ausdrucksweise bezeichnet, die von den normalen Erwartungen der Mitglieder der Gemeinschaft abweicht.
10 Z. B. der Psychologe Kimura (1995: 101), der von den Unterschieden zwischen den Personalpronomen europäischer Sprachen und ihren japanischen Entsprechungen direkt auf Unterschiede zwischen Denkweisen schließen will.
11 Vgl. Coulmas 1993: 220 f.
12 Mombushō 1952.
13 Inoue 1999: 83–100.
14 Ide/Yoshida 1999.

Coulmas, Florian. 1992 b. Linguistic etiquette in Japanese society. In: R. J. Watts/ S. Ide/K. Ehlich (Hrsg.): *Politeness in Language. Studies in Its History, Theory, and Practice.* Berlin/New York: de Gruyter, S. 299–323.

Eelen, Gino. 2001. *A Critique of Politeness Theories.* Manchester: St. Jerome Publishing.

Ide, Sachiko und Megumi Yoshida. 1999. Sociolinguistics: Honorifics and Gender Differences. In: Natsuko Tsujimura (Hrsg.): *Handbook of Japanese Linguistics.* Oxford: Blackwell, S. 444–430.

Inoue, Fumio. 1999. *Keigo wa kowakunai. Saishin no yorei to kiso chishiki.* Tokyo: Kō-dansha.

Rohlen, Thomas P. 1989. Order in Japanese society: Attachment, authority and routine. *Journal of Japanese Studies* 15, 1, S. 5–40.

4. Gaben

1 Fukuzawa 1966: 208.

2 Mauss (1950) hat die Gabe vor allem in Gesellschaften ohne Geldökono-mie in Ozeanien, Australien und Nordamerika untersucht, aber auch Ver-gleiche mit den alten Rechtssystemen Athens und Roms angestellt, wobei er immer wieder zu dem gleichen Ergebnis kam, dass es unentgeltliche Ge-schenke nicht gibt.

3 Nach Auskunft der japanischen Post, die die Karten verkauft.

4 Caron 2000: 108.

5 »Project X«, NHK 27. 3. 2002.

Befu, Harumi. 1968. Gift-Giving in Modernizing Japan. *Monumenta Nipponica* 23, S. 445–456.

Blechinger, Verena. 1998. *Politische Korruption in Japan. Ursachen, Hintergründe und Reformversuche.* Hamburg: Institut für Asienkunde.

Mauss, Marcel. 1950. *Essai sur le Don.* Paris: Presses Universitaires de France.

Umehara, Takeshi. 1989. Gendaijin no sei to shi [Leben und Tod der Menschen von heute]. *This is* 6, 10, S. 20–26.

ZWEITER TEIL
Werte und Überzeugungen

1 Nakamura 1964: 530.

5. Der Shintoismus: Japans älteste Religion

1 Stark/Bainbridge 1987.

2 Kuroda 1993: 26.

3 Murakami 1968: 18.

4 Vgl. Ōno 1997: 10 f.

5 Eine detailllierte Darstellung der Geschichte des Yasukuni-Schreins gibt Sa-kamoto 1994: 401–413.

6 Harootunian (1999) erörtert die ideologische Bedeutung des Yasukuni-Schreins vor allem nach dem Zweiten Weltkrieg. Siehe auch Kapitel 9, S. 165.

7 Liscutin 2000.

8 Murakami 1968: 93.
9 Nelson 2000.
10 Dabei sind *sanpaisha* nicht nur Besucher, die mit einem spirituellen Anliegen zum Schrein kommen, sondern auch Passanten, die auf dem Weg zur Arbeit das Gelände überqueren. Was einen religiös motivierten Schreinbesuch ausmacht, ist eine Frage, deren emische Beantwortung aus Sicht des Schreins nicht unbedingt mit der vermeintlich etischen des beobachtenden Wissenschaftlers übereinstimmt. Vgl. Nelson 2000: 26.
11 Vgl. Coulmas 1994: 43.

Abe Masamichi. 1990. *Shintō ga yoku wakaru hon* [Ein Buch, um Shintō richtig zu verstehen]. Tokyo: PHP.
Antoni, Klaus. 1998. *Shinto und die Konzeption des japanischen Nationalwesens (Kokutai): der religiöse Traditionalismus in Neuzeit und Moderne Japans.* Leiden: Brill (Handbuch der Orientalistik: Abt. 5, Bd. 8).
Inoue, Nobutaka (Hrsg.) 1994. *Shintō jiten* [Shinto-Wörterbuch]. Tokyo: Kobundō.
Kuroda Toshio. 1976. *Nihon chūsei no kokka to shūkyō* [Staat und Religion im japanischen Mittelalter]. Tokyo: Iwanami shoten.
Sonoda Minoru/Sakurai Katsunoshin/Nishikawa Masatami. 1990. *Nihon Shintōron* [Über den japanischen Shintoismus]. Tokyo: Gakuseisha.

6. Der Buddhismus

1 Die Theorie eines Systems der Machtaufteilung im mittelalterlichen japanischen Staat hat der Religionswissenschaftler Kuroda Toshio (1976) entwickelt. Vgl. Adolphson 2000.
2 *Dan* von Sanskrit *dānapati*, ‹Gläubiger›, der buddhistischen Mönchen oder Tempeln Almosen gibt; *ka*, japanisch ‹Haus›.
3 *Samsāra* ist im Mahāyāna die Welt der Erscheinungen.
4 Zentrum des Fudō-Kults ist der Tempel Shinshōji auf dem Naritasan in der Nähe des Flughafens Narita.
5 *Zen* entspricht chinesisch *chan* bzw. *ch'an* nach Sanskrit *dhyāna*, ‹Meditation›.
6 Ausführlich zum buddhistisch-shintoistischen Synkretismus vgl. Stone 1999: 40–43.

Adolphson, Mikael S. 2000. *The Gates of Power. Monks, Courtiers, and Warriors in Premodern Japan.* Honolulu: University of Hawaii Press.
Kuroda Toshio. 1976. *Nihon chūsei no kokka to shūkyō* [Staat und Religion im japanischen Mittelalter]. Tokyo: Iwanami shoten.
Nakamura Hajime. 1989. *Iwanami Bukkyō jiten* [Iwanamis Wörterbuch des Buddhismus]. Tokyo: Iwanami shoten.
Pörtner, Peter/Jens Heise. 1995. *Die Philosophie Japans.* Stuttgart: Kröner.

Stone, Jacqueline I. 1999. *Original Enlightenment and the Transformation of Japanese Buddhism*. Honolulu: University of Hawaii Press.

Williams, Paul. 1989. *Mahāyāna Buddhism: The Doctrinal Foundations*. London: Routledge.

7. Der Konfuzianismus

1 Jaspers (1965) nennt deren vier: Sokrates, Buddha, Konfuzius, Jesus.
2 Gespräche des Konfuzius, VII,1. Zitiert wird durchgehend die Übersetzung von Moritz (1982).
3 Vgl. dazu Nosco 1984.
4 *Tokugawa jikki* [Wahre Chronik der Tokugawa], zitiert nach *Shintei zōho kukushi taikei jūhachikan* [Neue Ergänzung des Abrisses der Geschichte des Landes, Bd. 18], herausgegeben von Katsumi Kuroita, Tokyo: Yoshikawa Kō bunkan, 1930: 339.
5 Bartholomew 1989: 20.
6 *Rangaku*, ‹Niederlandistik›, war die Bezeichnung für westliche Wissenschaft, die in der Edo-Zeit über die holländische Handelsfaktorei in Nagasaki nach Japan gelangte.
7 Nishimura Shigeki 1875.
8 Zur Vereinnahmung des Konfuzianismus durch japanische Militaristen und Nationalisten vor und während des Zweiten Weltkriegs vgl. Smith 1973.
9 Z. B. Tu 1996.
10 So empfehlen Ōno Susumu und Ueno Kenji 2001 in einem Buch über die Bildungskrise, *Gakuryoku ga abunai* [Bildung in Gefahr] (Tokyo, Iwanami), die Lektüre der Gespräche des Konfuzius.

Bellah, Robert. 1957 [1983]. *Tokugawa Religion: The Cultural Roots of Modern Japan*. New York: The Free Press.

Maruyama, Masao. 1974. *Studies in the Intellectual History of Tokugawa Japan*. Princeton: Princeton University Press.

Moritz, Ralf. 1995. Der Konfuzianismus: Traditionelles Wertesystem und moderne Welt. In: A. Luckner (Hrsg.): *Dissens und Freiheit – Kolloquium Politische Philosophie*. Leipzig: Leipziger Schriften zur Philosophie 2.

Nosco, Peter (Hrsg.). 1984. *Confucianism and Tokugawa Culture*. Princeton: Princeton University Press.

Smith, Warren W. 1973. *Confucianism in Modern Japan. A study of conservatism in Japanese intellectual history*. Tokyo: The Hokuseido Press.

8. Christentum und neue Religionen

1 Klöster, Militär und Hof; s.o. S. 119, Adolphson 2000.
2 Z.B. *hotoke* für *dios*, *tamashii* für *anima* und *jigoku* für *infierno*. *Hotoke* ist [der] Buddha, und ähnlich sind die übrigen hier genannten und andere von de Javier verwendete Begriffe buddhistischer Provenienz. Vgl. Kaiser 1996.
3 Boxer 1951.
4 Fairbank/Reischauer/Craig 1973: 394.
5 Eine gute Darstellung der Geschichte der *Kakure Kirishitan* bietet Turnbull 1998.
6 Suzuki 1996: 76. Vgl. auch Ishida 1961, der christliche Intoleranz mit mangelnder Kompromissbereitschaft in Zusammenhang bringt. Die Japaner, argumentiert er, seien weniger nachtragend und beharrten weniger unversöhnlich auf der Gegenüberstellung von Feind und Freund.
7 Henning 2000: 40. Henning zeigt die Hintergründe dafür auf, dass die Japaner in den Vereinigten Staaten vielfach noch immer als ein unmoralisches Volk angesehen werden: «Der amerikanische Glaube an die weiße, christliche Überlegenheit war letztlich unerschütterlich» (ebd.: 172).
8 Originell z.B. die *Dōkai*, «Gesellschaft des Weges», die einen konfuzianisch-christlichen Synkretismus darstellt.
9 Vgl. Nanbara Shigeru, Kokka to shūkyō [Staat und Religion]. In: *Nanbara Shigeru Chosakushū*, Tokyo: Iwanami, 1972, 1, S. 264 f.
10 Endō 1980.
11 Die Meiji-Verfassung gewährt in Artikel 28 Religionsfreiheit, aber nur «soweit Friede und Ordnung dadurch nicht gefährdet sind und es nicht im Gegensatz zu den Pflichten der Untertanen steht». Diese Einschränkung erlaubte dem Staat weit reichende Kontrolle.
12 Murakami 1980: 84.
13 Zahlen nach ebd.: 85.
14 Vgl. hierzu Garon 1997: 63–71.
15 Reader (2000) diskutiert religiöse Gewalt im heutigen Japan als soziales Problem, wobei er sich hauptsächlich auf Aum Shinrikyō konzentriert.
16 Im Oktober 1989 veröffentlichte die Zeitung *Sunday Mainichi* eine siebenteilige Serie über den gesellschaftsfeindlichen Charakter von Aum Shinrikyō.
17 Dieses Problem ist trotz seiner speziellen Ausprägung in Japan nicht auf Japan beschränkt. Clarke (2000) stellt die neuen Religionen Japans in einen internationalen Kontext.
18 Vgl. Takeshita 1999.

Breen, John/Mark Williams (Hrsg.) 1996. *Japan and Christianity. Impacts and responses*. New York: St. Martin's Press.

Carry, Otis. 1987. *A History of Christianity in Japan*. 2 Bde. Rutland, Vt.: Tuttle.

Clarke, Peter B. 2000. *Japanese New Religions in Global Perspective*. Richmond, Surrey: Curzon.

Murakami, Shigeyoshi. 1980. *Japanese Religion in the Modern Century*. Tokyo: University of Tokyo Press.

Shimada, Yasushi. 1991. *Ima shūkyō ni nani ga okotte iru no ka* [Was geht heute mit der Religion vor?]. Tokyo: Kōdansha.

DRITTER TEIL

Institutionen (Kultur und Struktur)

1 Talcott Parsons, ein führender Soziologe und Begründer der als «struktureller Funktionalismus» bekannten systemtheoretischen Denkschule, betonte die Rolle von «Medien» als strukturell-funktionale Vorbedingungen für die Übermittlung kultureller Inhalte – Gesetz, Religion, Macht, Geld – und deren Bedeutung für die Interpretation sozialer Systeme (Parsons 1937).

2 Reed 1993: 53.

3 March/Olsen 1989: 36.

9. Der Jahreszyklus

1 Einen kulturvergleichenden Überblick bietet Gell 1992.

2 Schon der Soziologe Emile Durkheim (1925) sprach deshalb vom sozialen Charakter der Zeit.

3 Ausführlicher hierzu s. Coulmas 2000.

4 Wie man davor die Zeit maß, ist nicht bekannt. Die Archäologen suchen aber noch nach Spuren einer Zeitordnung vor der chinesischen. Vgl. Aoki 1982: 11.

5 Der Zyklus, durch den Mond- und Sonnenjahr in Einklang gehalten werden, erstreckt sich über 235 Monate, in deren Verlauf es sieben Schaltjahre mit einem dreizehnten Monat gibt.

6 S. o. Kapitel 7, S. 131.

7 Okada und Akune definieren das *yakudoshi* als «ein Jahr im Leben eines Menschen, in dem die Befürchtung, von einem Unglück heimgesucht zu werden, besonders groß ist» (1993: 280).

8 Zum Ursprung des *rokuyō* vgl. Uchida 1992: 15 f.

9 Vgl. dazu auch Kapitel 1, S. 43.

10 Vgl. Uchida 1992: 201.

11 Den Prozess der mit Hiroshima verbundenen kollektiven Erinnerungsarbeit hat beispielhaft Yoneyama (1999) aufgearbeitet.

12 Das Bon-Fest wird in manchen Teilen des Landes Mitte Juli, in anderen im August begangen.

13 Im Yasukuni-Schrein wird der Seelen von beinah zweieinhalb Millionen gedacht, die «für den Tennō ihr Leben ließen» (Ōe 1984).

14 Shinto-Zeremonien waren im Altertum Hoheitsfunktionen, *matsurigoto* bedeutete «Regierungsgeschäf.».

15 Yanagita 1956. Umfassende neuere Darstellungen bieten Plutschow 1996 und Suwa 1998.

16 In der Tat wurde bei Anti-Reform-Demonstrationen, zu denen es im zweiten Meiji-Jahrzehnt kam, z. B. beim Aufstand in Chichibu 1884, auch die Wiederabschaffung des Sonnenkalenders verlangt.

Coulmas, Florian. 2000. *Japanische Zeiten. Eine Ethnographie der Vergänglichkeit.* Reinbek: Kindler.

Elias, Norbert. 1984. *Über die Zeit.* Frankfurt/M.: Suhrkamp.

Gell, Alfred. 1992. *The Anthropology of Time. Cultural Constructions of Temporal Maps and Images.* Oxford: Berg.

Nagata Hisashi. 1989. *Nenjūgyōji o kagakusuru – koyomi no naka no bunka to chie* [Die wissenschaftliche Erforschung der Jahresfeste – Was der Kalender an Kultur und Weisheit enthält]. Tokyo: Nihon keizai shinbunsha.

Plutschow, Herbert E. 1996. *Matsuri: The Festivals of Japan.* Richmond, Surrey: The Japan Library.

Okada Yoshirō/Akune Suetada. 1993. *Gendai koyomi yomitoki jiten* [Enzyklopädie des Kalenders]. Tokyo: Hakushobō.

Yanagita Kunio. 1956. *Nihon no matsuri* [Japans Feste]. Tokyo: Kadokawa Bunko.

10. Die Schule

1 Zahlen nach Okano/Tsuchiya 1999: 56.

2 Zahlen nach Urata 1996: 179.

3 S. u. Kapitel 14, S. 237 f.

4 Mitsukuri 1874.

5 Auch in Japan gab es schon früh von der Regierung organisierte Prüfungen. Anders als in China, wo sie offen waren und den sozialen Aufstieg der Besten in die Klasse der Mandarine erlaubten, dienten sie in Japan der Ausbildung der Samurai, die den Staat mit erblichen Ämtern verwalteten. Vgl. Amano 1990: 21–26.

6 Gegen Ende der Edo-Zeit gab es geschätzte 15 500 Schulen der verschiedenen Arten. Ausführlich s. Marshall 1994: 18–24.

7 *Gakumon no susume* 1872.

8 Tsuda 1874: 117 f.

9 Die Übersetzer waren die Vermittler des Wissenstransfers. Sie mussten einen

Treueeid ablegen und unterstanden direkt dem Shōgun. Numata (1989) beschreibt die strenge Kontrolle des Imports westlicher Wissenschaft durch das Tokugawa-Regime.

10 «Alles Wissenswerte wusste bereits Konfuzius. Die Aufgabe der nachfolgenden Generationen war es allein, diesen Wissensschatz passiv und demütig aufzunehmen» (Dore 1965: 52).

11 Lincicome (1995) hat die Entwicklung der neuen Pädagogik in der Meiji-Zeit nachgezeichnet und gezeigt, wie die Verwirklichung der Reformkonzepte nach anfänglichen Erfolgen auf immer stärkere Hindernisse des bürokratischen Schulsystems stieß.

12 *Shōgakkō kyōsoku kōryō* 1881.

13 Morikawa 1989; vgl. auch Lincicome 1995.

14 Zum Widerstand gegen die von Mori Arinori eingeleitete nationalistische Erziehungsideologie vgl. Okano/Tsuchiya 1999: 14–28.

15 Urata 1996: 181.

16 Shimahara/Sakai 1992: 156.

Amano, Ikuo. 1990. *Education and Examination In Modern Japan.* Übersetzt von W. K. Cummings und F. Cummings. Tokyo: University of Tokyo Press.

Fukuzawa Yukichi. 1985 «Gakumon no Susume.» In: *Fukuzawa Yukichi on Education: Selected Works,* übersetzt und hrsg. von Kiyooka Eiichi. Tokyo: University of Tokyo Press.

Lincicome, Mark E. 1995. *Principle, Praxis, and the Politics of Educational Reform in Meiji Japan.* Honolulu: University of Hawaii Press.

Okano, Kaori/Motonori Tsuchiya. 1999. *Education in Contemporary Japan.* Cambridge: Cambridge University Press.

Tsuneyoshi, Ryoko. 2001. *The Japanese Model of Schooling.* New York/London: Routledge Falmer.

11. Die Firma

1 Der bekannteste, vielfach zu Recht kritisierte, aber immer noch diskutierte Versuch, den Einfluss der Kultur auf die Wirtschaft nachzuweisen, ist Max Webers großes religionssoziologisches Projekt mit der zentralen These, die «Protestantische Ethik» habe zur Entstehung des kapitalistischen Wirtschaftens geführt, wozu das bis in die Zeit der europäischen Renaissance so hoch entwickelte China aus kulturellen Gründen nicht in der Lage gewesen sei. Vgl. Weber 1920, Stolte 2002.

2 Vgl. Coulmas/Stalpers 1998.

3 O'Leary (1989) rekonstruiert die Begriffsgeschichte der «asiatischen Produktionsweise».

4 Werhahn-Mees 1986: 19.

5 So schrieb etwa Harootunian (1966: 8), dass der Samurai «zum Emblem ei-

ner ganzen Gesellschaft wurde und in diesem Prozess die soziale Klasse ihrer Identität beraubt wurde».

6 Z. B. Kahn 1970, Forester 1993, Vogel 1980, Mizuno 1983.

7 Vgl. Murakami 1984; auch oben Kapitel 2.

8 Hayashi 1988: 74 f.

9 Nüchterne Beobachter weisen außerdem darauf hin, dass «Langzeitbeschäftigung kein japanspezifisches Phänomen ist» (Koike 1995: 40). Vgl. auch Distelrath 1996, der zeigt, wie wenig die aufgrund mancher Praktiken großer Firmen entstandenen Stereotype mit der Wirklichkeit mittelständischer Unternehmen zu tun haben, die das Rückgrat der japanischen Wirtschaft sind.

10 Vgl. Iwata 1992.

11 Vgl. Miller/Kanazawa 2000: 41 f.

12 Eisenstadt (1995: 59) spricht dementsprechend davon, dass «das japanische kapitalistische System dem Kontinentaleuropas, speziell Deutschlands und Frankreichs, näher ist als dem Amerikas».

13 Mouer/Sugimoto 1986: 252 f.

14 Ballon 1986: 65.

Clark, Rodney C. 1979. *The Japanese Company*. New Haven, Conn.: Yale University Press.

Distelrath, Günther. 1996. *Die japanische Produktionsweise. Zur wissenschaftlichen Genese einer stereotypen Sicht der japanischen Wirtschaft*. München: iudicium.

Iwata, Ryushi. 1992. The Japanese company as a unified body of employees: Origins and developments. In: S. Kumon/H. Rosovsky (Hrsg.): *The Political Economy of Japan*, Bd. 3. Stanford: Stanford University Press, S. 170–197.

Koike, Kazuo. 1995. *The Economics of Work in Japan*. Tokyo: LTCB Library Foundation.

Sakuma Ken. 1983. *Nihonteki keiei no kokusaika* [Die Internationalisierung japanischen Managements]. Tokyo: Yūhikaku.

VIERTER TEIL
Materielle Kultur

12. Der beschriebene Körper

1 Vgl. oben S. 33 f.

2 Bettany 1973: 209.

3 Tamabayashi 1937: 76 f.

4 Nach Tamabayashi 1937: 98.

5 Moxabustion ist eigentlich eine alte ostasiatische Heilmethode, die im Verbrennen kleiner Mengen Beifuß auf der Haut an bestimmten Körperstellen besteht.

6 Den Zusammenhang zwischen Literatur- und Kunstgeschichte beschreibt ausführlich Gulik 1982: 44–53.

7 Kuniyoshis Illustration des *Suikoden* war eine Serie von 108 großformatigen Darstellungen chinesischer Raubritter. Sie waren so populär, dass sie selbst von dem wie er aus der Utagawa-Schule stammenden Kunisada imitiert wurden.

8 Reich bebilderte Darstellungen sind Pons 2000 und Kitamura/Kitamura 2002.

9 Vgl. Richie/Buruma 1980. 1981 wurde in Tokyo das Japanische Tätowierungsinstitut (*Irezumi Kenkyūsho*) gegründet, das mit dem Verlag Keibunsha Bildbände historischer und gegenwärtiger Tätowierungen produziert. Eine umfassende Dokumentation bietet Oguri 2002.

10 Ōtsuka Minzoku Gakkai 1994: 234 f.

11 Stein 1997: 100 f.

12 Takahashi (1997) nennt seine Kulturgeschichte des japanischen Schminkens «die Welt von Rot, Weiß und Schwarz», der klassischen Farben der Gesichtsbemalung.

13 Stein 1997: 103.

Gulik, W. R. van. 1982. *Irezumi. The pattern of dermatography in Japan*. Leiden: E. J. Brill.

Takahashi Masao. 1997. *Kesshō monogatari – aka, shiro, kuro no sekai* [Über das Schminken – die Welt von Rot, Weiß und Schwarz]. Tokyo: Yuzankaku shuppan.

Tamabayashi Seirō. 1937. *Bunshin hyakushi* [Hundert Formen der Tätowierung]. Tokyo: Keibunsha (Reprint 1995, Nihon Irezumi Kenkyūsho).

13. Kleidung und Mode

1 Südlich von Nara, wohin der kaiserliche Hof 710 verlegt wurde. Vor dem höfischen Mittelalter, das nach der üblichen Periodisierung 794 mit dem Ausbau von Heiankyō, dem heutigen Kyōto, zur kaiserlichen Residenzstadt beginnt, wurde der Hof immer wieder bei der Inthronisierung eines neuen Tennō verlegt.

2 Vgl. Hibiya 1998.

3 «Dairi» ist eine Bezeichnung für den Tennō; gemeint ist hier von Kaempfer aber der Shōgun.

4 Kaempfer 2001: 128.

5 Ausführlich behandelt Cort (1991) die kulturgeschichtliche Bedeutung des Kosode; vgl. auch Gluckman/Takeda 1992 und Murakami 1982, Bd. 2.

6 Vgl. Jackson 2000.

7 Vgl. Tanida/Koike 1989: 141.

8 Vgl. Gluckmann/Takeda 1992.

9 König 1971: 99.

10 Lipovetsky (1987) argumentiert, dass Mode ein Phänomen der Moderne ist, ein gesellschaftliches Organisationsprinzip, das Individualisierung und der Herausbildung konsumierender Subjekte Vorschub leistet.

11 Jirka-Schmitz (2000) gibt einen guten Überblick über die Entwicklung der Netsuke und ihre kulturgeschichtliche Bedeutung.

12 Vgl. Barthes 1967.

13 Vgl. Blussé/Remmelink/Smits 2000: 133–135.

14 Insbesondere amerikanische Missionare ließen keinen Zweifel daran, dass sie japanische Bekleidungssitten für unzivilisiert hielten (Henning 2000: 24).

15 Zit. nach Hirakawa 1989: 432–498.

16 Den offenen Brief der amerikanischen Frauen und japanische Reaktionen darauf zitiert Henning 2000: 96 f.

17 Issey Miyake in einer Rede in San Francisco, 1984, zit. nach Kondo 1997: 60.

Cort, Louise Allison. 1991. Whose sleeves? – Gender, class and meaning in Japanese dress of the seventeenth century. In: R. Barnes/J. B. Eicher (Hrsg.): *Dress and Gender: Making and Meaning in Cultural Contexts.* New York: Berg, S. 183–197.

Kondo, Dorinne. 1997. *About Face. Performing race in fashion and theater.* New York/London: Routledge.

Miyamoto Keitarō (Hrsg.) 1979. *Kōza nihon no minzoku* [Japanische Volkskunde], Bd. 4, *I, shoku, jū* [Kleidung, Essen, Behausung]. Tokyo: Yūseidō.

Murakami Nobuhiko. 1982. *Ishō no rekishi* [Geschichte der Kleidung]. Tokyo: Rironsha.

Tanida Etsuji/Koike Mitsue. 1989. *Nihon fukushokushi* [Geschichte japanischer Kleidung und Accessoires]. Tokyo: Koseikan.

14. Behausung und Architektur

1 Einen Einblick in das Großstadtleben Edos Anfang des 19. Jahrhunderts gibt die zwölf Meter lange Bildrolle *Kidai Shōran*, «Vortrefflicher Anblick unseres glänzenden Zeitalters». Eine interaktive CD-ROM lässt eine der größten Einkaufsstraßen der Stadt lebendig werden (Museum für Ostasiatische Kunst 2001).

2 Edo hatte schon Mitte des 17. Jahrhunderts geschätzte 600 000 Einwohner, verglichen mit ca. 200 000 in London, der damals größten Stadt Europas, und Anfang des 18. Jahrhunderts war Edo auf 1,5 Millionen Einwohner angewachsen.

3 Vgl. oben S. 116.

4 Fujimori 1990: 15.

5 Vgl. Kap. 5, S. 116.

6 Fujimori 1990.
7 Vgl. Irokawa 1985: 36 f.
8 Vgl. Engel 1991.
9 Watsuji 1992: 128 f.
10 Von lateinisch *homagium* ‹Huldigung›.
11 Kaempfer 2001: 426.
12 Fujimori 1982.
13 Wie sehr damit in der Meiji-Zeit eine neue Kultur verbunden wurde, lässt ein Essay über das Bauen mit Backsteinen von Nishi Amane (1874), einem der intellektuellen Führer der Meiji-Restauration, erkennen. Nishi benutzt den Backstein als Metapher für eine gerechte Gesellschaftsordnung: «Backsteine sind ihrer Natur nach fein und stark ebenso wie rechtwinklig und aufrecht; die Natur der Menschen ist es, die Menschenrechte zu schützen.»
14 Vgl. Seidensticker 1983: 59. Von der «Backsteinstadt» in Ginza ist heute nichts mehr übrig. Sie wurde schon 1923 von dem Erdbeben zerstört.
15 Kurokawa 1997.

Bognar, Botond. 1991. *Die neue japanische Architektur.* Stuttgart: Kohlhammer.
Dresser, C. 2000. *Japan, its Architecture, Art and Art Manufacture.* London: Arthur Probsthain.
Engel, Heino. 1991. *The Japanese House: a tradition for contemporary architecture.* Rutland, Vt.: Tuttle.
Fujimori Terunobu. 1982. *Meiji no Tōkyō keikaku* [Pläne für Tokyo in der Meiji-Zeit]. Tokyo: Iwanami.
Fujimori, Terunobu. 1990. Traditional houses and the Japanese view of life. *The Japan Foundation Newsletter* XVIII/Nr. 1, S. 10–15.
Sadler, Arthur L. 1963. *A Short History of Japanese Architecture.* Rutland, Vt.: Tuttle.

15. Geschmack

1 Elias 1969: 87.
2 Allein in Tokyo gibt es fast 50 000 Restaurants, Snack Bars, Biergärten und andere Etablissements der Vergnügungsindustrie nicht mitgerechnet (Sōmushō Tōkeikyoku, www.stat.go.jp/jigyou/). Ashburne/Abe (2002) ist ein Führer durch den postmodernen Dschungel der japanischen Esskultur; eine kulturhistorische Untersuchung bietet Hosking (2000).
3 S. o. S. 20 f.
4 Ishige 2001: 168.
5 «In Indien […] verbot der Buddhismus das Schlachten lebenswichtiger Arbeitstiere und verwandelte den de facto Vegetarismus der halbverhungerten Bauern in einen spirituellen Segen» (Harris 1980: 109).
6 Für eine ausführliche Darstellung der Kulturgeschichte des Fleischkonsums in Japan s. Itō 1990.

7 Hier liegen die Ursprünge des Problems der Ausgestoßenen (*eta* bzw. *buraku-min*), deren offizielle Diskriminierung erst in der Meiji-Zeit aufgehoben wurde. Die letzten Folgen davon sind noch heute spürbar. Vgl. Kitaguchi 1999.
8 Ishige 2001: 58.
9 Kanagaki 1967: 28 f.
10 Kumakura 1992: 15 f.
11 S. Kapitel 3.
12 Eine Kulturgeschichte der Essstäbchen bietet Ishiki 1990.
13 Elias 1969: 169.
14 Kumakura 1990.
15 S. u. S. 271.
16 Tanaka 2000: 1.
17 Ohnuki-Tierney (1993) behandelt die Bedeutung des Reises für Japans kulturelle Identität.

Hosking, Richard. 2000. *At the Japanese Table*. New York: Oxford University Press.
Ishige, Naomichi. 2001. *The History and Culture of Japanese Food*. London: Kegan Paul.
Kumakura Isao/Ishige Naomichi (Hrsg.) 1992. *Shoku no shisō* [Konzepte des Essens]. Tokyo: Domesu Shuppan.
Kumakura Isao. 1990. *Chanoyu no rekishi: Sen no Rikyū made*. Tokyo: Asahi Shinbunsha.
Ohnuki-Tierney, Emiko. 1993. *Rice as Self: Japanese Identities through Time*. Princeton: Princeton University Press.

16. Die Künste

1 Die Niederländer hatten schon zur Zeit Philipp Franz von Siebolds, der 1823 nach Nagasaki ging, eine japanische Sammlung im Königlichen Museum in Den Haag. Siebolds eigene Sammlung, die heute in Leiden, Huize Nippon, Gemeentearchief, aufbewahrt wird, dokumentiert beispielhaft das europäische Interesse an den japanischen Künsten im 18. und 19. Jahrhundert. Vgl. Brown 1975.
2 Von der Übersetzung des Genji-Romans in die japanische Sprache der Gegenwart, die die berühmte Nonne Setouchi Jakuchō 1998 vorlegte, waren innerhalb von zwei Jahren mehr als zwei Millionen Exemplare verkauft.
3 Motoori Norinaga 1796. Motoori war der wichtigste Vertreter der nativistischen *Kokugaku*-Schule, die für die Zurückdrängung des chinesischen Einflusses zugunsten der autochthonen Tradition eintrat. Durch das Studium der klassischen Schriften suchte er der Identität der japanischen Kultur auf den Grund zu kommen.
4 S. Kapitel 15.

5 De Ferranti (2000) bietet eine übersichtliche Kulturgeschichte der Musik seit dem japanischen Altertum.

6 Vgl. Kapitel 6.

7 Den großen Erfolg der japanischen Popkultur in Asien und im Westen dokumentiert Craig (2000).

8 S. o. Kapitel 12, S. 208.

9 Die Literatur ist unüberschaubar. Gerade deshalb sind Gesamtdarstellungen der Künste in Japan wenig zahlreich. Vgl. z. B. Stanley-Baker 2000, Meerase/Smith 2000; mit reicher Bilddokumentation Elisseeff/Elisseeff 1981; umfassend die dreißigbändige Enzyklopädie *The Heibonsha Survey of Japanese Art.*

10 Das älteste erhaltene Gebäude, das unter Berücksichtigung von Tatami entworfen und ganz damit ausgestattet wurde, ist der zum Daitoku-Tempel in Kyoto gehörende Ōbain, der 1588 erbaut wurde.

11 Vgl. Kapitel 13.

12 Zit. nach Yanabu 1982: 62.

13 Vgl. Irvine 2000.

14 *Raku yaki* ist ein von dem Kyotoer Töpfer Chōjirō geschaffener Keramikstil, dessen Produkte sich durch unprätentiöses Design, weiche, unregelmäßige Formen und meist musterlose Glasur in Rot, Schwarz oder Weiß auszeichnen. (Die Bezeichnung *raku*, ‹Vergnügen›, kommt von dem Stempel auf dem unglasierten Schalenfuß.) Chōjirō arbeitete für Sen no Rikyū. Einige noch erhaltene von ihm verfertigte Werke sind heute Nationalschätze.

15 Das Wort *wabi* ist von dem Verb *wabu*, ‹welken, ersehnen›, und dem Adjektiv *wabishii*, ‹einsam, trostlos›, abgeleitet.

16 Okakura o. J.: 58.

17 Vgl. Geertz 1983: 96 f.

18 Zur Verbreitung der chinesischen Schrift in Ostasien vgl. Atsuji 1994, zur Entstehung der japanischen Schrift Coulmas 2002.

19 Das umfangreichste Werk ist das 1805 erschienene zweibändige *Bokuseki soshi den* [Überlieferung der Kalligraphie der Gründer]. Vgl. Nakata 1973.

20 Koyama 1882, Okakura 1882.

21 S. o. Kapitel 5.

22 Hayakawa 1973: 25 f.

23 Es handelt sich um Antworten Musō Sosekis auf Fragen des Ashikaga Tadayoshi (1306–1352 u. Z.), eines Bruders des Shoguns. Vgl. Satō 1991, eine moderne Ausgabe des Texts von Musō Soseki.

24 Vgl. Sotomura 1993: 50.

Elisseeff, Danielle/Vadime Elisseeff. 1981. *Japan, Kunst und Kultur.* Freiburg/Basel/Wien: Herder.

Hayakawa, Masao. 1973. *The Garden Art of Japan.* Übersetzt von Richard L. Gage. New York/Tokyo: Weatherhill/Heibonsha.

Marra, Michael F. (Hrsg.) 2001. *A History of Modern Japanese Aesthetics.* Honolulu: University of Hawaii Press.

Meerase, M./J. G. Smith (Hrsg.) 2000. *The Arts of Japan. An international symposium.* London: Arthur Probsthain.

Shodō zenshū [Gesammelte Werke der Kalligraphie]. Tokyo: Heibonsha, 28 Bände, 1965–1968.

Stanley-Baker, Joan. ²2000. *Japanese Art.* London: Thames and Hudson.

Literaturverzeichnis

Abe Masamichi. 1990. *Shintō ga yoku wakaru hon* [Ein Buch, um Shinto richtig zu verstehen]. Tokyo: PHP.

Adolphson, Mikael S. 2000. *The Gates of Power. Monks, Courtiers, and Warriors in Premodern Japan.* Honolulu: University of Hawaii Press.

Amano, Ikuo. 1990. *Education and Examination in Modern Japan.* Übersetzt von W. K. Cummings und F. Cummings. Tokyo: University of Tokyo Press.

Antoni, Klaus. 1998. *Shinto und die Konzeption des japanischen Nationalwesens (Kokutai): der religiöse Traditionalismus in Neuzeit und Moderne Japans.* Leiden: Brill (Handbuch der Orientalistik: Abt. 5, Bd. 8).

Aoki Shinkō. 1982. *Toki to koyomi* [Zeit und Kalender]. Tokyo: Tōkyō Daigaku Shuppankai.

Ashburne, John/Yoshi Abe. 2002. *World Food Japan.* London: Lonely Planet.

Atsuji, Tetsuji. 1994. Der Kulturkreis der chinesischen Schriftzeichen. In: *Schrift und Schriftlichkeit. Ein interdisziplinäres Handbuch internationaler Forschung,* hrsg. von H. Günther und O. Ludwig. Berlin/New York: de Gruyter, 1. Band, S. 463–450.

Ballon, Robert J. 1986. Wirtschaftliche Entscheidungsprozesse. In: Constantin von Barloewen/Kai Werhahn-Mees (Hrsg.): *Japan und der Westen,* 3 Bde. Frankfurt/M.: Fischer Taschenbuch Verlag, Bd. 2, S. 45–71.

Barthes, Roland. 1967. *Système de la Mode.* Paris: Éditions du Seuil.

Bartholomew, James R. 1989. *The Formation of Science in Japan.* New Haven/London: Yale University Press.

Befu, Harumi. 1968. Gift-Giving in Modernizing Japan. *Monumenta Nipponica* 23, S. 445–456.

Befu, Harumi. 1987. *Ideorogī toshite no nihon bunkaron* [Japanische Kulturtheorien als Ideologie]. Tokyo: Shisō no Kagakusha.

Befu, Harumi. 2001. *Hegemony of Homogeneity.* Melbourne: Trans Pacific Press.

Bellah, Robert. 1957 [1983]. *Tokugawa Religion: The Cultural Roots of Modern Japan.* New York: The Free Press.

Benedict, Ruth. 1946. *The Chrysanthemum and the Sword. Patterns of Japanese Culture.* Boston: Houghton Mifflin.

Berque, Augustin. 1997. *Nature, Artifice and Japanese Culture.* Northampton, NY: Pilkington.

Bettany, G. T. *The Inhabitants of Asia. The history of existing and extinct nations, their ethnology, manners, and customs.* O. J., ND 1973, Varanasi/Delhi: Indological Book House.

Bird, Isabella. 1973. *Unbeaten Tracks in Japan.* Tokyo: Tuttle.

Blechinger, Verena. 1998. *Politische Korruption in Japan. Ursachen, Hintergründe und Reformversuche.* Hamburg: Institut für Asienkunde.

Blussé, Leonard/Wilhelm Remmelink/Ivo Smits (Hrsg.) 2000. *Bridging the Divide. 400 Years The Netherlands – Japan.* Leiden: Hotei Publishing.

Bognar, Botond. 1991. *Die neue japanische Architektur.* Stuttgart: Kohlhammer.

Boxer, C. R. 1951. *The Christian Century in Japan, 1549–1650.* Manchester: Carcanet.

Breen, John/Mark Williams (Hrsg.) 1996. *Japan and Christianity. Impacts and responses.* New York: St. Martin's Press.

Breen, John/Mark Teeuwen (Hrsg.) 2000. *Shinto in History. Ways of the Kami.* Richmond: Curzon.

Brown, Yu-ying. 1975. The Von Siebold collection from Tokugawa Japan. *British Library Journal*, 1, S. 163–170.

Bunka Seisaku Kenkyūkai (Hrsg.) 1990. *Gendai bunka seisaku deeta fuairu* [Daten zur gegenwärtigen Kulturpolitik]. Tokyo: Gyōsei.

Bushell, Raymond. 1982. *The Wonderful World of Netsuke.* Rutland, Vt./Tokyo: Tuttle.

Caron, François. 2000. *Beschreibung des mächtigen Königreichs Japan 1645.* Eingeleitet und erläutert von Detlef Haberland. Stuttgart: Thorbecke.

Carry, Otis. 1987. *A History of Christianity in Japan.* 2 Bde. Rutland, Vt.: Tuttle.

Caudill, William. 1973. The influence of social structure and culture on human behavior in modern Japan. *Ethos* (Washington, DC) 13, S. 343–82.

Clark, Rodney C. 1979. *The Japanese Company.* New Haven, Conn.: Yale University Press.

Clarke, Peter B. 2000. *Japanese New Religions in Global Perspective.* Richmond, Surrey: Curzon.

Cort, Louise Allison. 1991. Whose sleeves? – Gender, class and meaning in Japanese dress of the seventeenth century. In: R. Barnes/J. B. Eicher (Hrsg.): *Dress and Gender: Making and Meaning in Cultural Contexts.* New York: Berg, S. 183–197.

Coulmas, Florian. 1992. *Language and Economy.* Oxford: Blackwell.

Coulmas, Florian. 1992 b. Linguistic etiquette in Japanese society. In: R. J. Watts/ S. Ide/K. Ehlich (Hrsg.): *Politeness in Language. Studies in Its History, Theory, and Practice.* Berlin/New York: de Gruyter, S. 299–323.

Coulmas, Florian. 1993. *Das Land der rituellen Harmonie. Japan: Gesellschaft mit beschränkter Haftung.* Frankfurt/M.: Campus.

Coulmas, Florian. 1994. Eternal Change at the Grand Shrine of Ise. *Japan Quarterly*, Januar-März, 36–43.

Coulmas, Florian. 1996. Nackte Tatsachen. Anmerkungen zu Clifford Geertz' jüngstem Buch. *Merkur* 564, S. 251–253.

Coulmas, Florian. 1997. A matter of choice. In: M. Pütz (Hrsg.): *Language Choices.*

Conditions, constraints and consequences. Amsterdam/Philadelphia: John Benjamins, S. 31–44.

Coulmas, Florian. 2000. *Japanische Zeiten. Eine Ethnographie der Vergänglichkeit.* Reinbek: Kindler.

Coulmas, Florian. 2002. *Writing Systems. An introduction to their linguistic analysis.* Cambridge: Cambridge University Press.

Coulmas, Florian/Judith Stalpers. 1998. *Das neue Asien. Ein Kontinent findet zu sich selbst.* Zürich: Verlag Neue Zürcher Zeitung.

Craig, Timothy J. (Hrsg.) 2000. *Japan Pop! Inside the world of Japanese popular culture.* Armonk, New York: M. E. Sharpe.

Davis Caulfield, Mina. 1974. Culture and imperialism: Proposing a new dialectic. In: Dell Hymes (Hrsg.): *Reinventing Anthropology.* New York: Vintage Books, S. 182–212.

Distelrath, Günther. 1996. *Die japanische Produktionsweise. Zur wissenschaftlichen Genese einer stereotypen Sicht der japanischen Wirtschaft.* München: iudicium.

Dore, Ronald P. 1965. *Education in Tokugawa Japan.* Berkeley: University of California Press.

Dresser, C. 2000. *Japan, its Architecture, Art and Art Manufacture.* London: Arthur Probsthain.

Durkheim, Emile. 1925. *Les formes élémentaires de la vie religieuse: le système totémique en Australie.* Paris: F. Alcan.

Edwards, Walter. 1989. *Japan through its Weddings. Gender, Person, and Society in Ritual Portrayal.* Stanford: Stanford University Press.

Eelen, Gino. 2001. *A Critique of Politeness Theories.* Manchester: St. Jerome Publishing.

Eisenstadt, S. N. 1995. *Japanese Civilization. A comparative view.* Chicago/London: The University of Chicago Press.

Eisenstadt, S. N./Eyal Ben-Ari (Hrsg.) 1990. *Japanese Models of Conflict Resolution.* London: Kegan Paul International.

Elias, Norbert. 1969. *Über den Prozess der Zivilisation. Wandlungen des Verhaltens in den weltlichen Oberschichten des Abendlandes.* Bern/München: Franke.

Elias, Norbert. 1984. *Über die Zeit.* Frankfurt/M.: Suhrkamp.

Elisseeff, Danielle/Vadime Elisseeff. 1981. *Japan, Kunst und Kultur.* Freiburg/Basel/Wien: Herder.

Endō Shūsaku. 1980. Nihon no numa no naka de: Kakure kirishitankō [Im japanischen Sumpf: die versteckten Christen]. In: *Kakure Kirishitan.* Tokyo: Kadokawa Shoten.

Engel, Heino. 1991. *The Japanese House: a tradition for contemporary architecture.* Rutland, Vt.: Tuttle.

Fairbank, John K./Edwin O. Reischauer/Albert M. Craig. 1973. *East Asia. Tradition and Transformation.* Boston: Houghton Mifflin Co.

Feldman, Eric A. 1994. Culture, conflict, and cost: Perspectives on brain death in Japan. *International Journal of Technology Assessment in Health Care* 10, S. 447–63.

De Ferranti, Hugh. 2000. *Japanese Musical Instruments*. London: Oxford University Press.

Forester, Tom. 1993. *Silicon Samurai: How Japan Conquered the World's IT Industry*. Oxford: Blackwell.

Friedman, Lawrence M. 1969. Legal culture and social development. *Law and Society Review* 4, S. 29–44.

Fujimori Terunobu. 1982. *Meiji no Tōkyō keikaku* [Pläne für Tokyo in der Meiji-Zeit]. Tokyo: Iwanami.

Fujimori Terunobu. 1990. Traditional houses and the Japanese view of life. *The Japan Foundation Newsletter* XVIII/Nr. 1, S. 10–15.

Fukuzawa Yukichi. 1966. *The Autobiography of Yukichi Fukuzawa, translated by Eiichi Kiyooka*. New York: Columbia University Press.

Fukuzawa Yukichi. 1985. «Gakumon no Susume.» In: *Fukuzawa Yukichi on Education: Selected Works*, übersetzt und hrsg. von Kiyooka Eiichi. Tokyo: University of Tokyo Press.

Garon, Sheldon. 1997. *Molding Japanese Minds: The State in Everyday Life*. Princeton: Princeton University Press.

Geertz, Clifford. 1983. *Local Knowledge*. New York: Basic Books.

Geertz, Clifford. 1995. *After the Fact. Two Countries, Four Decades, One Anthropologist*. Cambridge, Mass.: Harvard University Press.

Gell, Alfred. 1992. *The Anthropology of Time. Cultural Constructions of Temporal Maps and Images*. Oxford: Berg.

Gluckman, Dale Carolyn/Sharon Sadako Takeda (Hrsg.) 1992. *When Art Became Fashion: Kosode in Edo-Period Japan*. New York: Weatherhill.

Goodman, Roger. 1998. A child in time. Changing adoption and fostering in Japan. In: Joy Hendry (Hrsg.) *Interpreting Japanese Society. Anthropological Approaches. 2nd edition*. London: Routledge, S. 145–163.

Gough, Kathleen. 1968. Anthropology: Child of imperialism. *Monthly Review* 19/11, S. 12–27.

Gouk, Penelope (Hrsg.) 1995. *Wellsprings of Achievement. Cultural and Economic Dynamics in Early Modern England and Japan*. London: Kegan Paul.

Graburn, Nelson. 1983. *To Pray, Pay and Play: the cultural structure of Japanese tourism*. Aix-en-Provence: Centre des Hautes Etudes Touristique.

Gulik, W. R. van. 1982. *Irezumi. The pattern of dermatography in Japan*. Leiden: E. J. Brill.

Hamaguchi Eshun. 1996. The contextual model in Japanese studies. In: Josef Kreiner/Hans Dieter Ölschleger (Hrsg.): *Japanese Culture and Society. Models of Interpretation*. München: iudicium, S. 337–57.

Hardacre, Helen. 1989. *Shintō and the State, 1868–1988*. Princeton: Princeton University Press.

Harootunian, Harry D. 1966. Introduction. In: B. S. Silberman/H. D. Harootunian (Hrsg.): *Modern Japanese Leadership*. Tucson: Arizona University Press,
S. 1–25.

Harootunian, Harry. 1999. Memory, mourning, and national morality: Yasukuni
Shrine and the reunion of state and religion in Japan. In: P. van der Veer/
H. Lehmann (Hrsg.): *Nation and Religion. Perspectives on Europe and Asia*. Prince-
ton: Princeton University Press, S. 144–160.

Harris, Marvin. 1977. *Canibals and Kings. The origins of culture*. New York: Vintage
Books.

Harris, Marvin. 1980. *Cultural Materialism. The struggle for a science of culture*. New
York: Vintage Books.

Hasegawa, N. 1982. *The Japanese Character: A Cultural Profile*. Tokyo: Kodansha International.

Hayakawa, Masao. 1973. *The Garden Art of Japan*. Übersetzt von Richard L. Gage.
New York/Tokyo: Weatherhill/Heibonsha.

Hayashi, Shuji. 1988. *Culture and Management in Japan*. Tokyo: University of Tokyo Press.

Hendry, Joy. 1986. *Becoming Japanese. The world of the preschool child*. Manchester:
Manchester University Press.

Hendry, Joy. 1993. *Wrapping Culture: Politeness, Presentation and Power in Japan and
other Societies*. Oxford: Clarendon Press.

Henning, Joseph M. 2000. *Outposts of Civilization. Race, Religion, and the Formative Years
of American-Japanese Relations*. New York/London: New York University Press.

Hibiya Masao. 1998. *Nihon no iro* [Die Farben Japans]. Tokyo: Kōdansha.

Hirakawa, Sukehiro. 1989. Japan's turn to the West. *The Cambridge History of Japan*,
Bd. 5, hrsg. von Marius B. Jansen. Cambridge: Cambridge University Press,
S. 432–498.

Hosking, Richard. 2000. *At the Japanese Table*. New York: Oxford University Press.

Humboldt, Wilhelm von. 1963. Über die Verschiedenheit des menschlichen Sprach-
baues und ihren Einfluss auf die geistige Entwicklung des Menschengeschlechts
(1830–35). *Werke in fünf Bänden*, III, S. 368–756. Stuttgart: Klett-Cotta.

Ichikawa Takeo u. a. 1991 *Nihon no fudō to bunka* [Milieu und Kultur in Japan].
Tokyo: Kokon Shoin.

Ide, Sachiko/Megumi Yoshida. 1999. Sociolinguistics: Honorifics and Gender
Differences. In: Natsuko Tsujimura (Hrsg.): *Handbook of Japanese Linguistics*.
Oxford: Blackwell, S. 444–480.

Inkster, Ian/Fumihiko Satofuka (Hrsg.) 2000. *Culture and Technology in Modern Japan*. London/New York: I. B. Tauris.

Inokuchi, Shōji. 1978. Jinsei girei [Rituale des Lebens]. In: *Kōza Nihon no minzoku*. Tokyo: Yūseido.

Inoue, Fumio. 1999. *Keigo wa kowakunai. Saishin no yōrei to kiso chishiki* [Keine
Angst vor keigo. Neueste praktische Beispiele und Grundkenntnisse]. Tokyo:
Kōdansha.

Inoue, Nobutaka (Hrsg.) 1994. *Shintō jiten* [Shinto-Wörterbuch]. Tokyo: Kobundō.

Irokawa, Daikichi. 1985 [1970]. *The Culture of the Meiji Period.* Princeton: Princeton University Press.

Irvine, George. 2000. *The Japanese Sword. The soul of the Samurai.* London: Arthur Probsthain.

Ishida Eiichirō. 1961. A culture of love and hate. *Japan Quarterly* 8, S. 394–402.

Ishida, Ichirō. 1983. *Kami to nihon bunka* [Götter und japanische Kultur]. Tokyo: Perikansha.

Ishida, Takeshi. 1983. *Japanese Political Culture.* New Brunswick: Transaction Books.

Ishige, Naomichi. 2001. *The History and Culture of Japanese Food.* London: Kegan Paul.

Ishii, Kenji. 1994. *Toshi no nenjū gyōji – henyō suru nihonjin no shinsei* [Die jährlichen Stadtfeste – japanische Mentalität im Wandel]. Tokyo: Shunjūsha.

Ishiki Hachirō. 1990. *Hashi no bunkashi: sekai no hashi, nihon no hashi* [Kulturgeschichte der Essstäbchen: die Stäbchen der Welt und die Japans]. Tokyo: Ochanomizu Shobō.

Itō Kinen Zaidan. 1990 *Nihon shokuniku bunkashi* [Kulturgeschichte des Fleischessens in Japan]. Nishinomiya: Itō Kinen Zaidan.

Iwata, Ryushi. 1992. The Japanese company as a unified body of employees: Origins and developments. In: S. Kumon/H. Rosovsky (Hrsg.): *The Political Economy of Japan*, Bd. 3. Stanford: Stanford University Press, S. 170–197.

Jackson, Anna. 2000. *Japanese Textiles.* London: Arthur Probsthain.

Jaspers, Karl. 1965. *Die maßgebenden Menschen – Sokrates, Buddha, Konfuzius, Jesus.* München: Piper.

Jirka-Schmitz, Patrizia. 2000. *Netsuke. 112 Meisterwerke.* Stuttgart: Linden-Museum, Staatliches Museum für Völkerkunde.

Kaempfer, Engelbert. 2001 *Heutiges Japan.* Werke 1/1, hrsg. von Wolfgang Michel und Barend J. Terwiel. München: iudicium.

Kahn, Herman. 1970. *The Emerging Japanese Superstate: Challenge and Response.* Englewood Cliffs: Prentice Hall.

Kaiser, Stefan. 1996. Translation of Christian terminology into Japanese, 16–19th centuries: Problems and solutions. In: John Breen/Mark Williams (Hrsg.): *Japan and Christianity. Impacts and responses.* New York: St. Martin's Press, S. 8–29.

Kalland, Arne. 1994. Culture in Japanese nature. In: O. Bruun/A. Kalland (Hrsg.): *Asian Perspectives of Nature: A Critical Approach.* London: Curzon Press, S. 243–57.

Kanagaki Robun. 1967 [1871]. *Aruganabe* [Um den Kochtopf]. Tokyo: Iwanami Shoten.

Kimura Bin. 1995. *Zwischen Mensch und Mensch. Strukturen japanischer Subjektivität.* Darmstadt: Wissenschaftliche Buchgesellschaft.

Kindaichi, Haruhiko. 1957. *Nihongo* [Die japanische Sprache]. Tokyo: Iwanami.

Kitaguchi, Suehiro. 1999. *An Introduction to the Buraku Issue. Questions and Answers.* Richmond, Surrey: Japan Library.

Kitamura, Takehiro/Katie M. Kitamura. 2002. *Tattoos from the Floating World. Ukiyo-e motifs in Japanese tattoos.* Leiden: Hotei Publishing.

König, René. 1971. *Macht und Reiz der Mode.* Düsseldorf: Econ.

Kohl, Karl-Heinz. 2000. *Ethnologie – die Wissenschaft vom kulturellen Fremden.* München: C. H. Beck.

Koike, Kazuo. 1995. *The Economics of Work in Japan.* Tokyo: LTCB Library Foundation.

Kokuritsu Kokugo Kenkyūsho. 1979. *Kakuchi hōgen shinzoku-goi no gengoshakaiteki kenkyū* [Eine soziolinguistische Untersuchung der Verwandtschaftsbegriffe in japanischen Dialekten]. Research report no. 64. Tokyo: Sanseido.

Kondo, Dorinne. 1997. *About Face. Performing race in fashion and theater.* New York/London: Routledge.

Konfuzius Gespräche. 1982. Übersetzt und herausgegeben von Ralf Moritz. Leipzig: Reclam.

Koyama Shōtarō. 1882. Sho wa bijutsu narazu [Kalligraphie ist keine Kunst]. *Tōyō gakugei zasshi* Nr. 8, S. 172–175; Nr. 9, S. 205 f., 227–231.

Kumakura Isao. 1990. *Chanoyu no rekishi: Sen no Rikyū made* [Geschichte der Teezeremonie: Bis Sen no Rikyū]. Tokyo: Asahi Shinbunsha.

Kumakura Isao. 1992. Shokubunkashi ni okeru shisō [Konzepte in der Kulturgeschichte des Essens]. In: Kumakura Isao/Ishige Naomichi (Hrsg.) *Shoku no shisō* [Konzepte des Essens]. Tokyo: Domesu Shuppan, S. 15–35.

Kumakura Isao/Ishige Naomichi (Hrsg.) 1992. *Shoku no shisō* [Konzepte des Essens]. Tokyo: Domesu Shuppan.

Kuroda Toshio. 1976. *Nihon chūsei no kokka to shūkyō* [Staat und Religion im japanischen Mittelalter]. Tokyo: Iwanami shoten.

Kuroda Toshio. 1993. Shinto in the History of Japanese Religion. In: M. Mullins/ S. Shimazono/P. Swanson (Hrsg.): *Religion and Society in Modern Japan: Selected Readings.* Berkeley: Asian Humanities Press.

Kurokawa, Kisho. 1997. *Each One a Hero: the Philosophy of Symbiosis.* New York: Kodansha International.

Lebra, Takie Sugiyama. 1987. The cultural significance of silence in Japanese communication. *Multilingua* VI, 4, S. 343–57.

Lebra, Takie Sugiyama. 1993. *Above the Clouds: Status Culture of the Modern Japanese Nobility.* Berkeley: University of California Press.

Lepenies, Wolf. 1971. *Soziologische Anthropologie. Materialien.* München: Hanser.

Lévi-Strauss, Claude. 1967. *Strukturale Anthropologie.* Frankfurt/M.: Suhrkamp (französisches Original 1958).

Lévi-Strauss, Claude. 1981. *Die elementaren Strukturen der Verwandtschaft.* Frankfurt/M.: Suhrkamp (französisches Original 1949).

Lincicome, Mark E. 1995. *Principle, Praxis, and the Politics of Educational Reform in Meiji Japan.* Honolulu: University of Hawaii Press.

Lipovetsky, Gilles. 1987. *L'Empire de l'éphémère, la mode et son destin dans les sociétés modernes*. Paris: Gallimard.

Liscutin, Nicola. 2000. Mapping the Sacred Body: Shinto versus popular beliefs at Mt. Iwaki in Tsugaru. In: John Breen/Mark Teeuwen (Hrsg.): 2000. *Shinto in History. Ways of the Kami*. Richmond: Curzon, S. 186–204.

Lock, Margaret/Christian Honde. 1990. Reaching consensus about death: Heart transplant and cultural identity in Japan. In: G. Weisz (Hrsg.): *Social Science Perspectives on Medical Ethics*. Dordrecht: Reidel.

March, James G./Johan P. Olsen. 1989. *Rediscovering Institutions*. New York: The Free Press.

Marioko Masahiro. 1991. *Nōshi no hito* [Hirntote Menschen]. Tokyo: Fukutake Shōten.

Marra, Michael F. (Hrsg.) 2001. *A History of Modern Japanese Aesthetics*. Honolulu: University of Hawaii Press.

Marshall, Byron K. 1994. *Learning to Be Modern. Japanese Political Discourse on Education*. Boulder: Westview Press.

Maruyama, Masao. 1974. *Studies in the Intellectual History of Tokugawa Japan*. Princeton: Princeton University Press.

Maruyama Teruo. 1995. *Nihonjin ni totte shūkyō to wa nani ka* [Die Bedeutung der Religion für die Japaner]. Tokyo: Fujiwara shoten.

Mauss, Marcel. 1950. *Essai sur le Don*. Paris: Presses Universitaires de France.

Mayumi Tsunedata. 1989. *Gendai shakai to jinja* [Die gegenwärtige Gesellschaft und der Schrein]. Ise: Kōgakkan Daigaku.

McGill, David. 1987. Language, cultural psychology, and family therapy: Japanese examples from an international perspective. *Contemporary Family Therapy* (New York) 9, S. 283–93.

Meerase, M./J. G. Smith (Hrsg.) 2000. *The Arts of Japan. An international symposium*. London: Arthur Probsthain.

Miller, Alan S./Satoshi Kanazawa. 2000. *Order by Accident. The origins and consequences of conformity in contemporary Japan*. Boulder, Colorado: Westview Press.

Minami, Hiroshi. 1983. *Nihonteki jiga* [Das japanische Selbst]. Tokyo: Iwanami Shoten.

Mitsukuri Shūhei. 1874. Kyōikudan [Über Erziehung]. *Meirokuzasshi* Nr. 8. Hrsg. von Yamamuro Shinichi und Nakanome Tōru. 1999. Tokyo: Iwanami, S. 279–284.

Miyamoto Keitarō (Hrsg.) 1979. *Kōza nihon no minzoku* [Japanische Volkskunde], Bd. 4, I, *shoku, jū* [Kleidung, Essen, Behausung]. Tokyo: Yūseidō.

Mizuno, Shōichi et al. 1983. *Bunka to keizai hatten* [Kultur und Wirtschaftsentwicklung]. Nagoya: University of Nagoya Press.

Moeran, Brian. 1989. *Language and Popular Culture in Japan*. Manchester: Manchester University Press.

Monbushō (Erziehungsministerium). 1952. *Korekara no keigo* [Die künftige Sprache der Höflichkeit]. Tokyo: Kokugo nenkan 1954/2.

Moore, Charles A. (Hrsg.) 1967. *The Japanese Mind. Essentials of Japanese Philosophy and Culture*. Honolulu: University of Hawaii Press.

Morikawa, Terumichi. 1989. Mori Arinori. In: Benjamin C. Duke (Hrsg.): *Ten Great Educators of Modern Japan*. Tokyo: University of Tokyo Press, S. 39–65.

Moritz, Ralf. 1995. Der Konfuzianismus: Traditionelles Wertesystem und moderne Welt. In: A. Luckner (Hrsg.): *Dissens und Freiheit – Kolloquium Politische Philosophie*. Leipzig: Leipziger Schriften zur Philosophie 2.

Motoori Norinaga. 1796. *Genji monogatari tama no ogushi* [Übersetzung ins moderne Japanisch von Tawara Nanken, *Genji monogatari tama no ogushi: gendaigo yaku*. Tokyo: Kondō Shoten, 1958.]

Mouer, Ross/Yoshio Sugimoto. 1986. *Images of Japanese Society*. London: Routledge and Kegan Paul.

Murakami Nobuhiko. 1982. *Ishō no rekishi* [Geschichte der Kleidung]. Tokyo: Rironsha.

Murakami Shigeyoshi. 1968. *Nihon hyakunen no shūkyō* [Hundert Jahre Religion in Japan]. Tokyo: Kōdansha.

Murakami, Shigeyoshi. 1980. *Japanese Religion in the Modern Century*. Tokyo: University of Tokyo Press.

Murakami, Yasusuke. 1984. Ie society as a pattern of civilization. *Journal of Japanese Studies* 10, 2, S. 281–367.

Museum für Ostasiatische Kunst, Staatliche Museen zu Berlin. 2001. *Kidai Shōran* [Vortrefflicher Anblick unseres prosperierenden Zeitalters]. CD-ROM. Köln: Verlag Buchhandlung Walther König.

Nagata Hisashi. 1989. *Nenjūgyōji o kagakusuru – koyomi no naka no bunka to chie* [Die wissenschaftliche Erforschung der Jahresfeste – Was der Kalender an Kultur und Weisheit enthält]. Tokyo: Nihon keizai shinbunsha.

Nakakuki Masafumi. 1984. Two major characteristics of Japanese culture: Amae and Shibumi: A psychoanalytic interpretation. *73rd Annual Meeting of the American Psychoanalytic Association, San Diego, C. A.*

Nakamura, Hajime. 1964. *Ways of Thinking of Eastern Peoples*. Honolulu: University of Hawaii Press.

Nakamura Hajime. 1989. *Iwanami Bukkyō jiten* [Iwanamis Wörterbuch des Buddhismus]. Tokyo: Iwanami shoten.

Nakata Mitsuo. 1982. *Bunka no kyōō – hikaku bunka gairon* [Kollision der Kulturen – eine Einführung in den Kulturvergleich]. Tokyo: University of Tokyo Press.

Nakata, Yūjirō. 1973. *The Art of Japanese Calligraphy*. New York/Tokyo: Weatherhill/Heibonsha.

Nelson, John K. 2000. *Enduring Identities. The Guise of Shinto in Contemporary Japan*. Honolulu: University of Hawaii Press.

Nishi Amane. 1874. Rengasekizō no setsu [Über das Bauen mit Backsteinen]. *Meiroku zasshi* Nr. 4, moderne Ausgabe hrsg. von Yamamuro Shinichi und Nakanome Tōru. Tokyo: Iwanami, 1999, S. 161–164.

Nishimura Shigeki, 1875. Shūshin chikoku hi-nito-ron [Moral und Regierung sind zweierlei]. *Meiroku zasshi Nr. 31*, moderne Ausgabe hrsg. von Yamamurc Shinichi und Nakanome Tōru. Tokyo: Iwanami, 1999.

Norbeck, Edward. 1977. A sanction for authority: Etiquette. In: R. D. Fogelson/ R. N. Adams (Hrsg.): *The Anthropology of Power. Ethnographic studies from Asia, Oceania, and the New World.* New York: Academic Press, S. 67–76.

Nosco, Peter (Hrsg.). 1984. *Confucianism and Tokugawa Culture.* Princeton: Princeton University Press.

Numata Jirō. 1989. *Yōgaku* [Westliche Wissenschaft]. Tokyo: Yoshikawa Kōbunkan.

Ōe Shinobu. 1984. *Yasukuni Jinja* [Der Yasukuni-Schrein]. Tokyo: Iwanami Shoten.

Oguri Kazuo. 2002. *Horimono Designs.* Tokyo: Keibunsha.

Ohnuki-Tierney, Emiko. 1984. *Illness and Culture in Contemporary Japan.* New York: Cambridge University Press.

Ohnuki-Tierney, Emiko. 1993. *Rice as Self: Japanese Identities through Time.* Princeton: Princeton University Press.

Okada Yoshirō. 1996. *Nihon no koyomi* [Der japanische Kalender]. Tokyo: Shinjinbutu ōraisha.

Okada Yoshirō/Akune Suetada. 1993. *Gendai koyomi yomitoki jiten* [Enzyklopädie des Kalenders]. Tokyo: Hakushobō.

Okakura Kakuzō. 1882. «Sho ha bijutsu narazu-ron» wo yomu [Über den Aufsatz «Kalligraphie ist keine Kunst»]. *Tōyō gakugei zasshi* Nr. 11, S. 27–30; Nr. 12, S. 62 f.; Nr. 15, S. 163 f.

Okakura, Kakuzō. o. J. *Das Buch vom Tee.* Aus dem Englischen von Marguerite und Ulrich Steindorff. Leipzig: Insel.

Okano, Kaori/Motonori Tsuchiya. 1999. *Education in Contemporary Japan.* Cambridge: Cambridge University Press.

O'Leary, Brendan. 1989. *The Asiatic Mode of Production.* Oxford: Blackwell.

Ōno Susumu. 1997. *Nihonjin no kami* [Die Götter der Japaner]. Tokyo: Shinchōsha.

Ōtake, Hideo. 1995. *Gendai no kazoku* [Die moderne Familie]. Tokyo: Kobuntō.

Ōtsuka Minzoku Gakkai (Hrsg.) 1994. *Nihon Minzoku Jiten* [Lexikon der japanischen Volkskunde]. Tokyo: Kōbundō.

Parsons, Talcott. 1937. *The Structure of Social Action.* New York: Free Press.

Plutschow, Herbert E. 1996. *Matsuri: The Festivals of Japan.* Richmond, Surrey: The Japan Library.

Pörtner, Peter/Jens Heise. 1995. *Die Philosophie Japans.* Stuttgart: Kröner.

Pons, Philippe. 2000. *Peau de Brocart: Le Corps Tatoué au Japon.* Paris: Seuil.

Powers, R. G./H. Kato. 1989. *Handbook of Japanese Popular Culture.* Westport CT: Greenwood Press.

Prakash, Gyan (Hrsg.). 1995. *After Colonialism: Imperial Histories and Postcolonial Displacements.* Princeton: Princeton University Press.

Reader, Ian. 2000. *Religious Violence in Contemporary Japan: The Case of Aum Shinri-kyō*. Richmond, Surrey: Curzon.

Reed, Steven R. 1993. *Making Common Sense of Japan*. Pittsburgh/London: University of Pittsburgh Press.

Reischauer, Edwin O. 1977. *The Japanese*. Cambridge, Mass.: Harvard University Press.

Richardson, Bradley. 1974. *The Political Culture of Japan*. Berkeley, CA: University of California Press.

Richie, Donald/Ian Buruma. 1980. *The Japanese Tattoo*. New York/Tokyo: Tuttle.

Rohlen, Thomas P. 1989. Order in Japanese society: Attachment, authority and routine. *Journal of Japanese Studies* 15, 1, S. 5–40.

Sadler, Arthur L. 1963. *A Short History of Japanese Architecture*. Rutland, Vt.: Tuttle.

Sakamoto Koremaru. 1994. *Kokka shintō keiseikatei no kenkyū* [Forschungen zur Entwicklung des Staats-Shinto]. Tokyo: Iwanami Shoten.

Sakuma Ken. 1983. *Nihonteki keiei no kokusaika* [Die Internationalisierung japanischen Managements]. Tokyo: Yūhikaku.

Satō Taishun. 1991. *Muchū mondō* [Fragen und Antworten in einem Traum]. Tokyo: Iwanami.

Seidensticker, Edward. 1983. *Low City, High City. Tokyo from Edo to the Earthquake*. New York: Alfred A. Knopf.

Shimada, Shingo. 2000. *Die Erfindung Japans. Kulturelle Wechselwirkung und nationale Identitätskonstruktion*. Frankfurt/M.: Campus.

Shimada, Yasushi. 1991. *Ima shūkyō ni nani ga okotte iru no ka* [Was geht heute mit der Religion vor?]. Tokyo: Kōdansha.

Shimahara, Nobuo/Sakai, Akira. 1992. Teacher internship and the culture of teaching in Japan. *British Journal of Sociology of Education*, 13, 2, S. 147–62.

Shodō zenshū [Gesammelte Werke der Kalligraphie]. Tokyo: Heibonsha, 28 Bände, 1965–1968.

Shōgakkō kyōsoku kōryō [Bestimmungen für den Unterricht an Grundschulen] 1881. In: Kyōikushi Hensankai (Hrsg.) *Meiji ikō kyōiku-seido hattatsu-shi*. Tokyo: Ryūginsha, 1938/39: Bd. 2, S. 252–320.

Siebold, Philipp Franz von. 1973. *Manners and Customs of the Japanese in the Nineteenth Century*. Rutland, Tokyo: Tuttle Co.

Smith, Robert J. 1962. Japanese kinship terminology: the history of a nomenclature. *Ethnology* 1, 3, S. 349–58.

Smith, Robert J. 1983. *Japanese Society. Tradition, Self and Social Order*. London: Cambridge University Press.

Smith, Robert J. 1992. The cultural context of Japanese political economy. In: Shumpei Kumon/Henry Rosovsky (Hrsg.): *The Political Economy of Japan*. Vol 3: *Culture and Social Dynamics*. Stanford: Stanford University Press, S. 13–31.

Smith, Warren W. 1973. *Confucianism in Modern Japan. A study of conservatism in Japanese intellectual history*. Tokyo: The Hokuseido Press.

Sonoda Minoru. 1987. The religious situation in Japan in relation to Shinto. *Acta Asiatica* 51, S. 1–21.

Sonoda Minoru. 1992. Matsuri no genshōgaku [Phänomenologie der Feste] Tokyo: Kūbundō.

Sonoda Minoru/Sakurai Katsunoshin/Nishikawa Masatami. 1990. *Nihon Shintō-ron* [Über den japanischen Shintoismus]. Tokyo: Gakuseisha.

Sotomura, Ataru. 1993. Der Zen-Garten-Disput des Tenryūji (1345). Ein Beitrag zur Entstehungsgeschichte von Zen-Gärten in Japan. In: *Zen und die Kultur Japans. Klosteralltag in Kyoto.* Hrsg. von Claudius Müller, Berlin: Reimer, S. 49–62.

Stanley-Baker, Joan. ²2000. *Japanese Art.* London: Thames and Hudson.

Stark, Rodney/William S. Bainbridge. 1987. *A Theory of Religion.* New York: Lang.

Stein, Michael. 1997. *Japans Kurtisanen. Eine Kulturgeschichte der japanischen Meisterinnen der Unterhaltungskunst und Erotik aus zwölf Jahrhunderten.* München: iudicium.

Stolte, Anselm. 2002. Max Webers China-Studie als Beispiel für den Konflikt von Theorie und Wirklichkeit in den Sozialwissenschaften. Vortrag am Ost-West-Kolleg der Bundeszentrale für politische Bildung, Brühl, 7. Mai 2002.

Stone, Jacqueline I. 1999. *Original Enlightenment and the Transformation of Japanese Buddhism.* Honolulu: University of Hawaii Press.

Sugimoto, Masayoshi/David L. Swain. 1989. *Science and Culture in Traditional Japan.* Rutland, Vt: Tuttle.

Suwa Haruo. 1998. *Nihon no matsuri to geinō* [Japanische Feste und Künste]. Tokyo: Yoshikawa Kobunkan.

Suzuki, Daisetz T. 1938. *Zen Buddhism and its Influence on Japanese Culture.* Kyoto: The Eastern Buddhist Society.

Suzuki, Hikaru. 2000. *The Price of Death. The Funeral Industry in Contemporary Japan.* Stanford: Stanford University Press.

Suzuki, Norihisa. 1996. Christianity. In: Noriyoshi Tamaru/David Reid (Hrsg.) *Religion in Japanese Culture.* Tokyo: Kodansha International, 63–78.

Suzuki, Takao. 1973. *Kotoba to bunka* [Sprache und Kultur]. Tokyo: Iwanami Shoten.

Suzuki, Takao. 1975. *Tozasareta gengo. Nihongo no sekai* [Eine geschlossene Sprache. Die Welt des Japanischen]. Tokyo: Shinchōsha.

Takada Yasutaka. 1980. Bunka toshite no sake [Alcoholic drinks as culture]. *Jū ritsuto zōkan sōgō tokushū – nihon no taishū bunka* [Die japanische Massenkultur] vol. 20, S. 127–133.

Takahashi Masao. 1997. *Kesshō monogatari – aka, shiro, kuro no sekai* [Über das Schminken – die Welt von Rot, Weiß und Schwarz]. Tokyo: Yuzankaku shuppan.

Takeshita Setsuko. 1999. *Karuto ka shūkyō ka* [Kult oder Religion?]. Tokyo: Bungei Shunjū.

Takeuchi Toshiyoshi. 1954. Shinzoku (Verwandtschaft). *Nihon shakai minzoku jiten* [Wörterbuch der soziologischen Anthropologie Japans]. Tokyo: Seibundō shinkōsha, S. 733–735.

Tamabayashi Seirō. 1937. *Bunshin hyakushi* [Hundert Formen der Tätowierung]. Tokyo: Keibunsha (Reprint 1955, Nihon Irezumi Kenkyūsho).

Tanaka, Masako. 1977. Kinship terminologies: The Okinawan case. In: W. C. McCormack/S. A. Wurm (Hrsg.): *Language and Thought. Anthropological Issues.* The Hague/Paris: Mouton, S. 211–226.

Tanaka, Norio. 2000. Shōyu: The flavor of Japan. *The Japan Foundation Newsletter* XXVII/2, S. 1–7.

Tanaka Yoshihiro. 1991. *Nihon no matsuri jiten* [Lexikon japanischer Feste]. Tokyo: Tankōsha.

Tanida Etsuji/Koike Mitsue. 1989. *Nihon fukushokushi* [Geschichte japanischer Kleidung und Accessoires]. Tokyo: Koseikan.

Teeuwen, Mark. 1996. Jinja Honchō and Shrine Shintō policy. *Japan Forum* 8, 2, S. 177–188.

The Heibonsha Survey of Japanese Art. Tokyo: Heibonsha, New York: Weatherhill.

Tobin Joseph J./David Wu/Dana Davidson. 1989. *Preschool in Three Cultures. Japan, China, and the United States.* New Haven: Yale University Press.

Torikoe Hiroyuki. 1996. *Ie to mura no shakaigaku* [Soziologie der Familie und des Dorfs]. Tokyo: Sekaishisōsha.

Tsubouchi Yūzō. 1999. *Yasukuni.* Tokyo: Shinchōsha.

Tsuda Mamichi. 1874. Kaika o susumuru hōhō o ronzu [Methoden zur Förderung der Aufklärung]. *Meiroku zasshi Nr. 3,* moderne Ausgabe hrsg. von Yamamuro Shinichi und Nakanome Tōru, Tokyo: Iwanami, 1999, S. 117–122.

Tsukamoto Tetsujin. 1992. *Gendai nōson ni okeru ‹ie› to ‹mura›* [‹Ie› und ‹mura› im modernen ländlichen Japan]. Tokyo: Miraisha.

Tsuneyoshi, Ryoko. 2001. *The Japanese Model of Schooling.* New York/London: Routledge Falmer.

Tu, W. M. (Hrsg.) 1996. *Confucian Traditions in East Asian Modernity: Moral Education and Economic Development in Japan and the Four Mini-Dragons.* Cambridge, Mass.: Harvard University Press.

Turnbull, Stephen. 1998. *The Kakure Kirishitan of Japan.* Richmond, Surrey: Japan Library.

Uchida Masao. 1992. *Koyomi to nihonjin* [Der Kalender und die Japaner]. Tokyo: Yūzankaku shuppan.

Ueyama Shumpei/Watanabe Tadayo. 1984. *Inasaku bunka* [Reisanbau und Kultur]. Tokyo: Chūō Kōronsha.

Umehara Takeshi. 1976. *Nihon bunka-ron* [Theorie der japanischen Kultur]. Tokyo: Kodansha.

Umehara Takeshi. 1989. Gendaijin no sei to shi [Leben und Tod der Menschen von heute]. *This is* 6, 10, S. 20–26.

Urata Nobuchika. 1996. Evaluation issues in contemporary Japanese Universities. In: Ruth Hayhoe/Julia Pan (Hrsg.): *East-West Dialogue in Knowledge and Higher Education.* Armon, New York: M. E. Sharpe, S. 177–191.

Valentine, James. 1982. The anthropology of cultural performance in Japan:

Dance as a document of Japanese culture. *Annual of Institute of Buddhist Cultural Studies* (Kyoto: Ryūkoku University), V, S. 15−18.

Vogel, Ezra F. 1980. *Japan as Number One: Lessons for America*. Tokyo: Charles E. Tuttle

Wagatsuma Hiroshi/Arthur Rosett. 1983. Cultural attitudes toward contract law: Japan and the U.S. compared. *Pacific Basin Law Journal* (Los Angeles) 2, S. 76−97.

Watsuji Tetsuro. 1992. *Fudo. Wind und Erde: Der Zusammenhang von Klima und Kultur*. Übersetzt und eingeleitet von Dora Fischer-Barnicol und Okochi Ryogi. Darmstadt: Primus (Original 1935).

Weber, Max. 1920. *Gesammelte Aufsätze zur Religionssoziologie*. Tübingen: Mohr.

Werhahn-Mees, Kai. 1986. Kultur und Wirtschaft. Kategorien für eine adäquatere Länderanalyse. In: Constantin von Barloewen/Kai Werhahn-Mees (Hrsg.): *Japan und der Westen*, 3 Bde. Frankfurt/M.: Fischer Taschenbuch Verlag, Bd. 2, S. 19−27.

Whorf, Benjamin L. 1956. *Language, Thought and Reality: Selected Writings*. Cambridge, Mass.: MIT Press.

Wierzbicka, Anna. 1991. Japanese key words and core cultural values. *Language in Society* (Cambridge) 20, S. 333−385.

Williams, Raymond. 1982. *The Sociology of Culture*. Chicago: The University of Chicago Press.

Williams, Paul. 1989. *Mahāyāna Buddhism: The Doctrinal Foundations*. London: Routledge.

Yamada Shinya. 1996. Shi o juyō saseru mono. Koshi kara saidan e [Warum wir den Tod akzeptieren. Vom Leichenwagen zum Altar]. *Nihon Minzokugaku* 207, S. 27−57.

Yamaguchi, Michio. 1991. The poetics of exhibition in Japanese culture. In: I. Karp/S. Levine (Hrsg.): *Exhibiting Cultures: The Poetics and Politics of Museum Display*. Washington: Smithsonian Institution Press, 57−67.

Yanabu, Akira. 1982. *Modernisierung der Sprache*. Eine kulturhistorische Studie über westliche Begriffe im japanischen Wortschatz, übersetzt und kommentiert von Florian Coulmas. München: iudicium.

Yanagita Kunio. 1956. *Nihon no matsuri* [Japans Feste]. Tokyo: Kadokawa Bunko.

Yanagita Kunio. 1967. *Kyōdo seikatsu no kenkyū* [Untersuchung des Gemeinschaftslebens] Tokio: Chikuma Shobō, Bd. 25, S. 279 (erstmals 1935).

Yasuda Yoshinori. 1992. *Nihon bunka no fudō* [Das Milieu der japanischen Kultur]. Tokyo: Asakura Shoten.

Yoneyama, Lisa. 1999. *Hiroshima Traces: Time, Space and the Dialectics of Memory*. Berkeley: University of California Press.

Yoshino, Kosaku. 1992. *Cultural Nationalism in Contemporary Japan*. London und New York: Routledge.

Verzeichnis der Abbildungen und Tabellen

Abbildungen

Tabellen

Eine Auswahl kulturell bedeutsamer Daten

Ca. 250 v. u. Z. Yayoi-Kultur; Haniwa-Figuren
300–654 Yamato-Zeit
538 Einführung des Buddhismus aus Paekche, Korea
592 Prinz Shōtoku macht Buddhismus zur Staatsreligion
593–622 Regentschaft des Prinzen Shōtoku
604 Verfassung der siebzehn Artikel (*Jūshichi jō kempō*)
701 Einführung des Taihō-Kodex (*Taihō ritsuryō*)
710 Neue Hauptstadt Nara
712 Kompilation des *Kojiki*, der ältesten Chronik
720 Kompilation des *Nihonshoki*, Geschichtswerk nach chinesischem Vorbild
752 Fertigstellung des Großen Buddha (*daibutsu*) im Tōdaiji in Nara
757 Der Yōrō-Kodex (verfasst 718) tritt in Kraft
774–835 Kōbō Daishi; er gab den Hiragana mit dem *Iroha*-Gedicht eine kanonische Ordnung
790 *Manyōshū* («Sammlung der zehntausend Blätter»), erste Gedichtanthologie
794 Hauptstadt nach Heiankyō (Kyōto) verlegt
805 Saichō kehrt aus China zurück und gründet die Tendai-Sekte
816 Kūkai kehrt aus China zurück und gründet die Shingon-Sekte
905 Kompilation der Gedichtsammlung *Kokinshū*
1002–1019 Murasaki Shikibu schreibt das *Genji monogatari* (Die Geschichte vom Prinzen Genji)
1141–1215 Eisai, Gründer des Rinzai-Zen in Japan
1175 Hōnen Shōnin (1133–1212) gründet die Jōdo-Sekte
1227 Dōgen kehrt aus China zurück und gründet Sōtō-Zen
1232 Jōei-Kodex der Kamakura-Zeit
1253 Nichiren verbreitet in Kamakura die Lehre der Lotus-Sutra
1294–1347 Ogasawara Sadamune, Gründer der Ogasawara-Schule der Etikette
1330 *Tsurezuregusa*, philosophisches Traktat (engl. Übersetzung *Essays in Idleness*) von Yoshida Kenkō (ca. 1283–1352)
1371 *Heike monogatari* (Die Geschichte der Heike) Heldenepos aus dem frühen 13. Jhdt.; Standardversion von Akashi Kakuichi, 1371
1374 Kan'ami und Zeami führen am Hof des Shōgun Ashikaga Yoshimitsu Nō-Theater auf

Epochen der japanischen Kulturgeschichte

Prähistorisch (Genshi)
Jōmon   ca. 10 000 v. u. Z –
ca. 300 v. u. Z.
Yayoi   ca. 300 v. u. Z – ca. 300 u. Z.
Kofun   ca. 250–552

Altertum (Kodai)

Yamato	300–710
Asuka	552–645
Hakuhō	645–710
Nara	710–794
Heian	794–1185
Kōnin-Jōgan	794–894
Fujiwara	897–1185

Mittelalter (Chūsei)

Kamakura	1185–1333
Kenmu	1333–1336
Muromachi	1336–1573
Sengoku («Streitende Reiche»)	1467–1568

Frühe Moderne (Kinsei)

Azuchi-Momoyama	1568–1603
Edo (Tokugawa)	1603–1867

Moderne

Meiji	1868–1912
Taishō	1912–1926
Shōwa (vor dem Zweiten Weltkrieg)	1926–1945

Gegenwart

Shōwa (nach dem Zweiten Weltkrieg)	1945–1989
Heisei	1989 –

Namenregister

Kursive Seitenzahlen verweisen auf Anmerkungen.

Sachregister

Etik 22, 24
Etikette 31, 32, 67, 68, 69, 70, 71,
72, 73, 74, 76, 77, 216, 217, 245,
255, 257, 258, 259 (s. auch Höflichkeit)
–, höfische 67, 73, 75
–, sprachliche 77, 80, 81, 82, 83
Etikettebewusstsein 74
etisch 18, 20, 21, 22, 23, 35, 94,
158
etische Beschreibung 22, 269
etische Definition 95
etische Einheiten 20 f.
etische Maßangaben 268
etische Methoden 156

Familialismus 187, 284
Familie 31, 42, 48, 52, 53, 54, 55,
56, 62, 64, 65, 66, 138
Familienallianz 65
Familienbeziehung 62
Familiengruppe 55
Familienmodell 188, 189, 190
Familienname 47
Familienregister 36, 47, 58
Farben 219, 223, 228, 238, 259,
269
–, symbolische Bedeutung der 219
Farbenkode 219
Feier 33
Feiertage 86, 162, 166, 170
Feldforschung 10
Fest 38, 157, 168 (s. auch *matsuri*)
–, shintoistisches 166
Festtag 210
Firma 154, 184, 187, 188, 189
– als Familie 190
Firmenkleidung 189, 194
Fleischverbote 254
Form 153
Formbewusstsein 263
Freizeit 172
Frisur 202, 213, 215
fünf 159

fünf Elemente 33
fünf menschliche Beziehungen 130,
132

Gabe 83, 84, 89, 90, 91, 92, 94, 95,
97, 98, 286 (s. auch Geschenk)
–, Logik der 98
–, Ökonomie der 85, 89
–, symbolische 97
Gabenaustausch 86 (s. auch *zōtō*)
Gabenkreislauf 85
Garten 277, 278, 279
Gartenbau 270, 279
Gartenbaukunst 278
Geburt 33, 35, 37, 86, 87, 106,
160, 202
Geburtstabus 51
Gedächtnis, kollektives 157, 162,
163, 165, 166
Gedenktage 163
Gegengabe 89, 97
Gegengeschenk 43
Gehirntod 95 f.
Geister 50, 109, 208 (s. auch böse
Geister)
Geldgeschenk 83, 87, 94
Genji monogatari 263
Geomantie 49
geomantisches Prinzip 114
Geschenk 38, 43, 46, 50, 68, 83,
86, 87, 88, 90, 91, 92, 93, 94,
245
Geschenkkultur 32 (s. auch Gabe,
ochūgen, oseibo)
Geschmack 200, 250, 273
giri 90, 91
giri choko 91
Gleichstellung 56
Glücksgott 109
Gott 107
Götter 197
Gottheit 210
Gott-Kaiser-Herrschaft 107
gute Form 138, 255

Außereuropäische Geschichte und Kulturen bei C.H.Beck

Reinhard Schulze
Geschichte der islamischen Welt im 20. Jahrhundert
2., durchgesehene Auflage. 2003. 477 Seiten mit 6 Karten
Broschierte Sonderausgabe

Navid Kermani
Schöner neuer Orient
Berichte von Städten und Kriegen
2003. 240 Seiten mit 6 Abbildungen. Gebunden

Isabel Hilton
Die Suche nach dem Panchen Lama
Auf den Spuren eines verschwundenen Kindes
Aus dem Englischen von Sigrid Langhaeuser
2002. 413 Seiten mit 2 Karten. Gebunden

Suraiya Faroqhi
Kultur und Alltag im Osmanischen Reich
Vom Mittelalter bis zum Anfang des 20. Jahrhunderts
1995. 402 Seiten mit 18 Abbildungen und Karten. Leinen

Neville Alexander
Südafrika
Der Weg von der Apartheid zur Demokratie
Aus dem Englischen von Christian Grüny
Krupp-Vorlesungen zur Politik und Geschichte
am Kulturwissenschaftlichen Institut, Essen; Band 1
2001. 222 Seiten. Gebunden

Nelly Naumann
Die Mythen des alten Japan
Übersetzt und erläutert von Nelly Naumann
1996. VIII. 231 Seiten mit 16 Abbildungen und 1 Karte. Gebunden

Verlag C.H.Beck München

Länder und Kulturen Asiens bei C.H.Beck

Margret Neuss-Kaneko
Familie und Gesellschaft in Japan
Von der Feudalzeit bis in die Gegenwart
1990. 162 Seiten mit 10 Abbildungen. Paperback
Beck'sche Reihe Band 418

Manfred Pohl
Japan
4., völlig neubearbeitete Auflage. 2002.
297 Seiten mit 30 Abbildungen und 1 Karte. Paperback
Beck'sche Reihe Band 836
Reihe «Länder»

Manfred Pohl
Kleines Japan-Lexikon
1996. 168 Seiten mit 1 Karte. Paperback
Beck'sche Reihe Band 861
Reihe «Länder»

Oskar Weggel
China im Aufbruch
Konfuzianismus und politische Zukunft
1997. 148 Seiten. Paperback
Beck'sche Reihe Band 1134

Oskar Weggel
Wie mächtig wird Asien?
Der Weg ins 21. Jahrhundert
1999. 236 Seiten. Paperback
Beck'sche Reihe Band 1330

Bernhard Dahm/Roderich Ptak (Hrsg.)
Südostasien Handbuch
Geschichte, Gesellschaft, Politik, Wirtschaft, Kultur
1999. 684 Seiten mit 70 Abbildungen und 12 Karten. Gebunden

Verlag C.H.Beck München